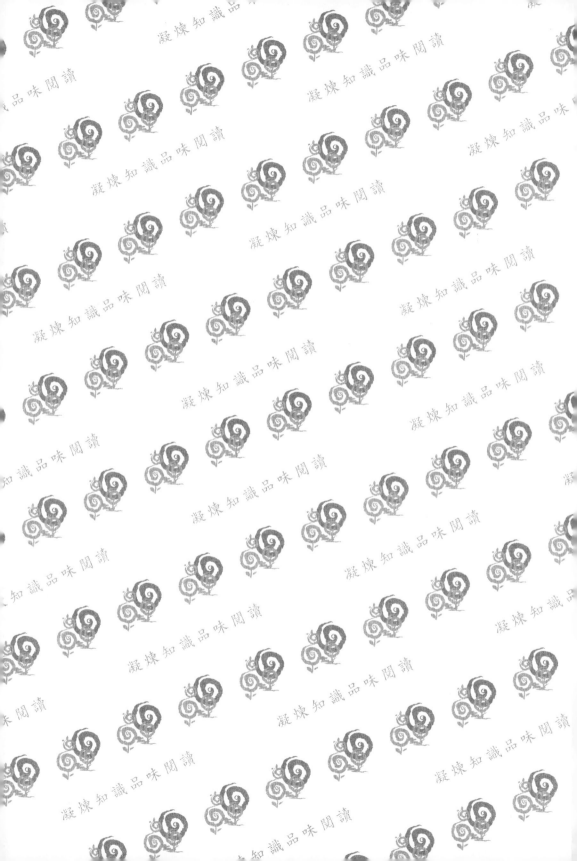

德言並立・儒義新詮

對先秦儒家之哲學思考

吳進安 — 著

自序

　　儒家是先秦顯學之一，引領風潮，對時代問題提出文化反思與批判，試圖建立人間的理想國度。透過經典的詮釋，演繹存在之理，構建人生哲理與彰顯生命的強度與韌性，在自然與人文的兩重世界中巍然而立而稱頂天立地，一直是儒家形塑吾人性命個性與生命情懷的價值根源之一。千百年來儒者的使命感與綻放盎然生命的花朵鋪墊著我們的人生大道與方向，經典所蘊涵的人生哲理，小自個人生命境界的淬勵與提升，大至安邦定國的治國方略，儒家思想無不是大傳統與小傳統的活水源頭；儒家哲學的內涵上至形上之理、天人關係，下至人倫日用、人我關係之展開，儒家他所關注的層面，以自我德性的陶成為同心圓之圓心，建立道德人格（君子）為起點，逐圈逐層向外擴散，迄及生命最後投射的終極關懷，這些主題思考的關切與追問正是儒者的生命熱情之寫照。

　　就哲學史的發展而言，依時代而分，有先秦、兩漢、宋明與近現代等時期，雖然每個時期的儒學思想，有其因應時代環境與問題而有不同的見解與詮釋，但是儒學的核心價值卻是一以貫之，即是宋儒張橫渠（1020-1077）之言：「為天地立心，為生民立命，為往聖繼絕學，為萬世開太平。」可稱是儒學的慧命之所在。而開啓儒家哲學之洞見，即源自孔、孟、荀三子所構建的先秦儒學，聖人體天地之心，民胞物與，有不忍人之心斯有不忍人之政。先秦儒學之精華，觸及宇宙論、人性論、倫理學與政治哲學諸多層面問題的本質澄清、理與事的一體考察以及應用於政治事務之觀點及願景等。

　　本書之內容簡述如下：第一章即先以「天命、王道與正義」為破題開始，為「祖述堯舜、憲章文武」尋覓立論根基；繼之在第二章藉由經典詮釋演繹其中的義理內涵，開發儒學的共命慧與自證慧，以及面對當代

問題的挑戰及回應。儒學關心生命意義以及存在之價值理念的實踐，則落在第三章「政治哲學」的議題上，為理想的生活世界提供價值與生活方式選擇。第四章即以孝道實踐為討論中心，檢視儒家孝道的實踐及因應之道。第五章即以「終極關懷」之角度，探索儒家的宗教精神及宗教向度。宋明之後中國民間「儒教」信仰所繼承者，概發揮及補充原始儒家之宗教觀而續予傳承，在本質上當予澄清與辨正。吾人反思儒家所欲建立的理想家園，荀子恰好補足制度面之理念與設計，荀子的哲學當有其貢獻及可借鏡參照之處，在本書第六章即以「荀學探析」加以討論。孔子曾言「加我數年，五十以學易，可以無大過矣。」（《論語‧述而》），司馬遷《史記‧孔子世家》云：「孔子晚而喜易、序、彖、象、說卦、文言。讀易韋編三絕，曰：『假我數年，若是我於易，則彬彬矣。』」本書的第七章以「易經抉微」為題，探討《易經》的思維方式、《易傳》的性命觀、易之聖人之道以及高師懷民教授《易》學理論及體系。第八章為臺灣儒學專題，是本人在雲科大漢學應用研究所開設「台灣儒學專題」課程的心得論文三篇。最後為附錄，敬附恩師羅光總主教的生命哲學的探討。

老子《道德經》六十四章曰：

合抱之木，生於毫末，九層之臺，起於累土；千里之行，始於足下。

今本書既成，感謝五南圖書公司楊發行人榮川之青睞，黃副總編輯惠娟之出版規劃，吳佳怡責任編輯之費心，以及雲林科大教學卓越辦公室秀靜助理的編輯協助，還有多位可愛又可敬的雲科大同學，財金系李宮竹同學、文資系張苓瑄、王玉華、李芳瑜、蕭詩俞等數位同學熱情相挺，協助文稿之蒐集、繕打、編輯與校對，方能在最短的時間完成這本專書。在付

梓前夕，特為之序並於篇末再署謝辭，以饗讀者，疏漏之處恐難避免，博
雅君子，亦請指正是幸。

吳進安 謹序

于國立雲林科技大學漢學應用研究所

2022.1.9

CONTENTS
目　錄

第一編

天命、王道與正義

「天命」觀念的詮釋

內容摘要

東亞文明受到儒家的影響頗深，儒家的宇宙觀，歷史觀與人生觀直接或間接影響此一文化圈中的各層面，各領域的價值導向，形成內在與外在的文化特色。窮本溯源的說為何在此文化圈之成員，從傳統到現代，對於儒家哲理總是拳拳服膺，尤其是對於「命」的觀念與態度更是具有共同的標記。孔子對於「命」與「天命」的說法，因其個人生命歷程的感悟與對弟子的隨機指點而呈現多元的意義，甚至引發墨子對儒家之「命」與「天命」說的批判。探究孔子對「命」與「天命」在概念上的意涵，及其為何如此詮解，正足以表徵儒家之特質─「知其不可而為之」的道德使命感，與面對主客無法和諧之際、人我疏離之情境下的自處之道。

一、由儒墨對比探其因

　　東亞文明自傳統以迄近代受到儒家文明的影響可說是非常明顯，無論是在中國、韓國或是日本，儒家文化皆有其直接與間接的關聯，舉凡在宇宙觀、歷史觀與人生觀等內在的價值系統之構建，或是在外在的社會、政治與經濟制度上皆有儒家的影子。尤其最為特殊的乃是在知識分子的性格上之塑造，儒家所標舉的「安身立命」哲學、「堅毅卓絕」的精神與「樂天知命」的人生態度，皆是可以被觀察到的經驗事實，並且表現在他們的為人處事上。於是在東亞文明中不向環境低頭，克勤克儉，遵守古老的經典教訓也就成為此一文化圈的成員之共同標記，其中最引人注意的乃是奠基於儒家哲理所形成的人生態度與經濟成就。這些成就的背後有著一個內在的邏輯，即是「以義立命」、「盡人事而知天命」來作為人的人格特

質，在面對成功與失敗之當下而能淡然處之，形成「得之我幸，不得之我命」的心態，消解失敗之後的悵然若失。

先秦儒家與墨家並稱「顯學」，而就其兩家學派卻有著學術淵源的關係。但「儒墨相非」也是一個在中國思想黃金年代中頗具代表性的問題。《淮南子・要略》：「墨子學儒之業，受孔子之術，以爲其禮煩擾而不悅，厚葬靡財而貧民，久服傷生而害事，故背周道而用夏政。」墨子之批評儒家，就以如下的這段話最爲具體而詳盡：

> 儒之道，足以喪天下者，四政焉。儒以天爲不明，以鬼爲
> 不神，天鬼不說。此足以喪天下。又厚葬久喪，重爲棺
> 槨，多爲衣衾，送死若徙，三年哭泣，扶後起，杖後行，
> 耳無聞，目無見，此足以喪天下。又弦歌鼓舞，習爲聲
> 樂，此足以喪天下。又以命爲有、貧富、壽夭、治亂、安
> 危、有極矣，不可損益也。爲上者行之，必不聽治矣，爲
> 下者行之，必不從事矣，此足以喪天下。（〈公孟〉）

此段之批判可稱深入而一針見血，它指出墨家所不滿意之處，並且將這樣的結果稱之爲「喪天下」，其指涉的層面即有宇宙觀、人生觀與價值觀等層面。此外，對於人之貧富壽夭的結果，與政治上的安危治亂，在《墨子・非儒》，墨子直指這種認定與結果，主要是受到儒家「固有天命，不可損益」觀的影響。

> 有強執有命說議曰，壽夭貧富，安危治亂，固有天命，不
> 可損益。窮達賞罰幸否有極人之知力，不能爲焉。群吏信
> 之，則怠於分職；庶人信之，則怠於從事。吏不治則亂，
> 農事緩則貧，貧且亂政之本，而儒者以爲道教，是賊天下
> 之人者也。且夫繁飾禮樂以淫人，久喪偽哀以謾親，立命

緩貧而高浩居，倍本棄事而安怠傲，貪於飲食，惰於作
務，陷於饑寒，危於凍餒，無以違之。（〈非儒〉）

　　上述的二段話，指出墨子不滿於儒者所稱之「命不可損益」與「固有
天命，不可損益」的二個觀念，進而非之。

　　陳拱於1967年著《儒墨平議》一書，牟宗三先生為之序，言及「墨
子心靈質樸，而慧解不足；情執累重，而義不通透；生命枯索，而乏舒暢
潤澤之機；行文重衍，而多偏滯害道之辭。」[1]之評論，顯見牟宗三先生
對墨學之批評仍是承續儒家的觀點而加以批判。然墨學所關心的議題及其
主張，是否如牟先生之言，有如「生命枯索」、「義不通透」等，若是如
此，何來「顯學」之說？墨子之論述中，為吾人所關注者，厥為針對「以
命為有」的命題、「命為有而不可損益」以及「天命固有，不可損益」等
觀念，進行疏解與批判，可看出儒墨在對於「命」的觀念認知與實踐態度
上之差異。雖然歷史發展的事實，最後證明儒家擁有歷史的話語權，而墨
家從歷史舞台上隱退和消失也是無可奈何花落去，它的輝煌也僅是曇花一
現，但是留給後人深思的是在文化的基因中是否還有著先秦儒墨日月爭輝
所表現出來的氣度與堅持，儒家對「命」所採取的「知其不可為而為之」
的道德勇氣，與墨家「強力非命」之義氣卻也是令人激賞的。本文討論之
重點即從源頭上加以澄清與辨正，本篇即以孔子之觀點為立論基礎而再予
論述之。

二、孔子所認知的「命」

(一)「命」的字源義

　　「命」字之義，許慎《說文解字》釋曰：「命，使也。從口令。」
段玉裁曰：「令者發號也，君事也，非君而口使之，是亦令也。故曰：

---

[1] 陳拱：《儒墨平議》，牟序，臺北：臺灣商務印書館，1998，頁1。

『命者，天之令也。』」[2]由此可見「命」字有「命令」之意思，這也是「命」字的原始意義。此處之命純屬上下關係所產生的結構意義，其所涉及的內容即是上對下的命令、使命與要求，也是下對上之所命必當予以回報及覆命。這樣的解釋道出漢朝思維的情境，但若是將歷史推向更前，溯其源頭，勞思光先生認為，在周人反神權的思想傾向下，「命」觀念乃由「命令義」轉為「命定義」。「命定義」之命，以「條件性」或「決定性「為基本內容，此處不必然涉及意志問題，而必涉及一「客觀限定」之觀念。「命定義」之命，固是晚出之義，但正與日後儒學所取之態度相符。[3]於儒家而言，命分「自然生命」與「天命」（或是後起孟子之言「立命」）二類。如「死生有命，富貴在天」《論語・顏淵》的自然生命，又有「畏天命」之自我省思及自我鞭策之意。

　　孔子談「命」，在《論語》提及的共有七處，概述如下：

　　哀公問：「弟子孰為好學？」孔子對曰：「有顏回者好
　　學，不遷怒，不貳過。不幸短命死矣！」（〈雍也篇〉）

　　伯牛有疾，子問之。自牖執其手，曰：「亡之！命矣
　　夫！斯人也而有斯疾也！斯人也而有斯疾也！」（〈雍也
　　篇〉）

　　子罕言：「利，與命，與仁。」（〈子罕篇〉）

　　子曰：「……賜不受命，而貨殖焉。……」（〈先進篇〉）

2　〔漢〕・許慎撰，〔清〕・段玉裁注：《說文解字注》，二篇上十八，臺北：藝文印書館，1979，頁57。

3　勞思光：《新編中國哲學史（一）》，臺北：三民書局，2014，頁131～135。

司馬牛憂，曰：「人皆有兄弟，我獨亡！」子夏曰：「商聞之矣：『死生有命，富貴在天。』……君子何患乎無兄弟也！」（〈顏淵篇〉）

子曰：「道之將行也與？命也！道之將廢也與？命也！公伯寮其如命何？」（〈憲問篇〉）

孔子曰：「不知命，無以爲君子也。」（〈堯曰篇〉）

　　孔子這七段話中的前五段涉及到「命」的原始意義，後二段即已從「命」跨越到「天命」的認知。但是探討這個命題不能忽略當時的環境與條件。《韓非子‧顯學篇》云：「世之顯學，儒、墨也。儒之所至，孔丘也。墨之所至，墨翟也。」[4]孔、墨二子爲了回應所處的時代問題，尋求人在天地之間的定位與生命的安立，孔子提出「知天命」（或稱爲「知命」），而墨子則對彼時廣爲流行且爲風尚的「命」之說提出針砭與批判，倡論「非命」思想。近人方授楚研究墨學，他認爲：「若莊子大宗師諸篇，列子力命篇所載，即其至完備之命定說也。然墨子當時所得見之命定說，乃孔子一派。」[5]因此，墨子所聞見之「命」義，除了基礎觀念的命令之本義外，有極大部分由孔子「知天命」之說推演而來。孔、墨二人對天道鬼神的認知殊異，因此所孳衍之「命」義並不相同。雖然二人所說「命」義之解讀不同，卻又同樣彰顯人文精神的兩個傾向，並具有複雜的道德觀念與人生理想之內涵，是其共通之點。

㈡自然生命

　　「命」的原始意義，就孔子而言，指的是「自然生命」，即是人本

---

4 陳奇猷撰：《韓非子集釋》，臺北：世界書局，1981，頁1080。
5 方授楚：《墨學源流》，臺北：臺灣中華書局，1979，頁98。

身稟受父母之氣、懷胎孕育的生命，有其不可預測性與存在風險，人的青春、容貌、高矮、胖瘦、生存空間與時間長短等。其內容即落在人類生命的限制與省思超越的問題。「人類生命的限制」即是指人的自然生命，簡言之，即落在存有的死生壽夭的問題。此部分人只能順是而已，本來就是無可奈何之處，亦不能強求而得而增；人本是首目之類，含血之屬，莫不有命，涉及生死本就自然，雖知其所始，但無從預測其所終，更無法事前預知而能避禍進退自如，而此自然生命之緣聚與表現，則顯然與由生理條件、心理條件和社會條件所聚合而成的，尤其是側重在以生理條件為重點。因此，孔子面對優秀學生顏淵的早死，也只能慨然而嘆「不幸短命」；面對伯牛之疾亦有其無可究竟之惑；即如「死生有命」之問題，孔子的態度顯示出不忍、不安之悱惻之情，亦是人之常情，孔子雖是聖人，亦不能無動於衷！面對這樣的情境與現實，孔子提醒我們即是坦然地接受與面對。於是吾人發現：孔子對其自然生命的歷程的體悟，即表現在「超越性」上《論語·為政》：「吾十有五而志於學；三十而立；四十而不惑；五十而知天命；六十而耳順；七十而從心所欲，不踰矩。」由此掌握自然生命中重要的突破與轉折點；從中看出「求新與求變」，「心智的機能轉換」與「自我期許」於是從「自然生命」出發展現「志」、「學」與「權」的種種目標與對策，在生命的每個階段上，以十年為一個單位，皆可由學而至於立，立於禮，存於心，對於目標的追求有了堅定的信念才能不惑，最後知道天道流行而賦予我人之使命的貫徹與實踐，進而梳理此生之種種而能知人論事，皆可看到孔子對此生命精進的感悟與理解，進而創造賦予自然生命的價值。

三、命與天相連所產生的「天命」概念

(一)具主宰意涵的「天命」

孔子於《論語·為政》曰：「吾十有五而志於學，三十而立，四十而不惑，五十而知天命，六十而耳順，七十而從心所欲不踰矩。」之概述

已如上所述，但是其中最引人注意的乃是「五十而知天命」之語，孔子將「天」與「命」合講，此處即可看到最初具主宰意涵的意志神「天」和最初的宿命論之「命」的關連。綜觀《論語》一書，與「天命」一辭相關者，或作「天」，或作「天道」，或作「命」，或作「天命」，或作「鬼神」等。其中言及「天」的篇章，計有十例。這是孔子在經歷人生起伏波折，面對盡己之力以挽狂瀾而竟未能如願之際的深沉感悟，雖知其不可而為，雖是遺憾而有所領悟，進而檢視生命歷程中的偶然與應然性。《論語》之文如下：

1. 「獲罪於天，無所禱也。」（〈八佾〉）

2. 「天將以夫子為木鐸。」（〈八佾〉）

3. 「予所否者，天厭之！天厭之！」（〈雍也〉）

4. 「大哉堯之為君也！巍巍乎唯天為大：唯堯則之！」（〈泰伯〉）

5. 「天生德於予，桓魋其如予何！」（〈述而〉）

6. 「天之未喪斯文也，匡人其如予何！」（〈子罕〉）

7. 顏淵死。子曰：「噫，天喪予！天喪予！」（〈先進〉）

8. 「死生有命；富貴在天。」（〈顏淵〉）

9. 子曰：「不怨天，不尤人；下學而上達，知我者其天乎！」（〈憲問〉）

10. 子曰：「天何言哉！四時行焉；百物生焉。天何言哉！」（〈陽貨〉）

而關於「天道」者，則有一處：

子貢曰：「夫子之文章，可得而聞也；夫子之言性與天道，不可得而聞也。」（〈公冶長〉）

此處言及命之所來與所限的背後存在依據為天，此「天」為具有「神格義」與「主宰義」的天，為冥冥之中自有主宰，非人力所能左右，是具有賞善罰惡、明察秋毫之位格主體，有意志力之「主宰天」。但是孔子對這樣的天之認知並沒有流於迷信與走入非理性之思考，他知道「事在人為」，天雖不測，但是人之努力是可測的，人所要表現出來的是超越意義之下的「義理之天」，而非落在「主宰之天」的宿命情境上。人要「知天」並非揣測禍福吉凶，而是盡人之力而有所成就，這種理性的態度，和他對於鬼神的態度是一致的。而由「天」轉至「天道」即是開出人道，擺脫原始迷信而進入文明。

子貢說不可得聞孔子「天道」思想的話是頗有見地的，並且顯示孔子對於「天道」觀念的認知。孔子由反省自然生命的有限，卻也不願屈從於自然規律之命定與安排，觀察到此天地自然變化之理是常存於現象世界之後，並且成為一個理性的秩序與規律，進而影響實際的生活世界，這即是孔子對「天道」的感悟與體悟。《論語・子罕》言：「子罕言：利，與命，與仁。」子貢應該是有所聞有所知卻又覺得不甚明瞭，故而有此一說。儘管如此，由《論語・陽貨》曰：「子曰：『予欲無言』子

貢曰：『子如不言，則小子何述焉？』子曰：『天何言哉！四時行焉；百物生焉。天何言哉！』」，再從「子在川上曰：『逝者如斯夫！不舍晝夜！』」（《論語‧子罕》），「日月逝矣，歲不我與！」（《論語‧陽貨》）等言論，我們可以得知孔子的天道觀是指自然之運行法則。依據他的觀察與哲思，反省到這個「天」具有健行不息、偉大無盡的動能，是這股不可思議的力量孕育萬物，使四時運行有序，形成自然世界與人文世界雙重發展。這是理性思維的作用而生，也是表現它「超越性」的內涵與體悟。

但是孔子也說「唯天爲大」（《論語‧泰伯》），他認爲天是偉大的，人間聖王帝堯猶以之爲法則。再者，孔子又說「畏天命」[6]之語。「畏天命」，隱含了天是萬物創生的力量，天也是萬物存在價值的根源、正義與意義之所由。孔子所認知的「天」，保持了天的超越性的性格，可見他的天道觀是多元的。在此認知下的「天命」，一方面是指命由天而來，自然萬物無一例外，但另一方面則指出天命的本質在「德」，德要落在人的身上，才能而有「人道發皇」也才能有「人文化成」。

> 儒家爲代表的諸子百家並沒有一個神話時代作爲背景和出發點，宗教的倫理化在西周初即已完成。……在中國的這一過程裡，更多的似乎是認識到神與神性的局限性，而更多地趨向此世和「人間性」，對於它來說，與其說是「超越的」突破，毋寧說是「人文的」轉向。[7]

此種觀點也符應了先秦天道思想的「宗教人文化」之轉變，使得

---

6 《論語‧季氏》：「子曰：『君子有三畏：畏天命，畏大人，畏聖人之言。小人，不知天命而不畏也。狎大人，侮聖人之言。』」見《論語正義》，頁149。

7 陳來：《古代宗教與倫理─儒家思想的根源》，臺北：允晨文化，2005，頁11。

具主宰義的「天命」轉向具有道德實踐使命的「天命」。將「命」與「天」聯結而言，代表的是一種從存在層次的「事實層」轉向意義層次的「價值層」。原本的「命」是人所具有的自然生命，表現在生、死、壽、夭的自然命定上，這是人所無法改變的事實，並且無一例外同時又具有普遍性，正如「凡人皆會死」的命題一樣。但是孔子的「哲學突破」（philosophical breakthrough）正是將「命」與「天」二個觀念作聯結，開出超越性「天命」之說，其意涵即從事實層面轉向價值層面，命雖屬自然，但人可在人世間開發出超越、進步與創造的價值，從消極意義的「命運觀」轉至積極層面的「運命觀」，此「命」由我運轉、掌舵及把握，而非受制於他人與外在條件，亦非生來如此命定如此之宿命，當有任何可能的改變機會，人必當作自己的主人而毫無畏懼，所以君子才能不憂不懼，也才能有所爲與有所不爲，而能擇善固執。孔子進一步將「命」放在天人之際的關係上來加以思考，於是「天命」觀所表達出來的由原初人生實際的生命感受即產生轉化，並非僅是負面的評價及逆來順受，而是一種使命感和道德情操。生命的價值與美感即是孔子所說的「士志於道，據於德，依於仁，游於藝。（《論語‧述而》），天命不是要人宿命，而是「志據依游」，而生命的本體即是「道德仁藝」，於是儒家的「道」是「體」，而「德」是「相」，二者皆內在。仁與藝是用，皆在於外在；但是孔子又特別突出「仁」是德之實踐的發軔者與本心爲用，所以才是以仁爲本，仁又源於德，德又源於道，於是價值世界與事實世界爲一體，二者才有發生意義、指導生命之開拓的可能。

㈡具道德與超越意涵的「天命」

　　因爲當吾人思考生命的起源問題時，必然地要推本於天，而不是無中生有的。推本於天，也就是要思考無限的超越者與有限的人類存有者的關係問題，中國人並不以爲天絕

對地超越於人的生命之外，反而視天與人有一定的相互感
通與關連。因此，對於人之性命所必然有的有限性，其感
受並不是完全負面的，或完全排斥的。更重要的態度，是
在知天命不可違的觀念中，更想探求如何辨別天命的內
容，或人生命運的走向，以進而求得能超越有形的限制，
達致現實生命的最完美展現。[8]

這樣的認知與轉化展現出生命的美感和無畏，基於這樣的認知方能有
「朝聞道，夕死可也」的豪情，也才有對自我生命的高度期許，如同「士
志於道，據於德，依於仁，游於藝」。一個具有道德仁藝的人格理型，才
是真正體現「天命」的本質，也才是天命下貫而成為個體生命美感與操守
的表徵。這是孔子為儒家所立下的人格理型與學派本質，知天命者方成大
器。

但是我們也須注意到另一事實，若從歷史事件、朝代遞嬗的角度言
之，「天命」觀的出現，本來就是政治上的手段，起因於商周政權的交
替，避開以下犯上的弒君判斷，周取商而代之，即訴諸「天命」，是天之
命令，人無可逃避，為其政權統治的合法性找到一個正當性的理由，以及
政權轉移的根據，因此，「天命」最早即具有是政治性與社會性，涉及國
祚之命的給予，是由天所決定，但是孔子依此立論也給予道德的地位，找
到了人生的定位，並且發現此「天命」一旦由政治個性轉至道德個性，即
由外在而至內在。

孔子對於「命」對人的生命所造成的一定安排，固有所認知，亦有其
不忍、不安的情緒起伏，但孔子並未因此對生命的認知轉向消極與宿命，
反而表現在對於自己認知的道德本性之應然，以及對於上天使命稟受的使
命堅持，他以積極的態度來面對，即是「不懼」，最為有名的，莫如「道

8　張永儁：〈命理與義理〉，《哲學雜誌》，1993年1月出版，第3期，頁10。

之將行也與？命也！道之將廢也與？命也！公伯寮其如命何？」（《論語・憲問》）由是，孔子對「命」即有其客觀性的認知，此乃「生死有命」，但亦有其主觀性的執著與期待，此乃「道之行或廢」的價值判斷與使命感，於是「天命」之賦予雖在天，但能不能擁有卻是在人，所以才會有「朝聞道，夕死可也。」之豪情壯志。

　　敘述闡釋儒家之「命」與「天命」的觀念之後，本文作出如下的綜合。命所指的經常是外在客觀條件的命運，但是天命卻關連到內在生命，顯示了很深的敬畏與強烈的擔當與使命感。這樣的觀察是敏銳的，但本文要指出的是，天命的來源固然是來自天，命的來源也還是同一個天，這由子夏從孔子那裡聽來的兩句話所謂「死生有命，富貴在天」可以得到明證。這樣我們既有可以理解的內在於我們生命的天命，也有不可以理解的同樣來自於天的外在的命運。必須結合這兩方面的體證，才能真正把握到知命的深刻的含義。意指「命」的範疇包括「可以理解的內在於我們生命的天命」和「不可以理解的外在的命運」兩層意義。[9]透過《論語》的記載，我們可以具體的理解到舉凡人在現實生活之遭遇，比如對於：死生、疾病、壽夭、窮通、貧富、貴賤、禍福、吉凶、利害、得失等等，以及其他非人力或主體之我所能做主的，在儒家而言，大抵都是可以謂之為「命」的，而生命中的無懼、無畏、雖千萬人吾往矣的熱情與毅力卻是「天命」所賦予，它固然起於原初的自然律，但是最後之所以得其本質，無非是來自於人的自覺與自省的結果。「天命」賦予我人之道德使命感與大無畏的情操意志，同時又給予我人生命、情懷中的得失撫慰以及東山再起的豪情與意志。

---

[9] 劉述先：〈論孔子思想中隱涵的「天人合一」一貫之道——一個當代新儒學的闡釋〉，《中國文哲研究集刊》第10期（1997年3月），頁18-19。

四、結語

儒家自孔子開始，對於「命」的觀念即作了意義的轉換，稱之爲「哲學的突破」（Philosophical Breakthrough）。次言之，「命」與「天命」是二層世界的概念，孔子與其弟子的對話已經作了澄清與指引。就吾人的生命之機遇與發展而言，吾人看到由此而引申的三層意涵：第一層是「自然的生命」，是「死生有命」之命，人在自然世界中無可逃避與必須面對的事實，這是人理性認知的結果，所以想要試圖逃避這個結果的其最後即是徒勞無功。其次，在第二層是孔子所發現而不言的，人的生命中還有一種「偶然的生命」，是偶然性的機遇，可遇而不可求，甚至是窮其一生仍無緣遇到的，例如守株待兔諸如此類之事。因此，我們不能將偶然視之爲必然，否則將落入陷溺與遲滯。如此方能不惑於偶然。第三層生命是「應然的生命」，做爲一個主體，有自覺意識的人，面對著自我使命之期許，人該當擁有的一種使命感與抱負，努力實踐它，所謂的「只問耕耘，不問收穫」之情操。但是生命中順境與逆境是人所無法掌握的，也不是人主觀的願望即可達成的，面對這樣的結果，即是孔子勉勵人實踐其所當然並且要擇其應然，但結果若是其不能盡如人願，即以天命解之。所謂「得之我幸，不得之我命」並非消極無奈，而是生命中深刻體認到的一個事實，人所能掌握的是盡其在我，所不能掌握的，我仍然不放棄，但孔子也提醒我們不輕言放棄使命感，偶然之成功不可惑於一時，人是要擇其應然，這才是「天生人成」（借荀子說）的寫照；面對經此過程與努力，依然無法改變現實時，也需認知到一旦無法改變時，就要坦然接受其事實，這個態度就不是宿命，而是「立命」（孟子之言）「以義立命」的展開。

──本篇宣讀於韓國嶺南大學舉辦「現代視域中的東亞文化學術研討會」，2016年5月19-22日，改寫後發表於吉林師範大學學報人文社會科學版，2016年第44卷第4期。2018年修訂。

儒家王道思想探析

內容摘要

儒家以王道思想為其人間社會秩序的一種理型狀態與制度的規畫，具體而微彰顯王、霸之分，也突顯儒家仁政的內涵，王道是「為政以德」、「明德慎罰」，並且要求統治者以德潤身，實行仁政，以確保統治的正當性與合法性。透過王道與霸道兩種政治型態的對比，發現崇仁義，以道德之心行仁義之事，因此，王道是以德服人，而霸道是以力服人，境界之差異昭然若揭。孟子為王道建構具體的事項以為主政者所必須完成之事，王道的政治，有其目標、策略、施政的重點，確為儒家理想政治之內容。

一、前言

中國文化曾有過輝煌的歷史，漢唐盛世文化遠播，萬邦臣服，「漢化」與「唐化」成為中國文化輝煌豐碩的文化成就的另一代名詞。所謂「遠人不服，則修文德以來之，既來，則安之。」（《論語・季氏》）此觀念強調以道德建構實然世界的秩序，成就人文化成的社會。中國文化是從儒、墨、道、法、名、陰陽諸學派中因革損益而成，外來的宗教－佛教進入中國，也滲入了儒、道的生活世界，「齊家」與「出家」可以共存而不矛盾，「虛境的空靈」與「萬法皆空」可以互相援引及融滲，中國人的文化型態不再是單純的一家一派或一宗，而是總體的觀點，談儒不離道，談道不離佛，儒士與居士二者可以相互對話與交流，儒、道、佛的文化彼此融滲之結果，已成為傳統知識分子的理型及行事的準則。

近代以來西方的工業文明與資本主義制度，在政治力的強勢支配與衝擊下，使得近代中國幾乎被連根拔起，而成為「失根的蘭花」。早在清

朝統治開始的階段，學術思想上便從「義理消沉、訓詁當道」、師夷長技以制夷」，經「中學爲體，西學爲用」，到「全盤西化」，哲學的慧命之沉淪可用「禮壞樂崩」來形容。中國文化面對西方文化的挑戰能予回應的是什麼？面對世界文化的變遷與衝擊，儒家思想是否可以對世界文化提供何種參照？便是關心上述歷程，而不能逃避的問題，亦是關心儒家未來發展，所需面對及思考的議題。

　　不管是從各個民族視域自我證成的「自證慧」，以迄具有放諸四海皆準、普世價值意涵的「共命慧」；或是經文化人類學研究及觀察而得的成套行爲系統與背後的價值系統，或是溯源至西方文化源頭所理解的心靈修養與公民素養的見解，文化所代表的是某一特定的族群在時間與空間中的連續創造發明之成績，包括了器物面、制度面以及價值層面等三個方面的成就。吾人亦可從中理解經由對比差異與對話，尋找新文明對人類生活與未來發展的參照與可能性。儒家作爲中國文化的典型之一，它曾深刻地影響了中國人的思與言，並且形成規範，吾人自不能忽略其存在，亦應當探討它的內涵與價值，以思考文化衝突之後的開展與時代意義。

二、王道思想的本質及其實踐

㈠殷周的王道理念及問題

　　王道文化之概念，應上溯到殷周之際，《尙書》：「無偏無陂，遵王之義；無有作好，遵王之道。」[10]已蘊含王道之意，其實，所謂王道，就是指「無偏無黨，王道蕩蕩；無黨無偏，王道平平；無反無側，王道正直。」[11]所謂無偏私、無阿黨、無反道、無偏側，就是秉公而行、率直以爲。因此，主政者，如果能依據上述原則任命官吏，施行政事，則天下就可以成就王道，不能則就成了霸道。周禮所依循的政治理念也就是「王

---

10 《尙書・洪範》。
11 同註10。

道」，這是儒家所傾心的理想政治。但是在這個政治理念中存在著一個悖論：周人是以屬國的身分取代原來的宗主而稱王，無法訴諸革故鼎新的神聖性與正當性，只能借「天命」的概念來進行所謂「順天應人」的革命，實際上是以「霸道」之方式取得天下。既然周人可借「天意民心」來進行「革命」，進而推翻殷商的統治，又如何能保證自己的統治能得到「天意民心」的眷顧，不被另一次「革命」所推翻呢？因此統治者在政治作為上採取了臨淵履薄的態度。由此可看出「王道」政治理念並不能保證下一次就無革命發生的可能性。

周初的統治者以分封建國把王道政治的基礎建立在宗法倫理之上，還進一步從哲學的角度反思統治的「正當性」問題，因而對統治者提出了「德」的要求。統治者有德，其政也就是「德政」；設若統治者失德，其統治也就失去了正當性。可見，對周代的王道政治而言，只有宗法倫理的規範，還不足以「霸道」形式取得的天下趨於長期穩定。處於統治地位的人物還必須有「德」，這樣的統治才有正當性。統治者如果失德，就背離了德政；德政不存，也就背離了王道，則會有「天意民心」的變化，新的霸道形式的「革命」之發生也就是自然而然的結果。

但是，如何保證統治者能遵循王道、實行德政呢？就現實層面而言，王道政治的制度設計雖然很理想，卻無法保證「受命於天」的周天子始終做到「為政以德」、「明德慎罰」。統治者自身的政治素質和道德修養成了王道政治的人文基礎，抽象意義上的民心民意成了評判的標準，二者之間不存在制度的交集，也就毫無拘束力可言。就此而論，周代的政治雖然相對殷商有了更進步的人文關懷，削弱了鬼神迷信的成分，但王道政治的基礎還是落在以人為主的主觀期待，其文化支撐點是宗法倫理和統治者的道德，因而也就變成了完全徹底的人治，這種制度並非是客觀理性的制度建構，亦無普遍性的社會共識為基礎，因此在制度面的建構上是較為脆弱的，存在著許多的變數與危機。

(二)儒家王道思想的義理內涵

　　「王道思想」是儒家反思周文價值強調以德服人所建構的理想世界，可謂是道德的理想國，孔、孟二人一生中戮力于建立這個理想，故有「先王之道，斯爲美。（《論語・學而》）」之頌，但千年來中國的政治文化與實際的政治作爲無法展現此種價值。其中的原因正是理想性與現實性的扞格，亦即是「道尊於勢」如何可能的問題，儒家堅持以道德指導政治，孟子之名言：「惟大人爲能格君心之非。」（《孟子・離婁上》）令人動容，但現實世界是勢與道相互排斥而成緊張的關係，反思今日人類文化的問題，本質上即是「道」與「勢」的衝突問題。政治的實然是霸道，因此才會有各種的衝突發生。

　　儒家的王道思想不離王霸之辨，《論語》中「如有王者，必世而後仁」（《論語・子路》），意指王道是指有德之君及依道德原則行事之人，若能實踐此義便是王道。孔子說：「齊桓公正而不譎。」（《論語・憲問》）又說：「桓公九合諸侯，不以兵車，管仲之力也。如其仁，如其仁。」（《論語・憲問》）孔子的評論並非意謂著孔子沒有王霸之分的觀念。儘管孔子未曾用王霸的語辭，他卻實際上隱含了王霸二分的觀念。他曾說：「天下有道，則禮樂征伐自天子出；天下無道，則禮樂征伐自諸侯出。」（《論語・季氏》）所謂「天下有道」乃指在大一統的天下局面時，天子享有發揮其最高的政治領導能力，禮樂政教由天子制定，天下的律令齊一。換言之，在亂世中，孔子面對有道與無道，他的期待是：若具有政治影響力者能以德化民，仁澤廣被，使天下百姓衷心悅服地歸順，則爲天下之王者。孔子的態度帶著一種高度的期許和寬容。

　　孟子則是從植基於道德理想的價值判斷來看王霸之分，「以力服人者，非心服也，力不贍也。……以德服人者，中心悅而誠服也。」（《孟子・公孫丑上》）《孟子・梁惠王》記載齊宣王有一次向孟子問起齊桓公與晉文公的事業。孟子卻冷冷地回答說：「仲尼之徒，無道桓文之事者，是以後世無傳焉，臣未之聞也。無以，則王乎？」在孟子對春秋時代二大

著名霸主所做的評論中，表明了其尊王黜霸的立場。這也正是孟子所強調「以力假仁者霸，以德行仁者王。」《孟子·公孫丑上》的說法。孔孟二人皆高舉德治以實踐王道，並且將王道世界視爲一個可欲與成就的目的追求。

　　至於荀子對王霸的看法，有其器識與視野。他以「王」爲政治的最高理想。他以五點來闡述其王道思想：「王奪之人」（《荀子·王制》）、「隆禮重賢而王」（《荀子·強國》）、「義立而王」（《荀子·王霸》）、「粹而王」（《荀子·王霸》）、「善日者王」（《荀子·強國》）。他認爲王者必須爭取人民的支持、守禮、有義、勤勉奮爲，才能獲得人民的支持，由此觀之，荀子的王道，仍落于統治者的治國之道。他雖尊王卻不黜霸，對王霸的區分是「用國者，義立而王，信立而霸，權謀立而亡。」（《荀子·王霸》）。對荀子而言，立基於道義的「王」是至高的理想，「霸」則有其現實上的意義及考慮，但評價不及「王」。荀子的王霸之概念係皆以安治天下人爲志業，二者差異之處在王者崇仁義，以道德之心行仁義之事，對事物的判斷則是應然的價值意識，超越現實對待條件；反觀霸者以事功爲目標，純以功利之心行仁義之事，因此只重外跡，可歸屬於利而行之者。對此，曾春海認爲：

　　　　荀子在政治的主張上，以王道爲理想，但爲現實的事功計亦不反對霸道。總之荀子是以「王霸兼采」來實踐其禮治的目標。至於王霸之間的關係，可說霸道是實現王道的必經之歷程，王道則是霸道的終極指標和歸宿。[12]

---

[12]曾春海：《儒家哲學論集》，臺北：文津出版社，1989，頁146。

三、王道之實踐進路

論述王道之概念後，續探如何可能之問題，儒家王道思想之實踐有其次第與步驟。葉海煙認爲王道之實踐步驟與脈絡如下：

> 至於孟子的「王道」思想，則由「民本」的原理推擴而來。而所謂「王」者，期極致乃指以德一統天下者，而其所以能爲王者，則端在其能愛民保民養民，孟子乃明言：「養生喪死無憾，王道之始也。」由此看來，「王道」自必落實在「王政」之上，而王道與王政之合而爲一，即是「仁也者人也，合而言之，道也」。人而能行仁道，此「人」是「仁人」，此「道」是「仁道」，而此「政」亦即「仁政」。對此一政治之推動必須順道德理則發展之方向的基礎的倫理觀，孟子顯然完全相信。[13]

由此可知，王道之實踐之道，必然涉及到實然面與應然面的統合，儒家強調以應然爲其價值導引，以人民的幸福爲目標，這種自我期許，即是王道施爲的道德評準，德治顯現，而在實然世界展現其價值。就其實踐次第分述如下：

㈠生存權

爲建立王道的社會，孟子提出一個循序漸進的步驟，首先是確立「民之爲道」的第一要務：

> 民之爲道也，有恆產者有恆心，無恆產者無恆心。苟無恆心，放辟邪侈，無不爲已。及陷乎罪，然後從而刑之，是罔民也。（《孟子‧滕文公上》）

---

[13] 葉海煙：《孟子人權觀的哲學意涵》，哲學與文化，第34卷第7期，2007年7月，頁15-16。

　　儒家務實之處，即在於建立人民是王道受惠的對象，要能加惠於民，必先鞏固其生存權。有恆產才會有恆心，這是生存權的保障，有恆產方有生存的基本動力，也才能養父母及其家人求得溫飽，也才能避免戰爭凶年之傷害。繼之要實踐的第二步驟便是「教」，亦即是受教權的普遍實施，使之能擺脫獸性，進到人性層次。

㈡教育權

> 設爲庠序學校以教之。庠者，養也；校者，教也；序者，射也。夏曰校，殷曰序，周曰庠，學則三代共之，皆所以明人倫也。人倫明於上，小民親於下。有王道起，必來取法，是爲王者師也。（《孟子・滕文公上》）

　　這說明教育權的重要，通過教育權，人民經過教育之後方能從而獲得人文化、社會化以及結合「成人之道」與「成德之教」，如此才能有助於提升人格的養成與提升。假設「先公而後私」成爲可能，亦成爲社群互動的準則，此公正性原則當爲人們所接受，因此「善政」與「善教」才可以相輔相成，孟子說：

> 仁言不如仁聲之入人深也，善政不如善教之得民也。善政，民畏之；善教，民愛之。善政得民財，善教得民心。（《孟子・盡心上》）

　　此段話說明對儒家理想化落實的高度期待，而落實此種理想，必須仰賴教育以化育百姓，導入德治。

㈢善政

　　「善政」所指的是政治實然面的作爲，也就是導向于仁政，而「善

教」則是導入于文化的理想面，是應然的規範。由個人之個體生活與經濟生活的滿足，經由制度面、技術面及生活世界中各種具體的實踐策略，結合「以民為本」、「以人為尊」為其本質，也是建構群體生活價值的基礎，經由此步驟的運作，這種王道的理想性之實踐或有可能實現，其關鍵點即是在肯定王道文化中，每個人皆有生存權、受教權、經濟權與社會權等。但是現實的世界是否如此？就現實之社會而言，仍不免有所偏失，孟子就看到了這個問題的嚴重性：

> 庖有肥肉，廢有肥馬，民有饑色，野有餓莩，此率獸而食人也。獸相食，且人惡之；為民父母，行政，不免於率獸而食人，惡在其為民父母也？仲尼曰：「始作俑者，其無後乎！」，為其象人而用之也。如之何其使斯民饑而死也？（《孟子·梁惠王上》）

「王道」的價值觀念啟于殷周之際，對政治的高度期待，而周王室的政治動機和對政權延續的合理性與統治合法性假設，到了孔子便以德治觀念處理王霸之分，而在孟子身上得到實踐，這個邏輯是建立在「天下之本在國，國之本在家，家之本在身。」（《孟子·離婁》）這是儒家以理性的態度和道德心靈貫通個人、社會與國家三個層面。而王道文化的目標即是實現中國哲學的「和諧」精神，和諧便是不失衡、具有創生性、包容性、多元性的特質，王道文化即是對人道關懷和人性尊嚴的雙重肯定，亦即是「各正性命、保合太和」理念的實踐，由是而有王道政治的高道德標準和預設。

㈣管理意涵

德治主義是儒家管理理念的核心。朱建民認為：「『德治』一詞其實包含兩方面的意義。第一個意思是說，管理者本身需要具備相當程度的道

德修養；德治的第二個意思是說，以道德做為管理力量的來源，換言之，規範組織成員的根據在於道德。前者是治人者必須有德，後者是以德治人。」[14]

從「道之以政，齊之以刑」和「道之以德，齊之以禮」的對比來說，孔子強調德治而反對刑治，只是由於當時的統治者大多採用刑治而一昧地使用賞罰達到統治的目的。究其實，儒家並不完全排斥賞罰。德治的成功，端賴于教育的成功。在教育的過程中，適度的賞罰是不可避免。對於那些能夠自律的人，應該有所鼓勵；對那些未能自律的人，亦應給予警惕，此時不能不用賞罰做為手段。

面對亂世，儒家認為撥亂反正的關鍵在於人，尤其是在統治階層。因此，儒家的管理思想大多在談管理者，關心「如何才是一個好的管理者」，亦即是「君道」的發揮。或許由此而有儒家重人治的說法；其實，這只是矯枉之說。深入地探討亦發現儒家亦重制度，只不過周文之制度已成他們的預設。孔子本人可說是主客融通，一方面謹守周文之客觀制度以維綱紀，一方面則注入實踐者之真誠生命、以仁成就自我以及開出道德世界。孟子偏重主觀面之仁心闡述，因而成就王道哲學的形上學與人性論，荀子則偏重客觀面之禮義法度，開出君臣對待之道與禮義之統，建立了客觀面的制度架構及治國之道。

(五)終極關懷

先秦儒家目睹霸道中的慘況，包括苛政猛于虎、路有餓莩、老弱輾轉於溝壑，最後將治亂之源歸於統治階層。統治得當不得當的關鍵，與其說是「法病」，不如說是「人病」。儒家將動亂的責任歸於在統治階層。因此想要謀求天下太平時，很自然地，是以統治者做為要求及導正的對象，更以統治者個人的修身正己做為規範。孔子對季康子說：「政者正也；子

---

[14]朱建民：《儒家的管理哲學》，臺北：漢藝色研文化公司，1994，頁124。

帥以正，孰敢不正」。（《論語・顏淵》）孟子曰：「君仁，莫不仁；君
義，莫不義；君正，莫不正」。（《孟子・離婁上》）荀子曰：「君者，民
之原也；原清則流清，原濁則流濁」。（《荀子・君道》）可見孔孟荀在
這點的看法是一致的，亦可看出王道世界是否實現的關鍵是來自正己，統
治者是政治清濁的源頭，因此從原始儒家對君（統治者）的要求與批判而
言，看到儒家是有其理想性與務實性。

　　就儒家的觀點而言：王道之始在於養生喪死無憾。而王道之終是各
正性命保合太和。論及王道之實踐是達於均無貧，和無寡，安無傾。遠人
不服，則修文德以來之的理想實現。但是現實的世界政治中，是否允許我
們如此地樂觀以對呢？事實上仍然有許多的挑戰。由此深思在導向王道文
化的世界中，仍然充滿著挑戰與困難。而哲學的思維，縱然是處在現實條
件的扞格之下，仍以超越的視野重新審視檢驗現實世界中政治的意義與情
狀，建立新文明的方向當是哲學的使命。

四、對王道思想的反思

　　作為儒家政治哲學的核心價值，也是鼓勵統治者朝向實現王道之路的
價值導向，王道思想形成一種政治權威性與統治合法性的預設，也是督促
統治者奉行的目標。而儒家在政治現實面，亦以「君之師」之姿態出現，
但是對於王道思想的實踐，是否符合了儒家的原先預設，是吾人必當關注
的議題，以反思針砭這樣的「理想國」有無可能實現？

㈠王道政治權威合法性轉化成為現代理性與道德精神

　　政治權威合法性的觀念是東西政治思想中的一個重要命題，人類的
政治活動產生了統治的政府和被統治的人民，而政府對人民的統治必然
涉及權力的運用。如何使得統治有其合法性，受統治是出自于內心的意
願，而非僭於權力的逼迫，便是在政治權威合法性遞嬗變遷的時空環境
中，必予調整轉化的問題。這個關注始自於18世紀法國思想家盧梭（Jean
Jacques Rousseau 1712-1778），他說：「苟非使權力變成權利（right），

化服從（obedience）爲責任（duty），縱使最強的人，其強曾不足永爲主宰。」[15]盧梭所要求的轉化過程，就是政權合法性的問題。

從中國哲學的發展中，政治哲學中的權威合法性是歷朝各代所關切的重點，如下所述：

> 中國哲學的特性在求現實人生的安頓，政治是人類生活相當重要的一面，中國哲人對這一面自然多所用心。他們所提出的最高人生理想是內聖外王，修養的德目不僅包含修身、齊家等私德，更揭櫫治國、平天下的究竟目標。「聖王」因此成了人倫的極致。[16]

從儒家對王道以及天命的理性反思，產生了意義的轉換，以「德」取代統治的威權合法性，至此王道的原始意義進入理性的轉換，從最古老的天、君德與人民三者，轉向君德與保民，天命的標準是統治者之德行是否能行仁政，而德行的基本內涵即在於愛民、保民，透過道德約束君王，只要君王能愛民、保民，便能獲得享有天命，維持其統治，其統治的合法性即獲得保障，此種合法性的觀點，蘊涵了「理性精神與道德精神」，亦具體出現在「其身正，不令而行；其身不正，雖令不從。」（《論語‧子路》）、「苟正其身矣，于從政乎何有？不能正其身，如正人何？」（《論語‧子路》）。魯哀公爲政治權威的喪失、改令不能行而感到苦惱，他問孔子：「何爲則民服？」孔子的回答是：「舉直措諸枉，則民服；舉枉措諸直，則民不服。」（《論語‧爲政》）這說明了道德是使人心服的最

---

[15] Jean Jacques Rousseau, *The Social Contract and Discourses* ,trans .by G. O. H. Cole (London ,J .M .Dent and Company, Inc, 1950), p.61.

[16] 張端穗：〈天與人歸─中國思想中政治權威合法性的觀念〉，收錄于黃俊傑主編：《中國文化新論思想篇─理想與現實》，臺北：聯經出版公司，1982，頁99-100。

後根據。儒家從孔子開始，經孟子的仁政思想、民心向背是天命的表徵，確立了君王以本身德行，達成養民、教民的目標，而後自然建立統治的合法性，儒家認爲這樣的方式是最有效，所建立的統治也最爲穩固的型態。因此，儒家發展出孔子的德治主義、孟子的仁政思想以及荀子絕對聖王等合法性統治的觀念，此種道德精神在今日時代依然有其意義，進一步言，即在治道之術中，體現政道的道德性與指導性。

如果理性被認可爲近代以來追求現代化的指標之一，我們自不能背離此一原則，吾人觀察儒家哲學亦具有濃厚的理性精神，從孔、孟、荀三子的思想中亦充分展現。因此，在邁向現代化的過程中，理性精神與道德精神，自不能予以忽視，不僅要保存此種哲學智慧，更要發揮其影響力，是此一轉化過程中不能偏廢的課題。

㈡儒家重現人的內在關係性，但更應重視外在客觀制度的建構

中國文化對於存在的三維關係是肯定的，亦即是肯定人和自然之間，人和人之間，人和天之間有內在的關係，能夠彼此相互感通，因此人間才能有仁愛，社會、宇宙才不致分崩離析，而能具有內在的統一性。此種內在的統一性，又緣自於人人對人格可完美性的追求。反觀西方自近代科學發展以來，皆認爲關係是外在的，可以透過理性的結構，予以機械性地控制。而透過知識方法所得到的種種理性的結構，便是用來管理這種外在的關係，爲此，西方文化重視科技的規則性和效率性，以及社會制度的客觀性和合理性。目的是爲了達成控制個體與個體之間的外在關係。在西方科學觀和社會觀之中，自然界的、社會的組成及結構，皆緣自於外在關係而形成。

中國文化則不然，一向重視個人、萬物，乃至於天，皆屬於內在的聯繫，可以相互交感。《易經》〈咸卦・象辭〉說：「天地感而萬物化生，聖人感人心而天下和平。觀其所感而天地萬物之情可見矣。」說明天地交感，聖人感人心，由相互感通可見萬物之情。儒家宣導仁義道德，亦是指

人與人之間，人與自然之間，人與天之間的一種完全自覺的、純粹無私的、本體上的感通。

但是此種內傾的文化，亦有其盲點，如：比較不重視科技控制之價值，因而未能產生西方近代型態的科技；比較忽視社會制度中的客觀性與合理性，因而法治遲遲未能建立，人治色彩濃厚；比較忽視制度化的宗教，因而一直沒有產生類似西方的基督教信仰。而佛教雖已中國化，但已發展至「人間佛教」，其所重視的是內化于人心的格律，而非訴求超越意義的絕對性。

現代化過程中，今天西方科技已經產生許多違背人性、破壞自然生態的弊端；法治制度、程式化、官僚化，缺乏人性感通；宗教形式化，失去內在的虔誠。在這種情況下，中國文化若能發揮其內在感通之優點，輔之以外在制度面、客觀性的科技與法制，必能內外相合，平衡發展，亦可賦予儒家思想義理的統整以及匡補闕遺，注入新生命。

五、結語

中國文化的最終目的，即在實現《周易·乾卦·象傳》：「乾道變化，各正性命，保合太和，乃利貞。」，儒家開出了致中和，天地位，萬物育，以達成和諧，這也是今日我們追求和諧社會的目標。

　　所謂的「和諧」就是指個人與個人，個人與群體，個人與自然在一種適當的比例和定位之下，順性發展，因而在表現差異之時亦能獲取協調一致的狀態。任何人在工業社會中作為企業組織的一個單位，或做為自然生態系統中的一分子，皆需認可群體與自然，回歸全體，並在全體的脈絡中適性發展。個人、群體、自然之間有一個適當的比例或分際，才能促成動態的生存發展，促成所謂「動態的和

諧」。[17]

　　儒家哲學所關切的主題思考是中華文化的共命慧，也是潤澤群倫、創造和諧的價值系統，當然過往對王道思想的批評不免將之歸於烏托邦（utopia），或是僅止於理念層次，缺乏制度面的建樹等論點。但王道思想來自孔孟，蘊涵孔孟學說的精髓，是出自於理性的反思，是對人性應然本質的期待。吾人亦發現儒家王道思想之實踐，即在成就仁政，而仁政的主體在仁者，有仁者行仁政，不仁者行暴政，「仁者人也」（《禮記‧表記》）、「仁者愛人」（《論語‧顏淵》），仁政必當涵蓋行仁的主體之仁者，即是為政者的道德實踐之境界，溯源匯歸於「仁」，同時在政治運作的過程及成果的展現上，亦同樣實現仁政，這才是將起點、方法與目標三者合一。在追求現代化的過程中，因革損益，從文化共命慧的觀點而言，王道思想或有可能為世界性的文化變遷提供貢獻。經由對比與參照，重新審視文明的發展軌跡與動力，理念詮釋與制度作為的可能性，儒家的王道思維或可是此波文化與文明創新再造的契機。

──本篇宣讀於孔子文化學院舉辦第四屆儒學大會，2011年9月26-30日。2015年修訂。

---

[17] 沈清松：《傳統的再生》，臺北：業強出版社，1992，頁56。

先秦儒家正義觀

內容摘要

　　先秦儒家的正義觀，其目的是在追求人間合理的群體生活，以顯現人存在的意義與價值。孔、孟、荀三子進而發揚其內涵而推陳出新，而注重在公私利益、理欲之辨，闡明在群己關係中，個人不僅需思考動機意向是否符合正義，進而引發人的正義感；荀子更大膽地提出規制之禮所展開的分配正義。由是儒家的正義觀，由內在而外在，社會正義實現的關鍵之處在仁（人心之善），而保全此種價值觀不受扭曲，使之具有普遍性的規範，則有賴於外在的禮義規約。

一、前言

　　「正義」這個概念及其在哲學問題上的討論，在中國哲學的發展史上雖不似「心性」、「德行」議題那樣引起哲學家的重視，但卻也不能忽略它是人們追求人間合理生活的「終極關懷」（Ultimate concern）。因此，儒家對於「正義」議題的關切，亦可解讀為是關注于生命意義的終極關懷，儒家的精神與訴求，如恢復周文制度與重建現實世界的倫理秩序等，無不圍繞著「正義」而發揮，進而重建「人」的意義與價值。

　　「正義」，是一個複合詞，二字連用時其意涵即呈顯其具有指導性的意義；首先從「正」字來加以解析。《說文解字》云：「正，是也，從止，一以止。」進一步言，「正」有兩重涵義：一是守一，二是從止。守一，是從積極方面來說，「一」即標準，守一即把握標準、遵守標準及服從這個標準；從止，是從消極方面而言，不僅要服從標準，更不能逾越標準。因此，這兩種基礎涵義即可引申出「正」的另外兩種涵義：一是立其

正，即確立標準，二是矯正，即是使偏離標準的回復到標準。其次，對於「義」字的闡釋，《說文解字》云：「義，己之威儀也。從我羊。臣鉉等曰：此與善同義，故從羊。」就其字面之意而言，義，是要求人行正路，只有人行正路，人才有威儀，也才有德，有德才有義。威儀，是從宜來的。正義二字合而爲一來說，「義者，宜也」，便是：「守一，行宜」。綜而言之，正義即落實在如下二方面：一是政義，即爲政之義。《說文解字》：「政者，正也」。這是從社會整體利益與政治本質來說的，亦即是在行政作爲方面，施政應以義爲師。二是行義，即以個人之行爲應當依據這個準則，行爲必符正義原則之義。因此無論是就個人或社會的角度而言，一是守一，即堅持原則，持之以恆；二是行宜，根據具體境遇採取最適當的方法，選擇合理而又不違背此原則的方略。

　　相對于西方哲學對於正義（justice）[18]的理解，中國哲學所關切的正義議題，顯示出不僅強調個人道德意識，抑且落實在政治的終極關懷方面的獨特性；西方哲學在古希臘時代，將公平正義設想爲一種美德，並且視爲是一種人格特質，正義被認爲與友善、博愛、仁慈、慷慨、同情等概念不同且更爲重要，並且廣泛地被認爲是代表「社會和諧」與「神聖命令」的涵意。

二、價值根源與理想社會的浮現

　　先秦儒家的正義觀可溯本推源至《尚書》所記載，在殷、周之際的政權變遷中，政權穩固與否，或政權轉移的一套「天命觀」。這個論點證明對神祕宗教氏族神的信仰虔誠與政權是否維持並無必然性，而是取決於超

---

[18] 西方在古希臘時代的哲學家，蘇格拉底（Socrates 470-399 B.C.）的倫理學中對於「知」與「德」的辯證，已隱喻了「正義」的觀念。柏拉圖（Plato 427-347 B.C.）延續其師的觀念，對於「善」有更進一步的討論。亞理斯多德（Aristotle 384-322 B.C.）除了對於精神理想之追求外，追求真理與德行發展之兼顧亦表重視。參考鄔昆如：《西洋哲學史》，臺北：正中書局，1971，頁73-81。真理與德性發展之兼顧亦表重視。

乎氏族神之上的至上神的裁判。在周人所獲得的天命觀中，天命係護佑萬民而非專佑一家的。曾春海教授認為：「賞善罰惡乃天命的道德本質，前者屬天命不偏不私的博愛特徵，後者表示了天命是無上正義的根據。」[19]因此而有「天命靡常」、「帝命不時」的觀念產生，如：「為天監下民，典厥義」（《尚書‧高宗肜日》）。因此，天命之意涵進入另一層面，「天命有德」（《尚書‧臯陶謨》），成為能否具有統治合法性之關鍵，因文王用能、敬賢、明德慎罰、討罪……一聽於理等。周人綜合文王個人的道德修為與其政教方面的良政，形成「天命在王德」的概念。此處之王德包含了各種政教作為方面的善、善行、應然的行為及施予人民的一切恩澤與獎賞。如是，天是大公無私的，其大公無私性，就表現在絕對正義上；而人君是否能受此天命，則端視其行為是否符合絕對正義的要求。

　　儒家的創始者孔子（551-479B.C.），其生活的年代正值是中國歷史上大變遷的亂世，他所關切的議題是圍繞著人的生命意義與價值而發，並由此發展至有秩序的社會制度面的構想。孔子從對「周文」的肯定出發，重建「全面安排人間秩序」的高度期待，以「重建人文價值」為目的，這樣的主題關切之切入點是從個人的道德內涵的充實入手，因而有了如下的評價：

　　　孔子的對治之道根本上是一種「返本救弊」的取向，他的
　　　思想基礎是奠定在周文背後的那種結合倫理與政治為一體
　　　的理念上，這就是「道」。「道」以「德」為內容，以
　　　「禮」為形式。德之本在仁，以仁含攝眾德。[20]

　　因此，思考儒學的基本意向與其發展性的議題，借用勞思光先生的

[19] 曾春海：《儒家的淑世哲學—治道與治術》，臺北：文津出版社，1992，頁19。

[20] 林義正：《孔子學說探微》，臺北：東大圖書公司，1987，頁59。

見解，即可清晰地把握「正義」問題的脈絡，亦是從這個基本意向發展出來。勞思光先生認為：

> 孔子生當周室衰微之際，其時周之禮制已經失去規範力；社會中各階層的人，都隨著自己的野心和欲望而行動。整個趨勢可說是古文化崩潰的趨勢。孔子幼年習禮，很早即自覺到人生必須有一「秩序」，所謂文化的意義，在孔子看來，即在於秩序之建立及發展。因此，面對秩序之崩潰，孔子的基本意向即是要將生活秩序重建起來。這種秩序，具體地說，即是制度；抽象地說，則可以包含一切節度理分在內。[21]

「郁郁乎文哉！吾從周。」（《論語・八佾》）是孔子經過深思熟慮之後而發的讚歎。如果這是他所認為的價值理想之所托，必然地我們應可把握其珠璣字語所流露出的一種理想國度的描繪，曾春海教授即從人性的角度加以剖析。孔子對此方向之肯定：

> 孔子深植了對人性的信心，他堅信人性中潛藏著一種能創造價值活動的存有。人類能鍥而不捨地固執之，以發用在生命活動中，則能承先啓後地接續人類在歷史活動的脈絡中所創造出來的文化生命且能層層推進整體人類的進步，豐實人文生命的內涵及意義。[22]

孔子所創立的儒學，有其內在的性格及契悟禮樂形式的內在生命之反

---

[21] 勞思光：《中國文化要義新編》，香港，中文大學出版社，2002，頁14。

[22] 曾春海：《儒家哲學論集》，臺北：文津出版社，1989年，頁16。

思，以仁爲基礎，以合禮爲原則，以倫理結構的正名達成穩定的秩序爲手段，追求建立一個倫理性、道德性的理想社會。雖然孔子看到的社會是周文崩解的實然情境，但是透過他深刻的反思，進而擘畫它的藍圖，雖然孔子不是用「社會正義」的概念來描繪他所追求的目標，但是他想要重建一個理想社會秩序的過程，即是在追求「社會正義」實現的過程，這其中包括：正名循禮、位階界定、角色扮演、規範遵循等；在重建社會秩序的主張方面，包括家庭秩序與社會秩序的重建，這一方面皆是從修身做起。儒家所欲建立的「正義的社會」即是「道」的實現，即是在《禮記、禮運》所說的：「大道之行也，天下爲公」這樣的理想世界是儒家的正義價值的實現，也是追求一個以人爲本的價值所欲實現的「善」，儒家的教化與論述，正好是依循這樣的價值取向。

三、孔、孟、荀三子的正義觀

㈠孔子的正義觀

在《論語》中對於「正」與「義」的闡述，較少將二字連結，而《論語》的重點乃是落在「義」上，並且二字可以互相含攝。在《論語》中，孔子對「義」有如下的理解，譬如：「喻義」、「好義」、「聞義」、「徙義」、「行義」、「義以爲上」、「義之與比」乃至於「義以爲質」等等的觀念，這是把「義」看作是面臨富貴貧賤、窮困患難、辭受取予、出處去就時所應遵守的原則。但何謂「義」？「義」的內涵爲何？在《論語》裡沒有直接定義其意涵，起初是指「以時使民」的觀念，泛指使民以時而不擾民。但進一步言，有如下之意涵。

1. 從義利對舉之形式，證成權衡判準的依據。

孔子言：「富與貴，是人之所欲也，不以其道得之，不處也。」、「不義而富且貴，於我如浮雲。」、「見得思義」、「見利思義」、「義然後取，人不厭其取。」以上之言，均是就義與利二者衝突的場合而言義。君子所思者在於此利是否是我所應得，若爲應得則取之；若爲不應

得，則不取，此處即是以「應該」或「不應該」為義。此種「應不應該」的價值判斷，孔子還將它引申到個人之出處去就的價值判斷上，如：「篤信好學，守死善道。危邦不入，亂邦不居。天下有道則見，無道則隱。邦有道，貧且賤焉，恥也；邦無道，富且貴焉，恥也。」（《論語‧泰伯》）這說明君子以行道為志，天下有道則當見，不見則為不義；無道則當隱，不隱則為不義。這便是以「義」為「道」，義是道的化身。

2. 以「不固而中」[23] 釋「義」。

所謂「不固」即「時宜」，「中」即「不失」。《論語》中孔子之其他看法如：「用之則行，舍之則藏」、「邦有道，則仕；邦無道，則可卷而懷之。」、「吾則異於是，無可、不可」頗有契合。孔子批判「固」，故有「疾固」，主學以去固，乃有「學則不固」，皆表達出一種求義之語。《易‧乾卦‧文言》之「知進退存亡而不失其正」是以聖人之知時與知義。孔門弟子顏淵，其對孔子之言仁，果敢承當，獨對義卻有「瞻之在前，忽焉在後」之歎，可見「義」之難以衡定。孔子說：「可與共學，未可與適道，可與適道，未可與立，可與立，未可與權。」（《論語‧子罕》）權是衡量事理以求其至當。在共學、適道、與立和經權四種情境中最難把握，在孔門哲學中，將經與權相提並論，即可發現仁是經，義是權。由此可觀，仁義相濟方能成道，而對此判斷的依據乃是不失其宜。

3. 「義」是得其宜且不過當的行為，又是君子的道德人格的必要條件。

曾春海教授認為由《論語》觀孔子「義」概念有如下兩要點：

> 一指得宜而不過當的行為，亦即有節度的合理行為，「君子于天下也，無適也，無莫也，義之與比。」（〈里

---

[23] 此觀點為陳大齊先生的見解，頗具參考的價值。請見陳大齊：《孔子學說》，臺北：臺灣商務印書館，1978，頁136-144。

仁〉）。在面對義與利的衝突時，應採「見利思義」之原
則。其二，孔子將「義」視爲實現君子的德性人格之一項
必要條件，「君子義以爲質。」孔子並未排斥人性之好
利，而是要求人應該「義然後取」（〈憲問〉），才不致
流于「放於利而行，多怨。」（〈里仁〉）[24]

　　透過上述的三層面之分析，得知在論語中的「義」可匯歸爲行爲的準
則，也是道德判斷的依據，它是各分殊之德，所以爲德的內在原因所在。
《論語》：「子曰：『君子于天下也，無適也，無莫也，義之與比。』」
（〈里仁〉）此處所言之君子，是指有德性的人，其對於天下一切發生的
事情，沒有固執的「可」，或固執的「不可」。在行事作爲上的取捨的標
準，乃視其是否合乎義。由此可知「義」是德之所以爲德的原理，它不僅
是德行之一，亦是君子義以爲質的內在基礎。

　　「義者宜也」，說明了義之所以能成德的特色。由此可見孔子的處
事態度，並非一味地求仕，求富貴，也非一味頑固地求隱求退，或是拘執
於貧賤，而是本著道德的原則作如下的判斷，明察事情的眞實狀況，權
衡應世之所以然，於是在儒家的義理中，便有「經」與「權」的運用，
「經」是原則，而「權」意指變通，以實現道德價值。

㈡孟子的正義觀

　　孟子對於正義的追求，是透過義與利的對照辨析，相較於孔子更爲嚴
格與強調，包括正義的個人道德素養；整體社會生活的正義追求與規範，
尤其強調正義的政治目標及其附屬的次要目標。其主要的訴求與意向係不
滿於統治者違背應有的分際，從事聚斂民財，濫用民力，以致剝削了人民
合理的生存權益。換言之，孟子所主張的「義」是朝向節制統治者過度的

---

[24] 曾春海：《儒家的淑世哲學—治道與治術》，臺北：文津出版社，1992，頁21。

濫權，力求「道尊於勢」的理念，以保障百姓應有的權利，以及公義如何可能的問題。孟子對正義問題特有的見解，在點出羞惡之心是發生正義感的人性內在依據，這即是「羞惡之心，義也」的詮釋與發揚。換言之，人若能發現此羞惡之心，才有實踐正義的可能，而這個羞惡本是四端之一，本是不假外求。

孟子的正義觀重在如何有效落實之層次，進一步言，即是如何將正義化身的「王道」有效地具體實踐。

孟子對於正義的王道思想之實踐有其次第與步驟。葉海煙認爲王道之實踐步驟有如下的脈絡：

> 至於孟子的「王道」思想，則由「民本」的原理推擴而來。而所謂「王」者，期極致乃指以德一統天下者，而其所以能爲王者，則端在其能愛民保民養民，孟子乃明言：「養生喪死無憾，王道之始也。」由此看來，「王道」自必落實在「王政」之上，而王道與王政之合而爲一，即是「仁也者人也，合而言之，道也」。人而能行仁道，此「人」是「仁人」，此「道」是「仁道」，而此「政」亦即「仁政」。對此一政治之推動必須順道德理則發展之方向的基礎的倫理觀，孟子顯然完全相信。[25]

由是可知，王道之實踐理路，必然涉及到實然面與應然面的統合，儒家強調以應然爲其價值導引，以人民的幸福爲目標，這種自我期許，即是王道施爲的道德評準，德治顯現便是在實然世界展現其價值。孟子的正義觀朝向應然價值的層面，主政者應當主動爲人民提供「善政」的制度，以實現正義。

---

25 葉海煙：《孟子人權觀的哲學意涵》，《哲學與文化》，臺北：第34卷第7期，2007年7月。

　　孟子固然對於善教之關注來得迫切，但他很務實地理解到「善政」的必要。「善政」所指的是政治實然面的作爲，也就是導向于正義之政，而「善教」則是導入于文化的理想面，是應然的規範。由個人之個體生活與經濟生活的滿足，經由制度面、技術面及生活世界中各種具體的實踐策略，結合「以民爲本」、「以人爲尊」爲其本質，也是建構群體生活合於秩序的基礎，經由此步驟的運作，這種王道的理想性與正義社會之實踐或有可能實現，其關鍵點即是在肯定在此社會中，每個人皆有生存權、受教權、經濟權與社會權等。

(三)荀子的正義觀

　　荀子（298-238B.C.）是戰國時代繼孟子而起的大儒，其學養依劉向《孫卿新書・敘錄》之記載爲：「孫卿善爲詩、禮、易、春秋。」可見其秉持儒家之學。荀子所面對的政治、經濟與社會之變遷與失序更甚於以往。

　　由於王權禮制出現變化，舊式權威不再擁有令人懾服的威權，社會的失調必然加劇，作爲儒者的荀子，看到政治面的動盪與混亂，經濟面的中下層的貴族奪室、奪田、聚斂以富其身之作爲，必有反思而撥亂反正，但此時從人心、人性面切入，恐已緩不濟急，但該當如何重建一個富有正義價值的秩序社會？便成爲他思考正義問題的線索，《荀子・君道》便給了這樣的答案，亦可看出荀子的眼光確實獨到：「至道大形，隆禮至法則國有常，……然後明分職，序事業，材技官能，莫不治理。」此處荀子所提出的「隆禮至法則國有常」的觀念，已可看出荀子對於亂世的針砭和對治之方，因爲思考人性之故，所以才會有「生而好利辭讓亡」的說法，由是他看到一個社會若處處充滿著不公平的現象，社會正義必無由實現，所以荀子提出了他的人性假設：

　　　今人之性，生而有好利焉，順是，故爭奪生而辭讓亡焉；
　　　生而有疾惡焉，順是，故殘賊生而忠信亡焉；生有耳目

之欲，有好聲色焉，順是，故淫亂生而禮義文理亡焉。然
則從人之性，順人之情，必出於爭奪，合於犯分亂理，而
歸於暴。（〈性惡〉）

荀子的社會正義觀是置於「以禮義運行的社會體系」中，他對於正
義、平等等觀念的主張與追求，亦是表達出他確有原創性的見解：

故先王案為之制禮義以分之。使有貴賤之等，長幼之差，
知愚能不能之分，皆使人各載其事，而各得其宜。然後使
穀祿多少厚薄之稱，是夫群居和一之道也。故仁人在上，
則農以力盡田，賈以察盡財，百工以巧盡械器，士大夫以
上至於公侯，莫不以仁厚知能盡官職。夫是之謂至平。
（〈榮辱〉）

再如：「天下之要，義為本。」（〈強國〉）、「以義制事」（〈君
道〉）諸觀念亦是如此。

又如對於孟子很強調的「義利之辨」，荀子主張：「義與利者，人
之所兩有也。……故義勝利者為治世，利克義者為亂世。」（〈大略〉）
因此，「公道達而私門塞矣，公義明而私事息矣。」（〈君道〉）尤其是
他有關於「人與社會階層流動關係」上更具開明的主張；如：「論德而定
次，量能而授官，皆使人載其事，而各得其宜。」再加上「無德不貴，無
能不官，無功不賞，無罪不罰。」（〈王制〉）此即意謂著賞罰得宜即是
使社會報酬的正義得以實現。因此在此關照之下的社會正義觀，便有著另
一不同于傳統的孔、孟思維，呈現出進步觀念，曾春海對荀子的正義觀即
作出如下的評價，並稱荀子之正義觀為「維齊非齊」的社會正義觀：

社會正義落在社會層級結構而言，合乎社會正義的一層社
會層級結構應當是一套客觀的理性架構。唯有如此，生活
於其中的人才能建立眞正的共識，且願接受隨之而有的公
共規範，舒緩平息人與人因自私自利所造成的衝突。[26]

吾人再進一步體會〈王制〉的這一段話當更能領悟到正義與平等的眞
諦：

> 先王惡其亂也，故制禮義以分之，使有貧富貴賤之等，足
> 以相兼臨者，是養天下之本也。書曰：「維齊非齊。」此
> 之謂也。

社會層級結構是因事而分工，在人與事的安排和配置上，講求才德、
位分與穀祿三者橫向關係上的適當對稱，承認差等爲自然，但強調「以類
相從」各載其事，各得其宜。是故，荀子的「至平」即是他所欲實現的正
義社會以及理想社會，個體與群體之間的互動關係是適才適所與分工合
作，各取所需，雖有存在著個別差異，社會結構亦有層級性的差異，但因
透過禮教與道德的陶成，人倫關係呈現秩序與和諧。

荀子將正義的概念轉向社會政治與經濟領域的公共生活層面，提出公
道和公義的說法，他說：「公義明而私事息矣。」（〈君道〉）、「公道
通義」（〈臣道〉〉，至於「公義」、「公道」的內在依據，荀子謂：
「義循理，循理故惡人之亂之也。」（〈議兵〉）爲建立群體生活的綱紀
秩序，荀子主張循理依義以建立一套禮法來釐清人際位分，節度行爲規範
以安定群體共同的生活。

---

[26] 曾春海：《儒家的淑世哲學——治道與治術》，頁44。

四、對儒家正義觀的反思

作為儒家政治哲學的核心價值，也是鼓勵及引導統治者朝向實現正義的價值導向，正義思想形成一種政治權威性與統治合法性的預設，也是督促統治者實踐的目標。而儒家在政治現實面，亦以「君之師」之姿態出現，但是對於正義的實踐，是否符合了儒家的原先預設，是吾人必當關注的議題，以反思針砭這樣的「理想國」有無可能實現？

㈠傳統政治權威合法性轉化成為現代理性與道德精神的挑戰

從中國哲學的發展中，政治哲學中的權威合法性是歷朝各代所關切的重點，如下所述：

> 中國哲學的特性在求現實人生的安頓，政治是人類生活相當重要的一面，中國哲人對這一面自然多所用心。他們所提出的最高人生理想是內聖外王，修養的德目不僅包含修身、齊家等私德，更揭櫫治國、平天下的究竟目標。「聖王」因此成了人倫的極致。[27]

從儒家對天命的理性反思，產生了意義的轉換，以「道」取代統治的「勢」，至此王道的原始意義進入理性的轉換，正義的理念從最古老的天、君德與人民三者，轉向君德與保民，天命的標準是統治者之德行是否能行仁政，而德行的基本內涵即在於愛民、保民，透過道德約束君王，只要君王能愛民、保民，便能獲得享有天命，維持其統治，其統治的合法性即獲得保障，此種合法性的觀點，蘊涵了「理性精神與道德精神」，亦具體出現在「其身正，不令而行；其身不正，雖令不從。」（《論語‧子路》）、「苟正其身矣，于從政乎何有？不能正其身，如正人何？」

---

27 張端穗：《天與人歸—中國思想中政治權威合法性的觀念》，收錄於黃俊傑主編：《中國文化新論思想篇—理想與現實》，臺北：聯經出版公司，1982，頁99-100。

（《論語·子路》）。魯哀公為政治權威的喪失、政令不能行而感到苦惱，他問孔子：「何為則民服？」孔子的回答是：「舉直措諸枉，則民服；舉枉措諸直，則民不服。」（《論語·為政》）這說明正義的道德是使人心服的最終根據。儒家從孔子開始，經孟子的仁政思想、民心向背是天命的表徵，確立了君王以本身德行，達成養民、教民的目標，依據這樣的正義觀從而建立統治的合法性，儒家認為這樣的方式是最有效，所建立的統治也最為穩固的型態。因此，儒家從心性之學發展出孔子的德治主義、孟子的仁政思想以及荀子絕對聖王等合法性統治的觀念，此種道德精神在今日時代依然有其意義，進一步言，即在治道之術中，體現政道的道德性與指導性。

如果理性被認定為近代以來追求現代化的指標之一，我們自不能背離此一原則，吾人觀察儒家哲學亦具有濃厚的理性精神，從孔、孟、荀三子的思想中亦充分展現。因此，在邁向現代化的過程中，理性精神與道德精神，自不能予以忽視，不僅要保存此種哲學智慧，更要發揮其影響力，是此一轉化過程中不能偏廢的課題。

㈡儒家重現人的內在關係性，但更應重視外在客觀制度的建構

中國文化肯定人和自然之間，人和人之間，人和天之間有內在的關係，能夠彼此相互感通，因此人間才能有仁愛，社會、宇宙才不致崩解，而能具有內在的統一性。此種內在的統一性，又緣自於對人格可完美性的追求。反觀西方自近代科學發展以來，皆認為關係是外在的，可以透過理性的結構，予以機械性地控制。而透過知識方法所證明的種種理性的結構，便是用來管理這種外在的關係，為此，西方文化重視科技的規則性和效率性，以及社會制度的客觀性和合理性。目的是為了達成控制個體與個體之間的外在關係。

在現代化過程中，西方科技物化的結果，形成人我的疏離與冷漠，物化的形成固有其因，但是不至於崩潰，實乃得自於社會倫理關係權利與義

務的客觀化之對位與建置，此點可以提供吾人思考改進，在這種情況下，中國文化若能發揮其內在感通之優點，加強傳統隱而不彰的正義關懷，輔之以建構外在制度面、客觀性的科技與法制，必能內外相合，平衡發展，亦可賦予儒家思想義理的統整以及匡補闕遺注入新的活水。

㈢公平與正義的有機聯結，超越個人道德意識與內傾文化之局限

　　由個人正義到群體正義是儒家所欲展開出來的視野與格局，這也是重德文化的儒家之特色，即如勞思光先生評析儒家價值與現代文化的意義時，他認為儒學的根本要求是：

> 作為一個觀念講，它的內容是：承認超利害的價值規範；
> 作為一種風氣講，它的內容是：鼓勵人們對價值共同規範
> 之遵守，即對利害之輕視。這種觀念與這種風氣，是儒學
> 的根本要求，也是對治現代文化病態的主藥。[28]

　　儒家由重德文化出發，要求我人的道德生活是植基於道德意識，而道德意識之產生，係來自於以自覺心為根源，而非外在的權威存在為其根源。孔子對人的普遍性要求是「為仁由己」，孟子的「四端」、「盡其心者知其性，知其性者知天」這是一種以自覺心走入內向超越的性，和西方外在的超越成為一顯明的對比。

　　但是，從對比的角度而言，卻也讓我們發現奠基于「人權化上帝」的西方文化，是樹立了「上帝面前人人平等」的終極價值，縱使基督宗教曾經腐敗而改變，但追求平等價值的基督教精神仍然存在，並且影響深遠。外在的超越文化影響之故，使得公平與正義產生有意義的聯結，無人可在上帝面前取得權杖，「上帝之法」的觀念之故，使得法律（具有公平與正

---

[28] 勞思光：《文化問題論集新編》，香港，中文大學出版社，2000，頁182。

義的客觀社會規範）得到一個超然的地位，法律之前人人平等響徹雲霄，法律建立了它的神聖性，一種客觀存在的價值有善發的建立，可以提供借鏡與反思的是，儒家把人當作目的而非手段，道德意識的自覺心靈，凸顯了對每一個主體的尊重與尊敬，「人人皆可以為堯舜」已具有平等的意識，這些是儒家的價值是基礎，也是向外拓展現代法制結構的精神憑藉，問題即在於如何通過現代的法律（公平與正義）之薰染與規約，而轉化成為客觀的存在，並有其尊嚴與地位。若不選擇外在的宗教途徑，顯然就必須擴充個人道德意識而為社會道德意識，納入建構客觀制度的借鏡。

五、結語

　　先秦儒家的正義觀側重在公私、利義、理欲之辨，有助於發現在人際脈動中，個人的動機、意向是否有正義概念，亦構成了儒家「君子」必要之德。孟子的恥惡之心有利於引發人內在的正義感。荀子的規制之禮開展了分配的正義感。然而，這一切似由政治的上層階層操控主導權，忽視了一般人民在理性和意志上的自尊和行使權。因此，一般人民既無法參與實現社會、政治、經濟正義之制度規劃，亦無從表達要求其正義的理念和實踐方式，則諸般社會、政治、經濟資源所涉及的分配正義在統治階層壟斷與忽視之下，正義如何落實國計民生和形成具客觀性的倫常典範，即成為一令吾人不能不予面對及思考的課題。

―― 本篇宣讀於山東大學舉辦的第五屆世界儒學大會，2012年9月26-29日。2020年修訂。

第二編
經典詮釋

儒學的共命慧與自證慧

內容摘要

　　儒家是形塑中國文化的重要元素，不僅提供傳統的重要價值觀念，它也成為東亞諸國文化內涵的基礎之一以及標誌著儒風習尚與人文風采。儒家自孔子而后，孔門弟子傳承孔子哲學思想與人文關懷，歷經各朝代、各地區知識階層的詮釋與落地生根之後的哲學發皇，逐漸在東亞地區有了多元、多樣的儒家風貌，其中即有著從傳統到現代，指導群倫生活的屬於價值層次的「共命慧」，亦有著伴隨在地化所形成的「自證慧」，從「共命慧」的角度而言，即是展現儒學的普遍性，放諸四海皆準的價值系統，再從「自證慧」的角度而言，即是儒學在地化之後的特殊性，即是民族的文化精神。

　　儒學經典中其所蘊含的「共命慧」與「自證慧」之內容有待吾人開發，一方面可對今日東亞文明之發展提供參照，作為東亞文明價值系統之一的儒學仍有其令人驚艷之處，藉由方東美先生創建的「共命慧」與「自證慧」可以系統性地分析儒學之義理，以作為思考建構東亞文明的重要因子。

一、前言

　　步入二十一世紀，面對當代各種政治的、社會的、文化的、宗教的各種衝突與紛擾，悲天憫人的哲學家們無不殫精竭慮的思考人類文明與文化到底是哪裡出了問題？而這個文化的衝擊的解釋，社會學家烏格朋（W.F. Ogburn）於1922年提出「文化失調」（Cultural Lag）理論來予說明外，恐怕仍嫌消極，因爲他是從社會現象入手，說明精神文明遠遠落後

於物質文明。哲學是文化的醫生，或許借用英國歷史學家湯恩比（Arnold Toynbee 1889～1975）在《歷史研究》所提出的「文明才是歷史的單位」之觀念方為積極，並且在「挑戰與迴應」的原則之下，重新思考各地區的文明發展，進而思考文化的融合思維、應該探討的問題，畢竟文明的興衰、復甦與殞落也是哲學工作者必須面對的問題。

1937年方東美[1]教授發表其會通中西哲學之後的學術著作《哲學三慧》[2]，在本書中，方教授首揭哲學所造之境如下：

> 吾嘗端居幽思，覺哲學所造之境，應以批導文化生態為其主旨，始能潛入民族心靈深處，洞見其情與理，而後言之有物，所謂入乎其內者有深情，出乎其外者乃見顯理也，此意嘗於「生命情調與美感」中發之。[3]

方東美以「情」與「理」解讀哲學，並且提出哲學應該導引文化之生態與發展，他認為：「衡情度理，遊心於現實及可能境界，妙有深造者謂之哲學家。」[4]而對於哲學智慧的「自證慧」與「共命慧」之解釋，方東美的見解如下：

> 哲學智慧生於各個人之聞、思、修，自成系統，名自證

1　方東美（1899～1977），原名珣，字東美，安徽桐城人，為20世紀著名的哲學家。先後任教於南京中央大學，臺灣大學哲學系，輔仁大學哲學系。清代桐城派古文創始人方苞先生十六世孫。晚年會通中西哲學，建立「新儒學」體系。方先生的《哲學三慧》於1937年發表，先生年僅37歲，引導讀者精神壯游巡禮傳統古希臘，近歐與古典中國三大文化。他的觀點具有中國畫論所稱之「尺幅而具千里之勢」的美譽。

2　方東美，《哲學三慧》，臺北：三民書局，1971。

3　方東美，《哲學三慧》，頁1。

4　方東美，《哲學三慧》，頁2。

慧。哲學智慧寄於全民族之文化精神，互相攝受，名共命慧。[5]

方東美先生以希臘文化、歐洲文化與中國文化三種文化作爲探討的對象，透過比較的方法，條列式分析三種文化的內容差異，其中對於中國文化的描述如下：

1. 中國民族生命之特徵可以老（兼指莊，漢以後道家趨入邪道，與老莊關係甚微）孔（兼指孟、荀，漢儒卑不足道，宋明學人非純儒）墨（簡別墨）爲代表。老顯道之妙用，孔演易之「元理」。墨申愛之盛情。貫通老墨得中道者厥爲孔子。道、元、愛三者雖異而不隔。老孔墨而後，雜家（取義極廣，非僅歆、固所謂雜家）隳墮，語道趣小不盡妙，談易入魔而墮障，說愛遺情而無功。
2. 共命慧之圓成，常取適可之形式以顯示體、相、用。體一相三而用運體相，因應咸宜。
3. 中國慧體爲一種充量和諧，交響和諧。慧相爲爾我相待，彼是相因，兩極相應，內外相孚。慧用爲創建各種文化價值之標準，所謂同情交感之中道。道不方不隔，不滯不流，無偏無頗，無障無礙，是故謂之中。[6]

上述三段話是方東美對於中國文化中的「共命慧」之描述，可稱是中國哲學的發展史，而對於這兩種智慧之產生途徑，方氏認爲：「成慧賴有天才，共命慧依民族天才，自證慧依個人天才。個人天才又從民族天才劃

---

5 方東美，《哲學三慧》，頁3。
6 方東美，《哲學三慧》，頁6。

分，民族天才復由個人天才集積。共命慧爲根柢，自證慧是枝幹。」[7]中國文化之慧體爲道與術，道術合一，才是正道。

　　面對文化發展的思考，方東美先生提出這二個分析的觀點。以「共命慧」和「自證慧」探討中西文化之分別，可以給吾人一個參照的視野，以作爲思考人類文明的未來的一個參照和分析架構。本文乃以古典儒家哲學爲討論中心，試以深受儒家影響的東亞文明地區，在面臨現代化衝擊、全球化浪潮襲捲之下，探析是否有其一絲一縷可以鑄成「安身立命」的價值系統（Value system），而不致形成花果飄零。探究古典儒學義理，發掘其有益於創造新文化之靈根，以有益於疏解文化的失調與隔閡。

二、古典儒家的「共命慧」

　　儒家作爲中國文化主流之一，亦擁有絕佳的歷史地位，影響中國文化、政治、社會、知識階層千年之久，在歷經多年滄桑之後，重新站回歷史舞台上，面對著西方文化的衝擊，它有何能耐，可以爲我們提供一個不同視野的價值選擇？

㈠「士」的知識階層使命性格

　　顧頡剛先生在《武士與文士之蛻化》一文認爲：

> 吾國古代之士，皆武士也。士爲低級之貴族，居於國中（即都城中），有統馭平民之權利，亦有執干戈以衛社稷之義務，故謂之「國士」以示其地位之高。……謂之「君子」與「都君子」者，猶曰「國士」，所以表示其貴族之身分，爲當時一般人所仰望者也。
> 儒家以孔子爲宗主，今試就孔子家庭及其門弟子言之……
> 足見其時士皆有勇，國有戎事則奮身而起，不避危難，

7　方東美，《哲學三慧》，頁4。

文、武人才初未嘗界而爲二也。[8]

《論語》一書記載了「士」的知識分子使命與性格，可以讓吾人一窺儒家之「士」所具有的人格特質：

1. 子曰：「君子食無求飽，居無求安，敏於事而慎於言，就有道而正焉，可謂好學也已。」（〈學而〉）

2. 子曰：「人而不仁，如禮何？人而不仁，如樂何？」（〈八佾〉）

3. 子曰：「唯仁者能好人，能惡人。」（〈里仁〉）

4. 子曰：「富與貴，是人之所欲也；不以其道得之，不處也。貧與賤，是人之所惡也；不以其道得之，不去也。君子去仁，惡乎成名？君子無終食之間違仁，造次必於是，顛沛必於是。」（〈里仁〉）

5. 子曰：「朝聞道夕死可矣。」（〈里仁〉）

6. 子曰：「士志於道而恥惡衣惡食者，未足與議也。」（〈里仁〉）

7. 子曰：「君子之於天下也，無適也，無莫也，義之與比。」（〈里仁〉）

8. 子曰：「君子喻於義，小人喻於利。」（〈里仁〉）

9. 子謂子夏曰：「女爲君子儒，無爲小人儒。」（〈雍也〉）

10. 子曰：「夫仁者己欲立而立人，己欲達而達人；能近取譬，可謂仁之方也已。」（〈雍也〉）

11. 子曰：「志於道，據於德，依於仁，游於藝。」（〈述而〉）

12. 子曰：「天生德於予，桓魋其如予何。」（〈述而〉）

13. 子曰：「仁遠乎哉。我欲仁，斯仁至矣。」（〈述而〉）

14. 子曰：「君子坦蕩蕩，小人長戚戚。」（〈述而〉）

15. 子曰：「知者不惑，仁者不憂，勇者不懼。」（〈子罕〉）

16. 子曰：「政者，正也。子帥以正，孰敢不正？」（〈顏淵〉）

---

[8] 顧頡剛，《史林雜識初編》，臺北：中華書局，1963，頁85～91。

17. 子曰：「其身正，不令而行；其身不正，雖令不從。」（〈子路〉）

18. 子曰：「苟正其身矣，於從政乎何有；不能正其身，如正人何？」（〈子路〉）

19. 子貢問曰：「何如斯可謂之士矣？」

　　子曰：「行己有恥，使於四方，不辱君命，可謂士矣。」（〈子路〉）

20. 憲問恥。子曰：「邦有道，穀。邦無道，穀，恥也。」（〈憲問〉）

21. 子曰：「士而懷居，不足以為士矣。」（〈憲問〉）

22. 子曰：「今之成人者何必然，見利思義，見危授命，久要不忘平生之言，亦可以為成人矣。」（〈憲問〉）

23. 子曰：「志士仁人，無求生以害仁，有殺身以成仁。」（〈衛靈公〉）

24. 子曰：「人能弘道，非道弘人。」（〈衛靈公〉）

25. 子曰：「君子謀道不謀食，耕也，餒在其中矣，學也，祿在其中矣。君子憂道不憂貧。」（〈衛靈公〉）

26. 子曰：「當仁，不讓於師。」（〈衛靈公〉）

27. 子曰：「道不同不相為謀。」（〈衛靈公〉）

　　上述27則孔子在《論語》之言論，可看出「士」所代表的知識階層的內涵與外在表現，士所代表的是一分社會良心，不為外在環境的因素所限制或是屈從，這是儒家所勉人的氣節觀念。面對凶險的環境，是有所為有所不為，擇善固執，雖千萬人吾往矣。並且以仁為己任，終身不渝，雖然生命有限，明知無可逆反，但是為人倫社會秩序的重建而奔走，為生命意義賦予最佳註解而不畏艱辛，「得之我幸，不得之我命」此種坦然、豁達而又具真性情的士，在儒家之影響下，學風所及，知識階層有其自我期許與目標，確為儒學性格的第一共命慧，也是人格的高風亮節。

㈡由天地之心開出關照人心的價值發展系統

　　儒家指出文化發展過程中，人居於關鍵角色，文化的創造與崩潰，除非是外來因素，否則離不開人為宰制性的角色。中國文化中各家各派無不

以「心」爲人性論解釋的敲門磚，而儒家之心爲「有」而非「無」，對於
人性的分析，固有「性善」與「性惡」之分，但本質上對於天心與人心是
採取肯定的立場，方東美先生在對中國文化的 「人性的分析」中有一段
話，特別令人印象深刻：

> 所以就哲學立場來說，眞正的中國人認爲，生命之美就因
> 根植於此世，所以能萬物含生，勁氣充周，進而榮茂條
> 暢，芳潔璨溢，蔚成雄渾壯闊的生命氣象，令人滿心讚
> 嘆，生意盎然。我們的理想世界就是將此現實世界提昇點
> 化成爲絕妙勝境，我們的理想德業就是在此現實世界上腳
> 踏實地，奮發努力。除非我們能先確認這一個中心思想，
> 否則對中國哲學的人性論將無從談起。[9]

上述這段話更適切地用在儒家哲學上，由文明的起源來說，《易傳》
有天、地、人三才之說，「天地之大德曰生」，「生生之謂易」，而後
《中庸》之「天命之謂性」，天心及人心之遙契，人透過體會天地化育之
本心，培育成完整的道德人格，以彰顯天地化育之功，同時也確立人的意
義與價值，在儒家爲忠恕、在道家則是慈惠，在墨家則爲兼愛互利。而居
其關鍵，爲一切意識與行動之決定者爲「心」。方東美先生闡述其理念：

> 大體而言，心乃是個「主腦」（心者，容也，任也。身之
> 君也，道之輻也，理之始也，生命之本原也。） 其勢用可
> 以統御人類一切知能材性，這個心有體有用，它的「體」
> 能容能藏，包容萬慮，無物不貫，它的「用」能任能行，

---

9 方東美，《中國人的人生觀》，臺北：幼獅文化公司，1982，頁62～63。

或主於身，爲形之君；或主於道，爲生之本；或以貫理，
神明變化；或以宅情，慈惠精誠。[10]

　　人類文明的精進與提昇，端賴有一完整的人格，有健康的人格，人
的生理、心理作用也才能端正大方，知所分寸與自我節制，故中庸之道乃
顯。人類文明以心之體用爲發跡，生命的動能才有所表現。生命動能包括
「理」與「情」，首先依理而言，需要知其所以然，明其故以求其因，心
的歷程帶動生命，而起思慮測度，進而成爲系統性的知識，是故哲學起於
驚奇（wonder），而有「正心」、「誠意」、「格物」與「致知」之進
路，於是知識系統建立，探求客觀世界所以然之原因，進而有符號與信
息，帶動文明的創新與進步。

　　次就「情」而言，心的作用是調節喜怒哀樂，引發創造力，而成就高
貴的精神人格，因此，儒家所強調的「存其心」、「養其性」達觀而不偏
頗的調整生命之衝動，使之符合禮節，不偏不倚，恰到好處，恰如其分。
理與情的交融互攝，在人品、人格與人性上便可內得於己身，外得於萬
有，天地化育之心與吾心之理情合一而道貫。

　　不管是儒家的天地之心、人我之心，或是道家的「聖人無常心，以百
姓心爲心」，皆強調心所代表的意涵，方東美總結地說：

中國人對「心」的看法與西方大不相同，對我們來說，心
代表了 1.精神的作用、2.理知的核心、3.良知的本質、
4.感情的源頭、5.幹旋的官能。事實上，「心」是所有這
些整合的一體，而「心善論」乃是所有中國哲學家的共同
肯定。[11]

---

[10]方東美，《中國人的人生觀》，頁64。
[11]方東美，《中國人的人生觀》，頁66。

《孟子・盡心》上篇：「君子所性，仁義禮智根於心。」《荀子・正名》：「心也者，道之主宰也，……心合於道。」儒家傳承系統無論是從孔子所言：「性相近，習相遠」，孟子道性善，荀子道性惡，《周易・繫辭上》曰：「一陰一陽之謂道，繼之者善也，成之者性也。……言乎人物之性，其善則與天地繼承而不隔者也。」或是《荀子・解蔽》：「心者形之君也，而神明之主也。」由上述哲人之言皆可找到儒學脈絡，天地之心即是仁，而人之心亦是仁，仁者愛人，己立立人，己達達人，仁者是仁義禮智四端之擴充與發皇，方有可能成就一個仁心世界、善心之世界。

(三)人生的價值是善的實現

宗教家會提出一套人生三部曲，即是生從何來？死往何去？今生是誰？但是在古典儒家的哲學智慧中，對於生與死則是與自然的同一，人生於自然之中，而自然即是宇宙流行之道的大化境界，因此對「生從何來」的問題，儒家不採取西方宗教或是東方神話的解釋模式，儒家直指天地化育，而有「天地之大德曰生」、「生生之謂易」等命題的預設；而對於「死亡」則是坦然面對，「未知生焉知死」，絕對不是逃避，而是生的意義遠較死亡的討論更值得關注，死亡也是自然的一部分，無須逃避或是驚恐，一切皆自然而然，有生必有死，只有把握住「今生是誰」的哲學式思維，今生即是善的實現之歷程，其目標在善，今生的意義是「大學之道，在明明德，在親民，在止於至善。」清朝儒者戴震（1724～1777）在《原善》即作了深刻的剖析：

> 善曰仁，曰禮，曰義，斯三者，天下之大衡也。上之見乎天道，是謂順，實之昭為明德，是謂信，循之而得其分理，是謂常。道，言乎化之不已也，德，言乎不可渝也。理，言乎其詳致也，善，言乎知常體信達順也。性，言乎本天地之化，分而為品物者也。限於所分曰命，成其氣類

曰性。各如其性以有形質，而秀發於心，徵於貌色聲，
曰才。資以養者存乎事，節於內者存乎能……呈其自然之
符，可以知始，極於神明之德，可以知終。[12]

對善的追求是人生的目標，是本天道而立人道，體證天道的內涵即是
仁、禮、義三者的綜合。而人體天道而立人道，人本應是道與德之合體，
而成就道德人格，是故在行為表現中，即是道德潤身，以君子之姿立於群
倫之中，知常而能體現信、達、順，慮事合宜，與人為善，縱使面對造
次、顛沛流離、時不我予之困頓，仍堅持其道德情操，以君子自屬，秉心
善性善之理，知始終與先後之次等，而能巍然屹立，成一德性人格之我。

三、古典儒家的「自證慧」

古典儒家在文化的共命慧方面如上節所述，而對於自證慧的部分，
儒家表現出來的亦有其精彩之處。此處，吾人欲借用勞思光先生的觀點，
以詮釋「自證慧」。他認為：「文化現象是經驗事實的領域，而經驗事
實的領域，即是因果性的條件系列交互作用的領域，在這個領域中，每
一存在都是被決定的；因此，我們可以稱之為『因果性領域』（realm of
causality）或『決定性領域』（realm of determinism）。與此相異的則是
『自由意志領域』（realm of free will）。」[13]由此在經驗事實的層面，有
文化現象之研究，而在自覺活動的層面上，即有文化精神之研究。本文所
稱之「自證慧」即是「文化精神」（the spirit of culture），勞思光先生對
「文化精神」定義如下：

所謂文化精神，原即指文化活動背後之自決或自主之成
素，它可以被描述為「自由意志」或「自覺心」。這種成

---

[12]〔清〕戴震，《原善》。
[13]勞思光，《中國文化要義新編》，香港：中文大學出版社，1998，頁4。

素只表一形式意義的活動方向；我們用常識的詞語來講，
即可以說是意志的方向或自覺要求的方向。[14]

　　由此可知，「自證慧」即是文化精神，它代表的是這個群體、民族、
這個文化的思想，文化的意志方向或是自覺的方向。而文化精神也必表現
於文化現象的活動中，並且由其文化精神亦會造就出如此這般的文化現
象，這個過程即是「文化活動」，其文化活動即可看出所存在的理念、意
識型態（Idelogy）的意向性。勞先生以四組理念來說明文化精神的表現
形式，為使文化精神之理念得以完整闡釋，特引述如下：[15]

1. 觀念：自覺要求本身的直接顯然必為一組觀念；這種觀念或通過邏輯
   形式而呈現為一理論，或是通過直觀而呈現為一信仰；不論是理論或
   是信仰，皆為價值意識或自覺要求之最初的產物；我們通常即稱之為
   價值觀念。

2. 生活態度：價值觀念又首先在經驗生活中展開，而形成一定的生活態
   度。價值觀念表現人們以甚麼為「好」；生活態度則表現為人們「做
   甚麼」與「不做甚麼」；這已經開始改變經驗世界了。

3. 制度：當我們談生活態度時，我們只涉及一個個的個人或個別心靈。
   「制度」則涉及眾多個人或心靈的統一活動。制度生於價值觀念，理
   由極為明顯；人們必須先以為「如何如何是好的」，然後方會建立一
   制度以使人們那樣做。但制度之產生不是直接的，與生活態度又有殊
   異。

4. 習俗：習俗是由觀念、生活態度及制度在不知覺的歷程中構成；通常
   它仍表現在生活態度中。但嚴格地說，它不具有自覺性，因此可以與
   生活態度分開。

---

[14] 勞思光，《中國文化要義新編》，頁5。

[15] 勞思光，《中國文化要義新編》，頁6～7。

　　上述的四組理念用來解釋文化精神可謂意簡言賅，從儒家角度而言，這四組理念正好可以作爲儒家的自證慧，提供一個從形而上到形而下系統性地展開，或稱道與術的二元層面，一個學派所提出屬於它這個學派的自證慧，本身即說明了一個事實，這是人應付環境的活動之成果，東漢班固所撰《漢書・藝文志諸子略序》所述的儒家，其中正可以看到儒家在應付歷史環境變遷的文化活動：

> 儒家者流，蓋出於司徒之官。助人君，順陰陽，明教化者也。游文於六經之中，留意於仁義之際。祖述堯、舜，憲章文、武，宗師仲尼，以重其言，於道最爲高。孔子曰：「如有所譽，其有所試。」唐、虞之隆，殷、周之盛，仲尼之業，已試之效者也。然惑者既失精微，而辟者又隨時抑揚，違離道本，苟以譁眾取寵。後進循之，是以五經乖析，儒學寖衰。此辟儒之患。[16]

　　班固之說固爲諸子出於王官之說的肇端，但是他所描述的所處生活的環境對於儒家的陳述，可爲吾人提供另一參考，即是在古代的儒僅是具有技術性知識的特殊社群，也是廣義的士，孔子所紹述之儒學則代表一種特殊的精神，即是儒學之所以爲儒學，異於其他學派的文化精神。以下就以勞氏所稱之文化精神活動的四個概念加以詮解：

1. 觀念

　　觀念是代表一種價值意向，包括知識系統、規範系統與表現系統等。孔子的意向即在重新建立周文的價值，並且賦予周文新的意義與內涵，說明了人間正義的來源與新秩序如何落實及建立。孔子肯定建立這種新秩序的必要性及迫切性，因爲是價值體系的崩潰，使得形式主義與虛無主義取

16　〔東漢〕班固，《漢書・藝文志諸子略敘》。

而代之。因此，孔子的核心觀念即是對「仁」的重視與高唱，進而發展出一組依於仁所產生的觀念成爲儒家的特色，包括：忠、恕、禮、義、智、信、勇等實踐信念。古典儒家的觀念，勞思光先生評論爲重德的精神：

> 文化活動以建立秩序爲目的。每一秩序代表一「正當性」的實現。人類自覺心中有求正當的意志。當這一意志不受形軀的欲望牽引時，便能追求正當，實現正當。這樣，「仁」是大本，「義」與「禮」皆以「仁」爲基礎。用現代的哲學詞語說，「仁」即指道德主體性。由此，孔子所創立的儒學，基本上以「道德主體性」爲中心。這種哲學所代表的精神，可稱爲「重德」的精神。[17]

2. 生活態度

生活態度是指做什麼？與不做什麼？儒家秉持重德之文化精神，做君子是儒家的唯一選擇，不做鄉愿，更不能做小人。因此儒家勉人做君子儒，而非小人儒。其次是「孝弟」的實踐，由孝弟所展開的家庭倫理以及各種關係的擴大，皆是出自於孝弟的生活態度，「父慈子孝」、「兄友弟恭」，每個人均有其角色扮演，亦有其責任承擔，家族的血緣關係是構成親慈子孝的孝悌關係，進一步發展爲人與他人之間的人際關係，形成一種生活態度。而這個態度是積極的，正向的，知其不可爲而爲，表現出剛健、誠信、正直與人爲善的生活態度。

3. 制度

「正名」是建立儒家制度的一個必要手段，所謂名不正言不順，周文的制度是「君君、臣臣、父父、子子。」而對於建立何種制度的進一步闡釋，首推孟子所提出的「仁政」與「王道政治」。無論是正名、王道政

---

[17] 勞思光，《中國文化要義新編》，頁16。

治以及相關的社會、經濟制度無不是以「德治」觀念爲中心而產生。在制度面的設計方面，以下這二句最能表達古典儒家對於制度設計的上位思考：「道之以政，齊之以刑，民免而無恥；道之以德，齊之以禮，有恥且格。」（《論語・爲政》）而完成這個理想的制度，儒家設計出「聖君賢相」的管理制度，推演到極致即是大同之治。這個制度的設計，仍然是德治精神的延伸。

4. 習俗

習俗是日積月累，往是不斷修正而後的創新，所謂「因革損益」即是其中秉持的關鍵，儒家是祖述堯、舜，憲章文、武，以理性的方式來移風易俗，並且強調士爲四民之首，要扮演積極與自覺覺人的角色，如「君子之德風，小人之德草。草上之風，必偃。」（《論語・顏淵》）對於孝悌之習俗，孔子提出「生事之以禮；死葬之以禮，祭之以禮。」（《論語・爲政》）這些習俗漸漸展現在庶民生活與士大夫的生活層面，有其值得闡述的特色，如孝悌文化，敬老尊賢等，但亦有其負面之影響，如被批評「禮教吃人」、「壓制個人自我」、「士大夫文化」等。由於扭曲價值觀之原意，因此往往存在著積重難返之陋習，與僵化的現象。

透過觀念、生活態度、制度與習俗這四組觀念詮釋古典儒家的「自證慧」，而「自證慧」倚仗個人才器與洞見，遂有不同的詮釋。共命慧爲根柢，自證慧是枝幹。自證慧是自家本派，共汲共命慧之根柢，儒家是如此，道、法、墨亦復如此。古典儒家爲此立下一個知識階層的使命，在德治的前提下，講求修身自律，爲天下先，並且透過教育以移風易俗，由於其角色是作爲統治者之老師，加上千年科舉制度不變，知識階層一旦取得特殊的身分認同，即有腐敗之跡，失去自律要求，成爲君主專制之護身符，而置黎民百姓於不顧，悖離儒學純正質樸之律求，離古典儒家己立立人，己達達人之理念相去甚遠，墮落俗世而隨波逐流，無以重現古典儒家之使命感與道德情操的堅持；面對挾著以公平、正義、合理爲訴求的當代文明之衝擊，即出現捉襟見肘，無以變通以應時勢變遷之窘境。

四、結語

源於古典儒家的傳統是共命慧，即如涓滴之水以成江河，而海納百川以成其大，不廢江河而有萬古流，雖殊途而同歸、百慮而一致。而各民族、各地區的文化自是自證慧，是各個民族、地區的在地化之結果，有得其原生之本然，亦有自身的歷史經驗、奮鬥軌跡和先哲之智慧匯聚而成一家之秀，即如自家生命的不同寫照與風光。如何闡釋自證慧，同中存異，異中求同以成共命慧，這是探討當代文明的一個挑戰。方東美先生在《哲學三慧》中，有二段剴切的觀點可作為我們思考文明的共命慧借鑒之言。他以中國文化為例：

第一段是：

中國人悟道之妙，體易之元，兼墨之愛，會通統貫，原可轟轟烈烈，啓發偉大思想，保眞持久，光耀民族。但一考諸史乘，則四千年來智慧昭明之時少，闇時錮蔽之日多，遂致文化隳墮，生命沓泄。[18]

第二段是：

中國哲學家之思想向來寄於藝術想像，託於道德修養，只圖引歸身心，自家受用，時或不免趨於藝術誕妄之説，囿於偏理錮蔽之習，晦昧隱曲，偏私隨之。原夫藝術遐想，道德慈心，性屬至仁，意多不忍，往往移同情於境相，召美應於俄頃，無科學家堅貞持恆之素德，頗難貫穿理體，

---

[18] 方東美，《哲學三慧》，頁21。

鉅細畢究，本末兼察，引發邏輯思想系統。[19]

　　上述第一段話直問事實如何？第二段話回答爲何如此？實切中文化之弊。中國哲學在面對西方強勢文化之時，有無可能如湯恩比所說的文明興衰的基本原因是挑戰和應戰，一個文明，它若能夠成功地應對挑戰，則它就會新生和成長，反之，則會走向衰弱和解體。文化之最精確意義是出自於自覺性，古典儒家的「仁」概念一針見血地道出儒家哲學是出自於自覺性，也就形成一種文化精神，也成就道德事業，塑造了中國文化的文化自我。重視道德對人的陶成與培育，成爲儒家教育，以及社會制度的入門，人之自我實現首先必須要有自覺，以自我爲價值之源，內求諸己，進而推己及人的外推，形成人我的和諧，接著以當世之世界爲價值顯現的場域，從格、致、誠、正、修、齊、治、平，逐步地實現，只問理之是非，不問事之成敗，「正當性」和「道德性」成爲儒家正義價值之來源。重德精神成爲中國文化精神的表徵。如何因應現代化的挑戰，找出與時俱進的哲學智慧，確實刻不容緩。而儒家已存在千年之久，其「合理性、正當性、道德性」之訴求，自先秦古典儒家起至當代仍有其與時俱進、自我修正與調適的特性，儒家亦非守舊與保守，在面對今日文化的衝突，或可參酌古典儒家之共命慧與自證慧，以建構新的合理性思考。

―― 本篇宣讀於韓國嶺南大學舉辦的「東亞融合思維與文化」國際學術研討會，
　　2019年11月1-5日。2020年修訂。

---

[19] 方東美，《哲學三慧》，頁22。

傳統經典詮釋與現代生活

內容摘要

　　中國傳統文化思想中所探討的議題可謂多元，其思想範疇與探討的問題卻又與今日之學科的研究議題密不可分。從自然與人文的兩重世界中，中國文化的經典內涵提示人生的哲理與不同的生活態度，直接或間接地塑造了吾人的價值取向。數千年來這種民族的共命慧，是大傳統與小傳統安身立命之所在，亦是處理自然與社會種種關係中的參考與借鏡，它不僅有形上哲理，亦有人倫日用的價值顯現。于現代學術範疇，透過經典的詮釋，掌握其中之義理，成為個人與他人互動的準繩，而有文化慧命的新生。經典不僅是一種知識上的啟蒙與精進，亦是生活上的甘露與清泉，更可擴及到終極關懷、社會倫理、政治哲學、領導風格與藝術人生等等課題。經典雖是過往哲人的智慧，但其超越性與普世性，卻不因時間的消逝而失去其指引生命的方向，正因其哲理的豐富性，亦可達到暮鼓晨鐘之效。

一、前言

　　文化是指在特定時間與空間之下的歷史團體的生活方式之遺跡，文化也就是一群人生活方式的總匯。英國人類學家泰勒（Tylor, Sir Edward Burnett, 1832～1917）的說法，可為文化找到一個較為清晰的概念：

> 文化或文明，就其廣泛的民族學意義來說，乃是包括知
> 識、信仰、藝術、道德、法律、習慣與任何人作為一名社

會成員而獲得的能力和習慣在內的複雜整體。[20]

　　泰勒的文化論點為文化的內涵提出了一個較為具體的描述，說明文化是一種歷史的「遺跡」，並且認為隨著社會的發展，制度的改變，有些舊有的文化被保存下來，因而文化史應注重對那些表現在某些工具和設備、藝術形式、信仰和崇拜之中。尤其是在人類技術以及經濟和精神生活方面，自我運動方面的思維與探索。這樣的論點可說是具體地闡釋文化的內容，但在本質上仍是近於社會科學的論述。

　　中國文化所蘊涵的經典價值的研究，亦即是文化的經典與現代生活連結的問題，其中所探討的主題便是經典義理與現代生活意義的問題，國內的研究導向有二，一是歷史學的導向，二是哲學的導向。歷史學研究的導向，首先是由余英時院士提出，他在《從價值系統看中國文化的現代意義》一文中，採取一種結合歷史學與文化學的觀點，將文化看作是成套的行為系統，而文化的核心則是由一套傳統觀念，尤其是價值系統所構成。[21]其論點如下：

　　什麼是中國文化？我們怎樣才能討論中國文化這樣一個廣大的題目？不用說，我們勢非採取一種整體的觀點不可。如果採取分析的途徑，從政治、經濟、宗教、藝術、文學、民俗各方面去探索以期獲得一個大家都能接受的確定結論，那將是一個永遠無法實現的夢想，因為這是一個沒有止境的分析過程。但是另一方面，整體的觀點則難免有

---

[20] 莊錫昌・顧曉鳴・顧雲深等編：《多維視野中的文化理論》，臺北：淑馨出版社，1991，頁96～97。

[21] 余英時：〈從價值系統看中國文化的現代意義〉，《知識人與中國文化的價值》，臺北：時報文化出版公司，2007，頁11。

流於獨斷的危險，思想訓練不夠嚴格的人尤其喜歡用「一言以蔽之」的方式武斷地為中國文化定性。

這種處理的方式也許比較符合前面所提到的人類學家和歷史哲學家的最近構想。這一組問題一方面是成套的，但另一方面也分別地涉及中國文化的主要層面。

另一種的研究導向是哲學式的研究，是由沈清松教授提出，他的論述脈絡是奠基于科技和文化的反省，他認為「傳統的中華文化和中國哲學是中國人在農業社會的客觀脈絡中，透過精神的努力，用藝術及道德來點化自然，企圖以人文精神化成自然世界之高度結晶。但是，在這個科技發展已經穿透自然及社會各層面的時代中，吾人還必須面對新的問題，進行新的思考。」[22]他進而解讀中華文化所具有的五個系統觀念：

> 首先，我們必須先覺察到自家文化傳統的特色，纔能進一步在科技時代中，適當地予以發揚。按照吾人在導論中（著者按：是指《解除世界魔咒》一書）對於「文化」所提出的定義和内涵，吾人可以分就終極信仰、認知系統、規範系統、表現系統，和行動系統來分析中華文化。……[23]

基於上述的二元脈絡思維，本文探討如下三個議題，一是中國傳統經典之義理在文化中的價值何在？二是傳統經典之內涵應如何詮釋？三是經典詮釋與今日生活之聯結？這三個議題乃是在前述的研究背景之下，所作

---

[22] 沈清松：〈中華文化與中國哲學之展望〉，《解除世界魔咒》，臺北：臺灣商務印書館，1998，頁271。

[23] 沈清松，〈中華文化與中國哲學之展望〉，頁274。

的思考與論述，或可爲傳統經典之義理解讀與詮釋，提供另一種思維。

二、傳統經典義理之價值

民初哲學家梁漱溟先生在他的代表作《中國文化要義》一書中，提出他對中國文化的解讀：「文化早熟、倫理本位的社會、非階級對立而是職業分途。」[24]可說是概括了中國文化的本質與結構。對於中國傳統經典的意義與價值該如何解釋？是指聖賢的經典中所記載的理想世界與內涵？或是一般人日常生活中實際的人倫日用之學問？對於中國傳統文化的經典意涵，在論述上吾人須加以檢視，以對中國傳統文化經典之意義與價值，有進一步的掌握。以下提出三個觀點：

㈠傳統經典關切的是一套三構面的關聯式結構

文化包括了可觀察的一套行爲系統，而這個行爲表現的核心即是一套觀念，換言之，這套觀念便是一套價值系統，並且影響到中國文化的各個層面，甚至內化成爲民族性格的一部分。這套價值系統，在認知的對象上便包括了三個構面，包括了人與自然的關係、人與他人的關係與人與自我的關係。分述如下：

1.人與自然的關係

論及人與自然的關係，「天道遠，人道邇」一針見血地說明天人關係，但天道與人道二者關係的變化，存在著「天生德於予」及「知我者其天乎」的意義連結，人與自然的關係並非絕然二分，而是存在著一種內在的關聯性。項退結教授研究人與自然的關係，認爲中國哲學所關切的主題因素有七，分別是「政治、道德、主宰之天、大自然與人事互應、萬物根源、常道與天地人一體。」[25]從中可以發現這七個主題因素，與本段論述的「人與自然關係」有著密切的關聯。儒、墨、道三家思想中的核心觀

---

[24]梁漱溟：《中國文化要義》，臺北：問學出版社，1981。

[25]項退結：《人之哲學》，臺北：中央文物供應社，1982，頁1268。

念，正充分說明此種關係有其內在的關聯性，從日常生活中所標榜的天人位階次序－「天地君親師」便可得到證明。如果說中國文化表現的特點是落在「人文精神」上，它應當是天人關係的不同表現方式，可以是重視人間秩序和價值起於人間，但仍有其超越的來源，不管是稱它是「自然」、「道」、「天」、「天命」，這些觀念皆在指出一個看似簡單卻又充滿哲理的概念－「道之大原出於天」，道也可以被認知是人倫日用，借用《莊子・知北遊》所言：

> 東郭子問於莊子曰：「所謂道，惡乎在？」
> 莊子曰：「無所不在。」

2.人與他人的關係

對於人與他人的關係，「道德」與「倫理」這二組觀念正可以說明此一層面的核心觀念，並由此「道德」觀念進一步擴及至「倫理」層面。傳統的倫理關係以「五倫」為代表，五倫也就是人世間的五種秩序，它包括了「父子有親，君臣有義，夫婦有別，長幼有序，朋友有信。」論及人與他人的關係，不能忽略由上述血緣關係所形成的「家」，五倫中的三倫與家有關，這層倫理的擴大並擴及至「族」、「國」、「天下」，各種的組合莫不是「家」關係的延伸，基於這樣的倫理關係，人與他人的關係也可說是「家」倫理的延伸，因而《大學》：「修身、齊家、治國、平天下」便是倫理關係的逐步擴大及道德實踐包括親、義、別、序、信之完成。

3.人與自我的關係

論及人與自我的關係，即要問及「人對於自我的態度」之問題，余英時曾有深入的分析：

> 以中國的內傾文化與西方的外傾文化在追尋「自我」的問
> 題上也表現了顯著的差異。大體言之，西方人採取了外在

超越的觀點，把人客觀化的為一種認知的物件。人既化為認知物件，則多方面的分析是必然的歸趨。這種分析一方面雖然加深了我們對「人」的瞭解，但另一方面也不免把完整的「人」切成無數不相連貫的碎片。中國人則從內向超越的觀點來發掘「自我」的本質；這個觀點要求把「人」當作一有理性、也有情感的，有意志、也有欲望的生命整體來看待。整體的自我一方面通向宇宙，與天地萬物為一體；另一方則通向人間世界，成就人倫秩序。[26]

中國文化傳統經典中，經常浮現的字眼，如「自省」、「自反」、「反求諸己」、「反身而誠」等，正說明在中國文化的價值系統中，有一種源自於內在的一己之心，此心能感通潤物，及於他人與天地萬物，這種修養或修持的目的是實現自我，追求實現人間秩序和自然秩序的和諧狀態。

(二)生命的學問是經典義理的核心

「生命的學問」首見於牟宗三先生之言，他在《關於「生命」的學問－論五十年來的中國思想》一文中，反省民國以來中國思想界的種種現象，他說：「一個不能建國的民族，是不能盡其民族之性的民族。猶如一個人不能站住其自己，是由於未能盡其性。個人的盡性與民族的盡性，皆是『生命』上的事。如果『生命』糊塗了，『生命』的途徑迷失了，則未有不陷於顛倒錯亂者。生命途徑的豁朗是在生命的清醒中。」[27]牟先生是從中西哲學比較的立場出發，他認為：「西方的哲學是由知識為中心而發的，不是『生命中心』的，西方哲學的精采是不在生命領域內，而在邏

---

26 余英時：〈從價值系統看中國文化的現代意義〉，《知識人與中國文化的價值》，頁50-51。
27 牟宗三：《生命的學問》，臺北：三民書局，1978，頁33。

輯領域內。知識領域內、概念的思辨方式中。所以他們沒有好的人生哲學。」[28]到底「生命的學問」是指何種意涵？牟先生剴切地指出「大學之道」就是生命的學問。

> 中國從古即說「大學之道，在明明德」。試問今日之大學教育，有那一門是「明明德」。今之學校教育是以知識爲中心的，卻並無「明明德」之學問。「明明德」的學問，才是眞正「生命」的學問。
>
> 生命的學問，可以從兩方面講：一是個人主觀方面的，一是客觀的集團方的。前者是個人修養之事，個人精神生活升進之事，如一切宗教之所講。後者是一切人文世界的事，如國家、政治、法律、經濟等方面的事，此也是生命上的事，生命之客觀表現方面的事。如照儒家「明明德」的學問講，這兩方面是溝通而爲一的。個人主觀方面的修養，即個人之成德。而個人之成德是離不開家國天下的。依儒家的教義，沒有孤離的成德。因爲仁義的德性是不能單獨封在個人身上的。仁體是一定要向外感通的。「義以方外」，義一定要客觀化於分殊之事上曲成之的。故羅近溪講大學云：「大人者連屬家國天下而爲一身者也。」何以是如此？就因爲仁義的德性一定要客觀化于人文世界的。且進一步，不但要客觀化于人文世界，且要擴及於整個的天地萬物。[29]

此生命的對象從個人生命、社會生命、群倫生命而至民族生命，皆在

---

[28] 牟宗三：《生命的學問》，頁34。
[29] 牟宗三：《生命的學問》，頁37-38。

此範疇中，家國、天下與個人生命聯結，個人生命的意義之彰顯，不能脫離此一聯結的範疇。

㈢知之、好之而樂之的人生哲學

吳經熊先生在《哲學與文化》一書中對於儒家的特質，他認為：「儒家的悅樂精神是注重腳踏實地，逐步漸進的人生哲學。」[30]談人生哲學離不開認知與實踐兩部分，尤其特重實踐的部分，因為一種學說若不能實踐以達移風易俗，也只能流于玄理空談而已。中國傳統經典中以儒、道二家為代表，其精神便是能將悅樂精神作為一種生活的態度，而這其中包含了「知之」、「好之」和「樂之」三部曲。

> 儒家的人生哲學，不外乎做人的道理。可是這個哲學最顯著的特色就在它是注重腳踏實地，逐步漸進的。比如孔子說：「知之者不如好之者，好之者不如樂之者。」（〈雍也〉）這個「之」字，就是代表做人的道理。第一步我們必須知道這個道理，至少這個道理的主要原則。第二步是要我們對於這個道理發生興趣，漸漸地進入欲罷不能的地步。第三步才達到與道契合，「從心所欲不踰矩」的境界。第一步是「知之」的功夫，第二步是「好之」的功夫，第三步才到「樂之」的最高峰。[31]

「知之」是屬認知層，是認識作用，近於真理的追求和智慧的開發，人並非皆是生而知者，可是人的好學求知卻是必需的條件，舍「求知」之途，欲達「真知」無由。有了「知之」之後，在態度上便是「好之」，儒家在態度上，孔子樹立了一個很好的典範：

30吳經熊：《哲學與文化》，臺北：三民書局，1979，頁1。
31吳經熊：《哲學與文化》，頁1。

其為人也，發憤忘食，樂以忘憂，不知老之將至云爾。
（《論語‧述而》）

子在齊聞韶，三月不知肉味。曰：「不圖為樂之至於斯
也。」（《論語‧述而》）

第三步是「樂之」的人生哲學境界的培養，亦可說是我人在面對人生種種結果，不論是順境或是逆境，雖有挫折，但總還有一種操之在我的主觀審美心靈，亦即是吳經熊先生所言的「與道契合」、「從心所欲不踰矩」的境界。第三層的「悅樂精神」並非僅存於儒家，看道家的莊子云：「古之得道者，窮亦樂，通亦樂，所樂非窮通也。道德於此，則窮通為寒暑風雨之序矣。」（《莊子‧雜篇讓王》）在內傾文化的氛圍之下，我們看孔子對於人生際遇的自我描述，就可以充分理解其內在的主觀心靈。如「飯疏食飲水，曲肱而枕之，樂亦在其中矣。不義而富且貴於我如浮雲」。（《論語‧述而》）生活中的學問是何其龐雜，但透過這「知之」、「好之」及「樂之」的三個步驟，讓吾人可以明白如何從知識層跨入實踐層，從而培養對人、對事、對物、對自然的美感欣賞而能了然於胸，同時在實際的生活世界還能「人不知而不慍」，「內省不疚，夫何憂何懼？」（《論語‧顏淵》）達於工夫層及境界層。

透過上述的解讀，即可明白傳統經典詮釋，亦須面對「人的主體性」。只有「人的覺醒」，一個自覺意識的存在先行確立了之後，我們才能期待經由價值內化及感性、知性的洗禮之後，表現於今日的生活態度、制度及習俗中，而成為歷史的存在。因此探討傳統經典的詮釋之途徑，首先就是要將中國傳統文化之內涵作一轉化及詮釋，觀念是價值意識的自覺要求，要將價值觀念在經驗生活中展開，以形成一種生活態度，以改變經驗世界，第二是社會的存在有其必然性，人不能孤獨地過活而不與他人發生互動，必要有涉及眾多個人或心靈的活動以形成可大可久的制度，最後

是透過前述二者的涵化歷程而形成習俗。因此「文化精神」乃連結傳統經典與建構現代意義，文化現象雖是經驗事象，但仍受到價值意識之影響及鍛鑄，文化精神的活動或可表現傳統經典所欲追求的目標。

三、從經典到現代生活

　　中國文化中的傳統經典浩瀚博大精深，如何使之與現代生活結合，確實是一大挑戰。因此如何掌握經典意涵賦予新意，必當要有一核心立論以爲基礎，而後旁通諸次要理論，蔚成根、莖、枝葉俱全的一套價值觀念系統。中國傳統經典中儒、道、墨、法、名、陰陽等學派思想，大體上皆接近於各自擁有一套價值系統之理型，然仍以儒、道爲最高，于中國文化的形塑上居功厥偉。這種系統式的論述，點出在人類不斷變遷的社會政治經濟文化生活中，有一套超越時間與空間、亘古不變的核心價值，心學的代表者王陽明之說最具參考的價值，可稱在傳統經典中指點永恆性意義的代表。陽明說：

> 經，常道也；其在於天謂之命，其賦於人謂之性，其主於身謂之心。心也，性也，命也，一也；通人物，達四海，塞天地，亘古今，無有乎弗具，無有乎弗同，無有乎或變者也。是常道也。（〈尊經閣記〉）

　　「常道」是人類文明發展的一種指導原則，而《六經》之言則是表現「常道」流行的多元狀態及表現形式。依此模式對於傳統經典的解讀及闡釋，亦應秉持思維模式，建構「常道」以爲根本，而常道即是價值系統，而價值系統即是「文化精神」，亦是理解傳統經典意涵的一個入門。此「常道」與現代生活的相關性，即在於人格的養成，是非判斷的準繩，存誠去僞的工夫，和多元的視野與胸襟中見眞章。處今日高度工業化社會，人性善惡之捉摸難測，人心之不易存誠去僞，在在顯示理解經典，要能提

綱挈領擷取精華指點人生，於大是大非之際知所明辨，於權衡變通之時知所分際，謹守爲人的基本常道而能博達通暢，表現一種悅樂精神、持之以恆的生命學問。思考此命題，透過傳統經典的詮釋，亦可讓吾人理解今日現代生活之所需的文化養分。

(一)現代社會的人性觀

中國哲學對人性的觀察，非從「宗教」觀點或是「科學」的觀點切入，而是從「哲學」的角度切入；生命意義與價值的終極不在「天堂」或「天國」，而是在人間。宗教性的觀點並未形成思想主流，亦未要人視現世爲罪惡的淵藪而有最後的審判。身爲現代人，就當有一個理性的、哲學式的觀點，生命的目的，就是要腳踏實地在此世實現我們的夢想，亦非虛妄不務實，轉求他境來世，或是採取避世遁世的態度。

方東美先生評析了「宗教的」與「科學的」兩種人生態度，他最後做了一個綜合，可給予吾人一個不同視野的參照。

> 所以，總的來說，以宗教導引人生雖能發人深省，但是神學—至少某些神學的形式—爲了護教而貶抑現世的人類價值，並在狂熱的本能中特別強調死亡犧牲，如此出世避世的看法，卻值得商榷。另外，科學追求眞理雖然也是令人嚮往，但若一旦逾位越界，連哲學都被科學化，便深具排他性，只能處理一些乾枯抽象的事體，反把人生種種活潑機趣都剝落殆盡，這也是同樣的危險，因此，哲學一旦成爲神學的婢女，作爲護教之用，或成爲科學的附庸，不談價值問題，則其昏念虛妄必會戕害理性的偉大作用，而無法形成雄健的思想體系。[32]

---

32 方東美：《中國人的人生觀》，臺北：幼獅文化公司，1982，頁5。

　　到底在現代的生活中，我們需要一個什麼樣的人性觀，才能讓我們在現實世界中得以安身立命，而又能「大人不失其赤子之心」，懷抱一種理想與人格尊嚴，使之成爲生活的動力？中國的文化被稱爲「東方的智慧」，又能如何在「宗教」與「科學」二者之間，開出一條平坦務實穩健的道路，提供人們知所選擇？吾人稱這種思想及態度爲「人文主義的人性觀」，本質上它是哲學的，是務實的，是生命的學問，也是人我之間通達合契，不是在自然與人文之間劃上一道鴻溝而涇渭分明，是存誠務實，也是理性與慈愛。這種人性觀是基於理性和仁慈，它作爲一種生命哲學，從仁慈的人性觀中獲得啓發，並通過由理性推理予以指導和關切。個人的興趣、人格尊嚴、思想自由的保障，人與人的和諧共處皆是其所關切的範圍，人是什麼？中國哲學給予吾人一種東方的智慧－天地充滿盎然的生機、蓬勃的朝氣，堅定的慈愛，可愛自信的體魄、積健爲雄的精神、莊嚴的思想，高貴典雅的行爲、創意的創造，以及自我與他人共存共榮的實現。這種人生觀非採「倫理中立」（ethical neutrality）的態度，而是把握本然之心的善念脈動，保住此善心，客觀面對人之情性的躍動及誘惑，以理禦情，以「意」與「知」處理生命的衝突與轉折，以成就普遍之「理」。

㈡現代社會的倫理觀

　　在傳統主流價值的氛圍之下，倫理生活以道德爲基礎，期待在動機爲善的前提下，追求人性的完美，建立人文世界，歷代的思想家無不戮力於此。唐君毅先生即有如下之論述：

> 周代的禮樂精神；孔子之重人德；孟子之重人性；荀子之
> 重「以人文世界主宰自然世界」；漢人之重歷史精神；宋
> 明之重立人極，于人心見天心，於性理見天理；清人之重

顧念人之日常的實際生活。[33]

上述的這些思潮可以明顯看出著重在人的內在精神成就，並且預設經由人的努力與道德實踐，必可創造出一番天地。在中國文化的傳統經典中，可看到儒家在此方面的影響力。而到了今日工業化社會，儒家之道德與倫理觀念中，人人向道德至善競奔的思想是否仍然可以適應當代社會的價值變遷？沈清松認爲：

> 現代的倫理學往往只討論義務，而忽略美德。儒家的倫理道德思想既然肯定了人的可完美性，因而往往從人格的完美來看待人的行爲；由於要求人格完美，爲此行爲才必須遵循某些規範，因而有了道德義務的成立。義務論和德行論是一部倫理學所必須包含的兩個部分。近代西方較傾向於從義務來看德行，認爲德行就是時時按照規範（義務）而行的好習慣。但是，儒家傾向於德行來看義務，是爲了陶冶德行因而才應該有道德義務，以便按照義務而行，藉以形成德行。儒家是中國文化當中倫理道德的義務與德行的體系之建立者。至於其他各家各派，則並未像儒家這般詳盡地對道德義務與德行加以詳論。在中國文化中，儒家形塑了中國人的義務觀和德行論。儒家的義務論就是從其德行論中衍生的。由於有了對德行的要求，藉以提升人格邁向完美，因而才有了道德義務的設立。爲此，必須先瞭解儒家的德行論，才能深切瞭解中國文化的倫理道德規範。[34]

---

[33] 唐君毅：《中國人文精神之發展》，臺北：學生書局，1979，頁40。
[34] 沈清松：《傳統的再生》，臺北：業強出版社，1992，頁35。

在現代化的歷程中，傳統與現代形成一些斷層與矛盾，舊的價值體系崩解，而新的價值體系尚未建立，「文化失調」之情形嚴重。如何在傳統與現代之巨變中，讓道德與倫理得到適當的定位，並且可以獲得一種新的意義與價值之導向，是為重要課題。但是針對儒家的倫理道德觀點，依然有些負面的事實不能否認，文崇一對此問題有如下的批判：

> 依照儒家倫理的說法，對皇帝要忠，對父母要孝，對別人要仁恕，對自己要自省。可是，兩千多年來的忠臣、孝子，實在不是想像的那麼多；至於仁民愛物、推己及人、自反而縮的人，實在少之又少。這可以說是行為的脫節，倫理並未產生規範行為的作用。這種現象也不是一天兩天的事，我們早已見慣不怪，多數的人把「述而不作」視為做事的一種方式，也早已獲得社會的諒解或共識、這就塑造了國人在處理事務時的雙重標準，說的是一套，做的是另一套。一般行為如此，法律行為也如此。這種社會習慣強制性的效果，使相當多的中國人都養成了一種雙重性格，這對倫理或道德的傷害相當大。[35]

如果倫理是一種道德準則或標準，如何維持倫理必將是維持社會秩序及社會運轉的必要手段，倫理秩序的建立必賴道德教育的推動，而居其關鍵乃是基於彼此共同信賴的道德信念，否則不就成為一個道德淪喪的社會。現在的社會已遠較傳統的社會來得多元且複雜，以五倫為綱常的社會結構已被打破，人與他人的互動已跳脫傳統的規範；而進入了工業社會，應有一個符合工業社會的新倫理出現，過去李國鼎先生曾主張「第六倫」，亦有稱之為「群己倫理」，並以公正、秩序為群己關係所應實現的

---

[35] 文崇一：〈工業社會的職業倫理〉，《文化與倫理》，財團法人張榮發基金會，1990，頁104-105。

社會道德。今日對此議題之探討，實應賦予群己關係為「專業倫理」以為對待，方能符合現代社會的規範與要求。身處現代社會的你我，每個人都有一個身分與其符合身分及要求的行為，包括了言論與態度。文崇一針對此議題提出此倫理的二個重要內涵，一是以「誠」為基本精神，二是「敬業、勤勞、負責、服務、公平」。[36]「誠」仍然是文化精神，是倫理關係的動力，而第二項的內容確是結合傳統與現代的進步觀念與行為，內外的合一，或可給予當代倫理一個豐富的內容。

㈢重新省思「終極關懷」的意義

「宗教倫理」的議題之所以引起關注，是起自德國社會學家Max Weber在《中國的宗教》一書中，探討儒家倫理與經濟間的關係，尤其是資本主義精神與儒家倫理的關聯性。瞿海源在《宗教倫理與社會發展》一文中曾有討論。[37]而從「終極關懷」的思維層次切入，可以讓吾人跳脫「宗教」的主觀性誤植，導入一個理性思考的範疇。終極關懷何以可為吾人于現代生活中安身立命的另一思考，在內涵上必先予理解：

> 終極信仰是指一個歷史性的生活團體的成員，由於對人生與世界之究竟意義之終極關懷，而將自己的生命所投向之最後根基，例如，希伯萊民族和基督宗教的終極信仰是投向一個有位格的創造主；中國人所相信的「天」、「上帝」、「老天爺」，或「常道」等等亦表現了中國人之終極信仰。終極信仰有時明顯，有時隱微，視當事人有否知覺而定。若當事人對此並無知覺，但其實又有終極信

---

[36] 文崇一：〈工業社會的職業倫理〉，頁119。

[37] 瞿海源，〈宗教倫理與社會發展〉，《文化與倫理》，臺北：財團法人張榮發基金會，1990，頁153～169。但其論文之重點著在探討民間宗教與臺灣經濟發展之關係，對於儒家的「宗教倫理」，或是「終極關懷」討論較少。

仰在，則爲隱態之終極信仰。其次，有些終極信仰是超越
的，有些是內在的，有些則是既超越又內在的，視信仰的
對象與信仰的主體間之關係而定。最後，終極信仰在歷史
上的發展，常會經歷俗化之歷程，而這種俗化歷程在知識
階層和在民間百姓身上所展現者，並不盡相同。前者走向
理性化和內在化，後者則是走向功利化。[38]

　　若吾人對中國文化的發展歷程有所關注，有一明顯事實，在中國文化
中超越的、顯性的終極信仰仍然存在于儒家、墨家，以及民間信仰中；而
隱態的終極信仰則表現在道家、佛家，以及宋明理學所強調的內在性，包
括「道」、「心」、「良知」、「佛性」等詞語中。在大傳統的菁英分子
社群中，此種終極關懷走向「人文」、「理性」與「內在性」，而在小傳
統的民間社會中，則以功利主義的原則來看待人與超越世界的關係，這是
一個顯明的事實。而這種二元分立各有所歸，看似衝突卻又和諧的結構，
卻貫穿古代與現代，串聯傳統與現代之間是爲一不爭的事實，此種發展的
歷程或可替吾人思考現代社會的適應與重建帶來一道曙光。因爲工業化社
會，人際間的冷漠與疏離與孤獨益形嚴重，一套己立立人、樂觀奮鬥以爲
圭臬的信念，不管它是顯態的或隱態的，皆可以讓人理解人生的意義和價
值，分辨物質與精神、短暫與永恆、本體與現象、天理與人欲的分野，讓
人活得更有意義而有生命的莊嚴。

四、結語

　　觀察五十年來的臺灣新文化的蛻變，在吾人面對經典意涵與詮釋這個
議題時，或可提供一個背景式的參考，有助於思考經典意涵與現代價值如
何聯結以產生新的意義。黃俊傑的觀點說明臺灣社會的變遷的走向：

---

[38] 沈清松：《解除世界的魔咒》，臺北：臺灣商務印書館，1998，頁33-34。

最近五十年來，臺灣社會文化變遷甚大，方面亦多，但其
基本方向有二：一是從「單一主體性的支配」走向「多
元主體性的並立」；二是「從屬原則」化爲「並立原
則」。[39]

中國文化組成的元素是多元而非一元，文化基因的主體在儒與道，
其育成的過程，乃是將受教者由「生物人」（動物人）經社會化的過程轉
化成爲「倫理人」（道德人），但仍然未臻於經典的最終目標，即是由
「倫理人」轉化成爲「文化人」，此「文化人」之內涵即在追求存在的意
義及價值。此種從事於精神活動的行爲主體或互動主體，可稱爲文化我
（cultural personality），而其目標乃在表現利他主義與完美主義的無我或
忘我的境界。[40]陳秉璋認爲此種理想性或嚮往精神之次文化，係由下列三
大精神活動面相所建構完成：其一，以信仰爲基礎的宗教活動；其二，以
思考爲基礎的哲學活動；其三，以創意爲基礎的文藝活動，三者缺一而不
可。[41]在現代社會的價值重建中，理解經典，賦予經典的時代意義，可以
澄清事實與重建價值，產生新的文化，「文化人」或可成爲經典詮釋、知
識建構與價值實踐的目標。

──本篇發表於中台科技大學舉辦「人文經典詮釋與現代倫理研討會」，2015年
　8月27-29日。2019年修訂。

---

[39]黃俊傑：《大學通識教育的理念與實踐》，臺北：樂學書局，1999，頁165。

[40]陳秉璋：〈當前臺灣「社會道德─價值體系」之社會學分析：解組之因及其重建之道〉，《文化與
　倫理》，臺北：財團法人張榮發基金會，1990，頁180。

[41]陳秉璋：〈當前臺灣「社會道德─價值體系」之社會學分析：解組之因及其重建之道〉，《文化與
　倫理》，頁180-181。

儒家安身立命的意涵與當代的挑戰

內容摘要

儒學本是安身立命之學，亦是傳統知識分子修己安人的實踐哲學，它自成一套獨善其身、兼善天下、貞定人生的價值系統。但是今日之問題則是儒家遭遇著當代科技之挑戰、倫理之挑戰以及道德挑戰，儒家勢必要有一番的因應與調整，進行當代問題的回應與重構，並且還要能對治具現代性、公共性的當代生活世界之議題，進而展現儒學的內蘊新義。本文基於這樣的觀點為基點，試探「安身立命」之涵義，提出義命分立、以道修身與天人合德三方面的價值導向，而具有終極關懷之傾向而予詮解，試為儒家安身立命之說增添文化創新之道。

一、前言

儒家遭遇批判與挑戰並非始自今日，但基本上並非驚天動地的大改變，儒學的核心價值依然沒有動搖，傳統儒家所揭櫫的「安身立命」觀仍然是知識分子守恆的真理。上世紀初期隨著帝國的崩落和歐風東漸，此種核心價值即一再遭遇挑戰與批判，從「中學為體，西學為用」而到徹底的「西化」，延續千年的儒家傳統即遭遇到本質性的衝擊，進而出現傳統價值觀念的解體，也看到種種現代觀念對其的衝擊。余英時稱這種現象是「現代知識分子對儒家失去了信心」。[42]

由於儒家的理論是以個人的修身為基礎，逐步擴大到齊家、治國、平天下，它是一個整體性與系統性的觀念，由內到外，涉及政治的、社會的

---

[42] 余英時，《知識人與中國文化的價值》，臺北：時報文化出版公司，2007，頁105。

結構，形成一個組織性的生活團體，支配著每個個體的生活態度與價值信念。而近代中國對儒家的批判，最初雖是從「外王」（治國與平天下）的崩解開始，但很快地便發展到對齊家的批判，最後連修身也無以倖免，如此一來儒家的價值體系也整個動搖。代表「民間文化」對傳統儒家價值之挑戰，即是洪秀全利用西方的觀念（信奉上帝會）對付自己的文化傳統；而另一階層的「精英文化」亦逐漸反思儒家之義理，對於「名教」與「禮教」之批判，最爲有名的即是譚嗣同主張的「衝決倫常之網羅」。繼之而起的如梁任公主張的「新民」理念，宣揚新倫理。五四時期的「新文化運動」所提出的「重新估定一切價值」的主張，尤其是自1918年白話文學廣爲流行之後，影響力尤其鉅大的莫如魯迅《狂人日記》所帶來的波瀾壯闊的批判，尤其是涉及「禮教與綱常」的總體性批判與否定。

　　傳統儒學的核心價值何在？其意涵又具何種意義？面對現代性的社會，傳統儒學所揭櫫的「安身立命」之道又該如何詮解？儒學又需要面對何種侷限以作調整？上述三問題是本文所欲解答與求索的問題，亦是本文研究之進路。

二、「安身立命」的意涵詮解

　　理解儒家「安身立命」之觀念，即涉及對於此一觀念本質性的解釋及其由此所展開的各種概念。「安身立命」是傳統儒家所揭櫫的生命實踐的目標，也是知識分子所服膺的一套價值系統與行爲規範，它來自於一套「世界觀」。而所謂的「世界觀」之意涵，黃光國認爲是：「不同文化中的人們在其歷史長河中所發展出來的『世界觀』，可以幫助該文化中之成員，回答他們在生活世界中可能遭遇到的四類問題：1.我是誰？2.我的人生處境是什麼？3.我爲什麼會受苦？4.我應當如何獲得救贖？」[43]上述這

---

[43] 黃光國，〈現代性的不連續假說與建構實在論：論本土心理學的哲學基礎〉，《香港社會科學學報》18，2000，頁1～32。

四個問題固然是從心理學層面加以分析，但是對於解答儒家為何堅持「安身立命」的終極關懷仍然具有引導與澄清的作用，當孔子講出：「吾十有五而志於學，三十而立，四十而不惑，五十而知天命，六十而耳順，七十而從心所欲，不踰矩。」（《論語·為政》）概述其學思歷程，即已揭露了如上四個子問題的思考線索，並為其生命歷程給出答案。

　　儒家學說預存的假說包括了 1.義命分立的天命觀 2.以道修身 3.天人合德三個層面，這三部分即形成了儒家的內在結構，由此展開了「仁道」的價值世界與事實世界之互動。知識分子秉持的「以道濟世」的使命感，而有「朝聞道，夕死可也」（《論語·里仁》）的壯烈情懷。前述的「世界觀」之形成，是來自於人的生命歷程中所經歷的有限與無限的掙扎以及面對生、老、病、死的各種變化，因而人可能意識到人的生命歷程中，無論是經歷何種遭遇，最終無可逃避皆是面向死亡，因而有個人宗教、情懷的選擇與傾向，也影響了在生活世界的目標之設定，一旦這種人生意義之解答獲得肯認，進而影響此團體內成員之最終選擇乃為必然，儒家在中國文化中的角色與長久以來的影響力即是一個顯明的案例。

㈠義命分立的天命觀

　　若將「命」定義為「個人在宇宙存在歷程的遭遇和變化」，學者們如唐君毅、勞思光從理論的角度立說，解說人類對於宇宙和個人命運關聯的態度，主要有四種觀點，分別是：

1. 「意志天」，認為個人的「命」是由有人格的神，或有意志的天所支配，確立超越的主宰是人間價值的根源。

2. 「命」是事實之必然，承認「命不可違」。但人應當盡力理解事實的必然規律，並順規律而行動。

3. 承認「命」的存在，但在「命」的支配下，個人的自覺是無可作為與改變的。

4. 儒家孔、孟之立場，人作為自然界之生物體之一，必然承受生命歷程無以改變與逃避的自然生命；但是作為有道德自覺與意識之主宰，人

又有其實踐源自超越本體的「道德規律」，以完成其「天命」之應然生命。

上述四種對「命」的解釋模式中，儒家顯然不否定人的「實然生命」（生、老、病、死），但更積極的去實踐「應然生命」之理念，並且鼓勵人創造生命的美感、莊嚴與充實的「價值生命」之理型。這即是儒家由此認知途徑和實踐中建構了一套「道德規律」的典範，此典範即是「義命分立的天命觀」。

實然生命是人的生、老、病、死的生命歷程，它是生物性的，也就有其限定，如孔子探望伯牛時的慨嘆：

> 伯牛有疾，子問之。自牖執其手，曰：「亡之，命矣夫。
> 斯人也，而有斯疾也。」（《論語‧雍也》）

但是孔子對於實然生命所呈現的樣態與無可突破之事鮮少論及，並且淡然處之，他的態度即翻轉而直視人所應該把握的「命」之真諦，於是「不知命，無以為君子也。」（《論語‧堯曰》），此處之「命」即已超越自然生命，而直入道德使命，這才是「天命」，知天命者，見利思義，見害不避，見利不趨，唯「義」是賴。由此，「義命分立」為二途，人可以知天命，即是擺脫自然生命的限制與糾纏，超越形軀之我，進入道德生命的本我。因此，生活世界中人力所不能及不能改變的部分是「命」，而價值世界中人可以自覺主宰的部分即是「義」的範圍，人是秉義而行，理性認知自然生命之歷程本是人所無法改變的諸般現象，而理性的判斷即是從自然生命蛻變至生命價值層次，人作為它自己的主人，第一步是超越自然生命之限定，超脫其支配與宰制，第二步即是秉義而行，是「知其不可為而為之」的態度與使命，如此才是人的價值顯現，也才是「義命分立」。

孟子進一步將「義命分立」的天命觀作了闡述，他說：「盡其心者，知其性也。知其性，則知天矣。存其心，養其性；所以事天也。殀壽不

貳，修身以俟之；所以立命也。」（《孟子·盡心上》）同篇又說：「莫非命也，順受其正。是故知命者不立乎巖牆之下。盡其道而死者，正命也；桎梏而死，非正命也。」在孟子看來，人所必須面對的第一層價值思考，是如何消解自然生命中所呈現的安危禍福，此處之「命」是自然生命歷程的生物之性，但有「正命」與「非正命」之分，人若是自暴自棄，自甘墮落而遭致的種種不幸，或是無以順受其正，理性遭受蒙蔽，便是「非正命」；「正命」是我人盡一己之力竭盡人事之可能，成敗得失了然於胸，坦然面對這樣的結果並能接受其結果，這樣方稱之為「正命」。而我人盡心知性之過程，又是如何實踐？如何得知呢？孟子以人必當「修身以俟之」，因為人的本性是由天所決定，人只有在盡心竭力實踐奮進的過程中，才知道自己的「天性」是什麼，才能明白天所賦予自己的「天命」是什麼，在存養與擴充的過程中，修身而立命，這才是「正命」，此時之命已非自然生命，而是繼善成性，道義存存之命，依道而行，跨越自然生命的限制，而至道德價值層創造出有意義的生命。

進一步言，這種「義命分立」的認知原則與標準，其背後的依據何在？是基於何種信念支持前述的「義命分立」呢？從孔子與魯哀公的對話中，可以看出「義命分立」的根源是來自於天道。

> 公曰：「敢問君子何貴乎天道也？」孔子對曰：「貴其不已。如日月東西相從而不已也，是天道也。不閉其久，是天道也。無為而物成，是天道也。已成而明，是天道也。」（《禮記·哀公問》）

人與天到底存在著何種關係？先秦儒家認為：天與人之間存在著一種內在的含攝關係。而宇宙萬物皆是從天道的變化中得其性與命，《中庸》即直指「誠者，天之道也。誠之者，人之道也。」（《中庸·第二十章》）而「人道」之義與命即是從「天道」而來，並以「天道」為準繩，人道與

天道互爲含攝。劉述先言：「天就內在於人之中，人把自己內在的德行發揭出來，就是闡明天道的一種方式。故實際人生雖有限，卻通於無限，而可以與天地參。」[44]

㈡以道修身

上承天道而開出人道，儒家言人道即是「仁道」。而人之所以能安其身即是透過修身之途徑而得，秉持仁道即是依正道而行。透過德行的自覺而能志於仁，依於德，以道修身即在透過主體內在的人性因素，亦即是根植於人性中那種求眞、求善、求美、求聖的價值意識，特別是有「是非判準的道德意識」。儒家揭示一個特別的信念，深信在個人自然情欲生命之上，有一個更富價值的、超越性的存有之存在，以道修身即在「踐仁」，而其表現上即有「君子去仁，惡乎成名，君子無終食之間違仁，造次必於是，顚沛必於是。」（《論語‧里仁》）可見仁道潤身即是落實在人實踐價值判斷及行爲抉擇時所秉持的內在依據。

在儒家的修身之道中，儒家特別看重在五倫方面的實踐，《中庸‧第二十章》即有：「天下之達道五，所以行之者三，君臣也，父子也，夫婦也，昆弟也，朋友之交也。五者，天下之達道也。知、仁、勇，三者，天下之達德也，所以行之者一也。」實踐智、仁、勇三達德即可迄於「仁者不憂，智者不惑，勇者不懼。」（《論語‧憲問》）之境，並且透過以道修身的實踐，在個人身上亦能看到此種「善」的結果，「好學近乎知，力行近乎仁，知恥近乎勇。知斯三者，則知所以修身。」（《中庸‧第二十章》），儒家所提示的以道修身之途徑，即在於透過「好學」的方法學習「仁道」，以「力行」的方法實踐「仁道」，並且以行爲無以實現「仁道」爲恥，因此「好學、力行、知恥」是修身的三個途徑，其目的乃在成就君子，孔子還勸勉告誡弟子：「汝爲君子儒，無爲小人儒」（《論語‧

---

[44] 劉述先，〈由天人合一新釋看人與自然的關係〉，載於《儒家思想與現代化》，北京：中國廣播電視出版社，1989，頁508。

雍也》）。

以道修身之「道」是仁道，人道是要能濟世弘揚此理，所以儒家將「道」看成是修身這個行為的內在涵養與外求的目標，是神聖的而非世俗的，不因外在環境之扞格與限制而有所動搖，由此彰顯人的主體性。

子曰：「人能弘道，非道弘人。」（《論語·衛靈公》）

子曰：「朝聞道，夕死可矣。」（《論語·里仁》）

即因如此，「仁」乃是道的本質，以道潤身，而能洋溢著生命的存在與風采，盎然躍動的生機，隨時隨地表露於日用常行的人事中，這是人的德性生命之流露。曾春海描述「仁」之道的內涵如下：

仁是一種內存於人的德行生命之流，能隨事感發出諸般德行，因此，人所能實踐的諸般品德，係以仁為其必要條件，換言之，仁為諸德之本質或「共相」，欠缺仁之精神的行為不能成就德性行為。[45]

在「以道修身」之實踐下，透過修身之法門，亦即是人自覺性的內在反省，表現在清明自覺的意識、篤實踐履的意志，充滿著「仁者安仁，智者利仁」之生命力。生命道德的修為的價值判斷是「志士仁人無求生以害仁，有殺身以成仁」（《論語·衛靈公》）、「朝聞道，夕死可也」更將以道修身推向頂峰。對於自省自覺之道，孟子說得好：「愛人不親，反其仁；治人不治，反其智；禮人不答，反其敬。行有不得者，皆反求諸己；其身正，而天下歸之。」（《孟子·離婁上》）

---

[45]曾春海，《儒家哲學論集》，臺北：文津出版社，1989，頁18～19。

㈢天人合德與「致中和」精神

李亦園在〈從民間文化看文化中國〉一文中，提出「致中和」這個觀念。[46]他認為中國傳統宇宙觀中最基本的運作法則是追求人與自然、人與社會、人與自我的和諧與均衡，傳統文化中最理想的完美境界，都是以追求此一最高的均衡和諧境界為目標。因此，「致中和」包括了自然系統（天）的和諧，個體系統（人）的和諧與人際關係系統（社會）的和諧。而在這三種系統中即是以「天人合德」為基礎，在此基礎之上，則建構了天人合一、自我均衡與人際關係的和諧，因人道來自天道的分享與孕育，因此，天人合德與致中和乃成為此三層面關係的樞紐。

「致中和」一詞出自《中庸》，原意是達致中道、均衡與和諧。在上述的三維關係（自然系統、個體系統與人際關係系統）中，很明顯地涉及到時間與空間的和諧、內在與外在的和諧、人間和超自然的和諧，基於這樣的思維，顯然地儒家所要追求的即是問人文世界與自然世界的關係何在？自我的心靈世界與超越性的精神生活又是呈現出何種密契？因為人倫道德即是天倫天秩，「天」更是君權及人的先驗道德本性的根源。儒家的「天人合德」即在解答上述這兩個問題。曾春海認為「在天人性命相貫通的形上信仰下，如何將天命之德性自覺地修養成仁人君子及聖賢之德行而實現人的圓滿人格是儒家安身立命的終極價值問題。因此，儒家具有天人合德的內在體驗性、靈修實踐性及精神之究極價值托付性的宗教實質精神。」[47]

「天人合德」之觀念，以孟子之言最為具體，《孟子・盡心》：「盡其心者，知其性也。知其性，則知天矣。存其心，養其性；所以事天也。夭壽不貳，修身以俟之；所以立命也。」以及《中庸・第二十二章》：「唯天下至誠，能盡其性，能盡其性，則能盡人之性；能盡人之性，則能

---

[46]李亦園：〈從民間文化看文化中國〉，《漢學研究》12，1994，頁1～6。

[47]曾春海，〈從儒家的宗教性論魏晉儒學與道教之互動交涉〉，《哲學與文化》456，2012，頁21。

盡物之性；能盡物之性，則可以贊天地之化育；可以贊天地之化育，則可以與天地參矣。」此種「實踐理性」即以天人合德爲基礎而展開，天之德爲「天地之大德曰生」與「生生之謂易」二者所蘊涵的「萬物資始」與「萬物資生」的生命創造；而人之德乃是「繼善成性」的仁德稟賦，因著天人合德方有天人合一致中和之境。因此，儒家所揭櫫的「致中和」即是「天人合一」，是由「天人合德」所展開的「實踐理性」，人的地位與天地同稱三才，方能有「立天之道曰陰與陽、立地之道曰柔與剛、立人之道曰仁與義」的三才之道。人因其自身的實踐理性的推展，參透明白天人關係不是對抗的，亦非衝突的，儒家立基於天人性命相貫通之道，天人合德以求致中和，而有人的道德信念實踐歷程與價值世界的展開。

三、當代「安身立命」之道的挑戰

「安身立命」一直是從原始儒家以來迄今所建立的一套終極關懷（ultimate concern）系統。這種安身立命的終極關懷的價值理念也就成爲儒者的「原鄉」與心靈世界所投射的對象。但至近代儒學所遭遇的命運與歷史轉折中，儒家此種慧命也遭逢挑戰，葉海煙論及儒家面臨此種「價值與意義的人文挑戰」時有如下的困境：

> 長久以來，世間倫理的實然性與應然性之間，一直存在著莫大的「意義隔閡」──這就是所謂的心靈取向與行爲取向之間不能不面對的「意義失落」或「價值感淪喪」的問題。[48]

這樣的觀察指出在「現代性」議題的挑戰之下，儒家所秉持的價值

---

[48] 葉海煙，〈儒家哲學的當代型態及其可能性研究：以劉述先與杜維明爲例〉，《哲學與文化》348，2003，頁19。

系統與道德原則亦有根基侵蝕、危如累卵的時刻。在文化現象上所表現出來的徵兆已愈來愈明顯，而有待進一步思考及澄清的問題即有如下數個挑戰：

(一)儒學的宗教性問題

「安身立命」固然是傳統儒家給人的生命關懷與安頓人生的藥方，並且是歷久不變的準則，也是儒者面對人與自然，人與他人，人與自我三維層面思考對應關係時的一條路徑，使得生命得到適當的調整與安排。過去這種內在的穩定力量，能否在現代性的挑戰下還能扮演著「己立立人」、「己達達人」的功能呢？傳統儒家所扮演的安頓人心的宗教性功能是否也已經改變？在「義命分立」的天命觀下，儒家將鬼、神等超自然力量劃入「不可知」的範疇，並且其態度是「存而不論」，從中可看出儒家思想中的理性主義成分。當然我們也發現儒家對於超自然力量並未作全盤的否定與排斥，這即是黃光國所言：「儒家以樂觀的態度設法調適人與世界的關係，去適應現實，而不是以分析的態度去駕馭現實，改造現實。」[49]

先秦儒家典籍中的《論語》、《孟子》、《易經》、《中庸》等經典皆蘊涵著天人性命相貫通的道德形上學信念，以及人人皆可下學而上達的功夫實踐歷程，基於這樣的信念，我們方能看到先秦儒家的宗教性意涵是「敬天愛人」的普世關懷。其次，再依宗教的人文化而成的具有指引人心，定位自我的功能，並且由「獲罪於天，無所禱也。」（《論語、八佾》）以及「祭如在，祭神如神在」。子曰：「吾不與祭，如不祭。」其重點應在與祭者內心的虔誠信仰，才能在禮儀的過程中產生彼此性靈生命的感通，而有「神道設教」的效果與功能。

若是從西方宗教的角度來看儒家，顯然儒家並不是宗教，一般而言，「宗教」之概念可以分成具形式性與實質精神性的涵義二種內容，舉凡具有教義、教規、儀式、教團、制度、聖職人員、聖蹟皆屬於形式性的宗

---

[49]黃光國，《儒家關係主義》，臺北：心理出版社，2009，頁128。

教，儒家並未具有上述的要件。但若從宗教的「實質精神性」來說，中國傳統文化的「神道設教」其內在的基礎即具有實質精神性，亦即存在著宗教的本質，或可參照《西洋哲學辭典》對宗教的定義：「至於宗教的本質，一言以蔽之，重新與第一根源及最終目的相聯繫。」[50]這個觀點後來田力克（Paul Tillich）的闡釋「人無限地關切著那無限，他屬於那無限，同它分離了，同時又嚮往著它。……它超越了人的一切內外條件，限定著人存在的條件，人終極地關懷著那麼一種東西，它超越了人的一切初級的必然和偶然，決定著人終極的命運。」[51]

儒家「義命分立」的安身立命觀，較無宗教的形式條件，較近於田力克所說的「終極關懷」（ultimate concern）的觀念，從中國文化而言是一種宗教精神，是宗教人文化之後的理性信念與人文之道，是來自人所蘊涵的自覺性人文精神，這與《周易》〈觀卦象辭〉所言：「聖人以神道設教，而天下服矣。」的理念是一致的。再從西方宗教下的定義而言，人的宗教信仰本來就是實現生命崇高價值與理想的動力，儒家的「安身立命」之終極關懷，本來即是立基於天人性命相貫通，具有豐富而真誠的道德信念實踐的動力與歷程，「君子」不必然是「先知」，「聖人」也不須如「造物主」，但無礙於宗教實質性精神的普遍性，即如牟宗三先生所言，中國的儒釋道三教「本質上皆是從自己的心性上，根據修養之功夫，以求個人人格之完成，即自我之圓滿實現，從此得解脫，或得安身立命。」[52]

儒家宗教性的實質意涵與精神，來自於儒家重視生命意義、人生價值，主體意識等核心觀念上，天道並不是獨立於我人之外，在天道性命相通的基礎上，個人生命主體的挺立是以對天道的認識和體悟為前提，主體

---

[50] （德）布魯格（W.Brugger）著，項退結編譯，《西洋哲學辭典》，臺北：國立編譯館，1976，頁353。

[51] 蒂里希（Paul Tillich）著，何光滬選編，《蒂里希選集》，上海，三聯書店，1999，頁14-15。

[52] 牟宗三，〈現時中國之宗教〉，《生命的學問》，臺北：三民書局，1970，頁107。

體現天道的內在理則與精神，並與人的心性及內在的合一，所謂「道通爲一」，天道即是我人道德行爲之所以如此的客觀基礎與來源。

(二)儒家倫理的再詮釋

「安身立命」的實踐準則無以避免在立命的過程中所涉及的「人與他人的關係」，而這層關係便是「倫理」。現代社會異於傳統，它是建基在法律的人際關係上，人人皆是公民，在法律之前人人平等，談法律關係即在實踐「公平正義」原則而非「和諧」原則。儒家所稱之「己立立人，己達達人」是指成就和諧境域，而非公平正義的原則。傳統和諧的原則不免在追求平等原則的大旗之下蕩然無存。而觀察在傳統主流價值的氛圍之下，倫理生活以人我互動道德爲基礎，期待在動機爲善的前提下，追求人性的完美，建立人文世界。唐君毅先生說：

> 周代的禮樂精神；孔子之重人德；孟子之重人性；荀子之
> 重「以人文世界主宰自然世界」；漢人之重歷史精神；宋
> 明之重立人極，于人心見天心，於性理見天理；清人之重
> 顧念人之日常的實際生活……。[53]

上述的這些思潮可以明顯看出皆重在人的內在精神成就，並且預設經由人的努力與道德實踐，必可創造出一番事業，在中國文化的傳統經典中，可看到儒家在此方面的影響力。而到了今日工業化與科技化社會，儒家倫理觀念中，人人向道德至善競奔的思想是否仍然可以適應當代社會的需求以成爲價值導向？沈清松認爲：

> 在中國文化中，儒家形塑了中國人的義務觀和德行以提升

---

[53] 唐君毅，《中國人文精神之發展》，臺北：學生書局，1979，頁40。

人格邁向完美，因而才有了道德義務的設立。爲此，必須先瞭解儒家的德行論，才能深切瞭解中國文化的倫理道德規範。[54]

在現代化的歷程中，此種德行以建立義務之觀念實有其意義與參照，讓道德與義務得到適當的定位，並且可以獲得一種新的意義與價值導向是爲重要課題，今日對此議題之探討，實應提升群己關係爲「專業倫理」以爲對待，方能符合現代社會的規範與要求。文崇一提出「專業倫理」的二個重要內涵，一是以「誠」爲基本精神，二是「敬業、勤勞、負責、服務、公平」。[55]「誠」是文化精神，是儒家的德行，是倫理關係的動力，而第二項的內容確是結合傳統與現代的進步觀念與行爲，內外的合一，或可賦予儒家當代倫理一個創新的內容。

儒家倫理的現代意義，即是從傳統中取材，並能結合現代社會人我之間所必須的規範，以建構新的人倫關係，其中的「誠、敬業、勤勞、負責、服務與公平」無不是來自傳統的美德內容，義務來自德行之中，若是對德行毫不要求，只純講義務即落於「制約與強制」，也會失去生命的光采，失去主體性的自覺，必先確立德行之預設，方能有「道德義務」。

㈢平等原則的思考與重構

儒家倫理原則中爲新時代所詬病者，在於影響後世甚鉅的漢儒董仲舒在《春秋繁露》所提出的「三綱」之說：

> 君爲陽、臣爲陰，父爲陽、子爲陰，夫爲陽、妻爲陰，陰
> 道無所獨行，其始也不得專起，其終也不得分功，有所兼

---

[54] 沈清松，《傳統的再生》，臺北：業強出版社，1992，頁35。

[55] 文崇一，〈工業社會的職業倫理〉《文化與倫理》，臺北：財團法人張榮發基金會，1990，頁119。

之義。……是故仁義制度之教，盡取之天，天爲君而覆露之，地爲臣而持載之，陽爲夫而生，陰爲婦而助之，春爲父而生之，夏爲子而養之，王道之三綱，可求之於天。

《春秋繁露・基義》

由漢以至於今，中國傳統社會中的名位次第、價值次序深受此觀念之影響，它樹立了神權、君權、父權、夫權的絕對地位，而忽視了人權、臣權、子權與妻權之存在。君爲臣綱，父爲子綱，夫爲妻綱三者顯示了「尊卑」觀念，此種君權優位的觀念又與其他二綱所形成的「上下、強弱」二者息息相關，於是「尊卑」、「上下」、「強弱」三者也就成爲舊時代的社會結構與人際關係牢不可破的總原則，於是從最柔性的家庭至最剛性的政治組織與介乎其間的社會秩序結構，三者正好表現出「尊卑、上下、強弱」的關係。上世紀初期譚嗣同的《仁學》一書即對傳統儒家的「名教綱常」提出最尖銳的批判。[56]

由於缺乏平等觀念，在各種制度設計中未能落實平等的價值，一直是儒家被批判的地方，固然「人人皆可爲堯舜」傳爲美談，但是亦僅是道德上的呼籲及期許，並未能實踐於社會制度之中。尤其是「三綱」之說的框架，形成一座嚴密的社會階層體制，由於位階的不平等，助長了中國社會特別重視「尊卑、上下、強弱」之排比，他們一直是人與他人之間關係的先決條件與考量，如此一來平等意識無由產生，扼殺了一般人對公理正義的思辨能力，「三綱」之說顛覆了原始儒家家族、宗族至國族的和諧本義之說，也抹殺了爲臣，爲子，爲妻者的自由意志與人格尊嚴，也剝奪了他們的基本人權。

平等原則的再思考與重構，必當重新解構傳統的「尊卑、上下、強弱」觀念，新時代乃是要針對舊時代所據的倫理作一全盤性的質疑與反

---

56 譚嗣同，《仁學》，收錄於《譚嗣同全集》下冊，北京：中華書局，1981，頁299。

省。重構新時代的倫理，在政治結構、社會秩序與家庭關係上也就須有一新的對治，首先在政治結構中即是「權利與義務的相符，權力與責任的均衡」，換言之，即在於未入結構之前的「法律意義的平等」，人人皆有基本人權的保障（免於恐懼，免於匱乏）；而進入結構之後，即使是在位階分明的層級性結構之中，依然仍有公平合理的遊戲規則（法律與規範）而享有平等。

其次，在社會秩序的結構中，仍然有法律所無法規範之處，在無親情自然關係得以包容維繫之處，唯有透過理性方式，真誠表達與溝通，以貼近於真理而欣然同意之方式與建立共識來加以維繫，此處之平等即在於「真理之前的人人平等」。最後在家庭中的人際關係，孟子之言：「父子之間不責善，責善則離，離則不祥莫大焉。」（《孟子‧離婁》），從現代的角度而言，家庭關係中平等的涵義即在於每一成員皆能在感情上可以完全的被接納，家庭中成員關係是血緣關係，是自然關係，儒家傳統之家庭慈孝與不責善或有可參考之處。如此，新的平等觀念乃是建立在「依法於理而平正」、「憑理溝通得共識」、「以情包容而無畸」之三法，從法律、道義與情感三個途徑，庶幾有助於充實新當代社會的倫理之內容。

四、結語

傳統儒家本是生命哲學、道德哲學與政治哲學的一種綜合體，它引導傳統中國人從事許多具有倫理意義與社會意義的活動，在大傳統與小傳統之間產生了影響力，並且為這些活動充分提供合理化的論述及引據。雖然時空環境已變，社會結構亦非傳統農業社會，而是邁入以科技為主導的工業化社會，但是「安身」與「立命」並未隨著時間與歷史的推移而成為歷史的紀錄。構思現代社會的價值導引與重構的理據，儒學的「安身立命」也應還可以作為現代人的參照系，由安身而立命，再由立命而安身的雙迴向進路，提供我們思考傳統的義理闡釋，進而再造儒家哲理與現代生活的有機結合，以回應當代價值之學與意義之學的旁落之後所產生的「人文異

化、社會異化與吾人生命之自我異化」[57]等疏離之問題。

　　如果人間還需要某些具永恆性的觀念，以作爲人我奮鬥的目標；企求一些生命中值得而活的價值理念，同時又可爲人類帶來更好的和諧型態，我們仍須借鏡參照儒家在上述命題中所曾有過的珠璣智慧，與時俱進，創造詮釋賦予新義，經由批判的繼承，重新省視儒家義理的理想性與現實性，探求其宗教性的向度與普世關懷，以道修身之實踐步驟，平等性的普世原則之確認等，當可爲重建儒家倫理增薪添火賦予新義。

——本篇宣讀於深圳大學舉辦「儒學的歷史敘述與當代重構國際學術研討會」，
　　2015年11月27-29日。2020年修訂。

---

[57]葉海煙，〈儒家哲學的當代型態及其可能性研究：以劉述先與杜維明爲例〉，《哲學與文化》
　　348，2003，頁24。

第三編

政治哲學

儒家政治哲學之分析與批判

內容摘要

中國哲學所關切的問題離不開人生與宇宙的問題，並且對這些問題尋求最終的解答。先秦儒家和其他學派一樣，也是在這些問題中關注到政治的問題的本質和尋求建立一種新的政治秩序和規範。政治是由一定規則和標準支配的行為，而哲學即是澄清和批判這些規準，政治哲學所關切的問題是應然的問題，亦是價值選擇的問題，儒家從古代天命的統治合法性觀念，創造出德治的觀念，形成儒家政治哲學的重心，透過不同的管道與訴求，竭盡所能地維護這個核心價值。

本文首先分析古典儒家諸子在政治哲學上觀念的變遷與分析，然後討論及批判其實然面與應然面之價值及其有待解決的問題，點出儒家政治哲學的發展傾向及可能性。

一、前言

先秦儒家哲學之義理在歷經各朝各代之統整與詮釋後成為中國文化的主流，「德治」的觀念也成為政治的應然價值選擇，所謂「遠人不服，則修文德以來之，既來，則安之。」（《論語‧季氏》）此觀念所強調的是以道德建構實然世界的秩序，而成就人文化成的社會。固然儒家哲學所強調的應然價值被認為是理想政治的典範，先秦時期諸多語錄如孔子言：「政者，正也，子帥以正，孰敢不正？」（《論語‧顏淵》）「己身正，不令而從，己身不正，雖令不行。」（《論語‧子路》）之說。孟子亦有「以不忍人之心，行不忍人之政。」（《孟子‧公孫丑》）荀子有「聞修身也，未聞為國也。」（《荀子‧君道》）之說，由此可看出儒家政治哲學所欲導引出

的價值取向與規範，但卻也在政治的現實上，出現「陽儒陰法」以及「雜王霸而用之」儒法互用的事實。

而早在清朝時期，學術思想上便從「義理消沉、訓詁當道」、「師夷長技以制夷」，經「中學爲體，西學爲用」，到「全盤西化」，中國哲學的慧命可用「禮壞樂崩」來加以形容。而儒家對西方文化的挑戰能予回應的是什麼？面對文化的變遷與衝擊，儒家政治哲學是否可以提供參照與借鏡？試思考政治哲學提供一種基礎性的理據，同時反思儒家政治哲學之義理，是爲本文研究動機之始。

政治是先秦時期文化崩潰與重構的焦點，各種學派對此政治活動或稱政治現象作出反思，進而發現政治活動以及現象的規律，孔子便是其中的一位啓蒙者，他不僅將政治現象作事實性的反省分析，也更進一步地對此活動現象作規範意涵與價值基礎的反省分析。而由此導入的政治哲學的觀念也就清楚地呈現，劉國強爲政治哲學之概念提出如下的觀點：

> 政治哲學的中心問題，都是關於政治現象的一些較恆常的基本問題。包括如政治活動的本質及基礎爲何？權力的本質爲何？其合法性或基礎何在？社會組織、國家、政府是否必須存在？其存在的理性根據何在？目的何在？怎樣的政治制度才是最好的政治制度？當然也包括一些重要的政治概念如公義、權威、主權、國家、人民、平等、自由等的分析與釐清。[1]

---

[1] 參考劉國強，〈唐君毅的政治哲學〉，《當代新儒學論文集·外王篇》，臺北：文津出版社，1991，頁47。在傑拉爾德（Gerald C. MacCallum）著，李少軍、尚新建譯，《政治哲學》，臺北：桂冠圖書公司，1993，一書中亦有類似的觀點（頁5）。勞思光先生認爲：「大致地說，如果有某人根據一個哲學觀念，而對某些政治問題作斷定或解釋，則我們即可稱此種斷定或解釋爲其政治哲學。這樣，所謂政治哲學，應是哲學觀念對症問題的應用之產物。」請見勞思光，〈黑格爾的政治哲學〉，《自由、民主與文化創生》，香港：中文大學出版社，2001，頁1。

　　透過對儒家政治哲學的分析，吾人期望能釐清儒家政治哲學的起源與發展，其中所強調的價值意識與規範，進而掌握其可具參考性的價值系統；同時再經由批判的思考，指出其思維可能存在的盲點，以達針砭與創進之目的。

二、王道思想的本質及其發展

㈠殷周的天命理念及問題

　　王道文化之概念，應上溯到殷周之際，《尚書・洪範》：「無偏無陂，遵王之義；無有作好，遵王之道。」[2]就已蘊含王道之意，也標示著政治的「實然作爲」與「應然價值判準」。所謂王道，就是指「無偏無黨，王道蕩蕩；無黨無偏，王道平平；無反無側，王道正直。」[3]所謂無偏私、無阿黨、無反道、無偏側，就是秉公而行、率直作爲。其意爲，主政者如果能依據上述原則任命官吏、施行政事，則可以成就王道世界。周禮所遵循的政治理念也就是「王道」，這是儒家所傾心及嚮往的理想政治。但是在這個政治理念中存在著一個矛盾的命題：周人是以屬國的身分取代原來的宗主而稱王，無法解釋政權取得的正當性，只能借「天命」的概念來進行所謂「順天應人」的政治作爲，而實際上卻是以「霸道」之方式取得天下。既然周人可借「天意民心」來進行「革命」，以推翻殷商的統治，又如何能保證自己的統治能得到「天意民心」的眷顧，不被另一次革命所推翻呢？因此統治者在政治作爲上採取了臨淵履薄的態度。

　　爲了防止新革命的發生，周以殷爲鑒，制定了禮。這種政治上的預設是採用尊一統又尚分權，使統治的正當性建立在以宗族爲基礎的倫理性之上，並通過一套具有約束力的禮儀制度來落實予以保障。換言之，以宗法倫理爲基礎的封建政治的特點是職權的終身制和繼承制，這是當時社會政

2　《尚書・洪範》。

3　同註2。

治狀況下做出的一種制度設計。這種政治制度的設計，目標是天下的長治久安，但是這套政治制度缺乏自我調整的機制，因此當社會的變局加劇，或是社會階層體系出現變動與異化，這個制度也會岌岌可危。

㈡儒家王道哲學的義理內涵

儒家被稱爲「祖述堯、舜，憲章文、武」的繼承者，同時也作爲繼承周文與標舉「王道」理想性的儒家來說，如何爲王道立極？一直是儒家所欲建構的目標，「王道」的具體目標便是在「德治」上。「王道」是儒家反思周文訴求以德治所建構的理想世界，並且是政治權威合法性的基礎，王道是一種政治權威，但非立基於權力（power）的施行或是威嚇，而是出自於內心的服從，可謂是道德的理想國。[4]孔、孟二人一生中戮力於建立這個理想，故有「先王之道，斯爲美。」（《論語·學而》）之頌，但很不幸地，不僅在他們有生之年未曾看見如此的善政，千年來中國的政治文化與實際的政治作爲亦僅有高懸此塊招牌。其中的原因正是理想性與現實性的扞格，亦即是「道尊於勢」如何可能的問題，但儒家堅持以道德指導政治，孟子之言：「惟大人爲能格君心之非。」（《孟子·離婁上》），可謂雄心壯志，令人動容。

儒家的王道思想離不開王霸之辨，所謂「如有王者，必世而後仁」（《論語·子路》），意指王道是指有德之君能依道德原則行事，若能實踐此義便是王道。孔子對王霸的評論是顯明且其標準亦是明確，孔子說：「齊桓公正而不譎。」（《論語·憲問》）又說：「桓公九合諸侯，不以兵

---

4 孔孟政治思想之設準乃基於有血緣關係的宗法社會結構，因此才有孔子所稱吾從周，恢復周文舊制之說。王國維先生在《殷周制度論》一書中，曾有深入之探討，他認爲周之封建宗法倫理特色有三，一曰：立子立嫡之制，由是生宗法及喪服之制。並由是而有封建子弟之制，君天子臣諸侯之制。二曰：廟數之制。三曰：同姓不婚之制。此數者，皆周之所以綱紀天下。其旨則在納上下於道德，而合天子諸侯卿大夫庶民以成一道德之團體。請見王國維，〈殷周制度論〉，《觀堂集林》上冊，臺北：世界書局，1983，頁453-454。

車，管仲之力也。如其仁，如其仁。」（《論語‧憲問》）孔子的評論並非意謂著孔子沒有王霸之分的觀念。儘管孔子未曾用王霸的語辭，他卻實際上隱含了王霸二分殊途的觀念，仍有其判斷是非的規準。換言之，若在亂世中，孔子面對有道與無道，他的規準是：具有政治影響力者能以德化民，仁澤廣被，使天下百姓衷心悅服地歸順，則當為天下之王者。

　　反觀孟子則是從植基於道德理想的價值判斷來看王霸之分，「以力服人者，非心服也，力不贍也。……以德服人者，中心悅而誠服也。」（《孟子‧公孫丑上》）《孟子‧梁惠王》記載齊宣王有一次向孟子問起齊桓公與晉文公的事業。孟子卻冷冷地回答說：「仲尼之徒，無道桓文之事者，是以後世無傳焉，臣未之聞也。無以，則王乎？」明確的尊王黜霸立場，即是孟子所強調「以力假仁者霸，以德行仁者王。」（《孟子‧公孫丑上》）的說法。孔孟二人皆高舉德治以實踐王道，並且將王道世界視為一個可欲與成就的目的而企求。

　　荀子對王霸的看法，有其器識與視野。他認為「王」是政治的最高理想。他以五點來闡述其王道思想：「王奪之人」（《荀子‧王制》）、「隆禮重賢而王」（《荀子‧強國》）、「義立而王」（《荀子‧王霸》）、「粹而王」（《荀子‧王霸》）、「善日者王」（《荀子‧強國》）。他認為王者必須爭取人民的支持、守禮、有義、勤勉奮為，才能獲得人民的支持，由此觀之，荀子的王道，仍歸於統治者的治國之道。他雖尊王卻不黜霸，對王霸的區分是「用國者，義立而王，信立而霸，權謀立而亡。」（《荀子‧王霸》）。對荀子而言，立基於道義場域的「王」是至高的理想，「霸」則有其現實上不得不然的意義及考慮，但評價不及「王」。荀子的王霸之概念係皆以安治天下人為前提，二者差異之處在王者崇仁義，以道德之心行仁義之事，對事物的判斷則是應然的價值意識，超越現實對待條件，或是僅為交易的條件。反觀霸者以事功為目標，純以功利之心行仁義之事，因此只重外跡，可歸屬於利而行之者。

㈢王道之實踐進路

探究王道之實踐進路，亦即是實踐之問題，儒家王道思想之實踐有其次第與步驟。而孟子則是首位開出王道實踐進路的先河，葉海煙認為王道之實踐步驟有其脈絡：

> 至於孟子的「王道」思想，則由「民本」的原理推擴而
> 來。而所謂「王」者，其極致乃指以德一統天下者，而其
> 所以能為王者，則端在其能愛民保民養民，孟子乃明言：
> 「養生喪死無憾，王道之始也。」由此看來，「王道」自
> 必落實在「王政」之上，而王道與王政之合而為一，即是
> 「仁也者人也，合而言之，道也」。人而能行仁道，此
> 「人」是「仁人」，此「道」是「仁道」，而此「政」亦
> 即「仁政」。對此一政治之推動必須順道德理則發展之方
> 向的基礎的倫理觀，孟子顯然完全相信。[5]

由此可知，王道之實踐理路，必然涉及到實然面與應然面的統合，儒家強調以應然為其價值導引，以人民的幸福為目標，這種自我期許，即是王道施為的道德評準，如此方有德治顯現。茲分述如下：

1. 生存權

為建立王道的社會，孟子提出一個循序漸進的步驟，首先是確立「民之為道」的第一要務：

> 民之為道也，有恆產者有恆心，無恆產者無恆心。苟無恆
> 心，放辟邪侈，無不為己。及陷乎罪，然後從而刑之，是
> 罔民也。（《孟子・滕文公上》）

---

5 葉海煙，〈孟子人權觀的哲學意涵〉，《哲學與文化》34.7 [398] (2007.7): 15-16。

人民是王道施行受惠的對象，要能加惠於民，首要考慮的是保障其生存權。有恆產才會有恆心，這是生存權的保障，有恆產方有生存的基本動力，也才能養父母及其家人求得溫飽，也才能避免戰爭凶年之傷害。繼之要實踐的第二步驟便是「教」，亦即是受教權的普遍實施，使之能脫離自然狀態，回到人的本質意義上。

2. 教育權

> 設爲庠序學校以教之。庠者，養也；校者，教也；序者，
> 射也。夏曰校，殷曰序，周曰庠，學則三代共之，皆所以
> 明人倫也。人倫明於上，小民親於下。有王道起，必來取
> 法，是爲王者師也。（《孟子‧滕文公上》）

這說明教育權的重要，通過教育權，人民經過教育之後方能從而獲得人文化、社會化以及結合「成人之道」與「成德之教」，如此才能有助於提升人格的養成與提升。假設「先公而後私」成爲可能，亦成爲社群互動的準則，此公正性原則當爲人們所接受，因此「善政」與「善教」才可以相輔相成。

徐復觀對於德治與教育的關係亦有闡發，他說：

> 孔子的德治思想，與「教」的觀念，是一而非二，所以後
> 來便有「德教」的名詞。「子曰有教無類」，這句話的意
> 思，是認爲有了教育的力量，便沒有智愚貴賤乃至種族等
> 等各種的分別（類），而人類可同歸於善；這是他自己
> 「誨人不倦」的經驗，同時也是對於教的最大信心。在他
> 這句話裡，可以看出他認爲教育可以解決人類自身的一
> 切問題。……由教育的發達，而可使政治的強制力歸於無

用。因此，不妨這樣說，孔子在政治上的無爲思想，究其極，乃是要以教育代替政治，以教育解消政治的思想。這是德治最主要的内容。[6]

此段話說明對儒家政治理想化的高度期待，而落實此種理想，必須仰賴教育之方式以化育百姓導入德治。

3.善政與善教

孟子是將「善政」與「善教」觀念發揮得透徹的第一人，《孟子·盡心上》說：「仁言不如仁聲之入人深也，善政不如善教之得民也。善政，民畏之；善教，民愛之。善政得民財，善教得民心」。「善政」所指的是政治實然面的作爲，也就是將政治作爲導向於仁政，而「善教」則是導入於文化的理想面，是應然的規範。由個人之個體生活與經濟生活的滿足，經由制度面、技術面及生活世界中各種具體的實踐策略，結合「以民爲本」、「以人爲尊」爲其本質，也是建構群體生活價值的基礎，經由此步驟的運作，這種王道的理想性之實踐或有可能實現，其關鍵點即是在肯定王道文化中，每個人皆有生存權、受教權、經濟權與社會權等。但是現實的世界仍不免有所偏失，孟子就看到了這個問題的嚴重性：

> 庖有肥肉，廄有肥馬，民有飢色，野有餓莩，此率獸而食人也。獸相食，且人惡之；爲民父母行政，不免於率獸而食人，惡在其爲民父母也？仲尼曰：『始作俑者，其無後乎！』，爲其象人而用之也。如之何其使斯民肌而死也？（《孟子·梁惠王上》）

實然世界的扞格與限制必思取而代之的方案，《孟子·滕文公上》提

---

[6] 徐復觀，《儒家政治思想與民主自由人權》，臺北：時報文化出版公司，1984，頁109。

出了解決之道：

> 后稷教民稼穡。樹藝五穀，五穀熟而民人育。人之有道
> 也，飽食煖衣、逸居而無教，則近於禽獸。聖人有憂之，
> 使契爲司徒，教以人倫，父子有親，君臣有義，夫婦有
> 別，長幼有序，朋友有信。

善政並不是走向王道的終極，有了善政固可使人民受益，但只是達於「衣食足」卻未必能達於「知榮辱」，因此仍然要從善加教導開啓人民的仁義之心、倫理觀念，以至於知識的建立等等，提升人民的道德品質，在善政的支撐下，人民有律己之心，律己之則，以不爲善爲恥而止於自至於善的境地，透過善教使得人人有恥且格，才能保障善政的永續。

(四)德治主義

孟子主張的人禽之辨、義利之辨、夷夏之辨、王霸之辨等，呈現出理想與現實之間的價值衝突。人有其動物的一面，自然會依利害考慮，但儒家要在此衝突中提振人性，以君子取代小人，所謂君子儒與小人儒之分，對於生命的取捨在緊要關頭，甚至要人捨生取義。孟子曰：「魚，我所欲也；熊掌，亦我所欲也，二者不可得兼，舍魚而取熊掌者也。生，亦我所欲也；義，亦我所欲也，二者不可得兼，舍生而取義者也。」（《孟子‧告子》）可見人是道德性的動物，人性亦應朝此方向發展。

德治主義是儒家管理理念的核心。朱建民認爲：「『德治』一詞其實包含兩方面的意義。第一個意思是說，管理者本身需要具備相當程度的道德修養；德治的第二個意思是說，以道德做爲管理力量的來源，換言之，規範組織成員的根據在於道德。前者是治人者必須有德，後者是以德治人。」[7]

---

[7] 朱建民，《儒家的管理哲學》（臺北：漢藝色研文化公司，1994），頁124。

　　面對亂世，儒家認為撥亂反正的關鍵在於人，尤其是在統治階層。因此，儒家的管理思想大多在談管理者，關心「如何才是一個好的管理者」，亦即是「君道」的發揮。或許由此而有儒家重人治的說法；其實，這只是矯枉之說。深入地探討亦發現儒家亦重制度，只不過周文之制度已成他們的預設。孔子本人可說是主客融通的典範，一方面謹守周文之客觀制度以維綱紀，一方面則注入實踐者之真誠生命、以仁成就自我以及開出道德世界。孟子偏重主觀面之仁心闡述，因而成就王道哲學的形上學與人性論，荀子則偏重客觀面之禮義法度，開出君臣對待之道與禮義之統，建立了客觀面的制度架構及治國之道，德治主義的精神仍然是一以貫之的。

㈤德治為先，法治為輔

　　儒家將導正社會的責任歸於管理階層，因此想要謀求天下太平時，是以統治者做為要求及導正的條件，更以統治者個人的修身正己做為要求。孔子對季康子說：「政者正也；子帥以正，孰敢不正。」（《論語·顏淵》）孟子曰：「君仁，莫不仁；君義，莫不義；君正，莫不正。」（《孟子·離婁上》）荀子曰：「君者，民之原也；原清則流清，原濁則流濁。」（《荀子·君道》）可見孔孟荀在這點的看法是一致的，亦可看出王道世界是否實現的關鍵是來自正己方能南面而王，統治者是政治清濁的源頭，因此從古典儒家對君（統治者）的要求與批判而言，顯見儒家有其理想性的「道」與務實性的「術」。

　　就務實性而言，即是儒家揭櫫「德治」之道德正當性，但並不放棄「法治」之手段，儒家認為法治固不能使人有道德提昇、素質改善的積極向度，但卻也未必即否定法治的必要性，而獨愛德治，從如下的篇章可見端倪。

　　禮樂不興，則刑罰不中；刑罰不中，則民無所措手足。
　　（《論語·子路》）

明其政刑。（《孟子・公孫丑上》）

上無道揆也，下無法守也；朝不信道，工不信度；君子犯義，小人犯刑。國之所存者，幸也。（《孟子・離婁上》）

　　而從務實性而言，儒家也看到「法」的平等性，講求德治是君臣民皆須有德，訴求法治，並非只要求人民守法，而君臣獨可豁免而置身事外，上下皆須一視同仁，以《孟子・盡心上》之說法最為具體：

桃應問曰：「舜為天子，皋陶為士；瞽瞍殺人，則如之何？」孟子曰：「執之而已矣。」「然則舜不禁與？」曰：「夫舜惡得而禁之？夫有所受之也。」

　　儒家所訴求的方法是一視同仁，而法正足以顯示其平等性與公正性，以下雖為假設之情況，但仍可看出端倪。舜不能以其權勢地位和他對社會國家之貢獻，而去影響、阻止皋陶的公正執法；反之皋陶亦當克盡職責，完成任務。因此儒家並非昧於事實，只高談純粹重德思想，德主法輔的觀念講求的是合理與公平，任何人皆應以踐德守法，嚴格踐履平等之精神，「法」雖是「術」，但其內在的精神是追求人人的平等與一致，這亦當是儒家所未忽視的課題，只是在重德的前提下，法雖是臣屬，但仍有其輔弼價值。

三、對王道思想的批判

　　作為儒家政治哲學的核心價值，也是鼓勵統治者朝向實現王道之路的價值規範，王道思想形成一種政治權威性與統治合法性的預設，也是督促統治者奉行的目標。而儒家在政治現實面，亦以「君之師」之姿態出現，以強化君王統治合法性之依據，但是對於王道思想的實踐，是否符合了儒家的原先預設，是吾人必當關注的議題，以反思這樣的「理想國」有無可能實現？

㈠王道政治權威合法性轉化成爲現代理性精神的挑戰

政治權威合法性的觀念是政治思想中的一個重要命題，人類的政治活動產生了統治的政府和被統治的人民，而政府對人民的統治必然涉及權力的運用。如何使得統治有其合法性，受統治是出自於內心的意願，而非懾於權力的逼迫，便是在政治權威合法性遞嬗變遷的時空環境中，必予調整轉化的問題。這個關注始自於18世紀法國思想家盧梭（Jean Jacques Rousseau, 1712-1778），他說：「苟非使權力變成權利（right），化服從（obedience）爲責任（duty），縱使最強的人，其強曾不足永爲主宰」。[8]盧梭所要求的轉化過程，就是政權合法性的問題。

從中國哲學的發展中，政治哲學中的權威合法性是歷朝各代所關切的重點，如下所述：

> 中國哲學的特性在求現實人生的安頓，政治是人類生活相
> 當重要的一面，中國哲人對這一面自然多所用心。他們所
> 提出的最高人生理想是內聖外王，修養的德目不僅包含修
> 身、齊家等私德，更揭櫫治國、平天下的究竟目標。「聖
> 王」因此成了人倫的極致。[9]

從儒家對天命的理性反思，產生了意義的轉換，因而形成對「王道」理念的訴求，以「德」取代統治的威權合法性，至此王道的原始意義進入理性的轉換，從最古老的天、君德與人民三者，轉向君德與保民，天命的標準是統治者之德行是否能行仁政，而德行的基本內涵即在於愛民、保

8　Jean Jacques Rousseau, *The Social Contract and Discourses*, trans. by G. O. H. Cole (London: J. M. Dent and Company Inc., 1950), p.61.

9　張端穗，〈天與人歸——中國思想中政治權威合法性的觀念〉，收錄於黃俊傑主編，《中國文化新論思想篇——理想與現實》（臺北：聯經出版公司，1982），頁99-100。

民，透過道德約束統治者，只要君王能愛民、保民，便能獲得享有天命，維持其統治，其統治的合法性即獲得保障，此種合法性的觀點，蘊涵了令人印象深刻的「理性精神與道德精神」，亦具體出現在「其身正，不令而行；其身不正，雖令不從。」（《論語・子路》）、「苟正其身矣，于從政乎何有？不能正其身，如正人何？」（《論語・子路》）。儒家從孔子開始，經孟子的仁政思想、民心向背是天命的表徵，確立了君王以本身德行，達成養民、教民的目標，而後自然建立統治的合法性，儒家認為這樣的方式是最有效，所建立的統治也是最為穩固的型態。因此，儒家在政治權威合法性的觀念上發展出孔子的德治主義、孟子的仁政思想以及荀子絕對聖王等合法性統治的觀念，此種理性精神在今日依然有其意義，進一步言，即在治道之作為中，體現政道的道德性與指導性。

德國社會學家瑪克斯・韋柏（Max Weber, 1864-1920）提出的「理性統治」觀念成為分析西方政治權威合法性觀念之一，韋伯區別三種純粹的合法性統治（權威）：包括理性（rational）、傳統性（traditional）以及神聖性格性（charismatic）統治。而所謂理性統治是基於一項信念之上，這個信念認為某些規範性的律則具有合法性，因此根據此律則而建立的政治權威有權發號施令。如果理性被認可為近代以來追求全面現代化的指標之一，我們自不能背離此一原則，吾人觀察儒家哲學亦具有理性精神，從孔、孟、荀三子的思想中亦充分展現。因此，在邁向現代化的過程中，理性精神如何從傳統走到現代，不僅要保存此種哲學智慧，更要發揮其影響力，使之成為此一轉化過程中不能偏廢的課題。儒家的理性精神[10]，讓我們看到他們面對統治威權時所展現的無懼與勇氣，在言與行方面皆強烈地

---

[10] 儒家的理性精神其淵源於古代具宗教意涵的「天命」轉化而成人文精神的「天命」觀，其中的關鍵即是宗教的人文化。由被動的宗教意涵，轉化而成主動的人文精神，天也由主宰意涵的天，轉化而成道德性的天，命亦是道德性的命。做為人文主義與人文精神的儒家，其轉化之動力，是來自我人的自覺與覺人，己立立人的理性判準，對治於政治議題，理性精神仍有輔弼之功。儒家有其「知識理性」之基礎，以此擴充成為普遍性的意涵。

訴求政治合法性的應然之道，理性精神之道德勇氣躍然紙上。

㈡儒家重視主觀之道德訴求，但不應忽視外在客觀制度的建構

　　儒家肯定人和自然之間，人和人之間，人和天之間有內在的關係，能夠彼此相互感通，因此人間才能有仁愛，社會、宇宙才不致分崩離析，而具有內在的統一性。此種內在的統一性，又緣自於人對人格可完美性的追求。反觀西方近代的文化觀，認為關係是外在的，可以透過理性的結構，予以機械性地控制。而透過知識方法所得到的種種理性的結構，便是用來管理這種外在的關係，使得社會之趨於穩定，一切是在制度中運作而井然有序。為此，西方文化重視科技的規則性和效率性，以及社會制度的客觀性和合理性。目的是為了達成控制個體與個體之間的外在關係，並且成為社會運作的秩序與規約，在西方科學觀和社會觀之中，自然界的、社會的組成及結構，皆緣自於外在關係而形成，因此可運用外在的規範加以控制，並將各種不利的因素降至最低。

　　儒家一向重視個人、萬物，乃至於天，皆屬於內在的聯繫，可以相互交感。《周易》的〈咸卦·象辭〉說：「天地感而萬物化生，聖人感人心而天下和平。觀其所感而天地萬物之情可見矣。」說明天地交感，聖人感人心，由相互感通可見萬物之情。儒家宣導仁義道德，亦是指人與人之間，人與自然之間，人與天之間的一種完全自覺的、純粹無私的、本體上的感通。這類感通之所以可能，是因為它們的關係是內在的，所以才會有「內傾文化」之說。由於這種高度道德性的運用，使得人與他人之間所存在的對應關係並非是西方式的「權利」與「義務」之觀念，而較多是屬於「臣屬型文化」[11]與「義務」的關係，相對地訴求個體的「權利」的觀念

---

[11] 所謂「臣屬型文化」是政治文化的一種型態，強調傳統中的君臣上下尊卑的從屬關係之觀念。在人倫關係上，「義務」（duty）是第一序的概念，所謂「為人臣止於敬」、「為人子止於孝」、「為人父止於慈」，皆是義務概念的具體表現。從政治文化的類型來說，它是政治系統內成員，在特定的時空背景之下，對於政治系統的運作展現的一種態度，他們對於國家、政府的態度是被動、消極

也就不是此種內傾文化所特別強調的。

　　此種文化的關係內在論，亦有其盲點，如：比較不重視對自然的科技控制，因而未能產生西方近代型態的科技；比較忽視社會制度中的客觀性與合理性，因而法治的遊戲規則遲遲未能建立，形成濃厚的人治色彩；比較忽視信仰制度化的宗教，因而一直沒有產生類似西方的基督教，其所重視的是內化於人心的格律倫理之天，而非訴求超越意義的絕對性（主宰之天）。

　　在這種情況下，儒家固能發揮其內在感通之優點，但仍須輔之以外在制度面、客觀性的建構，另樹一價值思考導向；這是對儒家義理的匡補闕遺，或可於注入新生命之後，儒家的政治哲學經此轉化與補足，仍然有其時代性與延續性。

　　中國文化的終極目的，即在實現《周易》〈乾卦象傳〉：「各正性命，保合太和」，儒家開出了致中和，天地位，萬物育，以達成和諧，這也是今日我們追求和諧社會的目標。沈清松的看法，或可作為和諧狀態之描述與願景。

> 所謂的「和諧」就是指個人與個人，個人與群體，個人與自然在一種適當的比例和定位之下，順性發展，因而在表現差異之時亦能獲取協調一致的狀態。任何人在工業社會中作為企業組織的一個單位，或做為自然生態系統中的一分子，皆需認可群體與自然，回歸全體，並在全體的脈絡中適性發展。個人、群體、自然之間有一個適當的比例或分際，才能促成動態的生存發展，促成所謂「動態的和諧」。[12]

　的，視自己為國家的臣屬者，而非參與者。

[12]沈清松，《傳統的再生》（臺北：業強出版社，1992），頁56。

　　要達成這個目標，必當重新思考道德性的內在關係，要積極援引補實具有客觀意義的制度化觀念，重建人我適當的定位與關係，彼此關係的依存不僅有道德作用，更有制度的設計，方能可長可久。換言之，制度性的設置，亦必有其內在的道德關係以為規範，但過度地對道德性擴張解釋，亦無法彰顯客觀存在的意涵，畢竟政治事務是俗化取向，而非一昧地以聖化為目標導向。

(三)公平與正義的有機聯結，超越內傾文化之侷限

　　由個人正義到群體正義是儒家所欲展開出來的視野與格局，這也是重德文化的儒家之特色，即如勞思光先生評析儒家價值與現代文化的意義時，他認為儒學的根本要求是：儒家由重德文化出發，要求我人的道德生活是植基於道德意識，而道德意識之產生，係來自於以自覺心為根源，而非訴諸於外在的權威或存在為其根源。孔子對人的普遍性要求是「為仁由己」，孟子的「四端」、「盡其心者知其性，知其性者知天」等，這些觀念皆是一種以自覺心走入內在超越性，和西方外在的超越成為一顯明的對比。

　　但是，從對比的角度而言，卻也讓我們發現奠基於「普世化上帝」的西方文化，是樹立了「上帝面前人人平等」的終極價值，縱使基督宗教曾經腐敗而異化，但追求平等價值的公義精神仍然存在，並且影響深遠。由於外在的超越文化影響之故，使得公平與正義產生有意義的聯結，無人可在上帝面前取得權杖，「上帝立法」的觀念之故，使得法律（具有公平與正義的客觀社會規範的基礎道德）得到一個超然的地位，法律之前人人平等響徹雲霄，法律建立了它的優先性與神聖性。反思儒家把人當作目的而非手段，道德意識的自覺心靈，凸顯了對每一個主體的尊重與尊敬，「人人皆可以為堯舜」似具有平等的意識，這些儒家的價值是基礎，也是向外拓展現代法制結構的精神憑藉，問題即在於如何通過現代的法律的制定與實踐──公平與正義之建制與規約，而轉化成為客觀的存在，並有其尊嚴

與地位。若不選擇西方透過外在的宗教途徑以建立人倫秩序，顯然地就必須涵養擴充個人道德意識而成就社會道德意識，使之普遍性，而能納入建構客觀存在的思考。

四、結語

　　儒家哲學所關切的主題思考是中華文化的共命慧，也是潤澤群倫、創造和諧的價值系統，當然過往對王道思想的批評不免將之歸於烏托邦（utopia），或是僅止於理念層次，缺乏制度面的建樹以及無可實現性等論點。但王道思想來自孔孟，蘊涵孔孟學說的精髓，是出自於理性的反思與自覺意識，是對人性應然本質的期待。吾人亦發現儒家王道思想之實踐，即成就仁政，而仁政的主體在仁者，有仁者行仁政，不仁者行暴政，「仁者愛人」（《論語・顏淵》），仁政必當涵蓋行仁的主體，即是為政者的道德實踐之規準，溯源匯歸於「仁」，同時在政治運作的過程及成果的展現上，亦同樣表現仁政，這才是將起點、方法與目標三者合一。在追求現代化的過程中，傳統文化固非糟粕，但亦非全無缺點，因革損益之後，古典儒家的王道思想提供價值與創新思考，從文化層面切入，超越既存的理念、制度與意識型態的扞格，共同創造出文化的新思維，應可視為文化的再造與創新；經由對比與參照，重新詮釋儒家政治哲學的理念，但亦持平地客觀看待其有待提昇之處，經此理念詮釋與制度建構的可欲，賦予儒家政治哲學在觀念建構與詮釋方面，一種新的價值意涵。

──本篇發表於《哲學與文化》第四十卷第9期，2013年。

儒家政治權威合法性之探討

內容摘要

　　在探討政治權威合法性之發展概念上，儒家的進路是從天命到王道，而後來便以王道思想為其核心價值。王道與霸道有別，儒家強調「道德」對文化的影響，並賦予王道思想一種政治權威的合法性依據。由於從道德層面去支配政治權威合法性之故，使得儒家掌握了統治者的道統，並且將其轉化而成道德與政治的永恆價值，於是神祕性的天命觀念，成為理性秩序的道德實踐。這樣的轉化，使得儒家有機會去支配統治者的作為，亦藉由此途徑實現儒家的王道理想。基於這樣的觀點，本文試從儒家的天命觀與王道思想入手，探討此種政治權威合法性的內涵與意義，同時論述儒家王道思想與其局限。本文認為在中國文化中，儒家由天命到王道的思想代表著人類理性精神與道德精神的萌芽與創新，並且導之於人文主義，重德的文化傳統更是中國文化的特質，面對文化的衝擊與思考，對於建構新的價值與文明，有其參照的價值。

一、前言

　　臺灣知名的企業家，宏碁集團創辦人施振榮先生，心繫華人企業國際競爭力，於2011年3月啟動「全球王道企業領袖薪傳班」計畫。施振榮表示，「王道薪傳班」與一般跨國企業高階主管培訓課程的差異，在於強調以「王道精神」為出發點，重視文化的交流與融合，與一般西方企業經營以「霸道」為主軸的思維，有很大的差異，希望藉由王道精神，引領華人企業走出不一樣的道路。[13]

---

[13]中央社，2010.11.03。

在中國哲學史中，「王道」的前身便是「天命在德」之說，而儒家正是轉化此觀念的啓動者，「王道」之概念從狹隘的政治範疇到廣義的一種「人倫對待的關係」，良好的統治是要在良性的溝通氛圍中，增進統治者與被統治者彼此之互動和諧的情境。儒家的治理的觀念，已然具有超越時空限制的肯認，反映出群體生命的共同心理、處境與對待，因此統治理想必然包括個體與群體間彼此的互動與對待，從夫婦之正、父子之親、君臣之教、朝廷之正而臻于王道之風，如果沒有這種倫理與道德的對應，要談理想的王道政治必然是遙不可及。

無獨有偶地，號稱「日本經營之聖」的日本企業家稻盛和夫（Kazuo Inamori）的《人生的王道》一書，提出「敬天愛人‧直心而行」的觀念，他的名言是「立命先於立業」，而「立命」的起點即在於以善心和正直的想法「與人爲善」，並且還要修行自身良善的「心相」。此觀點與中國傳統王道精神所訴諸的普遍性的天下夫婦之正、父子之親、君臣之教、朝廷之正，到最後而有王道的化成可謂是不謀而合。儒家之言：「仁以爲己任，不亦重乎；死而後已，不亦遠乎。」（《論語‧泰伯》）亦可從中看到對王道精神的肯定與承諾。

上述臺灣企業家的「王道精神」的思維、日本經營之聖所說的「人生的王道」之觀念，皆可看出儒家的影響力。但就政治權威的合法性而言，由「天命」轉向「王道」是儒家思想的高明之處。先秦時期的「天命」概念爲何？王道的本質爲何？其演變遞嬗之過程是什麼？它所訴求的重點是什麼？此觀念置於今日時空環境中有何意義？因此本文試從文本分析之角度導入，在政治權威合法性的觀念架構中，對天命與王道作意義的澄清，以整理出其理序及所面對的議題。

二、政治權威合法性的概念

政治權威合法性的觀念，普遍地出現在中西文化中，統治者之統治是藉助於一套具有絕對權威的宇宙觀與價值觀，而達到統治天下的目的，並

確立統治的正當性。於是對政治權威合法性與正當性的論述，乃成為重要且唯一，以應付不時產生的質疑與挑戰。而討論此一課題之內容，便是屬於政治哲學（political philosophy）的範疇。

政治哲學在西方曾經有過一段輝煌的歷史，諸如柏拉圖、亞理斯多德首開此領域之先河，而至近代，17世紀的霍布斯、洛克，18世紀的盧梭、康德，19世紀的黑格爾、馬克思、約翰彌爾的《論自由》，都曾貢獻於此領域，共同界定西方政治哲學的基本輪廓與探討的議題。政治哲學如何界定，如下之見解可作參考：

> 在政治領域，一個極為根本的問題，就是要求對各種現實的（或者理想中的）體制、政策進行排比評價，做出好、壞、對、錯的分辨。即使最功利、現實、最講求機巧策略的政治人物，只要他還需要為自己的作為找理由（所謂找理由，當然就是認定所找到的理由是「對／好」的），就不得不介入這種涉及比較與評價的思考。評價當然需要標準，標準就是各種政治原則與政治價值。可是這些原則與價值為什麼是對的？是大家應該接受的？是政治制度與政策之所以成為「正當」的好理由？這些考慮，構成了政治哲學的核心議題。[14]

西方古典政治哲學有一個明顯的預設，認為人的生命有一個應然性的目的，或者是來自人的本性（自然）、或者來自某種超越的旨意（天、神），這些都代表著一種終極的理想目標，人的完成（perfection）皆源自於此。透過這樣的思維與架構，政治體制與政治價值的正當性，可以由

---

[14] 錢永祥：〈為政治尋找理性—Will Kymlieka，《當代政治哲學導論》中譯本導讀〉。請見劉莘譯：《當代政治哲學導論》，臺北：聯經出版公司，2003，頁Ⅵ。

政治生活與該一目標的關連匯出。因此，權力（power）被認為是政治的本質，而如何使得權力獲得正當性，即成為政治哲學所關切的議題。

希臘哲人亞里斯多德（Aristotle 384-322 B.C）的名言：「人是政治的動物。」[15]人類的政治活動產生了統治的政府和被統治的人民，而政府對人民的統治必然涉及統治權力的運用。但任何一個政府要長久有效地維持其統治，就不能純粹依賴權力（power）。在權力的統治下，人民的服從不是出自內心的意願，而是懾於權力的逼迫。因此一旦統治權力削弱，人民即會起而反抗，推翻政府。這個事實，就是極力主張絕對王權的英國哲人霍布斯（Thomas Hobbes 1588-1679）也正視此一問題，他曾表示，僅憑權力不足實現政治權威，或建立統治。十八世紀的法國哲學家盧梭（Jean Jacques Rousseau 1712-1778）更明白地宣稱：「苟非使權力（power）變成權利（right），化服從（obedience）為責任（duty），縱使最強的人，其強曾不足永為主宰。」[16]盧梭所要求的轉化過程，就是政權合法性的問題。

合法性是政治上有效統治的基礎，它是統治者與被統治者共同認定的一種信念，依此而建立合法性統治的政府，人民承認其有權力行使統治權，人民也承認對其有服從的義務。這樣的統治，不依賴權力而是訴諸人民的同意。由於政治權威的合法性與有效統治存在著密切的關係，因此當代德國著名的政治學家多爾夫・斯敦堡格（Dolf Stermberger）即言：「在人類的社會中，追求合法性的欲望是如此地深于人心之中，因此我們很難發現任何歷史上的政府，未獲得人民承認其合法性而能長治久安，或其不努力尋求人民承認其為合法。」[17]

---

[15] Ernest Barker, *The Politics of Aristotle* (Oxford , Oxford University Press, 1950), p.4.

[16] Jean Jacques Rousseau, *The Social Contract and Discourses*, trans. by G. O. H. Cole (London J.M. Dent and Company , Inc., 1950), p.61.

[17] David L.Sills, ed., *International Encyclopedia of the Social Science*, Vol.9, p.244.

　　合法性的觀念在世界古老的文化中即已存在，隨著歷史的發展，統治合法性的新義也不斷產生。德國社會學家韋伯（Max Weber 1864-1920）曾對這複雜的歷史現象作過歸納性的分析。他區別了三種純粹的合法性統治（權威）：分別是理性（rational）、傳統性（traditional）以及神聖性格性（charismatic）統治。這三種統治各有其成立的條件。理性統治是立基於一項信念之上，這個信念認為某些規範性的律則具有合法性，因此根據此律則而建立的政治權威有權發號施令。傳統性統治立基於另一種信念，這個信念的內涵是遠古的傳統具有神聖性，因此根據此傳統而建立的權威具有合法的身分。神聖性格性統治立基於人民對某個個體所具有的超凡神性、英雄氣質或模範性格所產生的歸順之心，和因之而起的對此個體所啓示或創造的規範模式所產生的信仰之上。[18]而Max Weber的這種分析也就廣為被接受及引用，被運用於有關政治權威合法性之論述。

三、天命觀的理念

　　中國最早的政治合法性觀念見於周朝初年的文獻—《尚書》，觀念的創始者是周朝的開國的領導人物—周公。周以小國克殷後，對殷的廣土眾民和舊有的諸侯國，並未能直接加以控制，也爆發了殷民的叛變，此時周公攝政，率軍東征，敉平了叛亂。而後周公為確保周朝的統治，採取「封建親戚，以蕃屏周」的政策，更積極致力於收攬人心。周公知道要贏得被征服者的衷心臣服，惟有對他們證明周人滅商，代之治理天下是合法的舉動。因此，他向殷遺民提出了中國最早的政權合法性的觀念—天命觀。這種天命觀植基於周人的宗教信仰之上。周人認為宇宙間有一最高的主宰，名曰天。天的形象雖然模糊，卻是位具有意志與感情的人格神。天主宰宇宙間萬事萬物的命運，地上君王的權柄也是由天所授與，他的一舉一動都

---

[18]Max Weber, *The Theory of Social and Economic Organization*, trans. by A. M. Henderson and Talcott Parsons (New York, Oxford University Press, 1947), p.328.

受到天的監視與節制。周公引述歷史事實作爲佐證，闡釋了天命所以改易
的原因。天，對他而言，不是任性的人格神，隨意揀選統治者或是不問原
因即廢除統治的君王。他反省夏、商、周三代天命改易的原因，在〈召
誥〉篇他說：

> 我不可不監于有夏，亦不可不監于有殷。我不敢知曰，有
> 夏服天命，惟有歷年；我不敢知曰，不其延，惟不敬厥
> 德，乃早墜厥命。我不敢知曰，有殷受天命，惟有歷年，
> 我不敢知曰，不其延，惟不敬厥德，乃早墜厥命。

周公認爲夏、商二朝之所以喪失天命，是因爲在位君王不能謹愼地注
意他們的德行。因此天命的得失與君王的敬德與否有高度的相關。上天是
好善惡惡的。夏商周三朝之建國，也正因爲開國君主能謹修德行。在〈康
誥〉中，武王更生動地描述了周文王勤修德行、紹受天命的情形：

> 惟乃丕顯考文王，克明德愼罰，不敢侮鰥寡，庸庸、祗
> 祗、威威、顯民。……惟時怙，冒聞於上帝，帝休。天乃
> 大命文王，殪戎殷，誕受厥命。

周公在訓誡殷遺民時，他強調的是夏商兩朝亡國的原因，以致上天
不得不收回天命。如果殷人仍不知戒懼，恪遵天命，則周公將不再予姑
息，必要時得「致天之罰於爾躬。」相反的，周公在反省周人得天下的原
因時，極力強調周文王不凡的德行，感動了上天，因而獲得天命而代殷。
因此周公特別強調：「天不可信，我道惟甯王德延，天不庸釋于文王受
命。」（〈君奭篇〉）天命隨德行而轉移，人有能力主宰自己的命運，也
必須對自己的行爲負責。

如此一來，德行成爲決定天命的惟一條件，《尙書》中充滿了「敬

德」、「明德」的觀念。上下都謹修德行，國運才能長保。而天命之「德」的具體內容為何？張端穗認為：

> 它包含了三個成分：天、君德與人民；強調君王的權威源自于天，天命的標準是君王的德行，德行最重要的內涵是愛民保民。只要君王能愛民、保民，便能獲得或繼續享有天命，維持他的統治。相反的，如果君王的德行有所虧欠，天就會取消對他的佑命，另選新主來取代他的地位。換言之，只有愛民、保民的德行使得君王有權統治。當他背棄德行，也就喪失了自稱為君王的權利。[19]

這種天命觀的內容既簡單而又素樸，但蘊含了十分深刻的理性精神與道德精神。周人的天命觀雖然崇高偉大，卻不是維持政權穩定的有效方法。君德一失，天命就會改變。因此以天命統治不是穩定的統治。周人對此也有深刻的理解，他們並沒有因克商而自滿，相反的，他們一再強調「天命靡常」、「天不可信」，君王須毫無保留地「敬德」，以保持天命。為了防止新革命的發生，特以殷為鑒，制定了周禮。這種政治上的預設是採用尊一統又尚分權，使統治的正當性建立在以宗親為基礎的人倫基礎之上，並通過一套具有約束力的禮儀制度來落實。它包含了以宗法倫理為基礎的政治理念，也有形諸於具體的政治行為，建立了更有控制力的封建及宗法的政治制度，這是盱衡當時社會政治狀況下做出的一種制度設計。

周初的統治者以分封建國把政治的合法性基礎建立在宗法倫理之上，還進一步從哲學的角度反思統治的「正當性」問題，因而對統治者提出了

---

[19] 張端穗：〈天與人歸—中國思想中政治權威合法性的觀念〉，《中國文化新論—思想篇》，臺北：聯經出版公司，1982，頁106。

「德」的要求，並且一以貫之。統治者有德，其政也就是「德政」；設若統治者失德，其統治也就失去了正當性。可見，對周代的政治而言，只有宗法倫理的規範，還不足以保障以「霸道」形式取得的天下可以趨於長期穩定。處於統治地位的人物還必須戒愼恐懼地以「德」爲宗，這樣的統治才有正當性。統治者如果失德，就背離了德政；德政不存，也就背離了王道，則會有「天意民心」的變化，新的霸道形式的「革命」之發生也就是自然而然的結果。

四、由王道到仁政的義理內涵

　　王道思想，可上溯到殷周之際，《尙書・洪範》以十四句話來說明王道之概念：

> 　　無偏無陂，遵王之義，
> 　　無有作好，遵王之道，
> 　　無有作惡，遵王之路。
> 　　無偏無黨，王道蕩蕩。
> 　　無黨無偏，王道平平。
> 　　無反無側，王道正直，
> 　　會其有極，歸其有極。[20]

　　上列之文實已蘊含由王道到仁政之意，王道，也就是指「無偏無黨，王道蕩蕩；無黨無偏，王道平平；無反無側，王道正直。」[21]所謂無偏私、無阿黨、無反道、無偏側，就是秉公而行、率直以爲。因此，主政者必須自己具備最高的道德，而後能依據上述原則任命官吏，施行政事，則

---

[20]《尙書・洪範》。

[21]《尙書・洪範》。

天下就可以成就王道，不能則就成了霸道。這即是儒家所傾心的理想政治型態。

「王道思想」是儒家反思周文，主張以德服人之後所建構的理想世界，而成道德的理想國。孔、孟二人一生中戮力于建立德治主義與仁政，故有「先王之道，斯爲美。」（《論語·學而》）之頌。孟子之名言：「惟大人爲能格君心之非。」（《孟子·離婁上》）但現實世界是勢與道相互排斥的緊張關係，本質上即是「道」與「勢」的衝突問題。政治的應然是王道，但政治的實然是霸道，因此才會有各種的衝突發生，但儒家並不放棄此種道德堅持。

孟子則是從植基於道德理想的價值判斷來看王霸之分，「以力服人者，非心服也，力不贍也。……以德服人者，中心悅而誠服也。」（《孟子，公孫丑上》）這也正是孟子所強調「以力假仁者霸，以德行仁者王。」（《孟子·公孫丑上》）的說法。

荀子以「王」爲政治的最高理想，包括：「王奪之人」（《荀子·王制》）、「隆禮重賢而王」（《荀子·強國》）、「義立而王」（《荀子·王霸》）、「粹而王」（《荀子·王霸》）、「善日者王」（《荀子·強國》）。由此觀之，荀子的王道，轉而落于統治者的治國之道。他雖尊王卻不黜霸，對王霸的區分是「用國者，義立而王，信立而霸，權謀立而亡。」（《荀子·王霸》）至此，純然道德性的王道出現一轉折，對此，曾春海認爲：

> 荀子在政治的主張上，以王道爲理想，但爲現實的事功計亦不反對霸道。總之荀子是以「王霸兼采」來實踐其禮治的目標。至於王霸之間的關係，可說霸道是實現王道的必經之歷程，王道則是霸道的終極指標和歸宿。[22]

---

[22] 曾春海：《儒家哲學論集》，臺北：文津出版社，1989，頁146。

五、王與霸的反思

作為儒家政治哲學的核心價值，鼓勵統治者朝向王道之路的價值導向，王道思想是政治權威性與統治合法性的預設，也是督促統治者奉行的鵠的。而儒家在政治現實面，亦以「君之師」之姿態出現，但是對於王道思想的實踐，是否符合了儒家的原先預設，是吾人必當關注的議題。這樣的高度期許是否會淪于空談。

儒家對「天命」到「王道」做出了意義轉換的貢獻，降低了「天命」的神祕性，以行仁政的王道做為統治權威的合法性。孟子甚至以民心的向背做為天命的判準，而有「民貴君輕」的民本思想；換言之，天仍然是宇宙的主宰者，所以，他雖肯定人民有推翻暴君的道德權力，並具備正當性，此即是「聞誅一夫紂矣，未聞弒君也！」之論，但並未積極地肯定人民在自然法上有權力選擇他們的統治者。此中之關鍵，即在於超越的天命無以落實到現實世界，成為經驗的事實與可能。因此大大地降低人民之意見（民意）表達的權利與自由，他對人民的重視，亦僅止於「民為貴」，這不是政治主體（人民）有意識的作為，而是來自君主（政治客體）透過行仁政，贏得民心，獲得天命的降寵，以獲得統治的合法性而已。

至於荀子則認為只有聖王才是合法的統治者，他不僅是天下應然的統治者，也是唯一能夠實際治理天下的人，以其自身之稟賦，上不征諸天命，下無假於人民的同意，即可建立統治的合法性。此「絕對聖王」的概念，輔之以「尊君重勢」，使得敬德修德與得治天下沒有必然的關係，更遑論持樂觀看待天命之抉擇，神性意義與命運意義的天隱而不現；而對於政治主體之人民的意見表達更是缺而未談，而為先秦儒家從天命以至王道的一大轉折。不僅「以德取位」退出歷史，超越的天命（天意）無法以新生命之姿（民意）重新躍上歷史舞臺，形成儒家政治權威合法性發展的阻礙。荀子的門生韓非子進而發揮荀子的政治哲學觀，進而成為秦王統治的唯一選擇，法家之「術」取代了儒家王道與仁政，形成中國政治思想史上的歧出。

　　如何使得統治有其合法性，受統治是出自于內心的意願，而非儡於權力的逼迫，便是在政治權威合法性遞嬗變遷的時空環境中，必予調整轉化的問題。

　　從儒家對天命、王道所作的理性反思，產生了意義的轉換，以「德」取代統治的威權合法性，至此王道的原始意義進入理性的轉換，從最古老的天、君德與人民三者，轉向君德與保民，天命的標準是統治者之德行是否能行仁政，而德行的基本內涵即在於愛民、保民，透過道德約束君王，只要君王能愛民、保民，便能獲得享有天命，維持其統治，其統治的合法性即獲得保障。儒家從孔子開始，經孟子的仁政思想、民心向背是天命的表徵，確立了君王以本身德行，達成養民、教民的目標，而後自然建立統治的合法性，儒家認為這樣的方式是最有效，所建立的統治也最為穩固的型態。因此，孔子的德治主義、孟子的仁政思想等合法性統治的觀念，其中所蘊含的道德精神在今日時代依然有其意義，進一步言，即在治道之術中，體現政道的道德性與指導性。

　　在邁向現代化的過程中，理性精神與道德精神，如何從傳統走到現代，不僅要保存此種哲學智慧，更要發揮其影響力，使之成為此一合法性轉化過程中具有幫助的價值。在當代政治運作中的道德精神已逐漸褪色，此即是「治道」的問題，尤其是當思考如何將道德納入于政治作為中。儒家所強調的道德自律，落實在行仁政的主體，必當「己立立人，己達達人」、「以仁為己任」以德立身的思維是一必需思考的方向，也是改善當前政治現象的良方。

　　傳統儒家常受批判的部分，即在於過度的人治色彩，缺乏客觀面與社會面的制度建構。主觀面的人性肯定，人倫之情與義理通達，固是成就禮義社會的基礎，但面對巨變的環境，除了賡續對主觀面的訴求與強調之外，亦不能不觸及客觀面法治社會的建立與規範，如何步入依制度而不依習慣，依法而不依人的社會，革故而能鼎新，著實也是一種挑戰。一直到清初黃宗羲的《明夷待訪錄》，針對此一問題才作出回應。

六、結語

　　經由本研究，我們發現《尚書》天命觀包含三個元素：超越的天命、地上君王的德與人民。《尚書》天命觀肯定：君王以其保障人民福祉的德，而獲得天的認可，建立合法的統治。儒家繼承了《尚書》的天命觀，再依思想理路的內在發展與外在環境的要求，呈現出不同的發展，孟荀二子遂有不同的結果呈現。因為《尚書》天命觀肯定道德的重要性，因而促成先秦儒者探索內在道德的意涵。孔子的仁道、孟子的四端之心以及荀子的大清明之心都是這個動因下的產物。於是有孔子的德治主義、孟子的仁政思想以及荀子絕對聖王等合法統治的觀念。在理論上，儒家贊成有德者在位，但在歷史的發展中，以血緣傳承為合法的傳統性統治卻是常態。這種理想與現實之間的矛盾是中國道統與政統之間不斷衝突的關鍵所在。

　　過往對王道思想的批評不免將之歸於烏托邦（utopia），或是僅止於理型（idea type）層次，缺乏制度面的建樹等論點。但從轉換天命觀，而賦予新意而言，儒家是進步的，王道思想來自孔孟，蘊涵孔孟學說的精髓，是出自於理性的反思，是對人性應然本質及道德人格的期待。仁政必當涵蓋行仁的主體之仁者，即是主政者的道德實踐之境界，同時在政治運作的過程及成果的展現上，亦同樣實現仁政，這才是將政治理念、實踐、方法與政治與治道目標三者合一。

──本篇宣讀於韓國嶺南大學舉辦「現代視域中的傳統文化」，第三屆國際學術
　　會議，2011年10月20-23。

第四編

孝道實踐

曾子「吾道一以貫之」之認知、體悟與實踐

內容摘要

　　儒家哲學夙為中國學術思想的主流之一，但是從孔子開始，系統化哲學的建構反而不是儒家的強項，孔子也只是「述而不作」，孔子對於各種德行的闡釋也會隨機指點，並無類似西方哲學所稱的知識真理上的統一性，因而形成後期各家解讀以及詮釋上的差異，其中最為著名的一句話即是「吾道一以貫之」此句可說是影響深遠。

　　曾子為孔子之得意門生，孔子對曾子之影響乃是由「吾道一以貫之」的理念啟發，這是孔子思想最為特殊獨到之處。而曾子之解讀則指此「道」即是「忠恕」，此概念是否即是孔子所言之「道」的具體內容？本文試從此一角度導入，釐清「道」的意涵與內容，詮釋此「道」之認知系統與實踐系統，曾子之詮釋，與孔子的價值系統是否有契合之處。

一、前言

《史記・仲尼弟子列傳》[1]提及眾弟子之表現有云：

孔子曰：「受業身通者七十有七人」皆異能之士也。德行：顏淵，閔子騫，冉伯牛、仲弓。政事：冉有，季路。言語：宰我，子貢。文學：子游，子夏。師也辟，參也

---

[1] 司馬遷：《史記》，臺北：宏業書局，1987，頁2185～2226。

魯，柴也愚，由也喭，回也屢空。賜不受命而貨殖焉，億則屢中。

　　太史公借孔子之言，對曾參之評語爲「參也魯」。孔安國《集解》解爲：「魯，鈍也。曾子遲鈍。」在同篇論及曾子稱：「曾參，南武城人，字子輿。少孔子四十六歲。孔子以爲能通孝道，故受之業。作孝經。死於魯。」《論語正義》引《韓詩外傳》卷七云：「曾子曰：吾嘗仕齊爲吏，祿不過鐘釜，尚猶欣欣而喜者，非以爲多也，樂其逮親也。既沒之後，吾嘗南遊于楚，得尊官焉，堂高九仞，榱提三圍，轉轂百乘，猶北鄉而泣涕者，非爲賤也，悲不逮吾親也。」以往的文獻，解爲曾參之資質雖魯而鈍，但並非愚笨之才，並且其個性爲篤實之人，否則孔子豈有授業忠恕之可能，但從《孝經》一書傳頌至今；加上其孝親甚篤，樂道養親，亦爲後人傳頌，從語句表達的實然面及觀察曾子之言行，顯然是從強調曾子對孔子之道的努力實踐而發，並將道的實踐，透過孝之行爲而顯現。

　　在《論語・里仁》孔子與曾子之對話，「子曰：參乎，吾道一以貫之。曾子曰：唯。子出，門人問曰：何謂也？曾子曰：夫子之道忠恕而已矣。」由本段文意觀察，首先是曾子心領神會並予發揮儒學義理，表達出他對「道」的理解並解爲「忠恕」；二是在孔子與曾子之間的互動並非問答式，孔子給了一個定論，曾子也沒有進一步要求孔子答覆或是續問爲什麼孔子會這麼說。因此孔子的定言與曾子的回應也就形成歷史的事實。本文之作即從孔子之「吾道一以貫之」談起，何謂「一」？何謂「貫」？此「道」的意涵到底是什麼？曾子反思而得之「忠恕」之概念，二者是否存在著認知上、精神上、脈絡上與價值上的契合？

二、「吾道一以貫之」之解讀

　　孔子對曾參說：「吾道一以貫之」，這句話開啓了後代研究儒家哲學思想、價值系統的核心觀念之討論，到底這個「吾道」是指什麼「道」？

而「一以貫之」又要如何解讀？曾子所提出的「忠恕」觀念是否能真正表達孔子之「道」的內涵？再看孔子在《論語‧衛靈公》也曾提出「一以貫之」之語：

> 子曰：「賜也，女以予爲多學而識之者與？對曰：然，非與？曰：非也！予一以貫之。」

這段話點出孔子在爲學上並不是多學而識，並非純粹以知識上的累積爲滿足，亦非類似西方哲人要建構一套偉大嚴謹的知識系統，而是在其知識系統中存在著一個核心觀念，而能貫穿上下其間，使其認知與實踐能統合爲一。因此，孔子所提出的「道」歷來在意涵上呈現如下的不同解讀。

（一）傳統的解讀

在中國哲學史上對於「吾道一以貫之」的解讀呈現眾說紛紜，明代文學家賀復徵（1600～1646）即言：「吾道一以貫之，千百年間未有明摘其蘊者。」[2]而清儒劉寶楠（1791～1855）亦云：「自漢以來不得其解」[3]而朱子則以理學思想解釋孔子之道，他在《論語集註》中說：[4]

> 夫子之一理渾然而泛應曲當，譬則天地之至誠無息，而萬物各得其所也。自此之外，固無餘法，而亦無待於推矣。曾子有見於此而難言之，故借學者盡己、推己之目以著明之，欲人之易曉也。蓋至誠無息者，道之體也，萬殊之所以一本也；萬物各得其所者，道之用也，一本所以萬殊

2　〔明〕賀復徵：《文章辨體彙選》，臺北：臺灣商務印書館，1983年景印文淵閣四庫全書本，卷590，頁13～14。

3　〔清〕劉寶楠：《論語正義》，北京：中華書局，1990，上冊，頁152。

4　朱熹：《論語集註》，收入於朱熹：《四書章句集註》，北京，中華書局，1983，卷2，頁72。

也。以此觀之，一以貫之之實可見矣。

朱子以理學觀點，解讀一以貫之，而稱「一理渾然而泛應曲當」，並且認爲貫是通之意，並且認爲「一以貫之，固是以心鑒照萬物而不遺。然也須『多學而識之』始得，未有不學而自能一貫者也。」這樣的解讀固是宋儒理學之特色，但是是否契合孔子之本意？是否可以看出儒門思想的一致性？朱子在《朱子語類》的卷十三說：「若得胸中義理明，從此去量度事物，自然泛應曲當。」意旨此「道」是「理」可以廣泛適用到各個層面而無不恰當。朱子的解讀是以「理」來解釋孔子的「天」或是「道」，此「道」正是他宇宙本體論之依據。並且朱子對於曾子之回答「唯」，他的解釋是「唯者，應之速而無疑者也。聖人之心，渾然一理，而泛應曲當，用各不同。曾子於其用處，蓋已隨事精察而力行之，但未知其體之一爾。夫子之其眞積力久，將有所得，是以呼而告之。曾子果能默契其指，即應之速而無疑也。」

(二)近人之解讀

1. 錢穆先生在其所著《論語新解》[5]中解釋爲「我平日所講的道，都可把一個頭緒來貫串著」。錢穆先生重在「貫」的解釋是作「串通義」意即以一個核心觀念來串聯起他的思想。

2. 楊伯峻先生在其《論語釋注》[6]解釋爲「我的學說貫穿著一個基本觀念」。他所著重的仍是「貫」字，解爲貫穿或統貫。此核心觀念有著上下一致性的精神，有始有終。

3. 傅佩榮先生在其著作《傅佩榮解讀論語》[7]則解爲「我的人生觀是由一個中心思想貫穿起來的」。但他在解讀「一以貫之」則言：「指完

---

[5] 錢穆：《論語新解》，臺北：三民書局，1991。

[6] 楊伯峻：《論語釋注》，香港：中華書局，1987。

[7] 傅佩榮：《傅佩榮解讀論語》，臺北：立緒文化公司，2005。

整系統或中心思想。這是人的理性發展與實踐心得抵達一定程度時都會嚮往的境界，而自古以來只有極少數大智大仁者可以如願以償。」其意重在人的理想發展之極致與體悟之心得，朝向生命開發的終極目標。

4. 李澤厚先生在其《論語今讀》[8]一書中，將這句話解為：「我的思想學說是貫通一致的」。他在注記中說：「這章非常著名而異解甚多」。有的且涉神祕。關鍵在于何謂『一以貫之』。有的解為禪宗頓悟，祕訣心傳。有的講為基本觀念，一統萬物（如王弼注），本讀解作實行踐履（朱注近之）因為「忠恕」並非觀念的知識，而正是為人做事對人對己的基本道理和原則，仍是實用理性的呈現。

在近人的解讀上將「道」解釋為思想、人生觀、學說等觀念，這樣的解讀是較為籠統，並且對於「道」與「一以貫之」之概念並無進一步的闡釋與詮釋。傅佩榮之解讀較有創新性，他認為是曾子所認識的孔子的「道」是一個完整的系統，包括認知與實踐二個子系統。而李澤厚則認為「忠恕」並非是純粹的知識概念，而是生活世界為人處世的基本原則。

㈢仁系統論之觀點

「仁」不可否認是孔子哲學思想的核心，亦已被各詮釋者所接受，而孔子到底是以何種觀念來貫穿他的思想？基本上「仁」的觀點是被肯定與公認殆無疑義。而「仁」若是一以貫之的「一」，它所指涉的對象及範圍，便包括了三層關係構面，三者是一體的。一是人與自然的關係，這是對於天命、天道觀念的闡述與轉化；二是人與他人的關係，這是涉及人我之間的互動及對待，也是倫理與道德觀念的實踐與具體化，由細微處與實踐互動而言，曾子所說的「忠恕」即是在此層面；三是人與自我的關係，這即是人在道德實踐的過程中的慎獨、自省的工夫，忠與恕的內在修為即

---

8 李澤厚：《論語今讀》，北京，中華書局，2015。

緣於此。此三層面缺一不可，恰恰構成了孔子之「道」的統一性與系統性。[9]

　　而對於仁所呈現鋪陳的三種層面，也就形成先秦儒學「知天、知人與知己」的「三知論」，不知天則無以理解「道」所代表的是一個社會秩序與人倫價值的根源，換言之，即是人間正義與公理來自何處的問題，孔子嘗言：「知我者，其天乎！」而對天命的意義轉化，即可看到孔子所作的「哲學的突破」（philosophical breakthrough），這個突破是理性的高度發展，並且是溫和漸進，所以「道」是價值根源與人間秩序常規的根源，因而才有君子務本，本立而道生，孔子將原始天命轉化而至我人的價值自覺意識所產生的德，因此有德者居之，而非命定，是人所固有，普遍化的「仁」則是天道義理的大化流行之功。天命觀念即由政治上的意涵及命定，轉化至道德性與倫理性的意涵以及自我的肯定與主體性的建立，天命不再是在上位者，而是普天下之人，人人有此自覺之仁，天道即在我心。個人認爲儒家在此提出了對「天」的意義轉換，並且追問「社會正義」之概念以及如何可能，因此吾道一以貫之，從人與天的關係而言，即是理性的高度發展而產生的新意義。

　　其次，對於人與他人的關係，曾子的體會並沒有錯誤，「忠恕」確實是人我互動的運作基礎與工夫，亦符合「己立立人，己達達人」的目標，無忠恕即無從看到「仁」的價值顯用，仁在現實層面可以是「愛人」、是「克己復禮」、是「悱惻之感」、是多義詞，不落於知識眞理所要求的單一性，這是中國哲學的特色，是隨機指點，是因材施教，不講求邏輯的必然與純一，但仍是理性思維的呈現與突破。究其核心關鍵乃是透過忠恕的修己安人而呈現生命意義的安頓以及自我與他人間關係的和諧，黃光國教授乃將此種關係特性稱爲「儒家關係主義」。[10]人與他人的關係，即是在

---

9 吳進安：《孔子之仁與墨子兼愛比較研究》，臺北：文史哲出版社，1991。
10 黃光國：《儒家關係主義》，臺北：心理出版社，2009。

「本天道以立人道」的方法中演繹而出，仁道與天道相通，最後是修身以現，而「忠恕」便是修身工夫之具體入門，無忠恕的實踐，即無從體現其中所蘊涵的人我對待的態度與操持。尤其是在彼此互相對待的層面，因為在這個層面，忠恕已表達出中國文化一向較為欠缺的心理素——同理心，人同此心，心同此理，雖是老生常談，但往往不易實現，曾子的作出「忠恕」之詮釋確為高明。

而在第三個層面，則涉及「自我」的問題。「自我」（ego）本是西方學術傳統中與「個體」和「人」等量齊觀，但是仔細探討，「個體」（individual）是一種生物學（biologistic）的概念，是把人（human being）當作是人類中的一個個體，和宇宙中許多有生命的個體並沒有不同。但是「人」（person）則是一種社會學層次（sociologistic）或文化層次的概念，表示他在社會秩序中所採取的立場，策畫行動以實現目標。因此，在解讀「自我」概念時，應避免掉入在「個體」與「人」之立場。

儒家的「自我」（self）則是一種心理學層次（psychologistic）概念，側重在個人反思覺察的能力，儒家在此領域所重視的主體之我的鍛鍊與反思頗為精彩，文質彬彬謂之君子，君子的氣質與德性成就，君子內在與外在的融合為一，透過禮樂教化培育而成的「道德之我」成為實現儒家終極關懷（道），縱使犧牲自己亦是可貴，縱使天不假年而短命而死亦是無憾。君子若沒有自我反思覺察、具是非判斷之能，則可能墮於小人之群中，這是孔子所憂心的。故「慎獨」、「修身」以及《中庸》之「誠」厥為重要，因為它是內在的動力，鞭策自我以實現道德世界。而「自我實現」在儒家而言，表現最為淋漓盡致者即是「朝聞道夕死可也」的使命感，自我面對生活世界時的價值抉擇。

吾人提出「仁系統論」以詮釋「吾道一以貫之」，其意涵及存於它是一個整體的概念，而非分殊的概念，而「仁」又是諸家所公認的核心觀念。因此，詮釋「一以貫之」時，「仁」即是核心觀念，也是價值系統，所以它是「一」。仁說即包含了三個層面，這三個層面體現生命存在的意

義及其人所面對的問題，尤其是在道德抉擇與生命態度上。在《論語》一書中，「仁」總共出現105次，可見「仁」在孔子心目中是何等的重要，因而有「仁學」之美名，「仁」一字道盡孔子一生所關注的天道與人文兩重世界的思考。

三、忠恕的概念是否完整地表達「道」的內容
(一)原典語義

在《論語・衛靈公》子貢問孔子：「有一言而可以終身行之者乎？」孔子回答說：「其恕乎。」再加上前段所述之〈里仁〉曾子解釋孔子「吾道一以貫之」之說，「夫子之道，忠恕而已矣。」可見「忠恕」或是「忠恕之道」是孔門的至德要道。而對於曾子所說的「夫子之道，忠恕而已矣」，孔子又是怎麼說的，《論語・衛靈公》記載「子曰，其恕乎。己所不欲，勿施於人。」在〈雍也〉：「夫仁者，己欲立而立人，己欲達而達人。能近取譬，可謂仁之方也。」

再看《大學》云：「是故君子有諸己而后求諸人，無諸己而后非諸人，所藏乎身不恕，而能喻諸人者，求之有也。」。《中庸》則說：「忠恕違道不遠，施諸己而不願，亦勿施於人。」要能推己及人，首要之道即是盡己之心。由於恕道即是能近取譬之道，而最切近者，莫如近取諸身。唐端正即指出其理之所在，「心為身之主，仁為心之法，故所謂近取諸身即是盡己之心，盡己之仁。本於仁而無自欺便是忠，推而行之便是恕。故恕道即行人的方術。」朱子再詮釋「近取諸身，以己所欲，譬之他人，知其所欲亦猶是也，然後推其所欲以及於人，則恕之事，而仁之術也。」

《大學》將忠恕之道詮釋為「絜矩之道」：

> 所惡於上，毋以使下，所惡於下，毋以事上；所惡於前，
> 毋以先後，所惡於後，毋以從前；所惡於右，毋以交於
> 左，所惡於左，毋以交於右；此之謂絜矩之道。

　　是故，一己有欲立欲達之心而著實去做並且問心而無愧，便是忠，推一己有欲立欲達之心而能去立己達人且無私，便是恕，盡己之心爲矩，推己及人爲方，人之行事無愧無私，秉忠心而行恕，如持矩以畫方，持規以畫圓，無規矩不成方圓，俯仰之間無愧無私，若無仁心何能致之？故忠恕之道乃是體現仁之道。因此，曾子乃從作用層發言，此作用層即落實於人與他人的關係上，而由自省、自立關係，透過推己及人之工夫，處事同理，不以己見爲斷，亦與他者之溝通觀念、理解身處之差異，不強求於人，唯有問心無愧而取得溝通後之共識，即是忠恕。由此維度而言，曾子之「忠恕」觀念恰恰是「吾道一以貫之」價值系統的一部分，即是施受兩用與互爲主體的兩全的實踐，這裡頭即存在著從認知到實踐的過程。

　　吾人尚需對《論語》其他篇章論及「忠恕」的語句再予考察，包括「子曰：出門如見大賓，使民如承大祭。己所不欲，勿施於人。在邦無怨，在家無怨。」（〈顏淵〉）在《中庸》亦言：「子曰：忠恕違道不遠，施諸己而不願，亦勿施於人。」這是「己所不欲，勿施於人」的闡釋，其理相通。

㈡諸家解讀

1. 孟子將「忠」解爲：「分人以財謂之惠，教人以善爲之忠。」（《孟子・滕文公上》）而鄭玄則將「忠」與「恕」解釋爲「告人以善道曰忠，己所不欲，勿施於人，曰恕也。」再如孔穎達將「恕」解釋爲「如心所想，謂之其己心也。」這是人同此心，心同此理之義，彼此互有同理之心之義。此心是開放的心靈，而非封閉的狀態。

2. 朱子則以「盡己之謂忠，推己之謂恕。」盡己之心而無私無愧，推己即是一種具體的行動，包括「推己」的觀念、想法與行爲皆屬於「忠恕」的範疇。如此，己立己達而稱忠，立人達人曰恕，二者可稱相因相從。

3. 朱子進一步再從程明道處「忠者天道，恕者人道；忠者無妄，恕者

所以行乎忠也。忠者體，恕者用，大本達道也。」朱子發揮其理而有「忠者，盡己之心，無少僞妄。以其心於此而本焉，故曰『道之體』。恕者，推己及物，各得所欲，以其心由是而之焉，故曰『道之用』。」（《朱子語類卷第二十七》）

由此觀之，「忠」與「恕」本是並列的兩個觀念，堪稱「一體兩面」之用，「忠」即是「己欲立而立人、己欲達而達人。」，而「恕」即是「己所不欲，勿施於人。」而之所以有這二組對立並列之觀念，應是體現孔子思想的核心觀念—「仁」，也就是實踐孔門中心思想「仁」德的兩種行為模式，以及由其中所展開的道德境界與工夫。因為「己所不欲，勿施於人」即使對人無益，但仍然無害於人，對他人保持一種尊重的態度與情操；而「己欲立而立人，己欲達而達人」更可看出這是儒門等級最高的道德境界與道德典範，已進入「聖」的境界。

(三)忠恕與信

曾子提出他個人解讀孔子之道是「忠恕」的觀念。在《論語‧述而》說：「子以四教：文、行、忠、信。」而儒門之教，《大學》從修身、齊家、治國、平天下，這是內聖外王的一貫之道，落在外在的修為上，個人的立身處事、透過忠信與恕之工夫，本是內聖的基本情操擴增為與人相交之德或是統下事上之操守品德。《論語》中尚有曾子每日三省其身，其所念茲在茲者，亦是忠信，包括三件事須以為戒為鑑，「為人謀而不忠」「與朋友交而不信」、「傳不習」這三項。「傳不習」是知道認識學問之事，而「為人謀」和「與朋友交」則是進德修業立身處世之務，即以忠信待人接物而立身處事。

解讀忠信關係，尚可從另一篇章來理解：

> 君子信而後勞其民，未信，則以為厲己也；信而後諫，未信，則以為謗己也。〈《論語‧子張》〉

可見不管事下或是事上,「信」是惟誠是賴,這皆是雙向互動的關係,亦即是恕道,並非單向的關係,忠恕輔之以信,〈陽貨〉即有「恭則不侮,寬則得眾,信則人任焉,敏則有功,惠則是以使人。」而其效果乃是透過人我互動,唯忠信是憑,而恭、寬、信、敏、惠乃是「仁」。《論語‧為政》云:

> 季康子問:使民敬忠以勸,如之何?子曰:臨之以莊則敬,孝慈則忠,舉善而教不能則勸。

由此可知從曾子的三省吾身之事,即可看他是實踐忠恕以成就仁道,並且以「信」來確保這個人我互動的完成與無礙。從「道」的價值層來看忠恕,可以發現它的實踐進路,來自於我人的自反、自省,無此自覺意識即不能看成是個價值主體,再從道的作用層來說,以「信」貫徹忠恕之可能。因此「仁以為己任,任重而道遠」不僅是個人的自我期許,也是實踐對仁的體悟和讓「仁的世界」成為可能之入門。

四、結語

「忠恕」是曾子落實孔子仁道的實踐工夫,透過自我反省,不失本分,盡其在我;並能替人著想而能推己及人,仁道之實現當可期待。曾子把握「價值層」參悟仁道核心觀念之一部分(人與他人關係、人與自我關係),發揮忠恕並輔之以信,在於「作用層」下功夫,為人謀而不忠乎,己所不欲,勿施於人,以迄己立立人,己達達人之境。孔門義理歸於一字為「仁」,但是行仁之方,卻有著因時、因地、因人、因事之不同評斷及處置,曾子是站在務實致用的角度,理解仁道(一以貫之之道),純是做人事業,加上「忠」字在《論語》出現17次,可見孔子也是對忠表達重視,表現出來的是盡心竭力,公而無私之意,因此,由「忠」字看出無私與信實,它在人與他人的關係上是道德的良性互動,彼此的信任與諒解,

應該被視爲是人我溝通的道德。

因此從恢復周文的角度來說，周文崩解、禮壞樂崩是一個社會事實，也是文化之墮壞，所以孔子開出仁來作爲針砭文化衰敗之良藥，但是如何恢復人與人之間的彼此信任，防止文明的繼續墮落，這就必須回到現實世界以作努力及改善，如果現實世界之病無以針砭拔除，則價值（理想世界）即成空談，曾子站在這個角度，以其個人體會孔子之仁道，而提出他的理解，將一貫之道解爲「忠恕」之方是其創見。

在知識世界的系統裡，曾子所提出的「忠恕」純是體悟的心得，所以並不是有嚴謹的知識規範，亦無論證之過程，但是它所要求表達的並非追求知識的眞理，或是此一概念內在的完整意涵，而是從價值層到作用層給予人的指示作用與行爲爲準則。因此在解讀與詮釋上必先把握仁道的系統性認知，忠恕則是具體實踐人與他人、人與自我二個層面的功夫，若從人與天的關係對應思考上，它是較爲不深入的。

——本篇宣讀於山東大學曾子研究所舉辦「2017海峽兩岸（嘉祥）曾子思想暨禮孝文化研討會」，2017年11月9-11日。

對儒家孝文化的哲學思考

內容摘要

　　孝道是儒家思想的核心，也是中國文化傳統的價值所在，它構成了華人社會的家庭倫理，外顯被賦予社會政治的對治之效益。從傳統到現代，孝文化的核心價值深深影響華人社會的觀念與行為，但是在歷經各種衝突與挑戰之後，孝文化的形式與本質是否有所改變？根據臺灣地區實證研究的結果發現，情感性的倫理價值較不受社會結構性因素影響，但是社會結構的改變會導致傳統義務性規範的維繫較為困難，因此有必要對孝文化的本質意義作探討澄清，在社會結構改變之趨勢下變得非常重要。本研究即立基於此，檢視孝文化的本質，以期賦予當代新義。

一、前言

　　從傳統到現代，華人社會成員之間的互動法則，有一套以人際互動（倫理關係）的價值觀與準則，這個價值準則即是以「孝」為核心。孝的實踐是從家庭開始，因而有「國之本在家」、「齊家治國平天下」的觀念，孝並且成為儒家一個鮮明的標誌。講求家庭倫理與孝道觀念成為建構社會秩序的基礎，並且進而影響政治社會關係，而成為一個緊密的體系。

　　朱瑞玲、章英華二人在《華人社會的家庭倫理與家人互動：文化及社會的變遷效果》一文中，以1999年與2000年兩次針對臺灣地區的調查所建立的《華人家庭動態資料庫》為樣本，分析臺灣地區社會的家庭倫理，包括：「孝道觀念」、「家人互動」、「子女教養」等問題，得到如下的結果：

　　我們發現：臺灣民眾不分年齡、性別、教育、居住地區，

普遍認爲情感性孝道以及家庭的感情價值是最重要的家庭價值，同時也看重婚姻的必要性和維持的重要性；家人關係感情很好，在照料老病父母時手足很重要，絕大多數會經常與家人一起吃年夜飯。……至少對華人社會而言，家庭不僅不會在工業化社會中瓦解，家庭的感情功能愈來愈突顯。工具性功能則相形之下，已沒有我們老祖先訂下「家」的組織之當時那麼重要了，但是這卻不是因爲現代性的價值與傳統價值相互牴觸，導致後者因而不能並存而逐漸消弱的緣故，而是社會結構改變，強制性及形式性的價值自然相應而變。[11]

過去探討孝的文化及其所延伸的相關問題，多以哲理分析論述爲主，較少有經驗研究的報告；在現代化的衝擊之下，傳統以「孝」作爲家庭關係是否能挺得住各種現代化觀念與行爲的衝擊，至少從這篇實證研究可以發現，家庭價值仍然是受到肯定與實踐，而使得家庭價值得以彰顯的驅動力即是「孝」的核心觀念，而影響了家庭成員的行爲。但也不能忽視所存在的隱憂，即是社會結構的改變會導致傳統「義務性規範」維繫困難。此「義務性規範」即直指孝文化的本質所在，在歷經現代化衝擊之後，實有必要重新檢視與釐清，此爲本研究之緣起。本文之目的乃在透過歷史流變，重新思考孝文化之本質意涵，探求重建孝文化之本質觀念。

二、傳統孝文化觀念的演變

孝道思想本爲中國文化核心，更是儒家所重視的價值；道家的老子也提出「民復孝慈」（《道德經・十九章》）的觀念。就儒家而言，孝有其內在與外在的功能，內在的功能即是家庭倫理的建立，外在的功能即是發

---

[11]朱瑞玲、章英華：《華人社會的家庭倫理與家人互動：文化及社會的變遷效果》，臺北：中央研究院社會學研究所。論文發表於華人家庭動態資料庫學術研討會，2001。

展出社會政治群治之道。唐君毅先生（1909-1978）對比中西家庭社會文化意義時，即指出中國孝道思想之特色是「孝父母而及於祖宗，而以繼父母之志，承往聖絕學爲心，歷史文化之意識以成。此孝之縱的社會文化意義，則爲西哲所未見者也。」[12]此種縱的社會文化意義，是以孝道爲個人生命與各種關係建立的起點，除了是血緣關係外，另有其發展與延伸的面向，包括科舉考試、舉薦爲官、民俗規約、家訓家規，甚至到政府教諭與宗教勸化之中；也擴及到文學創作、小說戲曲的影響力，其滲透力是無形的、潛移默化與有形的社會規約等，皆是傳統孝文化的影響所及之處。

　　論及孝的文化，研究者幾乎皆認同這是儒家的核心價值，自孔子以及弟子對於孝的闡釋即可發現此言不虛。孔子的弟子有若就說：「其爲人也孝弟，而好犯上者，鮮矣！不好犯上，而好作亂者，未之有也。君子務本，本立而道生。孝弟也者，其爲仁之本與。」（《論語‧學而》），〈春秋公羊傳序〉謂：「昔者孔子有云：『吾志在《春秋》，行在《孝經》。』此二學者聖人之極致，治世之要務也。」孝何以成爲儒家的倫理觀念中具有特殊地位的觀念，一方面它是道德的，屬於自我人格完整的象徵，另一方面是倫理的，也是實踐的，觸及各種關係的建立，並且塑造中國文化。

㈠周文化中的孝觀念

　　王國維在〈殷周制度論〉中說：「殷周之興亡乃有德與無德之興亡，故克殷之後，尤兢兢以德治爲務；以尊尊、親親之義上治祖禰，下治子孫，旁治昆弟，以賢賢之義治官，納上下於道德也。」[13]這說明了孝悌是周代宗法封建制度的基礎。尤其是從相關文獻之記載可以得到輔證：《逸周書‧常訓》有八政：「夫、妻、父、子、兄、弟、君、臣。」；《禮記‧王制》有七政：「父子、兄弟、夫婦、君臣、長幼、朋友、賓客。」；《周禮‧大司徒》有六行：「孝、友、睦、淵、任、恤。」；

---

[12]唐君毅，《中國文化之精神價值》，臺北：正中書局，1997，頁200。

[13]王國維，〈殷周制度論〉，《觀堂集林》，臺北：藝文出版社，1958年影印，頁116-124。

《周禮·師氏》有三行：「孝行、友行、順行。」；《周禮·師氏》有六德：「中、和、祇、庸、孝、友。」，以上政教活動必含教孝，甚至在對於違反孝行之刑罰，亦有「不孝之刑」，可見在周文化中，對於孝行之重視，除了提升至倫理與政治結合的地位之外，更賦予孝的特殊性地位。

㈡孔子對孝觀念的詮釋

孔子的孝觀念實際綜合了堯舜、三代以來以祭祀、奉養為孝的初級觀念，這儒家所標榜的「祖述堯舜，憲章文武」的脈絡；但是在詮釋轉化的意義上，他是建立在人的覺醒與自我價值的完成，包括「未能事人，焉能事鬼」（《論語·先進》）、「未知生，焉知死」（《論語·先進》），以及「務民之義，敬鬼神而遠之，可謂知矣。」（《論語·雍也》）的三個前提，在孝的觀念中強調了「生事之以敬」、「死葬之以禮」以及為了報恩而守喪三年的內容，對於孝的內容有了更進一步的理性思考，他反思孝的存在價值，也創造了具有人文倫理情懷的孝道觀。

從《論語》的篇章中，可以發現孔子對於孝的觀念，其關注的層面有二個重點，一是孝是規範，應如何做才是孝，二是反思行為背後的意涵。主要是在〈為政〉與〈里仁〉兩篇，其餘散見在〈學而〉、〈泰伯〉、〈先進〉、及〈子張〉等篇，歸納如下[14]：

篇名	篇序	章句內容
學而	第二	有子曰：「其為人也孝弟，而好犯上者鮮矣。不好犯上，而好作亂者，未之有也。君子務本，本立而道生。孝弟也者，其為仁之本與？」
	第六	子曰：「弟子入則孝，出則弟，謹而信，汎愛眾，而親仁。行有餘力，則以學文。」
	第十一	子曰：「父在觀其志，父沒觀其行。三年無改於父之道，可謂孝矣。」

---

[14]謝冰瑩等編譯，《新譯四書讀本》，臺北：三民書局，2004，頁68-301。

篇名	篇序	章句內容
為政	第五	孟懿子問孝。子曰：「無違。」樊遲御，子告之曰：「孟孫問孝於我，我對曰『無違』。」樊遲曰：「何謂也？」子曰：「生，事之以禮。死，葬之以禮，祭之以禮。」
	第六	孟武伯問孝。子曰：「父母唯其疾之憂。」
	第七	子游問孝。子曰：「今之孝者，是謂能養。至於犬馬，皆能有養。不敬，何以別乎？」
	第八	子夏問孝。子曰：「色難。有事，弟子服其勞，有酒食，先生饌，曾是以為孝乎？」
	第二十	季康子問：「使民敬忠以勸，如之何？」子曰：「臨之以莊，則敬。孝慈，則忠。舉善而教不能，則勸。」
	第廿一	或謂孔子曰：「子奚不為政？」子曰：「書云：『孝乎，惟孝友于兄弟。』施於有政，是亦為政，奚其為為政？」
里仁	第十八	子曰：「事父母幾諫，見志不從，又敬不違，勞而不怨。」
	第二十	子曰：「三年無改於父之道，可謂孝矣。」
	第廿一	子曰：「父母之年，不可不知也；一則以喜，一則以懼。」
泰伯	第廿一	子曰：「禹，吾無間然矣，菲飲食，而致孝乎鬼神；惡衣服而致美乎黻冕；卑宮室，而盡力呼溝洫。禹，吾無間然矣。」
先進	第四	子曰：「孝哉閔子騫，人不間於其父母昆弟之言。」
子張	第十八	曾子曰：「吾聞諸夫子：『孟莊子之孝也，其他可能也，其不改父之臣與父之政，是難能也。』」

　　就孝是規範部分而言，孔子在〈學而〉所講的「弟子入則孝，出則弟，謹而信，汎愛眾，而親仁。」說明行孝是踐仁之根本。因此弟子有子即曰：「孝弟也者，其為仁之本與？」所以要看到仁的價值即是從行孝開始，父母與子女關係是孝道結構中的重要一環，因此在規範部分，首先即是「善事父母」成為一個行為的表徵而具有倫理規範層面的意涵，於是「親親」即是孝弟精神的實踐，而「善事父母」與「無違」並不是單純的

表現在奉養父母上，而是擴及到禮的部分，包括：「生，事之以禮；死，葬之以禮，祭之以禮。」以及父母死守三年之喪的要求上，因此當宰我問三年之喪期過久，必將導致禮壞樂崩，如此還有何意義？孔子對宰予評爲「予之不仁也」，即可明白孔子將孝建立在親親之基礎上，鼓勵人從行爲規範中具體實踐孝之本義，因此孝是要符合「禮」的規範與要求，如此才有意義，這一點已可看出孔子將孝的實踐以禮約之，這是理性思維的一大進步，禮是內在與外在的統合，主觀感情與客觀情境的適宜行爲。

其次，孔子進一步反思孝之行爲背後的意涵，孝的行爲被視爲是現象的一部分，探討孝文化應知其本質所在，孔子即從這個角度思考孝行爲背後的意涵；換言之，即是在探求孝之所以存在的依據是甚麼？孝之所以成立的最後依據是甚麼？孔子認爲沒有「敬」，孝只是形式的、表面的，從《論語、爲政》的這段話，最能表現孔子對「敬」的重視，無「敬」不能稱之爲孝。

> 子游問孝。子曰：今之孝者，是謂能養。至於犬馬皆能有
> 養，不敬，何以別乎？

「敬」可以說是一個人行孝的態度與心理基礎，並且讓「孝」的價值得以成立的根本理由。此外，「君子務本，本立而道生，孝弟也者，其爲仁之本與？」說明了孔子把孝的根源看作是從人人所具有的仁心，而把握住行孝的正確態度，即是心中要存著「敬」的心。「敬」是態度，也是我人心中本有的認知與實踐之根本，所以才會有「修己以敬」。

孟子在〈盡心上〉篇亦有類似一段話，來闡釋孝的本質意義，荀子不約而同也關注到此議題上，孟、荀二子之言似有異曲同功之妙。

> 食而弗愛，豕交之也；愛而不敬，獸畜之也。恭敬者，幣

之未將者也。恭敬而無實，君子不可虛拘。（《孟子‧盡心上》）

在《荀子‧子道》記載如下之言：

子路問於孔子曰：有人於此，夙興夜寐，耕耘樹藝，手足胼胝以養其親，然而無孝子之名，何也？孔子曰：意者身不敬與？辭不遜與？色不順與？古之人有言曰：衣與繆與不女聊。今夙興夜寐，耕耘樹藝，手足胼胝，以養其親。無此三者，則何以爲而無孝之名也。

　　如此，荀子看到孝應該包括三個條件，即是「身敬、辭遜與色順」無此三者，縱使養親也只能看作是不具備完整地孝的條件，也是不充分的。

　　從孟，荀之說來看，可以看到若無「敬」，則孝僅是形式，充其量僅是能養而已，「敬」是此心意純然不雜，無計算功利之居心，唯乎心敬意誠。所以在〈爲政〉即云：「子夏問孝。子曰：色難，有事弟子服其勞，有酒食先生饌，曾是以爲孝乎？」此處所言「服其勞」，所指的是凡是遇到辛苦的事情，子女應爲父母代勞，不使父母操勞和憂心，但若以爲做到這樣便已足夠，那就錯了，還需要留意的是「色難」，即是要以愉悅的心態、心情來面對父母之事，使他們感到快樂；反之，若是臉色不敬，心中不誠，仍不可謂孝。

　　因此，吾人可以概括歸納孔子的孝觀念，它不是一個虛無飄渺的理想，而是可以實踐的德目，可以爲其典範，亦有其行爲背後所產生諸道德倫理評價的「敬」。孝之可能是因人人具有「仁」性，而推知有「愛」之情感表現爲必然，故有親親與尊尊，人間秩序與道德方有成立的可能；孝行須以「敬」爲基礎，必表現在吾人心中之正確的態度及應對進退，孝是人人之仁心愛意所產生，有了這個敬作基礎，由子女對父母之互動開始，

進而擴及人與人間關係的確立與保障即是靠「禮」，因此孝是「源於仁」而「成於禮」。

心中有敬之奉養父母的行為，才能由單純的奉養提升至敬養的層次，對父母只養而不敬，並非真正的孝，以物質供養與精神供養的滿足為前提之下，孔子提出「敬」，即是內心的敬養，是本應如此之作為，而非偶然性或是因人之居心預謀而作出的判斷，如此才是真正的孝。

(三)曾子的教孝

教孝的觀念是以孝為教，因為宗法社會的穩定以孝為基礎。曾子為孔子的門生，據傳《孝經》為曾子記錄孔子為其所述孝道的觀念之集成，也是孔門孝道觀的發展者，其重要的言論，除《論語‧子張》有記錄他的言論外，具見於《大戴禮記》之〈本孝〉、〈立孝〉、〈大孝〉三篇之中。在孝的實踐上，曾子提出大中小或大次下之分，並且依其實踐的難度和達成所遭遇的情境而有「民之本教曰孝，其行之曰養。養可能也，敬為難；敬可能也，安為難；安可能也，久為難；久可能也，卒為難。」在理論上，孝包含諸德，「居處不莊，非孝也；事君不忠，非孝也；蒞官不敬，非孝也；朋友不信，非孝也；戰陳無勇，非孝也。」並引孔子「伐一木，殺一獸，不以其時，非孝也。」（〈大孝〉）的話來強化，進而說「夫仁者，仁此者也；義者，宜此者也；忠者，忠此者也；信者，信此者也；禮者，體此者也；行者，行此者也；彊者，彊此者也。」（〈大孝〉），如此，諸德皆以孝為體現的焦點，並將孝推諸到天地，衡乎四海，行乎後世，成為「天下之大經」。建構了孝的哲學體系，他說：「君子立孝，其忠之用，禮之貴。」又說：「忠者，其孝之本與！」，可見孝是立乎忠而貴乎禮，忠禮成為行孝的基礎。

此外，在相關的篇章，尚有一些論述，茲匯整如下：

故孝子之事親也，居易以俟命，不興險行以徼幸；孝子游

之，暴人違之；出門而使，不以或爲父母憂也；險塗隘
巷，不求先焉，以愛其身，以不敢忘其親也。（〈曾子本
孝〉）

故孝之於親也，生則有義以輔之，死者哀以蒞焉，祭祀則
蒞之以敬；如此，而成於孝子也。（〈曾子本孝〉）

孝有三：大孝尊親，其次不辱，其下能養。（〈曾子大
孝〉）

孝有三：大孝不匱，中孝用勞，小孝用力。博施備物，可
謂不匱矣。尊仁安義，可謂用勞矣。慈愛忘勞，可謂用力
矣。（〈曾子大孝〉）

君子之孝也，忠愛以敬；反是，亂也。盡力而有禮，莊敬
而安之；微諫不倦，聽從而不怠，懽欣忠信，咎故不生，
可謂孝矣。（〈曾子立孝〉）

　　而在《今文孝經》中，自天子、諸侯、卿大夫、士以至庶人等無不談
到如何實踐孝的德行，皆有明確的規範與評述，而最後《孝經》對孝提出
終極價值定位，曾子說：「甚哉，孝之大也。」並引孔子之言以證之：

子曰：「夫孝，天之經也，地之義也，民之行也。天地之
經而民是則之，則天之明，因地之利，以順天下，是以其
教不肅而成，其政不嚴而治。先王見教之，可以化民也。
是故先之以博愛，而民莫遺其親；陳之以德義而民興行；

先之以敬讓而民不爭；導之以禮樂而民和睦；示之以好惡
而民知禁。《詩》云：『赫赫師尹，民具爾瞻。』」

三、孝的本質探究

　　儒家重視孝是其文化的傳統與特色，但並不保證其他學派皆能認同，
例如《商君書・去強》即曰：「國有禮有樂，有詩有書，有善有修，有孝
有弟，有廉有辯，國有十者，上無使戰，必削至亡；國無十者，上有使
戰，必興至王……國用詩書禮樂孝弟善修治者，敵至必削國，不至必貧
國。」並且認爲孝弟實爲「六蝨」（〈靳令〉）應予清除，在《商君書・
畫策》亦云：「仁者能仁於人，而不能使人仁；義者能愛於人，而不能使
人愛。」再如「治主無忠臣，慈父無孝子」亦是否定孝的價值；法家的後
起之秀，集法、術、勢三者合一而稱「帝王學」的韓非子在〈五蠹〉篇指
出孝弟在守法社會的荒謬之處，認爲天下亂之根源即出於孝悌忠順之道
（〈五蠹〉）。守法倫理是虛幻的，治忠不兩立，慈孝不並存。於此吾人
發現，若迷於商、韓之論，即形成政治上之另一統治格局，而「非孝」之
說乃不脛而走，而形成一股對孝的批判風潮。

　　從哲學思維的角度出發，孝的文化是從何而來？亦即是孝的行爲背後
是否存在著價值本源的問題？孝的名實問題究竟如何？行孝時的常與變之
價值判斷？上述問題皆有待釐清與詮釋，也是探究孝的本質問題時，必先
予處理的問題。

㈠孝的價值本源問題

　　有關孝道的本源問題，吾人從殷、周祭祀活動中，大體上可以看
到後來產生的「孝」之觀念。而最先出現的觀念便是「彝」的觀念，在
《尚書》周初的文獻中「彝」字出現了十次。再根據《說文解字》，彝
字原指「宗廟常器」，如「古者德善勳勞，銘諸鼎彝」，因此彝字引申

而有「常」、「常道」之義[15]。而根據常道而制定的法典也稱彝，如「殷彝」、「非彝」等辭。由此「常道」與「法典」論其內涵則是指「人與人之間所當具有的關係、態度與行為，即人倫規範之意」[16]。

而其中，最吸引人注目的是《康誥》中即有對於父慈子孝、兄友弟恭的強調，包含了孝悌的觀念。

> 王曰：「封，元惡大憝，矧惟不孝不友，子弗祗服厥父事，大傷厥考心；于父不能字厥子，乃疾厥子。于弟弗念天顯，乃弗克恭厥兄；兄亦不念鞠子哀，大不友于弟。惟吊兹，不于我政人得罪；天惟與我民彝大泯亂；曰，乃其速由文王作罰，刑兹無赦。」

這段話明白指出父慈子孝、兄友弟恭是上天所頒賜的人倫規範（民彝）。違背這些規範的就是大惡，必須立刻引用文王所制定的刑罰來懲戒他們。因此彝有人倫規範之意，法律必須維護這個人倫規範。

孔子並沒有明確的說孝是從何而來，他說的是：「先王有至德要道，以順天下，民用和睦，上下無怨。」（《今文孝經‧開宗明義章》）孝到底是來自人類的先天的道德理性，我固有之；或是出自後天的經驗學習，這兩種不同見解的解讀也使得「孝」的本源問題呈現歧異。從原典上確實也可看出這二種論點的分歧。孔子曾言：「生，事之以禮。死，葬之以禮，祭之以禮。」（《論語‧為政》）在《孝經‧喪親章》即有進一步的闡述，面對親死之事的對待原則：

---

15 〔東漢〕許慎：《說文解字注》。丁福保編：《說文解字詁林正補合編》，臺北：鼎文書局，1977，冊10，頁769。

16 張端穗：《仁與禮─道德自主與社會制約》，收錄於《天道與人道》，臺北：聯經出版公司，1982，頁116。

子曰：「孝子之喪親也，哭不偯、禮無容、言不文，服美
不安、聞樂不樂、食旨不甘，此哀戚之情也。三日而食，
教民無以死傷生，毀不滅性，此聖人之政也；喪不過三
年，示民有終也。為之棺槨、衣衾而舉之；陳其簠簋而哀
戚之。擗踊哭泣，哀以送之；卜其宅兆而安措之；為之宗
廟，以鬼享之；春秋祭祀，以時思之。生事愛敬，死事哀
戚，生民之本盡矣！死生之義備矣！孝子之事親終矣！」

　　孔子從喪親之事看出孝子宜有的作為，並且要求不以死傷生、滅性，
這是人之常情，而成聖人之政。歸納起來，即是生事愛敬，死事哀戚二件
事是生民之本、死生之義而已。至於「孝的價值本源」問題並沒有更進一
步的論述，人之行孝到底是先天固有，或是後天學習而得？也就有了不同
的解讀，以孟子為例，孟子在〈滕文公上〉即言：

蓋上世嘗有不葬其親者，其親死，則舉而委之於壑。他日
過之，狐狸食之，蠅蚋姑嘬之。其顙有泚，睨而不視。夫
泚也，非為人泚，中心達於面目。蓋歸反虆梩而掩之。
掩之誠是也，則孝子仁人之掩其親，亦必有道矣。

　　孟子對後世葬親之孝道，給予為人子者興起「親之體受狸食蠅嘬，如
同己之體受狸食蠅嘬」之不安不忍的道德情感，孟子之倡議來自於此不安
不忍之心，但以當下之真情實感而言，頗有心理依據，此一真情實感是人
之遍在的事實，也必當承認人是有此一道德情感之存在。孟子一再論證人
之有仁義禮智四端之心，猶人之有四肢（〈公孫丑上〉），又說「仁義禮
智，非由外鑠我也，我固有之也，弗思耳矣。」（〈告子上〉）。據此，
葬親原自人類固有之不安與不忍，思之即可看到孝應該如何表現。可見，
孟子是孝的先天的道德理性。與孟子相反的是後起的荀子，他在〈性惡〉

篇就說：

> 天非私曾、騫、孝己而外眾人也，然而曾、騫、孝己獨
> 厚於孝之實，而全於孝之名者，何也？以綦於禮義故
> 也……。今人之性，固無禮義，固彊學而求有之也。

　　荀子認為曾、騫二子的孝己行為是出自後天學習禮義而來，不是天性本有的。他又說：「人之性惡，其善者偽也。」（〈性惡〉）「性者，本始材朴也；偽者，文理隆盛也。無性則偽之無所加，無偽則性不能自美。」（〈禮論〉）

　　若從人之性惡的角度來說，人之本性即是順是，如此即有危險，因此必須訴諸於後天的學習方能至於君子之境。荀子之性說先後有不一致處，但其視性如同自然之質料，卻是明顯，又因性易受外誘而有情欲，情欲之極而有悖禮處，故言惡，故其惡非本質惡。畢竟，他認為孝之善（美）不是出自先天的本性，而是來自後天對禮義的學習，沒有禮義的學習不可能有孝之名與實。林義正認為：

> 孟荀之解釋正是各自從孔子仁與禮的思想出發，一重禮之
> 本─內─仁，一重禮之末─外─儀文，兩者均非得孔子學
> 思合一之全。其實孝是通內外，不學禮無以行，不思仁無
> 以成。無孝思而行孝之禮，乃虛偽之孝行，或能博得孝之
> 美名於一時，其實與孝無干，或可云孝道之異化。[17]

㈡孝的名實問題辨析

　　孝具有文化意識與自我意識，應當是從西周開始，它是王族貴族中

---

[17] 林義正：《中國哲學忠孝概念發展之諸問題析義》，臺灣哲學學會2006年學術研討會。

政教禮制的祭祀行爲發展起來的，殷商的鬼神祭拜並無孝的意涵在內，因爲那是出於畏懼而生；但是，孝不同，西周已發展出對祖先與亡故父母的祭祖與追思，同時也包括了對在世父母的奉養與情事。孔子即對孝做出明確的規範，即是「生，事之以禮，死，葬之以禮，祭之以禮。」孔子是以禮來做爲規約與準繩，生、死與祭之事，必依禮而行。而對於孝之名及涵義，孔子開其端，他的認知是由對在世父母之生理上的奉養照顧，推到心理上的愛敬情感之流露，然後再上推到父母過世之後在品德與情操上的善述與繼承，透過近於宗教禮儀上的敬禮追思。這個過程中的表現，一方面是感情眞摯的流露，另一方面也是需要符合各種禮的規約，不能有過與不及之情事，可見孝也帶有行中庸之道的認知與實踐。

曾子則以待人與處世爲範圍來闡釋孝之名，《孝經・開宗明義》即言：

> 仲尼居，曾子侍。子曰：「先王有志德要道，以順天下，民用和睦，上下無怨，汝知之乎？」曾子避席，曰：「參不敏，何足以知之！」子曰：「夫孝，德之本也，教之所由生也。復坐，吾語汝。身體髮膚，受之父母，不敢毀傷，孝之始也；立身行道，揚名於後世，以顯父母，孝之終也。夫孝，始於事親，中於事君，終於立身。《大雅》云：『無念爾祖，聿修厥德。』」

所以《孝經》規範了自天子以至於庶人壹是皆以孝爲本，由事親而教孝，而以孝治天下，這是孝的內容之具體落實在待人與處事上，孝有其始與終，但是《孝經》已將範圍擴大至事君之事上。顯然地，《孝經》對於孝的實踐及其對象與範圍，已超出孔子在《論語》的說法，走向孝的絕對語境。而對於孝之名與實關係的擴大，後起的北宋五子之一的關學張橫渠（1020～1077），橫渠將孝的範圍與內涵推至天地宇宙，所謂的「乾爲父，坤爲母」之說。孝是構成即奠定現今秩序的精神基礎，在「尊禮貴

德」的倫理原則下，他擴大了孝的實踐範圍。從《西銘》可以看到在肯定孝敬生身父母的同時，橫渠還將孝行擴大到人類對天地父母的尊崇和敬畏，使得孝具有宇宙觀意識與近似於信仰的一個重要理念。

陽明後學楊起元（近溪弟子，1547～1599）在《孝經引證》一書中大量引用孔子、曾子、張載等論孝的義理，並且舉例孔子與魯哀公針對「孝」議題的對話，證明周文王、周武王之孝，以及王者之孝在政治上的重要性，並結合「事天」與「事親」的思想。在《禮記‧哀公問》篇，記載哀公問了冥煩子志之心，孔子蹴然辟席而對曰：

> 仁人不過乎物，孝子不過乎物，是故，仁人之事親也如事
> 天，事天如事親，是故孝子成身。[18]

顯然楊起元對《孝經》義理之闡釋受到橫渠先生之影響頗大，橫渠先生並且發揮〈哀公問〉裡孔子之言，而將孝解為「事天」，也是橫渠哲學思想上的一個特色。但是客觀而論，雖然孝之名維持不變，孝之實卻異，孝所指的範圍會隨時代之變遷而有不同的延伸解讀，是故吾人應以當年孔子之孝道觀為準繩，孝即是對在世父母的養敬為主，並擴及對已故之父母、祖先之慎終追遠即追思懷念與孺慕之情，並且在生、死、祭三個層面上之實踐有符合禮的規範為準，否則即是過度解讀，而有泛孝主義的傾向。

(三)行孝時的常與變之價值判斷

怎樣的行為是孝？亦即是行孝是否存在著一個不變的常道作為準則，同時是否也允許因人之情，因地制宜而有所調整。《論語》中宰予問三年之喪，即可看出守喪三年並不是行孝道的唯一標準；此外，儒墨之爭，對

---

[18] 引自《禮記‧哀公問》。但是楊起元深涉三教，也受釋、道之影響，他注重從《禮記》論孝的實踐面。

於節葬之事的爭辯，也可看出在一些特定的時空環境下之下，行為上的表現是否可以完整地符合孝的常道規準，也存在著歧異的問題。

當吾人省思《孝經》之言：「夫孝，天之經也，地之義也，民之行也。」可見孝立基於最高德行的高度，因為它是「德之本」，所以才是天經地義，也才是仁之本。進一步言，孝既然是天經地義，不可有一絲一毫的折扣或是調整，但是面對著其他學派，如《列子・湯問》所載之事，古代楚南之啖人國與秦西之儀渠國其親戚死，一剮肉埋骨，一聚柴焚之，而各自為「孝子」之事，此事亦見之於《墨子・節葬下》之記載。於是我們發現世俗的孝道有其多樣性，我們是根據什麼來做價值判斷的認定？儒家自孔子開始，一直不改變的便是「禮」，視禮為常，所以這些行孝的行為必須是落實於生活中，但生活中卻也處處充滿愚忠與愚孝的行為，因此必得循禮而行，禮即是禮文、儀禮，以禮為常，並且在禮的規範下，允許一些因人之情、因地制宜的民情風俗，因革損益，此可稱之為「變」，這是可以接受的。孔子早在《論語》即言：「殷因夏禮，所損益，可知也。周因於殷禮，所損益，可知也。其或繼周者，雖百世可知也。」這亦就表示禮雖是常道、常規，但仍有其因時因地而制宜之變易性，而非一成不變，否則便是泥古。

即如林義正之言「既是因人之情，各地有各地的民情，然後世之人循禮日久，時移勢異，習而不察，不知通變，以泥古為知孝，以執我為絕對，皆不知孝體恆常，其用恆易；易言之，孝之本質是絕對的，而孝之判斷則是相對的。」[19]這也就是在《禮記・坊記》所說的「禮者，因人之情，而為之節文，以為民坊者也。」因此在因革損益中，體認禮是常、是道，而其用則易、則變，對於孝行為的價值判斷與認定則是相對的，因此儒家孝的貞定，存在著常與變，既有常也不否定變，此即是「權」，所以孝之變通是可能的，儒家以「權」來處理這個問題。

---

[19] 林正義：《中國哲學忠孝概念發展之諸問題析義》，頁13。

四、結語

　　孝是儒家的重要德行之一，《爾雅》謂：「善事父母爲孝」，《說文解字》釋孝爲「善事父母者，從老、從子，子承老。」孝是周文的典範之一，《論語》記載了孔子與弟子們對於孝的闡釋與發揮，可稱是對孝提綱挈領，而集大成於《孝經》，將孝推到頂峰。但是盱衡時代之變遷與因革損益之所需，對於孝文化的反思之後，宜有一新的視野，並且賦予更具體的內涵，包括：一是珍愛生命、善待自己；二是無違於禮，順從父母；三是感恩知報，敬養父母；四是繼承遺志，建功立業。[20]但因時代環境之不同，吾人在體認孝的本質意義時，應留意常與變之差異、如此才有其時代性，此本質意義即是種種孝行之實踐宜把握「悅」、「敬」、「養」與「禮」的原則，此原則不僅於過去農業社會適用，於今日的工商業社會，孝道的精神本體並沒有被否定，行孝方式雖可因地制宜，但就孝道的感情投射與社會功能而言，仍然是必要的，孝文化仍有其積極性的意涵。但是我們宜思考對治於當今社會的種種病兆之因應及對策。

──本篇發表於曾振宇主編：《曾子學刊》第一輯，社會科學文獻出版社，2018年12月。

---

[20] 鄧劍華、陳萬陽，〈談德育視野下的大學生孝道教育〉，《教育探索》，2010年第1期，頁122。

文化失調與調整——從傳統孝道之實踐困境解讀

內容摘要

中國自古以來，孝道一直是文化的表徵，並且以儒家思想為基礎，而產生人倫教化與社會風氣之提升。但是自從工業化興起，現代化浪潮席捲全球，家庭結構由大家庭而轉變至小家庭，原本維繫家庭成員的倫理規範，隨著子女長大的離開，走向崩解，親情的維繫形成一個巨大的挑戰，傳統孝道該當如何維持與實踐形成一個無可逃避的議題。本文試從「文化失調」的觀察出發，探析其中變化之實踐困境，以研議可能的因應之道。

一、前言

孝道不僅是儒家思想之核心價值，也是實踐仁這個道德理念的基礎，「孝悌也者，其為仁之本與！」（《論語・學而》），更是中國文化中特別強調的一種價值，是一種對善的追求。幾千年來，王朝的統治者灌輸給人民的思想即是「以孝傳家」、「以孝治國」，甚至要人「移孝作忠」，「孝」道之實踐被視為理所當然之事。但是，隨著工業化時代的來臨，首先被改變的是家庭結構，由大家庭而至小家庭，承歡膝下，含飴弄孫成為不可期待，社會上不婚、不孕、不子之聲浪高漲，臺灣甚至立法通過「同婚法案」衝擊傳統孝道，隨著時代變遷，社會結構的改變，以及各種對傳統孝道實踐的反思，吾人觀察到有如下的問題：

1. 知識來源多元化，家庭關係變化，現代社會年輕人知識結構、數位資源都超越長輩，年長者的知識地位邊緣化。

2. 現代社會生活節奏加快，經濟壓力增加，少子女化現象普遍，使得子

女在奉養父母的問題上常常有心無力。

3. 社會結構改變，鄰里互相協助的關係由密切到疏離。

4. 家庭結構改變，家庭觀念弱化。

5. 儒家孝道觀念與現今社會公民價值不同，在家庭教育、學校教育、社會教育三者不易兼顧。

　　由以上五種社會現象面來看，此問題有愈趨嚴重的情形，如何面對此問題並提出對策思考，形成一道迫切的問題。

二、由「文化失調」觀察孝道觀念之改變

　　根據高強華在《教育大辭書》中對「文化失調」這個概念解釋如下：

> 文化失調是指在文化變遷的歷程之中，社會文化體系中各部分變遷的速率不同，而產生社會解組（disorganization）的現象。此一名詞係由烏格朋（W.F. Ogburn）所創用，用以說明物質文化的變遷和適應（adaptive）文化的調整變遷之間，時間的差隔或落後現象。烏格朋將文化區分為物質文化與非物質文化兩部分，當生產技術等物質文化快速變動時，道德、思想觀念、生活方式和社會制度等非物質文化的部分，往往未必能夠產生相對速率的調整或適應，二者改變速度不同的結果，便形成文化失調現象。
>
> 文化失調的觀點主要是從社會及文化統整論的角度出發；統整論認為社會文化體系的每一部分都是相互關聯的，每一部分的發展都是以相同的速率或節奏進行，便是社會和諧，如果各部分的變遷率（rate of change）有所不同，便會造成社會解組。[21]

---

[21] 高強華：〈文化失調〉，《教育大辭書》，臺北：國家教育研究院。

〔http://terms.naer.edu.tw/detail/1303213/〕，查詢日期：2019.06.30。

　　孝道的觀念與實踐一直是儒家所標榜的一個倫理指標，以及評斷君子與小人之差別的一個重要的人格、品性的典範。因爲過去是農業社會，社會組織是大家庭制，人口的流動很小，三代同堂、含飴弄孫之場景到處可見，在倫理的規範上，講求「父慈子孝」、「兄友弟恭」是其實踐與檢驗的場域，儒家的孝悌觀念得以實踐，並且透過代代相傳而傳承此優良家風，家庭中講求敬老尊賢、輩分排序與孝風，因此它自成一套價值與規範的系統，由此而有父家長制，五倫中即有三倫皆與孝道的實踐相關。

　　但是，反觀在今天的工業文明之趨勢下，這一套價值與規範系統即遭到挑戰，「父不父，子不子」的情形到處可見，價值解體、社會倫理失序之情形愈形窘迫與不安，這種情形即是「文化失調」。由於來自社會文化體系中各部分的變遷速率不同，而造成了社會解組（或稱社會解體）。工業社會或是今日的科技社會的發展，在行爲上是「物質文明」的變遷速度快，而在「非物質文明」（如道德、思想觀念、生活方式與社會制度）方面則呈現相對地落後，因而無法在「物質文明」與「非物質文明」作等速的變遷與適應，因而有「文化失調」的現象發生。其實在今天社會（海峽兩岸）皆已呈現「文化失調」的現象。這些現象一方面表徵儒家孝道價值的崩解，另一方面則是如果要維持孝道文化的傳承，則必須需有不同的思考與策略。

　　就傳統孝道觀念所象徵的意涵，及其被賦予的使命而言，有如下的解讀，而被稱爲「可欲之謂善」，也就形成一種集體意識，成爲華人社會的價值觀。如下三個觀念：

1. 孝道是王道文化的具體表徵與實踐指標，可以成爲普世的價值。
2. 孝道是儒家的倫理觀，可以導正資本主義的弊病。
3. 孝道是對《大學》：「所謂平天下在治其國者，上老老而民興孝；上長長而民興弟；上恤孤而民不倍。是以君子有絜矩之道也。」的具體實踐。

　　這三個觀念本是儒家傳統思想，時至今日我們仍然推崇，並且將它用

於今日之生活世界，成爲個人修爲與建立集體標誌與記憶的入口。

因此，在現今「文化失調」的情形下，是否孝道在實踐層面仍然可以保有如上的使命，這必然是仍須面對的問題。此問題的核心在於隨著時代變遷，應如何賦予孝道新的詮釋？吾人以爲在時代的變遷之下，有如下的價值導向，可以做爲新的詮釋依據與思維情境：

1. 從絕對服從到懂得主動溝通。
2. 從上尊下卑之父權威權到重視情感的對待與互爲主體的關係。
3. 從單向責任到親慈子孝彼此責任承擔。
4. 行孝是從單一到多樣性。
5. 從他律到自律。
6. 孝是符合情理法的道德規範。

上述六則指標可以稱爲現代孝文化的價值導引，亦即是在現代社會，我們必須承認大家在實踐孝道上是「有心而無力」、「非不爲也是不能也」的實踐困境，因此必須對傳統孝道的規範與實踐作務實的修正，從而建構出一套新的準則與思維模式。

三、孝道觀念之發展歷程與孔子的貢獻

社會價值觀的形成與其所處的環境條件、文化、傳統、生活習慣有著密切的關係，不同民族或國家具有差異的社會價值觀，甚至可能是相互排斥與衝突。在充斥誘惑的現代社會，社會價值逐漸朝向是非不分的趨勢，青少年的偏差行爲與國人犯罪行爲將更加惡化，甚至變遷爲極端、扭曲的個人主義與虛無主義，導致由個人至家庭、社會、國家發展出現混亂與解體思維。孝道就是爲了維護這種家庭內部關係的尊卑有序而建立的，並進而維護著宗族體系的穩定。中華民族是一個傳統的倫理制民族，在幾千年的中國社會中，孝道歷經了萌芽、發展、形成、成熟、變革的歷史演進過程。如表1之說明。

表1　中國傳統孝道歷史演進過程表[22]

發展時期	傳統孝道演進過程發展內容
萌芽時期	根據史料記載，孝道觀念萌芽於父系氏族社會。 人知其親，報答生養之恩，這種報答父母養育兒女辛勞的親情回饋，就是人類最原始、最質樸、最基本的情感—孝道。 父系氏族時期的孝道觀念只是一種單純的敬親愛親的情感，並未超出人類的自然之性。
形成時期	從周代開始，孝道觀念就已明確提出，西周封建制度確立後又有了宗族制度，產生了五倫觀念：君臣、父子、夫婦、兄弟、朋友，孝道觀念得以產生並深入社會作為一種倫理觀念正式形成。 周朝統治者主張敬天、孝祖、敬德、保民。在這一思想的指導下，孝道成為西周社會占主導地位的倫理價值觀念。統治者要求每個社會成員都要恪守君臣、父子、長幼之道：在家孝順父母，在社會上尊老敬老，在朝廷忠於君王。 所以西周時期，孝道主要功能不在道德領域，而在社會政治生活方面。
發展時期	至春秋戰國時期，由於生產力的發展，社會進步，周代禮制中所規定的宗法制度逐漸瓦解，這使得人民對祖先的祭祀活動由繁趨簡，以血緣關係為紐帶的家庭關係進一步確立，使得「父慈子孝、兄愛弟敬」逐漸成為家庭血親間最基本的義務，善事父母也成為當時孝道文化最核心的內容。 孔子緊緊圍繞善事父母這一核心內容，豐富了孝道文化的內涵，創建以「仁」為核心觀念的哲學體系，用「仁學」的觀點重新解釋了西周時期的「禮」，從而為孝道找到了人性論的依據，完成了孝道從宗教到道德、從宗教倫理到家庭倫理的轉化。 至漢代，漢武帝採納董仲舒「罷黜百家，獨尊儒術」的建議，以儒家思想為尊，提出「以孝治天下」的治國綱領。從此，孝道文化開始走上中國的政治舞臺，被納入封建道德體系之中，為「君為臣綱、父為子綱、夫為妻綱」的倫理規範服務。
成熟時期	魏晉南北朝時期，中國封建社會快速發展，封建統治者仍然標榜「以孝治天下」，從各個方面加強了對人民的統治權，孝道成為他們禁錮人民思想、麻痺人民意識的法寶。統治者往往透過宣揚一些違背基本人倫道德的範例來讓人民效仿。

---

[22] 涂愛榮，〈中國孝道文化的歷史追尋〉，《學術論壇》，2010年第9期，頁156-159。

發展時期	傳統孝道演進過程發展內容
	到了宋元明清時代，孝道演變到登峰造極的狀態。北宋中期，理學領袖張載、二程都大力闡發孔孟儒學孝道觀，從而使孝道觀念在民眾中廣為傳播。宋代以後的家訓族規，無一不具有「孝父母」這一條，孝的根本內容都是要求子孫對父母祖輩的教誨絕對聽命服從，此時，孝道進一步為強化君主專制、強化父權的工具。 後，從魏晉到宋明時期，孝道文化被融入政權系統，其政治作用發展到登峰造極的地步。

　　而具有「哲學的突破」與「創造性詮譯」的哲人首推孔子，孔子的孝道精神在於「敬」和「禮」，而以「敬」爲第一義。以「敬」言孝，既能扣緊由心而發的仁德，又能外顯於禮的具體呈現。「禮」應放在守禮的原則上，而不是刻板遵守儀文。

　　《孝經・紀孝行章第十》曰：「事親者，居上不驕，爲下不亂，在醜不爭。」[23]，個體若能遵守孝道，則不至於會違背其他德性，所以孝道在社會中具道德的功能。孝道爲一切德行之首，在上位者選賢與能時，必當考量其孝行，當作其他德行的依據。

　　《論語・爲政》：「今之孝者，是謂能養。至於犬馬，皆能有養。不敬，何以別乎？」

　　因此，孔子認爲奉養父母是最低的要求，眞正的孝養應該達到敬養的層面。對老人只養不敬，並不是眞正的孝；物質供養、精神供養，關鍵在內心的敬養，心養才是眞正的孝。

　　孔子談及孝，以〈學而篇〉第六章爲最先出現：

　　子曰：「弟子入則孝，出則弟；謹而信，汎愛眾，而親仁。行有餘力，則以學文。」

　　〈爲政篇〉第二十一章記載孔子回答「子奚不爲政」的話時說：

---

[23] 曾振宇注釋：《孝經今注今譯》，北京：人民出版社，2018，頁114～123。

書云：「孝乎惟孝，友於兄弟，施於有政。」是亦為政。奚其為為政？

廣義說，就是孔子認為孝是：「始於事親，中於事君，終於立身」。

感恩，狹義說就是感激父母，廣義說，就是感激自然，感激社會，感激國家，感激所有幫過自己的人。孝與感恩是以孝敬父母為本的孝道文化的基本元素。孝是感恩的前提與基礎，是人內在的品質，屬於魂，感恩是孝的體現，是人外在的品行，屬於形。孝與感恩是思想，是態度，是文化，是行為，是素養，是文明。弘揚中華民族的傳統孝道文化，重建與現代文明社會相適應的新孝道文化，對融合代際關係，實現家庭和睦，營造孝親敬老的良好社會氣氛孝道其實就是在培養仁人君子，若每一個人都是仁人君子，其為君必為仁，其為臣必為敬，其為民必為信，人人安其位而行，如此天下豈能不平矣。

孔子的孝道觀值得注意的實有二端：一為敬，一為禮；而二者又以敬為第一義。論孔子所談的「禮」，重點應放在守禮的精神上，這精神即涵攝在敬中。

孔子指責執政者「居上不寬，為禮不敬，臨喪不哀」，即針對態度發言。與其說孔子重視禮的儀文，毋寧說他更重視敬的心態。他不但在孝道上主敬，禮儀上主敬，還在其他方面也主敬。以敬的態度奉養父母，關心父母的健康，以敬愛的心情和和顏悅色的態度對待父母。敬親是子女對父母的內心感情的自然流露，體現了人的文明及教養程度，是孝道中比養要求更高的一種孝行。孝是建立在親情間的彼此瞭解及以親情作基礎，父母以疼愛子女為出發點，子女對父母滋生敬愛，孝由此自然滋生，孝屬於家庭內的親子關係，形成「父慈子孝」（父母慈、子女孝）的親子、孝親的溫馨生活。

四、現代孝道觀芻議

孝道在現代社會如何重新被喚醒與受到重視，這是一個嚴肅又具挑

戰的議題。傳統孝道的價值與行為典範與現代快速變遷工業化社會所產生的文化失調，如果我們不重新思考此問題，以建構現代孝道觀，將面臨傳統價值崩解，而又無力回天之窘境。以文化失調的理論而言，只有雙方以等速的速度同步變遷，或是雙方不至於差距過大之變遷方能將傷害降到最低，但是我們仍然需要一個理念準則，要以「非物質文明」來帶動「物質文明」才是正確的，因此從實踐孝道的「非物質文明」之理念入手，如下所述：

1. 以「愛」為基礎，重視身教。但是此「愛」並非溺愛，而是基於親情與理性所建立的「信任關係」。

2. 強調子女的「孝順」與父母的「慈愛」相輔相成。二者不必然要有階段性的對立，而是「推己及人」或同理心或是同心圓式的互動模式。

3. 尊重「個體性」、「獨立思考」、「自我意識」而有出自內心的敬愛。

4. 由感受恩情（自然的血緣關係）到產生感恩（惻隱之心、不安不忍之心）再到實踐孝行（自己立法自己遵守）。

5. 同時兼顧物質生活與精神生活，奉養與陪伴並行。

6. 始於善親，善事父母，終謂能養，老有所養。

　　上述六個觀念，基本上是因應「文化失調」之後所產生弊病的對策思維。其次，便是思考實踐的次第，從何處建構？此思維建構在身、心、靈三個構面上，首先從心開始，心要有所愛，心要有同理心，心要有惻隱之心、不安不忍之心，心要有彼此認同、肯定之心，心是推己及人。為彼此分憂解勞，又能保持一顆虛靜之心、不動心；心能定錨，心有所屬，心有所向，心有同感，彼此能互諒，感同身受的是雙向的交流與對待，得到心情的祥和平靜不起波瀾。

　　其次，是身，保持健康，言教與身教的合一。從孝道的開始觀念──「身體髮膚受之父母，不敢毀傷也。」到現代孝道的身體的保健，彼此對身體的看重與照顧，在各項社會保險制度中，對於疾病預防、老人安養、

社會救助、物質生活提供的不虞匱乏等。

　　第三，則是兩代彼此靈性生命的貫注與成長。從觀念的溝通，彼此信任關係、互助關係的建立開始，兩代之間保持一種支持體系的支撐與支援，甚至是宗教生活或是尋求在非物質生活層面的培養，一種團體互動式的靈性生活的參與，甚至是「臨終關懷」的規劃，使得長輩在生命發展的後期能坦然面對生命的有限（死亡）與無限（往生）。

　　身心靈三個層面的建構與安頓，也是傳統儒家孝道所重視的問題，過去儒家在身與心這二個層面有較多的關注，但是在第三個靈性層面的關注上較少，甚至是有消極性的逃避，譬如：「未知生，焉知死」的說法。處在今日社會，心靈的空虛帶來文明病的問題愈形嚴重，處今日社會，文明的發展既產生缺憾，我們即應予面對思考，找出良方。

五、調適與改變

　　論及調適與改變之道，以下試從三個途徑加以重整與重視，喚起孝道實踐的風氣再起。

㈠品德教育的重視與再造

　　品德是指一個人道德內化的歷程，它是過程（process）而非內涵（content），是形成（form）而非本質（essence），品德教育就是知道善、愛善，以及做善事的教育，為培養良好的品性，而加以教育的訓練。在過往的教育中，因襲著法蘭西斯‧培根的「知識就是力量」（knowledge is power）的格言，一路發展下來，知識之豐富與運用成為定律，教育也就是知識的灌輸，知識就是桂冠，知識就是權力等等。對知識崇拜的格言不下百種，在以知識掛帥之大旗下，並沒有將古希臘的名言「知識即是美德」（knowledge is virtue）作充分的理解及詮釋，有知識即應有正當的行為，相反地，於是乎「升學主義」、「形式主義」、「教條主義」應運而生，對知識有無限的追求固然是好事，但是社會發展的實況往往與原先的意義背道而馳，若是知識代表一切，「文憑主義」即是主

流，這樣的情況發展下來，只問文憑不問品德，只問結果不問過程，知識的窄化與固化，使得對知識的追求形成絕對性，在上下交相利的情況與互動下，忘卻了知識天平上的另一端品德之重要性，品德淪為裝飾品而聊備一格。

　　品德是人格的內在基礎，也是人本教育的基礎工程，有了品德以及藉由品德教育之號召與實踐，達成知善、樂善及行善之目標。不強調品德，人就會以工具為導向，一旦失去靈魂或是不會以「目的論」來作價值的反思，危機便會出現，有了品德之後，人可以成為如下的表現者：

1. 自我解析：發現、創造與擁有個人長處與美德。
2. 善有善報：捨己與捨人。
3. 貴在實踐：感恩與寬恕。
4. 實踐生命的意義與目的：工作與志業。

　　而知善、樂善、行善之目標即是找到人生的終極價值，也就是西方哲人亞里斯多德（Aristotle）所說的「靈魂遵循完美德性的實踐活動」。

　　實踐孝行即是品德，在儒家來說，孝固然始於奉養，侍親及其慎終追遠，但是談品德，便不能忘記孝，因為「親親之心」是人的道德意識的起源，家庭是培養美德、品德的最佳場所，子女與父母之間除了是血緣親情，是一種自然、本能的親密連接，在父母與子女之間，父母愛護子女，是出於生物的本能，這是動物界的法則；而子女要孝順父母，則是出於一種人文性的覺醒，此處即需要文化的氛圍與道德的薰陶做支撐。而我們所看到今天孝道實踐的疏離與失調，即是人文性的覺醒嚴重不足，而此問題之解決有賴於品德教育，而品德之養成，脫離家庭之愛即無可能。

㈡創造富有良性溝通氛圍的家庭環境

　　工業社會人與人之間處處皆存在著緊張的狀態，在職場是如此，家庭亦是如此。在工業化之下，家人間能夠聚在一起分享、心靈成長的時間並不多，也無適當的空間，所以彼此關心與成長的信息傳達是有限的，因

此我們有需要秉持著對家人由傳統「絕對的服從到懂得親子主動溝通」、「從上尊下卑之父權權威到重視情感關懷的對等關係」建構親慈子孝的良性互動氛圍。良性溝通之可能，其基礎即存於重視情感的對等性，這種過程是從單向要求，透過理解，而能到雙向溝通，進而建立信任關係與支持關係，理解情感的對等性，最後是發自內心的敬愛。若能互動良好，生活融洽，親子溝通無礙，彼此願意說出心裡的話，在陪伴之下的相互成長，關心及參與各項活動，明白人倫的意涵，從而產生感恩、惜福之心，產生正能量。

㈢學校教育對孝道觀念之實踐

　　「親慈子孝」不僅是家庭教育中推動孝道的目標，在學校中的教育亦不能偏廢或是漠視此觀念，這應該可以在學校教育中完成，在各級學校中推動孝道行動的過程中，無可避免也會因社會變遷而遭遇如下的問題：

1. 隨著時代變遷，應如何賦予孝道意涵新的詮釋？
2. 教師是推動孝道教育的第一線工作者，在推動過程中可能會遭遇到哪些困境？需要何種協助？
3. 學校應如何整合各單位與教師團隊資源共同推動？有哪些正向做法與合作模式？
4. 學校如何協助家長提升教學知能，共同營造和諧的親慈子孝的家庭關係？

　　以臺灣在孝道實踐的經驗而言，透過家長會的運作模式，家長會作為學校與家長溝通的橋梁，教師與家長的互動良好，可以協助家庭建立良性溝通的氛圍，藉由此種互動模式，幫助家長體認如下之事實：

1. 家長是教師教育場域的合作夥伴。
2. 家庭教育勝於學校教育。
3. 良好的親子互動與溝通，是學校穩定力量的來源。
4. 建立新孝道的內涵與表達的多樣性。

5. 面對新時代如何處理親子三代的關係。

六、結論

當然無可避免地，推動孝道實踐仍有其挑戰，工商業社會的發展異於從前，親子互動的頻率相形減少，以下四個情形亦值得關注：

1. 升學主義掛帥之功利態度。
2. 因生計而忙碌，缺乏內心交流與陪伴。
3. 部分家長未能與時俱進，如何提升意願成為學習者，與學校成為教育夥伴關係。
4. 弱勢家庭（含新住民二代）之教養問題。

上述四個問題正襲捲而來，值得吾人提早因應，以備不時之需。俗話說：「父母子女的緣分，珍惜現在不必追」，實踐孝道之目標是「親慈子孝」，而這個過程即是品德涵養與教育的過程，讓下一代知道善、愛善，以及做善事。回顧儒家經典之言，如「孝，德之始也。」、「孝，天之經也，地之義也，民之行也。」、「孝悌也者，其為仁之本與。」可見孝不僅是親子關係的倫理規範，在價值上已將孝提升至具有普世意義的價值。

推動孝道之實踐，在理念上，首先是觀念的澄清與辨正，在行為上則是選擇為善，願意為善，在制度上則必須予以強力支持以為後盾，無可避免會有歧路亡羊，但是若能從家庭、學校、社會三管齊下，當可化解實踐孝道的諸多問題，有心即可把事做好，方不致使得孝的優質文化與社會發展漸行漸遠。

──本篇宣讀於馬來西亞道理學院舉辦「親情與責任：全球視域下的家庭倫理國際學術研討會」，2019年8月1-4日。

第五編

終極關懷

儒家的宗教性

內容摘要

　　由於學術領域之不同，對於「宗教」一詞的定義即有不同之見解，中西文化對此一概念在認知上形成差異。因而形成見仁見智的問題。儒家是不是一種宗教？而其核心問題與關鍵有四：1.是牽涉到「神道設教」與「宗教信仰」的思考角度之判別，也牽涉到 2.對鬼神的認知與情意；3.「俗化」與「聖化」的不同宗教取向；4.是解讀「天」或是「天道」與「絕對的上帝」的內涵與義理。本文即從上述四個問題設準，探究儒家的宗教性問題。總而言之，儒家的宗教性其本質是一種宗教精神，並非是從屬或是可歸類於西方既有之宗教系統（一元論）之認知，既非一神論之下的宗教，而是一種具備人文主義特質，具有道德實踐成就自我的宗教精神與傾向的價值系統（value system），是內傾又具普世關懷的宗教向度。

一、前言

　　作為中國主流文化與價值之一的儒家，千年來它是維繫人心、安頓人生的一套價值系統（value system），形塑中國文化的個性與型態，透過修己安人的道德實踐過程，展現了普世性的終極關懷（ultimate concern）；此種特性也就形成學界長久以來的共同關切課題─儒家是不是宗教的不同思維。此中問題，牽涉到二個層面，一是形式層面，即是宗教的儀式、組織層級問題，另一則是實質層面，牽涉到宗教之本質問題，即是如何解讀宗教。牟宗三先生說：「宗教可自兩方面看：一曰事，二曰理。自事方面看，儒教不是普通的宗教，因它不具普通宗教的儀式。它將宗教儀式轉化而成日常生活軌道中之禮樂生活。但自理方面看，它又有高

度的宗教性，而且是極圓成的宗教精神。它是以道德意識、道德實踐的貫注言說宗教意識與宗教精神，它的重點落在如何體現天道上。」[1]

儒學是否符合西方對宗教的定義與具有宗教性的爭論。吾人思考此問題，發現這些爭議之關鍵，乃是無法提供一種確定的、毫無爭議的判準，原因出於對於宗教的定義與判斷標準實際上仍然受到西方宗教和文化的影響與支配。是否存在著一種非西方的認知模式，而有獨立的一套判準？本文即提出四個判斷的設準，分別是 1.「神道設教」與「宗教信仰」的差異； 2.對鬼神的認知與情意； 3.「俗化」與「聖化」的價值導向；㈣解讀「天」、「天道」與「絕對的上帝」的內涵與義理。

二、「神道設教」與「宗教信仰」的差異

「宗教」一詞是日本人翻譯英文「religion」而來，最早由黃遵憲（1848-1905）在1895年出版的《日本國志》首次將此詞引入中文。但是他當時不過只是延用日文中既成使用的漢字，不必然是英文religion的翻譯。在中國文化而言，「宗教」之原始意義是「神道設教」的概念，此一名詞是較廣泛地出現於佛教的各種文獻中，後來也被道教和儒家相繼採用，當然用在佛教這方面較多。即以隋朝釋法經（約公元594年）在向隋文帝的上書中，曾稱其所修撰的佛教經典「雖不類西域所制。莫非贊正經。發明宗教，光輝前緒，開進後學。」[2]而在明代王陽明的高弟錢德洪（1497-1574）亦曾在其〈二賢書院記〉中，稱讚鄱陽程氏後人前來問學爲「因闡師門宗教，以悟晦庵之學，歸而尋繹其祖訓。」[3]另外，在道教方面，對於「宗教」一詞之使用，見於元代任士林（1225-1309）在其〈代道錄司賀天師壽〉中稱讚天師「二十四岩清垣之尊，誕揚宗教，三十

---

[1] 牟宗三：《中國哲學的特質》，臺北：臺灣學生書局，1984，頁107。

[2] 釋法經：〈上文帝書進呈眾經目錄〉，嚴可均輯：《全上古三代秦漢三國六朝文》，第10冊，《全隋文》，卷35，頁9。

[3] 謝旻等修：《江西通志》，臺北：成文出版社，1989年影印雍正十年刊本；頁2532。

萬里弱水之隔，遙徹頌聲。」[4]從釋、道二家（教）之敘述及意涵而言，
「宗教」一詞所代表的意思是指「學派與教派的歷史傳承」，並非是對應
於二十世紀初期在中國所發生的「宗教」爭論，亦非是對應於西方基督教
體系所稱之宗教概念。

其次，我們也須對以「一神論」爲體系核心的典範加以澄清。彭國翔
認爲西方宗教（一神論）有如下特性：

> 僅以基督教作爲近代西方「religion」的觀念，或許不免極
> 端，因爲基督教之前的猶太教（Judaism）和之後的伊斯蘭
> 教（Islam）觀念的形成產生過重要的影響。這樣說大概是
> 比較周延的，這三大宗教傳統都起源於西亞，具有三個共
> 同的基本特徵：(1)都信仰一個外在的人格神，這個外在的
> 人格神超越于人類世界，決定人類世界的秩序，(2)都具有
> 專門的組織機構（教會）和專門的神職人員；(3)都有一部
> 唯一的經典構成其信仰對象的語言載體。這三個特徵，構
> 成西方傳統「religion」的三項基本條件。[5]

由此觀之，吾人若是再以西亞一神論爲根據的基督教爲唯一「宗教」
之說，其視域便顯得過於狹窄，並且抹殺了後來有關討論宗教意涵時，西
方學者所提出的反思，以「終極關懷」（ultimate concern）爲「宗教」內
涵，以尋找更爲廣泛且周延的解釋。其中即是以Paul Tillich 爲代表，在學
界中華裔學者杜維明即以「終極性的自我轉化之道」（the way of ultimate
self-transfermation）來詮釋《中庸》所蘊涵的儒家宗教性。[6]

---

[4] 任士林：《松鄉集》，《四庫全書珍本》，臺北：臺灣商務印書館，1971，2集，10卷，頁4。

[5] 彭國翔：《儒家傳統：宗教與人文主義之間》，北京：北京大學出版社，2007，頁7。

[6] 參見Tu Wei Ming，*Centrality and Commonality: An Essay on Confucian Religiousness*, Albany: State University of New York Press，1989。

儒家在宗教向度的表現上是一種自傳統而來「神道設教」的教化過程，本質上是「政治教化」，此種政治教化的目的上是表現在個人的人格修養與品德塑造上，亦即是體現《易經》上所說的「觀乎天文以察時變，觀乎人文以化成天下」的「人文化成」之思想的具體化，也就是落實在個人道德與政治教化上；神道並不是指一神論之神，並且重視「道」遠勝於「神」。換言之，即是形成一種「攝宗教於人文」或是徐復觀先生所言「宗教人文化」的途徑。即如杜維明所認為的：

> 把儒家規定為人生哲學（引申為社會倫理），而非宗教信仰在中國文化的學術界早已形成共識。……中國內地和港臺以及東南亞、歐美的漢學家多半認為把儒家當作宗教不僅違背事實，而且嚴重地減殺了儒家傳統價值。[7]

所謂「攝宗教於人文」也就是儒家並不是全然否定宗教鬼神的之存在與其信仰，但是透過轉化宗教的形式，融攝宗教的道理，使得道德與宗教的合一。在《論語・為政》即有「生事之以禮，死葬之以禮，祭之以禮。」的描述，前面的第一個禮字，表述出「孝」的內涵，這是在現存世界的一套道德規範，而後面的二句話中之「禮」則帶有宗教義涵。因為談「禮」必然要歸結到該透過何種儀式，而這個儀式即是在於「祭祀」，而祭祀乃是宗教的要素之一，在儒家，「祭祀」是表現「禮」的形式，而作為我人行為準則與生活規範的「禮」，既然包含有「祭禮」，在此即可看到儒家的「禮」可說是倫理的、道德的、也是宗教的，蔡仁厚先生說「要了解儒家『道德與宗教通而為一』的性格，祭禮就是一項具體的佐證。」[8]

---

[7] 杜維明著、段德智譯，《論儒學的宗教性》，武漢：武漢大學出版社，1999，頁1。
[8] 蔡仁厚，《儒家思想的現代意義》，臺北：文津出版社，1987，頁362。

　　中國文化中一向有「敬天祭祖」的習俗,而「敬天祭祖」即是一種宗教化的倫理行為,也是一種倫理化的宗教,孔子雖對崇拜的客體加以肯定,如「祭如在,祭神如神在」之語,他在宗教態度上更看重的崇拜主體是人,他一方面賦予「禮」的精神意涵在敬天祭祖的儀式中,而拋棄了神性作用(如「子不語怪力亂神」),他看重的是以「人」的面向角度來看待宗教之義。可說是人在宗教中習染到的是「禮」,或是具體展現「君子義以為質,禮以行之」(《論語・衛靈公》)的積極意義與作用。

　　由於強調禮的重要性,並且有禮敬上天的觀點,因而宗教的儀式與形式即無特別強調,此點與一神論之宗教不同。西漢武帝遵奉儒家思想為國教,並且於郡國設置孔廟尊奉孔子,訂定歲祭,在此時期的儒家是政教合一的,並且具有強烈的支配性與主導性,但是一般的儒者並沒有將孔子抬昇到神格的地位,孔子也不過就是「至聖先師」、是聖賢哲人,而非祭之如神祇般的信仰表現。可見「神道設教」的本義與教化功能強過於宗教信仰的意味,教化的功能遠比信仰來得重要。因此,相較於以信仰為前提的一神論宗教,從形式上來說,儒家不是一個宗教,因為它沒有教會的組織、沒有僧侶、沒有特殊的儀式、沒有教規和對獨一無二眞神的忠誠義務,更不是一個以探討來生觀念、罪惡觀念與救贖觀念為其信仰重心的制度化宗教。它的存在價值即在於透過教化以增強個人內在的品德涵養與行為準則,是入世的,而非出世的,天國在人間,而非在另一個預設的世界。

三、對鬼神的認知與情意

　　儒家經典對於「鬼神」之概念並沒有嚴格的區分,「鬼」是「人所歸」,也就是「人死為鬼」,而「神」則是指神明,即是《國語・魯語下》所稱的,「山川之靈,是以紀綱天下者,其守為神。」而就中國文化的發展歷程而言,鬼神也包括了祖先在內,鬼神之存在,除了在《論語》所見:「未能事者,焉能事鬼?」、「子不語,怪力亂神」、「非其鬼而

祭之，詔也。」這些言論僅止於描述狀態，而未言及對鬼神內涵之認知論述與及情意態度。但是對於鬼神之事物，並沒有否定其存在及其可能，在《禮記・祭義》曾論及鬼神之認知義涵：

> 宰我曰，吾聞鬼神之名，而不知其所謂。子曰：氣也者，神之盛也；魄也者，鬼之聖也；合鬼與神，教之至也，眾生必死，死必歸土，此之謂鬼。骨肉斃於下，陰爲野土；其氣發揚於上，爲昭明，焄蒿，悽愴，此爲物之精也，神之著也。因物之精，制爲之極，明命鬼神，以爲黔首則。百眾以畏，萬民心服。

此段之引文、點出了鬼神之所以成立的原因，是因人存在著某一種「氣」在歿後仍有其作用，包括了昭明、焄蒿、悽愴等各種情境與樣態，顯然是來自於「氣」的發用，在中國古代宗教與文化中，對於人之生命解爲「魂」與「魄」二個元素；人死後魂歸於天，魄入於地，皆是氣的作用。而鬼神之氣的最後導向何處？在前述引文中很明確的告訴吾人是「和鬼與神，教之至也」、「百眾以畏，萬民心服」。因此產生「畏敬」的心情，而能達於治，所以鬼神觀念與政治教化是呈現互補的狀態。

儒家將鬼神解爲具有宗教層面的意義即在於「氣也者，神之盛」，此「神之盛」的最終目的乃在實現「合鬼與神，教之至也」，「教化」乃是鬼神意義的最大目的。而鬼神之效用乃在實現「畏服」，包括了心靈層面的「敬畏」與行爲層面的「實踐」，連結此敬畏與實踐，儒家即特別強調「祭祀」的意義與要求，如《中庸・十六章》指出「祭祀」的價值與重要，如下文所引：

> 子曰，鬼神之爲德，其盛矣乎，視之而弗見，聽之而弗聞，體物而不可遺。使天下之人，齊明盛服，以承祭祀。

洋洋乎如在其上，如在其左右。《詩》曰：神之格思，不
可度思，矧可射思。夫為之顯，誠之不可揜，如此夫。

透過祭祀的儀式，使得天下人齊名盛服，而鬼神與人的生活息息相
關，如在其上，也如在其左右，這些表現的方式皆是由祭祀而來。而人被
譽為之為神乃在於其精神值得效法，「畏」是自然本能的表現，而「敬」
乃是人文化成的體現，由祭祀而學習這是外在的，由敬畏到典範的膜拜則
是內在的，由內至外，由禮敬之心到透過祭祀儀式，使得鬼神如在吾人左
右，毋怪乎，孔漢思(Hans Kung)稱原始的中國宗教為「哲人的宗教」[9]。

以孔子為代表的儒家，面對著鬼神觀念，做了一個創新以及賦予鬼
神意義的貢獻。陳來指出儒家的「德禮文化」正是它之所以成為儒教的原
因：

在殷商對鬼神的恐懼崇拜，與周人對天的尊崇敬畏之間，
有著很大的道德差別。前者仍是自然宗教的體現，後者包
含著社會進步與道德秩序的原則。需要指出的是，周人文
化的這種特質和發展，雖然與「倫理宗教」的階段相當，
但周代的禮樂文化并非走的唯一神教的路子，它獨特的禮
樂文化與道德追求，開啟著通往聖哲宗教的東亞道路─德
禮文化。[10]

「德禮文化」是儒家面對鬼神觀念的提升作為，並且將鬼神由原先的
消極禁忌與畏懼，轉化至積極性的價值與理想，倫理與道德成為賦予鬼神
一種新的意義與展開，儒家透過理性的躍升，進一步從驚訝畏懼提升至敬

9　秦家懿、孔漢思：《中國宗教與基督教》，吳華譯，北京：三聯書店，1990，頁2。
10　陳來：《古代宗教的與倫理》，北京：三聯書店，2009，頁169。

畏與自省的層次，鬼神不再是原始膜拜與畏懼的對象，而是理性思維的化身，鬼神之意涵轉爲「倫理」與「道德」。

四、「俗化」與「聖化」的宗教取向

從西方宗教的發展史來看，「聖化」一直是他們所欲追求的信仰旅程的終點，因爲天國並不是在人間。西方中世紀的教會哲學，將「聖化」推向極端，而有「哲學是神學的婢女」之說。教義本身是絕對的神聖化而不允許懷疑，這段歐洲文明發展的歷程，包含著中古歐洲教會（天主教）的腐敗而產生攻擊態度而發，所以基督教由「聖化」走向「俗化」的過程，必然要經過「文藝復興」和「啓蒙運動」。民國初年的學術氛圍也依循此模式，認爲必經如此方能將儒家高不可攀的「聖化」現象逐漸步入凡塵人間。但是從歷史上的考察，儒家並沒有特別標舉「聖化」的教條，反而是活生生的落實於生活世界，包括個人道德與群體倫理。余英時認爲：

> 中國人的價值之源不是寄託在人格化的上帝觀念之上，因此既沒有創世的神話，也沒有包羅萬象的神學傳統……，中國人認定價值之源雖出生於天而時觀測實現則落在心性之中，所以對於「天」的一方面往往存而不論，至少不十分認眞。他們只要肯定人性中有善根這一點便夠了。[11]

觀察西方近代俗世化的歷史進程，特別突顯了「由靈返肉」、「由天國回到人間」、「人的尊嚴建立」等觀念，亦由此展開脫離中古世紀天主教哲學的束縛，重新找回古希臘的「理性」觀念，再定義「人是理性的動物」之內涵，他們有一種企圖即是打破由上帝觀念而衍生出來的一個整體

---

[11] 余英時，〈從價值系統看中國文化的現代意義〉，《知識人與中國文化的價值》，臺北：時報文化公司，2017，頁27～28。

性的精神負擔，走向俗化的歷程。

　　反觀儒家卻是一直在俗世化的環境中運作，他所標榜的俗世化之目
標，即落在於「天地君親師」，此天地是指自然世界，而非造物主，而
「君親師」卻是指人，是倫理道德的準繩與規範，如果說「天地君親師」
是「聖」，充其量也是指實踐道德修爲而達成人格的完善，它的「聖」並
不是獨立於存在之外，另立一個終極權威，或是指生活世界與萬物種種皆
由它所創造（造物主）。儒家的「聖」是指人的道德品行的高度表現與完
成，但也不是一個宗教的教主、先知；在儒家來說，人格的聖是在生活世
界中完成。所以就儒家而言，聖化是「人的尊嚴之建立」，人對於生命意
義與價值之肯定，並且可在現實世界中完成這個使命，人之「聖」的意
義除了達成「聖人」之內涵、充實這個內涵，並且還能達成自我實現，
「聖人者，與天地合其德，與日月合其明，與四時合其序，與鬼神合其吉
凶。」正適以說明孟子說「人人皆可以爲堯舜」，荀子說「塗之人可以爲
禹」，肯定從價值自覺開始，這才是「人」，其中的分野即在於價值自覺
與道德實踐。尤有進者，儒家的孔子講「己所不欲，勿施於人」傳頌千
年，比起基督教的「己所欲，施予人」的金律（Golden Rule）更爲合情
與合理。

五、上帝觀念與天、天道

　　根據德國學者Brugger在《西洋哲學辭典》中對宗教（Religion）一詞
的解說，他認爲：

> 西文Religion大約源自relegere（重新拾起），但也可能來
> 自religare（重新捆住），因此意指一再嚮往、小心翼翼地
> 關切某件事，而所專注的應該是有價值的事。至於宗教的
> 本質，一言以蔽之是重新與第一根源及最終目的相連繫。
> 最先者與最終者既爲重要，因此值得密切注意。

由於人類對最先者及最終者的看法不同，因此也就有不同宗教，主要可分主張形上內在性及超越性兩大類別，端視人主張最先者與最終者內在於世界，或超越此世而定。印度教、佛教、道教以及許多儒教學者均屬於前者，而猶太教、基督宗教、回教則屬於後者；這最後三教都主張一神論（Monotheism）。……最足以代表宗教精神的是一神論宗教。根據一神論，一切事物的存有根源是唯一的位格神，而又以祂為最終目的。但祇有人具宗教，因為他有思想，意識到自己對神的關係，並以自由意志承認神是元始根源及最終目的。[12]

由此定義看來，儒家（或是儒教）是屬於形上內在性的一類。中國文化中對於所謂的「最先者與最終者」之概念是較為模糊的，儒家所談的「天人合一」是內在的，並不是外在的訴求，而是透過「反求諸己」、「自省」、「慎獨」的功夫，遙契天道，因此天道內在於我人身上，這種功夫並不需要透過絕對的上帝觀念予以保障，所以在儒家的宗教觀中，絕對的上帝觀念並不存在，而是將價值根源之歸宿歸於對「絕對主體」（absolute subject），亦稱歸之於心[13]，亦即是「自覺心」的觀念。

中國儒家自孔孟至陽明，無不以價值根源歸於心，仁義固有，及肯定內在自覺心，良知本是天理之說，即是以承仲尼「我欲仁，斯仁至矣」之義，所以天對人來說，並非走向外在的權威之建立。換言之，將天人格化以成最高的權威意志，這在儒家來說已是一種積極的轉化和理性的覺醒，因此儒家表現出來的是內在超越之特質，勞思光先生續說：「倘自覺心自己隨時主宰，並不將此主宰力外射，則此是純粹道德心，其主宰為超越而

---

[12]布魯格（Brugger）編著，項退結編譯《西洋哲學辭典》，臺北：國立編譯館，1976，頁353～354。
[13]勞思光，《哲學問題源流論》，香港：中文大學出版社，2001，頁6～7。

內在者；倘自覺心將此主宰力外射，而寄於一設定之存有，則此是宗教心，其主宰爲超越外在。前者最明顯之代表爲中國儒家之道德心，後者最明顯之優表爲希伯來教義中之權威神。超越外在與超越內在之差別，本在於主宰與自覺心之爲直通或間離。此種直通或間離，表現於歸宿一面，亦有不同之決定，即人人可以爲聖，而無人能成神。」[14]

余英時先生將中國文化稱爲「內傾文化」[15]，也是因爲內傾文化之故，而這種內傾文化的性格之所以如此，即與對「天」的概念之認知有著重要的關係，這也是儒家走向「道德天的義理」，而非「宗教天的信仰」之故。

孔子之前的「天」的觀念爲何？陳來分析了此一時期對天、對信仰、對天道、甚至是對天命的觀念演變和轉化。

> 周人的總體信仰已超越自然宗教階段，而進入一個新的階段。這個新的階段，把倫理性格賦予了「天」而成爲「天意」或「天命」的內涵，與宗教學上所說的倫理宗教相當。天與帝的不同在於，它既可以是超越的神格，又總是同時代表一種無所不在的自然存在和覆蓋萬物的宇宙秩序，天的理解一方面影響著人往自然和秩序方面偏移；一方面也影響了神格信仰的淡化，使得人不再需要盲目地向上天頂禮膜拜或祭祀諂媚以求好運。[16]

類似西方一神論的宗教觀念，如「上帝」（God）的觀念在中國先秦的周代之前仍然濃烈，但是孔子卻將此宗教意涵放在「人能弘道，非道弘

---

[14] 勞思光，《哲學問題源流論》，頁12。

[15] 余英時，〈從價值系統看中國文化的現代意義〉，頁10～68。

[16] 陳來，《古代宗教與倫理─儒家思想的根源》，頁216。

人」（《論語·衛靈公》）的意涵上，這是「天道」一辭的意義轉換，這是對原始天的信仰產生了創造性的轉化。儒家所強調的是「成德之教」，「天」的超越意義是要從「人如何體現天道」來理解，儒家這種經由成德以知天命理路被詮解爲「對超越天道的內在遙契。」[17]

孔子雖然未就性與天道完成一個理論學說，但可以依據論語所言推論其看法。孔子對於天或道的見解不脫當時對「天」的常見看法，孔子所見的「天」約包含如後四種內容[18]，

一、是其爲具有天地意志的表現。例，「獲罪於天，無所禱也。」《論語·八佾》二、人應遵守的律則。以「道」稱之。例，「富與貴是人之所欲也。不以其道得之，不處也。」《倫理·里仁》三、由人之仁德推之天之仁德，以天道同一於仁道，故説「天生德於予，桓魋其如予何。」《論語·述而》四、自然義的天。例，子曰：「天何言哉？四時行焉，百物生焉，天何言哉？」《論語·陽貨》。

孔子所說的「知我者其天乎」，「知天命」與「畏天命」的天，不只是形上實體的意義。因爲孔子的生命與超越者的遙契關係實比較近乎宗教意識，但並非宗教信仰。孔子在他與天遙契的精神境界中，不但沒有把天拉下來，而且把天推遠。雖在其自己生命中可與天遙契，但是天仍然保持它的超越性，高高在上而爲人所敬畏。而因宗教意識屬於超越意識，我們可以稱這種遙契爲「超越的」（Transcendent）遙契。不過這種人格神或意志天並不是儒家的思想的重點。由於關聯著「性」對「天道」的遙契觀

---

[17] 牟宗三，〈由仁、智、聖遙契性、天之雙重意義〉，《中國哲學的特質》，臺北：臺灣學生書局，1984，頁37～45。
[18] 李杜：《中西哲學思想中的天道與上帝》，臺北：聯經出版公司，1982，頁66、70。

點，加上孔子罕言天道，以及倡言仁禮思想，孔子的天道思想遠離古代原始宗教色彩，而多了人文精神在其中，以人道上達於天道的觀點，將遠古對上帝、祖先、天神、人鬼的崇拜轉成生命主體的道德進路，這是「天」的意涵轉變與突破。

　　基於西方至上神（造物主）的觀念對比中國儒家初以爲相近的天、天道諸觀念，是一種宗教信仰的層次，但是經儒家的轉化，陳來認爲儒家文化有其異於一神論的宗教意識與向度：

> 孔子與早期儒家的思想和文化氣質方面，與西周文化及其走向有著一脈相承的連結關係。……這種氣質體現爲崇德貴民的政治文化，孝弟和親的倫理文化，文質彬彬的禮樂文化，天民合一的存在信仰，遠神近人的人本取向。[19]

　　由此看來，儒家這種氣質已非西方一神論下的宗教內涵與信仰，而是走向內在的超越之價值取向，它不是從「上帝」那裡說，而是從如何體現上帝意旨，或是指出神的意旨，或體現天道上說。

六、結語

　　儒家重視修身，所謂「以德潤身」就君子與聖人，於是而有「士志於道，而恥惡衣惡食，未足與議也。」（《論語‧里仁》）「志於道，據於德，依於仁，游於藝。」（《論語‧述而》）又稱：「朝聞道，夕死可矣。」（《論語‧里仁》），可見「道」是實踐德行的指針及依據，「道」也是路，是人該走的一條正確的路，這條道路是爲所有人而鋪設，人人皆可以爲堯舜，啓動生命純然的自覺與發現，它是人心善根，人性善本的自覺覺人，己立立人，己達達人的道路，這和宗教透過「啓示」與「救贖」

---

[19]陳來，《古代宗教與倫理：儒家思想的根源》，頁18。

的方式是不一樣的，在這條道路上，人是道德實踐的主體，人有全然的生命意義與價值，它是道德我的自我立法，而非從屬於某個外在的權威或是法律，亦非祭壇上的祭品與供品，是本然的道德人格與自我挺立。

　　儒家自孔子以後，對於鬼神、至上神的觀念是抱著「存而不論」的態度，因此對於其他宗教所特別看重的「彼岸」、「天國」等觀念可說是忽視的；尤其是在「上帝」、「造物主」等宗教上重要的信仰，可說不具有特別的意義。而作爲支撐儒家思想的重要支柱－仁愛，卻不是宗教上的信仰，「仁」成爲儒家的重要核心價值，孟子繼而提出「義」，以作爲行爲規範的準繩，仁與義不是「啓示」與「救贖」，而儒家的奉獻犧牲之極致卻是「舍生取義」則又與宗教無涉。

　　對宗教作多種多樣的釋義，至少有助於發揮儒學有容乃大的恢宏氣概，爲外來宗教提供養分，促成外來宗教與本土文化或傳統宗教的相容。而不是藉外來宗教的差異現象質疑各宗教的差異及其存在，甚至形成一種絕對的主觀判準。宗教信仰歷經改革或轉變，在現在社會中，宗教已經從以教會制度爲基礎的「有形宗教」，轉化爲以個人虔信爲基礎的「無形宗教」。[20]

　　關於宗教的涵義，東方與西方有別，一般而言，西方宗教屬於「制度化的宗教」，所謂「制度化的宗教」是指一個民族的宗教在教義上自成一體系，在經典上則有具體的刊行出版，同時在教會組織上也自成一嚴格系統，甚至是出世的，與一般世俗生活分開。西方的基督宗教就屬於制度化宗教。與「制度化宗教」對稱的是「普化的宗教」，「普化的宗教」則是指一個民族的信仰並沒有系統的教義，也沒有成冊的經典，更沒有嚴格的教會組織，而信仰的內容經常是與一般日常生活混合，而沒有明顯的區

---

[20] 盧克曼著、覃方明譯：《無形的宗教－現代社會中的宗教問題》，臺北：漢語基督教文化研究所，1995，頁XI。

分。[21]儒家有宗教精神或信仰之態度但沒有教會組織、僧侶制度、儀式，也沒有教條和對神的義務，可歸屬爲「普化的宗教」的型態。

　　吾人經由四個設準（postulate）來探討儒家的宗教性，吾人對於儒家的宗教性應有一較客觀的認識：1.儒家不談來世與天國，他所重視的是原始天道人文化成之後的宗教精神與態度，人生的三不朽─立德、立功與立言是現世的，是此生而非來生；2.是追求高度的道德自我所形成一套價值系統，不僅以此系統評斷要求自己，也以這套系統評斷及要求他人；3.是從「天人關係」上來看，儒家的宗教性是「內在的超越」而非「外在的超越」，天人關係是道德行爲的連續，而非斷裂，尋求天人關係的內在契合，並不是一種神祕的宗教密契，而是人對自我生命的肯定與承擔，己立立人，己達達人，這個使命不是「聖戰」也非「聖職」，而是一個「士（知識分子）」的體認與實踐，因此儒家不是西方嚴格定義下的「宗教」，也非「制度化的宗教」，才讓我們看到儒家所特別蘊含的生命光彩與生活智慧。

──本篇宣讀於山東大學中國詮釋學研究中心舉辦的「現代視域中的東亞文化國
　　際學術研討會」，2018年4月。

21李亦園，《宗教與神話》，臺北：立緒文化公司，1998，頁168～170。

第六編

荀學探析

荀子「明分使群」之意涵與價值

內容摘要

　　先秦儒家的孔子、孟子及荀子共同思考的課題，即是如何回復周文體制的社會價值。不管是從「克己復禮」、「為仁由己」的仁學實踐，或是荀子探討人自然之性而得的「化性起偽」，以修己安人為道德實踐的目標。荀子特別探討人的社會性格，他的關切重點即從個體的「化性起偽」到群體的「明分使群」，使得個體知其位分，守其根本，發揮社會職能之功能，在尋求合理分配社會資源的原則下，建立一個有秩序、合理穩定的社會結構，荀子的「明分使群」觀念，確立在個體與群體互動關係中的應有之價值與定位，並且是預為建立禮法規範的先聲，固然法在禮中，但已觸及解決「人欲與利益調和以及分配的問題」，亦可看出「法」的雛型理念，而有其創新的意義。

一、前言

　　面對周文崩解，社會秩序蕩然無存，如何回復周文的價值與重建社會的秩序，一直是孔子及儒門後起之秀共同思考的課題。「克己」即是約束己身，要求自己不悖於禮，即是仁的價值體現，落在「禮」的外在規範上，而有視、聽、言、動四者不悖于禮是修身之要。孔子立論的假設是人如果能克己，率先以禮約束自己，天下之人亦能有此認知並能實踐，當人人能步上為仁之途，則德政必可實現。

　　由個別的「克己復禮為仁」之徑，而至具有普遍性的「德治社會」的實現，即涉及個體與群體的互動關係，而在此處即有如下的三個問題有待釐清與探討：

1. 人之本質爲何？如何解讀個體的侷限，進而發展出群體意識。
2. 社會性的群體意識之建構如何可能？
3. 個體與群體在價值上的對立如何疏解？

荀子（約313-238B.C.）恰是從個體與群體的價值衝突中，試圖解開這個衝突的環節，爲禮法的社會建立一個價值分配的法則。本文即從上述三個問題中，透過文本加以推敲其中的關鍵，試以歸納出荀子在「個體與群體關係」上的見解與智慧。

荀子名況，戰國時趙人。字卿，一稱荀卿，亦稱爲孫卿[1]。司馬遷《史記・孟子荀卿列傳》云：

> 荀卿，趙人。年五十始來遊學于齊。田駢之屬，皆已死。齊襄王時，而荀卿爲最老師。齊尚修列大夫之缺，而荀卿三爲祭酒焉。齊人或讒荀卿，荀卿乃適楚，而春申君以爲蘭陵令。春申君死，而荀卿廢，因家蘭陵。李斯嘗爲弟子，已而相秦。荀卿嫉濁世之政，亡國亂君相屬，不遂大道，而營于巫祝，信機祥。鄙儒小拘，如莊周等又滑稽亂俗。於是推儒、墨、道德之行事興壞，序列著數萬言而卒，因葬蘭陵。

劉向《孫卿新書・敘錄》亦言：

> 孫卿，趙人，名況。方齊宣王威王之際，聚天下賢士於稷下。……孫卿有秀才，年五十始來遊學。諸子之學皆以爲非先王之法也。孫卿善爲詩、禮、易、春秋。至齊襄王

---

[1] 荀子姓氏之考證有不同的稱謂，《史記》之〈荀卿傳〉〈春申君傳〉〈李斯傳〉等皆稱「荀卿」；而在《韓非子》、《戰國策》、《韓詩外傳》及《漢書》則稱「孫卿」，兩種稱謂相通。

時，孫卿最爲老師。齊尚修列大夫之缺，孫卿三爲祭酒
焉……。

　　《史記》所述荀子「嫉濁世之故，亡國亂君相屬，不遂大道，而營于
巫祝，信機祥。」等語，指出戰國時代之周文崩解程度尤甚於春秋，而荀
子正是秉持儒家之義理，其學養是以「詩、禮、易、春秋」爲重，而在齊
國褒儒尊學之氛圍下，受齊國之敬重，而稱「稷下先生」[2]。荀子站在儒
家立場與各家在政治上競爭，他守住儒家的核心價值，即是「先秦之士皆
以道自任」爲其治學及主張之基本論點，由此亦可看出荀子對於實踐儒家
義理的強烈使命感。

　　戰國時期無論在社會、經濟與政治諸層面皆有迥異於前期的巨變，曾
春海認爲荀子對此社會情境的反省與認知爲儒家的發展開出另一思考：

　　　荀子處是時，遂由社會經濟所衍生的社會問題出發，深刻
　　　瞭解到人欲與利益的互動牽聯，從而深思經濟與政治之間
　　　的關係，強調開源節流與禮法兼制的政經體制。換言之，
　　　荀子擬提議一些經濟措施，藉解決社會經濟的需求，調和
　　　人與人的利益衝突，將社會導入正理平治的局面。[3]

　　荀子由社會問題之有效解決與利益的分配面切入，此即是個體與群體
的價值與權衡，一方面是反映社會的實然變遷，另一方面也指出問題的本
質所在及應然價值之選擇。由於戰國時期各國所追求的核心價值是「富國

---

[2]　《鹽鐵論》的〈論儒篇〉云：「齊宣王褒儒尊學，孟軻、淳于髡之徒受上大夫之祿，不任職而論國
　　事。蓋齊稷下先生千有餘人。」《四部叢刊初編縮本》卷二，頁18。

[3]　曾春海：〈荀子社會思想研究〉《儒家的淑世哲學—治道與治術》，臺北：文津出版社，1992，頁
　　29。

強兵」之策，而維繫對社會緊密的控制，使之具有穩定的社會次序乃成必要的條件，這即是如何將人之私欲及紛爭攘奪納入政治控制之中；但另一方面的事實則是，主政者亦不願受到商賈勢力的控制，因爲有可能危及其既得利益和政治威權，因此採取以政治力來規範經濟，以使其政經的控制力獲得永遠的固守。這種「人欲與利益的互動關係」，直接衝擊到周文的核心價值，傳統的周文以禮樂、儀節、文飾作爲文化上的表徵，雖屬外在形式，亦是代表權力與地位的識別，但是當禮樂儀節文飾表徵無法解決上述的人欲與利益的衝突關係，形成緊張矛盾之際，爲尋找社會的穩定及建立政治的權威體系，以政治力來解決此種社會與人心的衝突乃成最後的選擇。《荀子・君道》所謂：「至道大形，隆禮至法則國有常，……然後明分職，序事業，材技官能，莫不治理。」開啓了國家統治模式的轉變，早期儒家強調經由個人道德修爲、克己復禮之方式，遂轉向群體講求隆禮崇法的政治控制之中。

二、對人性的假說

荀子爲解答「人之本質爲何？」與「人欲與利益的衝突關係」之問題，首先即是從人性問題切入，他扣住此問題立言，即是從事實層面、從實然歷程以及自然之質加以發揮，以證成其人性之假說，如下〈性惡〉的三段話是他對人性的觀察：

> 人之性惡，其善者僞也，今人之性，生而有好利焉，順是，故爭奪生，而辭讓亡焉；生而有疾惡焉，順是，故殘賊生，而忠信亡焉；生而有耳目之欲，有好聲色焉，順是，故淫亂生，而禮義文理亡焉；然則從人之性，順人之情，必出於爭奪，合於犯分亂理，而歸於暴。故必將有師法之化，禮義之道，然後出於辭讓，合于文理，而歸於治。用此觀之，然則人之性惡明矣，其善者僞也。

凡性者，天之就也，不可學，不可事。禮義者，聖人之所
生也，人之所學而能，所事而成者也。不可學，不可事之
在天者，謂之性；可學而能，可事而成之在人者，謂之
偽；是性偽之分也。

若夫目好色，耳好聲，口好味，心好利，骨體膚理好愉
佚，是皆生於人之情性者也，感而自然，不待事而後生之
者也。夫感而不能然，必且待事而後然者，謂之生於偽，
是性偽之所生，其不同之征也。

由上述之原文可知，「性」即是由天所生就的生理官能，如耳、
目、口、鼻、這些器官所表現的功能，是屬於不待後天學習即有的天生本
能，在自然情欲生命的生理或心理表現皆是「感而自然，不待事而後生之
者」，這即是人性的實質，也就是人人所現成具備者，而自然展現的自然
情感。當這些情感及其衍生的欲望無所節制時，就會造成爭奪暴亂，所以
從這點來說人性就是惡的。歸納荀子論「性」，有三種涵義：⑴性指動物
生命的本能，所謂「性者，天之就也」「不事而自然，謂之性」皆屬之。
⑵性惡，本能的欲望無所謂惡，產生惡的關鍵在「順是」，順是放縱其
欲，即是「從人之性，順人之情，必出於爭奪」。⑶「生之所以然者謂之
性」這是在〈正名〉之觀點。[4]對此勞思光稱：「此種本能是人與其他動
物所同具之性質，決非人之essence。」[5]，勞氏以「自然之性」與「本質
之性」二分加以解說，而認為荀子之性是扣住自然之性而說。荀子就自然
之性在具體人生中所表現的種種惡行以觀察人性，是採取經驗論的觀點，
而非先驗的觀點。落在「性」與「偽」的兩個觀念上，二者之差別何在？

4　韋政通：《中國哲學辭典大全》，臺北：牧童出版社，1983，頁351～353。

5　勞思光：《中國哲學史卷一》，臺北：三民書局，1982，頁258。

曾春海對荀子「性偽對辯」之概念作如下之分析：

> 「天情」是「天官」的性質，「天情」既是「天官」在與
> 經驗世界交往時「精合感應」所呈現的諸般攝受情狀，則
> 主體依實然的感受情狀而有所趨向及逃避的回應方式，稱
> 之為「欲」。換言之，居「天官」的性，與展示「天官」
> 活動時情緒狀性質的「天情」及隨情之感受而呈直接趨避
> 回應的「欲」，對荀子而言系人整體結構層級中屬同一層
> 級者。[6]

　　荀子之「性」一詞之概念是包含了「情」和「欲」，「欲」蘊涵於「情」、「情」蘊涵於「性」，因此人之欲是指生理官能感應自然的本能反應，因人之欲是如此而有，亦是「情」之所動，而「情」之範圍也就包括了好惡、喜怒、哀樂等，而人之相爭相奪亦就油然而生，而人卻是一個由天所生就的生理官能的自然軀體，這些皆是天生本能，但要如何化解？也就是「化性起偽如何可能？」的問題，荀子提出必要有一表徵著人的自覺自識自擇的意識活動，這即是「偽」，這個「偽」是相對於不起自覺自省的純自然之「性」，如此一來即是「化性起偽」的轉變，若不依著禮義之偽以對治，則人性之惡必然使人墮入深淵而無以自拔，因此以禮作為對治乃成必然。

> 禮起於何也？曰：人生而有欲，欲而不得，則不能無求，
> 求而無度量分界，則不能不爭。爭則亂，亂則窮。先王惡
> 其亂也，故制禮義以分之，以養人之欲，給人之求，使欲
> 必不窮乎物，物必不屈於欲，兩者相持而長，是禮之所起

6　曾春海：〈荀子社會思想研究〉《儒家的淑世哲學—治道與治術》，頁34。

也。（《荀子‧禮論》）

　　聖人作偽而有禮義，這個禮義是聖人所主張的常道，所以聖人用這個禮義來治世。但現實社會卻不是如此，而是亂世，而亂之本源何在？荀子認為是：「以其不可道之心與不道人論道人，亂之本也。」《荀子‧解蔽》。解決之道即是「以其可道之心與道人論非道，治之要也。何患不知？故治之要在於知道。」「可道之心」即是認識心，即是慮積與能習，「道人論非道」就是聖人拿是否依循禮義來判斷善與惡，則君子與小人立判高下，所以這兩個原則是治世之要。社會的規範是禮義，也是聖人「化性起偽」的方法，雖然人性是「生而有好利焉」，「生有病惡焉」種種的私欲及限制，但透過師法之化，才能出於辭讓，合于文理而歸於治。

　　面對人性本質及個體與群體的關係權衡，荀子遂轉向以社會性評斷善與惡，善與惡落在群體生活中的意義是什麼？「正理平治」是善，而「偏險悖亂」是惡，因此荀子要用禮義來完成「正理平治」，而後才能達到「群居和一」的理想社會。所以荀子說：「禮者，治辨之極也，強國之本也，威行之道也，功名之總也。王公由之，所以得天下也。」（《荀子‧議兵》）。

三、「群」的觀念解析

　　社會是以個人為單位元集合而成的整體，如果人人秉持「生而有之」的「自然之性」，必然無法建構出一個可實現人人的價值美善及共同目的之有機體，也就無法成就一個有意義的生活群體，過有價值的生活。因此在「待師法然後正，得禮義然後治。」（《荀子‧性惡》）的前提下，若預設存在著一個富有正義且有秩序的人間社會，必然地要對社會的本質要作出思考，以作為社會秩序與發展一種理論解釋。

　　荀子提出「群」的觀念，以作為解釋社會發展與立論的基礎，他先說人之所以異於植物與動物是有其因，這也同時解答人為萬物之靈的理由。

水火有氣而無生，草木有生而無知，禽獸有知而無義；人
有氣有生有知亦且有義，故最爲天下貴也。力不若牛，走
不若馬，而牛馬爲用，何也？曰：人能群，彼不能群也。
人何以能群？曰：分。分何以能行？曰：義。故義以分則
和，和則一，一則多力，多力則強，強則能勝物；故宮室
可得而居也。故序四時，裁萬物，兼利天下，無它故焉，
得之分義也。故人生不能無群，群而無分則爭，爭則亂，
亂則離，離則弱，弱則不能勝物；故宮室不可得而居也，
不可少頃舍禮義之謂也。（《荀子‧王制》）

荀子正視人類社會發展的種種問題，在〈富國〉亦指出人類社會之所
以會悖離秩序和軌道，其關鍵在於「人之生，不能無群。群而無分則爭，
爭則亂，亂則窮矣。故無分者，人之大害也，有分者，天下之本利也。而
人君者，所以管分之樞要也。」（《荀子‧富國》）從〈王制〉與〈富國〉
二篇，皆可看出荀子對於社會組織的重視，並指出「群」與「分」的必要
性。若對「群」不予正視，則社會組織發展與必將出現衝突與矛盾，而個
體又不能離群而獨居，因而形成內在的困境。陳弱水認爲荀子的「群」觀
念正是法思想的先河。「先秦儒家對於社會規範問題發展出最精緻、最複
雜的論說的思想家是荀子。他的思想奠定了儒家法律思想的基礎。」[7]

(一)「群」是起源於人類的共同的社會屬性需求

就個體而言，人不能離群獨居，並且還面臨諸多限制，譬如形軀、生
理、心理、意志以及生存環境的種種制約，若無他人或群體的支持，生命
的延續與文明的創造是非常困難的。由於自我的資源有限，吾人若欲突破
現實情境的局限，進而改造環境，創造人的意義和價值，則不能不意識到

---

[7] 陳弱水：〈立法之道—荀、墨、韓三家法律思想要論〉，收錄於黃俊傑主編：《中國文化新論‧思
想篇—天道與人道》（臺北：聯經出版公司，1982）。頁82。

「群」的重要。荀子以其認知心，對外在世界之觀察，體會到如下的一個事實：「故百技所成，所以養一人也，而能不能兼計，人不能兼官，離居而不相待則窮，群而無分則爭。窮者患也，爭者禍也，救患除禍，則莫若明分使群矣。」（《荀子・富國》）改變既存事實則是來自「明分使群」，亦唯有如此，方有救患除禍之可能。

由「群」觀念所引出的思維是：人既是獨立的個體，又要如何跨越人之自利與限制，使之趨向於群體生活的社會性。荀子是經驗主義者，他的世界觀是將天道與人道區隔開來，天地人應有一平等地位的考慮，因而說荀子主張「天地人是爲一個平等的整體」的觀念，在〈儒效〉：「曷謂中，曰禮義是也。道者非天之道。人之所以道也，君子之所道也。」在〈天論〉：「天有其時，地有其財，人有其治，夫是之謂能參。」人不是天地之附屬與依附體，而是與天地同齊的價值主體。更積極的意義在人因能群才能與天地同齊，故人才有其治。若不能顯現「治」之成效，人的地位與價值將相形失色。同時在〈王制〉亦言：「天地生君子，君子理天地。君子者，天地之參也，萬物之摠也，民之父母也。無君子，則地不理，禮義無統。」此種將人的價值與地位特別肯定的話，尚見之于〈王制〉：「天地者，生之始也。禮義者，治之始也。君子者，禮義之始也。」人的主體性存在價值即在於人能群，人認知到僅憑一己之力其結果將一事無成，必當要與他人發生良性的互動，才能有所成就，因此「群」是一種促成社會有秩序、穩定變遷和良性互動的一種情境和狀態，人因爲有了這樣的認知與智慧，才能有效地克服自身條件的不足，運用創造力，將不利的條件轉化成助力，借著尋求與他人的合作而創造文明。而文化是人經由共同的努力，改變了自然原始之狀態，而導向一個可爲彼此接受與願意遵守的有次序與和諧的狀態。

固然由「群」的觀念，荀子進一步推導出「君」的概念，亦即是由眾多個體所組成的群體，必然會面臨群體的上下隸屬關係，和成就群體目標的問題，如此便不能不思考如何領導統御的問題，這即是「群道」的命

題。他說：「君者，善群也。群道當，則萬物皆得其宜，六畜皆得其長，群生皆得其命。」（〈王制〉），但這個轉變是如何度過，如何由個體自由的意識，轉向具有組織之社會意義，若由個體自我到團體「群」的概念之產生，人之「心」的功能便是關鍵。

> 當個人在求生活的發展與進步時，自覺到個別生命體在知識、經驗和能力的有限性。因此，人意識到唯有結合群體的能力，群策群力，共謀生活所需，彼此分工合作，才能滿全其生養存續即不斷求進步的需求。換言之，社會源起于人類現實生活的共同需求及群性的覺醒。從人性的觀點言，人之所以能共謀社會生活，即所以能群，存在於之「心」能積思慮，習偽故。人一方面發揮心的認知和思辨工夫，以義理區分人與物之不齊，另方面則建構社會分化和統合的機制—禮義。[8]

荀子討論「個體」與「群體」關係時，已漸漸由個別的道德教化轉至社會制度層面的思考；再由「君」觀念的提出亦可看出群體的領導不能是一盤散沙群龍無首，荀子點出了必當要有客觀世界法治（內容上仍是以德爲治）的規範之方向，才稱得上是儒家原始法律思想；亦因荀子基於「性惡」而有社會控制，必當透過一種人爲（偽）的力量，達於「斬而齊，枉而順，不同而一。」（《荀子・榮辱》）而群之意涵也就逐漸走向「團體格局」之傾向，可說是先秦儒家倫理思想的一個曲折，不再侷限於個體的自我思維，而匯出群體思維的必要性。

---

8 曾春海：〈荀子社會思想研究〉，《儒家的淑世哲學—治道與治術》，頁40。

㈡明於「天人之分」為必要條件

　　「群」是荀子所發現人所具有的社會屬性，也是社會組織的基礎，人因有著如此的自覺而能有意識地來建構一個動態性與互動性的社會，但這個社會能否使群並能發揮功能達成預設目標，其關鍵性的基礎即在「分」。

　　由於荀子所認知的天是自然之天，面對自然之天，人應以何種態度來面對？他的觀點與傳承殷周流行的「天命有德」思想不同，對「天人關係」採取客觀理性的態度來處理，因此在「不求知天」前提下處理天人關係時，僅是知道何者是自然而然，或是超乎人力想像，對於天從何而來，天有何能力，天是否真的具有如此之能力等問題，基本上是不予理會；而另一種「知天」的態度，便是要明白「天的職分」與「人的職分」，因此要認識區分何者是人力所能改變和不能改變的，對於可能改變的只有依照自然的規律，加以利用控制進而改造，這就是人的職分；而對於不能改變的部分只有順應，如此即是知道天的職分，亦即是不與天爭職的意思。〈天論〉的觀點如下：

> 天行有常，不為堯存，不為桀亡。……列星隨旋，日月遞照，四時代御，陰陽大化，風雨博施，萬物各得其和以生，各得其養以成。……天不為人之惡寒也輟冬；地不為人之惡遼遠也輟廣；……天有常道矣，地有常數矣，君子有常體矣。

　　這即是對於「自然之天」的解讀，自然界的運轉周行，萬物的生死始終，一切進行與變化規律就是自自然然的事，並不存在人所可能改變之情事，天之化生萬物可說不具意識作用，而係依照客觀的規律運轉。因此「不與天爭職」即是明白：「不為而成，不求而得，夫是之謂天。如是者，雖深，其人不加慮焉；雖大，不加能焉；雖精，不加察焉。夫是之謂

不與天爭職。」（《荀子・天論》），但是荀子並不僅是消極地不與天爭，才是完成人的價值顯現，他反過來要人盡人的職分，〈天論〉云：

> 大天而思之，孰與物畜而制之；從天而頌之，孰與制天命
> 而用之；望時而待之，孰與應時而使之；因物而多之，孰
> 與騁能而化之；思物而物之，孰與理物而勿失之也；願於
> 物之所以生，孰與有物之所以成。故錯人而思天，則失萬
> 物之情。

由於自然界和人間世界畢竟不同，自然界有它的基本秩序，人間社會由於沒有本然的秩序，因此人就不是單純地順應自然而已，而是積極地要建立人間的秩序與世界的圖像，這完全是人的問題而不是天的問題，可說與自然不相干，因此才有錯人而失天，必將失萬物之情。亦因如此，人才更應積極地思考人間秩序與自然秩序的不同，此事亦非自然而然之事，而是要由人來建立，亦必要克盡人的職分，在「天生人治人成」的前提下，破除過度對天人關係的執著與依賴，積極地則是要重新建構一種新的天人關係觀，前提即是「明於天人之分」，人的主動性、實踐性與創造性才有可能。若能如此，「明於天人之分，則可謂至人矣。」（《荀子・天論》）

(三)「明分使群」的義理解析

1. 在社會關係上，「分」表示人倫關係的位分

社會能穩定，必當人人知其位分，「分」是人類社會存在和社會組織的根本，知其位分而能安其位守其本，社會的秩序才不致淪於紊亂。此種人倫關係的定位，始自於孔子的「正名」思想，而荀子發揚之。

> 故天地生君子，君子理天地；君子者，天地之參也，萬物
> 之摠也，民之父母也。無君子則天地不理，禮義無統，上

無君師，下無父子，夫是之謂至亂。君臣父子兄弟夫婦，始則終，終則始，與天地同理，與萬世同久，夫是之謂大本。故喪祭朝聘師旅一也。貴賤生殺與奪一也。君君臣臣父父子子兄兄弟弟一也。農農士士工工商商一也。（《荀子‧王制》）

由〈王制〉之文可看出荀子對於人倫關係的重視，不僅延續孔子所主張正名「君君、臣臣、父父、子子」的觀念，更強化了尊卑、長幼的定位，「正名」是一件絕對必要的政治工作，因為「名」的作用在於標示社會關係；而每一種社會關係又包含著一個道德要求，所以這種名分和定位即是始終相承相繼，不能有悖離本分，若違此理則不僅違背倫理秩序更會導致天下亂，這也就是禮法的精神所在，只有依循「正名」並依照「社會職能的分工」而行，所謂：「農農、士士、工工、商商」使得社會各階層各安於其職業，扮演適合其身分的角色與發揮默認的功能，才稱得上是「與天地同理」、「與萬世之久」。社會的結構面中因著位元分之辨識與分工，才不致錯其位、失其序，人在社會中的角色與功能才得突顯。〈非相〉雲：「故人之所以為人者，非特以其二足而無毛也，以其有辨也。夫禽獸有父子而無父子之親，有牝牡而無男女之別，故人道莫不有辨。辨莫大于分，分莫大於禮，禮莫大于聖王。」由此看出由辨而分，由分而有禮的次第。荀子說：

無分者人之大害也，有分者天下之本利也。（〈富國〉）

人道莫不有辨，辨莫大於分。（〈王制〉）

離居不相待則窮，群而無分則爭。窮者患也，爭者禍也。救患除禍，則莫若明分使群矣。（〈富國〉）

　　「明分使群」之意義與價值是建立在「分位」和「本分」的基礎上，社會群體的每一分子，必予以辨識分別，使得個體各有不同的「分位」，在不同的「分位」上各有其應盡的「本分」，由於人類社會群體中的基本關係也就是倫理關係，故以君臣父子兄弟爲社會結構的第一核心圈逐級而擴大，再加上職能分工，社會的核心基礎穩固，各階層的職能分工明確，社會發展與理想才得以實現，此種觀點是從身分上來論，是屬於形式，但也是禮制及合理化的一層。因此，從社會與政治系統的運作上來說，它首先要確立的是必須合乎倫理原則，道德不僅是個人事務，也是體現群體生活價值的基礎。

2.「分」表示社會資源的合理分配

> 分均則不偏，勢齊則不壹，眾齊則不使。有天有地而上下有差，明王始立而處國有制。夫兩貴之不能相事，兩賤之不能相使，是天數也，勢位齊，而欲惡同，物不能澹，則必爭，爭則必亂，亂則窮矣。先王惡其亂也，故制禮義以分之，使有貧富貴賤之等，足以相兼臨者，是養天下之本也。書曰：「維齊非齊。」此之謂也。（《荀子・王制》）

　　由於人的欲望順著自然而生之性，原本就無法限制，依此順勢發展之結果必然造成群體內成員的衝突，甚至是個體與群體的衝突。荀子亦坦言：「夫貴爲天子，富有天下，是人情之所同欲也；然則從人之欲，則勢不能容，物不能贍也。故先王案爲之制禮義以分之，使有貴賤之等，長幼之差，知愚能不能之分，皆使人載其事而各得其宜，然及使穀祿多少厚薄之稱，是夫群居合一之道也。」（〈榮辱〉）解決此問題之鑰即在於「制禮義以分之」。

　　再如「人之情，食欲有芻豢，衣欲有文繡，行欲有輿馬，又欲夫餘財蓄積之富也。然而窮年累世不知不足，是人之情也。」（〈榮辱〉）荀子

之意是指這種基本生存條件的欲望和爭奪，就連聖人暴君亦無例外，「凡人有所一同：饑而欲食，寒而欲暖，勞而欲息，好利而惡害，是人之所生而殺，是無待而然者也。是禹、桀之所同也。」（〈榮辱〉），禹與桀的歷史評斷一是聖君，一是暴君，但是二人在形軀之我上並沒有太大的不同，但若順自然本能之欲求發展，其結果即是治與亂，如此一來社會之亂仍然不可避免，所謂「為事利，爭貨則，無辭讓，果敢而振，猛貪而戾，恈恈然唯利之見，是賈盜之勇也，輕死而爆，是小人之勇也。」（〈榮辱〉）

　　若依這樣的發展要人拋棄自然而有之傾向，寄望而產生種種德行義舉似乎是緣木求魚，更別說要有仁義心腸的道德實踐。面對人與人發生利害衝突時，人的行為動向不外乎爭奪相殘之景象，這是人性在無任何約束及道德規範的情形下的必然結果，荀子將這種情形稱之為「惡」，反之則為「善」。在〈性惡〉：「凡古今天下之所謂善者，正理平治也。所謂惡者，偏險悖亂也。是善惡之分也。」因此荀子提出「明分使群」的觀念以袪除人性的自私，以符合社會的規範，而免淪於「偏險悖亂」之境。「離居而不相待則窮，群而無分則爭。窮者患也，爭者禍也。救患除禍，則莫若明分使群矣。」（《荀子‧富國》）

　　荀子基於經驗事實的觀察，以「分」而言，即是分工分職，各個階層之人皆有其職責，本於其職責的功能性設定，而統一而禮義之下。因而有「制禮義以分之」（〈王制〉）之說。徐復觀解釋如下：

　　　　「分」是按著一種標準將各種人與事加以分類：於是因
　　　「分」而有「類」，「類」是「分」的結果：故荀子常稱
　　　「知類」、「度類」、「通類」。分類之後，各以類相
　　　「統」，故又稱「統類」。「分」、「類」、「統類」，

這是荀子思想中最基本的三個概念。[9]

荀子按照人與事的實際情況，加以分類，只有如此才能達到正名，又可避免紛爭。在〈君道〉他將社會上的種種事實加以分類（尤其是在人的分上），並使之相對應而加以標誌而易於分別：

> 若夫重色而成文章，重味而成珍備，是所衍也。聖王財衍
> 以明辨異，上以飾賢良而明貴賤，下以飾長幼而明親疏。
> 上在王公之朝，下在百姓之家，天下曉然皆知其非以為異
> 也，將以明分達治而保萬世也。（〈君道〉）

經由「飾」的安排，讓社會上各階層之人知其「分」、知其「類」，而後才能達「上以飾賢良而明貴賤，下以飾長幼而明親疏」，如此才能使得人人各就其分位而有等差之別，不會因不明分而致相互淩越，破壞了原有的社會秩序，如此一來方能有「貴賤有等，長幼有差，貧富輕重，皆有稱者也。」（〈富國〉）的社會。在社會資源的合理分配的概念下，「分」又有另一層意義，即是職位的高、低、貧、富、貴、賤並非一成不變，而是可以改變的，此中之變與不變，端視其是否能服從禮義和是否賢良而定：

> 雖王公士大夫之子孫也，不能屬之禮義，則歸之庶人。雖
> 庶人之子孫也，積文學，正身行，能屬於禮義，則歸之卿
> 相士大夫。（〈王制〉）

---

[9] 徐復觀：〈荀子政治思想的解析〉，收錄於《學術與政治之間》（臺北：學生書局，1985），頁207。

3.「禮」是明分使群的價值理據及規範

　　人要過社會的生活，必須節制情欲，使人在一定的範圍內發展，如此或有可能滿足一部分情欲，與人相爭相奪的情形相對減少，這也就是「化性起偽」的工夫；但是因為荀子不認為人有主動的內在能力去化性，只有被動地接受外在的行為規範的約束，行為才不會超過本分，「禮」就相形重要而不可缺。「禮」是外部的行為規範，每個階層不同的生活，舉凡在政治、倫理、儀式上，有了禮的指導，才會使社會呈現是一種穩定而有秩序的狀態。王曉波認為荀子對社會的分析，大都是從其社會功能入手。[10]所謂制禮義以分之，而能善人之欲與給人之求。

> 禮起於何也？曰：人生而有欲。欲而不得，則不能無求。求無度量分界，則不能不爭。爭則亂，亂則窮。先王惡其亂也，故制禮義以分之。以養人之欲，給人之求。使欲必不窮乎物，物必不屈於欲。兩者相持而長，是禮之所起也。（《荀子‧禮論》）

再如〈王制〉所言，亦強調禮與義的重要：

> 力不若牛，走不若馬，而牛馬為用，何也。曰：人能群，彼不能群也。人何以能群，曰：分。分何以能行，曰：義。故義以分則和，和則一，一則多力，多力則強。

　　而「群」、「禮」與「分」三者密切相關，〈富國〉就言：「故人生不能無群，群而無分則爭，爭則亂，亂則窮矣。故無分者，人之大害也，有分者，天下之大利也。」「分」又下兼於各個社會階層，「兼足

---

[10]王曉波：《儒法思想論集》（臺北：時報文化出版公司，1986），頁115。

天下之道，在明分。掩地表畝，刺山殖穀，多糞肥田，是農夫眾庶之事也。」「農分田而耕，賈分貨而販，百工分事而勸。」（〈王霸〉）從社會功能的觀點來看，社會不能沒有規範和秩序，這一點也是先秦各家所追求的，從孔子提出「正名」開始，即以建立一個有秩序有倫理的道德世界為目標，荀子的社會哲學亦不例外，他以「明分使群」為社會建設的基礎，最後皆回歸到「禮」的價值顯用上，如果說儒家以規範社會秩序為其社會思想的目的論，禮的作用也就在於此，社會結構有了「禮」的支持，人倫之間亦有「禮」，庶民階層亦知禮守禮，如此方可達於「節事天地之神明，辨君臣上下長幼之位，別男女父子兄弟之親，婚姻疏數之交。」（《禮記·哀公問》）一個講求倫理秩序、道德規範和穩定的社會結構於是形成，亦即是以一種合乎理性與講求標準的組織原則與方法，社會是為一有機之體制。

四、對「明分使群」的反思

㈠在禮的優先性之下所呈現的人性孤寥

　　如何克服仁與禮之間矛盾與衝突的緊張關係，是儒家思想的難題與挑戰。孔孟所擔心的問題即在於，若是社會與政治制度和生活的規範變成一具與人實存生活的終極價值和尊嚴毫無相應的骨架，而使人與他一手創造出來的禮法文明世界相疏離，如此一來人的意義與價值又在何處？歸納前述之討論，可見荀子本質上是強調「禮的優先性」。這個問題的浮現有如下述：

　　　　就荀子的思想系統來看，荀子對人性不以孔孟採取一種「樂觀」的態度，他認為人的道德實踐是透過後天禮法約束才有可能；同時，因為他以本能欲望來解釋人性，而無法經人的存有尋究出一先驗的道德實踐的依據，因此，只得從禮與法立起人存有的終極價值。而禮與法的成立缺乏

人性根據，只好揭一「聖王權威」以立制度秩序的基礎，以致於導向政治上的「權威主義」，並使禮法可能產生人性不得反省、改變的僵化的外在規範，人很可能成為外在規範制約的存有。[11]

在先秦孔孟對於個體與群體生活之間，以及人生活中可能面臨許多的價值衝突之時，個人的良知與價值的選擇是一個重要的參考指標，這是尊重個人道德與人性的自由選擇，也可說是仁心的發用，自不同于荀子經後天禮法的約束，但若是禮與法缺乏人性的根據，空有禮法的制度，卻失去了人行為之自由為價值之優先，人的踐仁與本心的擴充將隱而不彰而有危險。

㈡強調以禮法之權威建制個體與群體關係，是否就能保證一個不爭、不亂的和諧秩序？

對於荀子以禮法是建構群體秩序的根本原則，也是成功統治的不二法門，對此議題之認知，學者之見解如下：

就生活群體的秩序而論，儒家認為禮法是群體秩序賴以維繫的根本理則，也是一位統治者化成天下的重要憑藉，認定禮法是人生活在群體中所必須謹守的規範，不論這些規範是人共同制訂中長期演化而來，或者是聖人所定，它們都具有普遍（universal）的意蘊，人一持守他們，人與人之間的生活就能夠有所度量，有所分界，而不爭不亂。[12]

---

[11] 勞思光：《中國哲學史》卷一，頁356。

[12] 蔡英文：〈自由與和諧—個體自由與社會秩序〉，收錄於黃後傑主編：《中國文化新論—思想篇》，臺北：聯經出版事業公司，1982，頁274-275。

　　儒家對於個體與群體關係所持的樂觀觀點，也遭遇道家的批判，除了是老子所稱的一種在人間秩序之外的個性解放，莊子的逍遙自在的自由，並且以「反智」的觀點批判這種人為的文明發展。老子所言之「雞犬相聞，民老死不相往來」的「小國寡民世界」，對於禮制社會的懷疑與退卻，也看出人的不可確定性。

　　一旦仁心無法獲得肯定與承諾，儒家所主張的「仁之于父子也、義之於君臣也、禮之於賓主也」（《孟子·盡心上》）的具體原則，勢必無法體現於各階層相互交往的互動關係上，最後有可能淪于以權威為宗，以物質利益為宗，以條件交換為宗的情境，這是吾人所擔憂者。

㈢由「禮」到「法」看出權威性與強制性的浮現

　　荀子透過對經驗世界的觀察和理性的思辨為手段，建構一個明分使群及上下和諧有禮有秩序世界。對於過程中所出現的人性自然傾向，他以「化性起偽」的工夫加以導引，以社會規範之「禮」達成一種內化（internalization）的社會控制，透過社會化的手段，達於社會群體的諸成員，以規範其社會人格。但是囿于人的生理、心理甚至是社會結構諸因素，個體與群體卻常有衝突之事，內化之效果無法立竿見影時，則必須輔之以具有強制力的外在約束力。〈富國〉云：「由士以上，則必以禮樂節之；象庶百姓，則必以法數制之。」所謂「法數」亦可稱之「法」，因此強制性之本質，而使得「法」的觀念成為禮之輔助與具有節制之意義。禮就其社會化而言是「正身」，是禮義師法的外在規範，也是讓矯情化性得以實現。但是仍無法完全免除「偏險悖亂」的行為發生，甚至危及社會的穩定與秩序，為了克服此一社會發展中的歧途異路，荀子肯定「刑賞」作為外鑠性的規範作用，他說：

　　政令以定，風俗以一，有離俗不順其上，則百姓莫不敦惡；募不毒孽，若袚不祥，然後刑於是起矣，是大刑之所

加也，辱孰大焉。……於是有能化善修身正行，積禮義，
尊道德，百姓莫不貴敬，莫不親譽，然後賞於是起矣，是
高爵豐祿之所加也，榮孰大焉。（《荀子・議兵》）

依照儒家思想的發展脈絡來說，禮和法是不同的。禮是規範儀表，
建立各種人際關係使之有善的次序，並依序建立倫理道德。法則是預防
外在的惡行，荀子說：「人無師無法，則其心正其口腹也。」（《荀子・
榮辱》）故以法和師並舉而教人為善，若人無師無法，則心從口腹之欲，
將悖離人之所以為人的本質涵義。由於荀子說法本是從禮而來，因此其
「法」的觀念亦異于後起的法家所談之法。由於「爭必亂，亂必窮，強淩
弱、眾暴寡」之社會現實條件之使然，荀子乃有以法的「械數」之觀念的
提出，因此必透過先王聖王以禮義法度，來矯飾人之自然本性可能為惡之
傾向。但是他也特別提醒「械數者治之流也，非治之原也。」（《荀子・
君道》）

要使「刑賞」達到原先預期的目標，就不能不言及「法」的意義和
功用，〈君道〉云：「法者，治之端也。」〈致仕〉亦言：「故士之與人
也，道之與法也者，國之本作也。〈富國論〉曰：「賞不行，則賢者不可
得而進也。罰不行，則不肖者不可得而退也。」以刑賞來作為治理之要，
其目的即是要使大家都能安其「分」而盡其職，而後才有「庶人安政，然
後君子安位」（《荀子・王制》）的可能性。由於對社會秩序和穩定變遷
的社會之重視，荀子對「禮」的推崇與重視，可說是儒家中獨樹一幟的代
表，他說：「禮者，法之大分，類之綱紀也。」（《荀子・勸學》）亦可看
出禮所代表的不同意義和功能[13]。「法」依今日的觀念來看，它是一種代

---

[13] 陳弱水針對荀子「禮」的概念，認為在荀子的觀念系統裏，禮有二層意義，一是屬於社會政治範
　　疇，是指所有的典章制度，禮典的儀文形式；二是屬於個人的範疇，是指人所應做的正常行為規
　　範。見陳弱水：〈立法之道─荀、墨、韓三家法律思想要論〉、《天道與人道》，頁83-83。

表行使公權力的、具有強制力的約束與規範，亦即是「明主……之所以布陳於國家刑法者，則舉義法也。」（《荀子·王霸》）以法來輔助禮才會有實際的社會效益。

在荀子的觀念中，「禮」的涵蓋包括了自然形成的社會規範，也包括了表徵國家公權力的政治制度及威權之道，由此亦可看出「法」是「禮」的一個構成條件，「禮」是人間世界應然性與規範性真理的一種呈現，這些規範亦具有客觀性與不可改變之理，並且可以由人的認知去把握其義理，這就是「仁義法正有可知可能之理」（《荀子·性惡》），而其對法之認知與效益即如〈君道〉之言：

> 法者，治之端也；君子者，法之原也。故有君子，則法雖省，足以遍矣；無君子，則法雖具，失先後之施，不能應事之變，足以亂矣。不知法之義，而正法之數者，雖博，臨事必亂。（《荀子·君道》）

五、結語

荀子從人之自然之性的傾向論述性惡，而以禮為其思想的根本，對於社會秩序的要求與強調為其思想之特質。對於群體秩序的建立，「明分使群」明確地定義出這個秩序包括著政治與社會階層的關係，以及人際互動交往的基本規範，也只有從禮法才能建立起社會的最高價值。但是若將禮與法確立為外在的客觀權威，必將制禮與立法者導向政治上的「聖王權威」以作為社會秩序的守護神，無異鼓勵一種政治的威權主義和社會控制主義。這可從他所說「辨莫大於分，分莫大於禮，禮莫大于聖王。」（〈非相〉）得到體認。

其次，就社會生活的群體秩序而言，荀子主張禮義是群體秩序賴以維繫的基本原則，也是統治者（君者）治理天下的憑藉，禮即是共同生活

的規範，人只要持守此一原則，便可不爭不亂；固然「明分使群」讓我們看到荀子為解決社會結構衝突問題所思考而得到的一個重要觀念，但是對於群體關係中的社會結構、立法原理及社會資源配置等問題，恐非儒家「德治」的主張或是禮的規範所能解決。在其內在關係上，必當要有一從「禮」到「法」的大過度，固然在荀子的觀念中，「法」在禮中，必要有一結構性的改變及內容的提出，荀子已提出幾個重要的觀念，如「法義」、「法數」和「類」的觀念。荀子的「明分使群」的觀念，融法入禮之觀念已漸具社會正義的色彩，但如：「以善至者待之以禮，以不善者待之以刑。」（《荀子‧王制》）之觀念來看，荀子之社會思想具有務實理性的精神，在社會發展的分化中依然存在有機的統整，依客觀的統類規劃出一套可資分配的法則，正視人的有限性，而發展人的社會性，在合理分配社會資源之原則下，逐步消弭個體與群體的價值衝突，這是標示著仁義道德之德治世界觀念下，已漸漸地以禮義而至禮法規範建制的過度，從而思考建構合理的社會制度，達成人間秩序達於穩定的社會。

——本篇原刊《漢學研究集刊》第三期，2006年。

荀子哲學中「禮」與「法」的關係建構探究

內容摘要

荀子是儒家的大儒之一，在戰國中、晚期，禮壞樂崩更形嚴峻，是文化的沉淪、社會的失序。面對此種情景，荀子哲學的提出頗具時代意義，他點出人性之惡以及改變的可能性，雖然他是繼承孔子仁禮並重的思維模式，但是揭 隆禮與崇法，展開了儒家道德意識與行動的新格局。透過〈禮論〉與〈性惡〉二篇，一方面將「禮」詮釋為「分」以定社會秩序，並使之與宇宙秩序接軌；二方面則是從矯正及教化群倫觀點以建構度量標準的「法度」，建立由禮到法的操作程序。荀子以古者聖王與君子的立法為準，以保障「禮」之價值貞定。禮法並行、隆禮崇法也碰觸了三個必須面對的問題，一是如何能道德自主，成為創造禮文化的主人而非受造者？二是如何避免法自古聖王出之侷限而形成威權主義？三是法如何彰顯其公平與正義的本質？這樣的反思在〈王制〉即看到禮刑兼行的結果，顯然社會的控制與獲得實質改善是荀學發展的內在需求與動力。

一、前言

《史記・孟子荀卿列傳》，對於荀子作了如下的介紹：

荀卿，趙人。年五十始來游學於齊。……齊襄王時，而荀卿最爲老師。齊尚修列大夫之缺，而荀卿三爲祭酒焉。齊人或讒荀卿，荀卿乃適楚，而春申君以爲蘭陵令。春申君

死而荀卿廢，因家蘭陵。李斯嘗爲弟子，已而相秦。荀卿
嫉濁世之政，亡國亂君相屬，不遂大道而營於巫祝，信機
祥，鄙儒小拘，如莊周等又猾稽亂俗，於是推儒、墨、道
德之行事興壞，序列著數萬言而卒。因葬蘭陵。[14]

　　依司馬遷之言，荀子於齊稷下學宮三爲祭酒，最爲老師，顯然其學問
必有其關切意旨與議題，而其治學的動機則是對於當世之國君營於巫祝、
信機祥之批判，直指此乃鄙儒之所爲，非儒門正宗之所當爲，儒者之所爲
應是秉大道而行，爲儒門思想建構客觀化的信念與基礎，循此一途方能達
於正理平治。

　　荀子對於時代政局所秉持的反思的態度，即是「以仁心說，以學心
聽，以公心辨」（《荀子・正名》）的「三心」之觀點，其中以「仁」
爲心，說之以仁心，說明他的思想依據仍是孔門義理之傳承，聽之以
「學」，在他的〈勸學〉篇有所發揮，而最後的辨之以「公心」，說明了
他已經看到對於各種社會價值之衝突與抉擇，必當要有一客觀法度以爲裁
量標準，而非完全地、主觀地好惡認定，這三句話的「以仁心說」，心之
爲用可稱大矣哉，並且由此亦可釐測出荀學的價值取向，以及他爲儒學發
展所作的反思。

　　本文之構思即基於荀子的「三心說」之理念，即是「以仁心說，以學
心聽，以公心辨」，此三心以仁心爲基礎，並且由此開發與完成的途徑是
「禮」與「法」的提出，以作爲針砭時弊之策，而此二概念之內涵爲何？
「禮」與「法」存在何種關係？「法」的準則又要如何建立？此爲本文研
究之緣起。

---

14 〔漢〕司馬遷，《史記》，臺北：宏業書局，1989，頁632。

二、「三心說」之仁心直承孔子之言

㈠《論語》之仁

在孔子的時代，「仁」是道德德目的總稱，「仁」也被稱爲孔子哲學的核心觀念，「仁」這個字在《論語》出現了105次，稱之爲核心觀念是適當的。清儒阮元所作〈論語論仁論〉云：「孔子爲百世師，孔子之言，著於論語爲多。論語言五常之事詳矣，惟論仁者凡五十有八章，仁字之見於論語者凡百有五爲尤詳。[15]從外延的觀點來了解仁，「仁」是《論語》一書中的重要觀念，因此說「仁」孔子學說的核心觀念，大致上受到肯定[16]。而把「仁」提昇到一個無與倫比的地位上，則自孔子開始，屈萬里教授說：「東周以來，雖已經有了仁字，而且雖也把仁當作一種美德，但

---

[15] 阮元在《論語論仁論》中，其研究的態度是「詮解仁字，不必煩稱遠引」，他認爲：「孔門所謂仁也者，以此一人與彼一人相人偶，而盡其敬禮忠恕等事之謂也。」這個觀點亦是從《中庸》：「仁者，人也」而來，鄭康成注：讀如相人偶之人。阮元並進一步補充：「凡仁必於身所行者驗之而始見，亦必有二人而仁乃見。」參考阮元：〈論語論仁論〉，《揅經室上集》，臺北：世界書局，1982，頁157。

[16] 學者以為「仁」是孔子學說的核心，舉例如下：

　⑴徐復觀先生認為：孔學即是仁學，孔子乃至孔門所追求，所實踐的都是以一個仁字為中心。見徐復觀，〈釋論語的「仁」——孔學新論〉，《中國思想史論集》，臺北：時報文化出版公司，1985，頁355～378。

　⑵吳康先生認為：仁為孔子思想之主要觀念，論語中記孔子言仁者凡四十餘處。仁是共相，是一通義。見吳康：《孔孟荀哲學》上冊，臺北：臺灣商務印書館，1987，頁25～41。

　⑶陳榮捷認為論語四百九十九章，其論仁者達五十八，十分超一。仁字共用一百零五次，遠出乎孝、弟、天、禮等字之上，顯為孔子所常言，見陳榮捷，〈仁的概念之開展與歐美之詮釋〉，收錄於項維新、劉福增主編：《中國哲學思想論集·先秦篇》，臺北：牧童出版社，1977，頁1～16。

　⑷勞思光先生認為：「仁觀念是孔子學說之中心，亦是其思想主脈之終點。」見勞思光：《中國哲學史》（一），臺北：三民書局，1981，頁47。

　⑸高懷民教授認為：述孔子之學「離不開『仁』，『仁』是他學說中心，也是他內在精神的原動力。」見高懷民，《中國先秦與希臘哲學之比較》，臺北：中央文物供應社，1983，頁142～144。

強調仁字，使他成爲做人的最高準則，使他成爲一個學說，則實從孔子開始。」[17]

　　吾人從《論語》一書中了解，孔子的仁不是從知識的觀點出發，所謂「爲知識而知識」的求眞理念，這不是論語的精神所在，「仁」它是要從行爲的實踐上，道德的要求上來表現，仁是怵惕悱惻之感，如果人心不去發現，人沒有這種自反自覺，沒有這樣的覺悟，「仁」的價値義是無從顯現的。孔子本身是道德的實踐者，其論仁是因人、因時、因地、因事之不同而有所不同，所以從論語中的記載，就其語意而言，是「道德實踐的指點語，而非界定語」。[18]因此，「仁」的內涵即隨著道德實踐行爲之多元而有不同的指點和不同的蘊涵。

㈡「仁」即是愛人

　　《論語・顏淵》所載孔子對於樊遲問仁的回答。樊遲問仁。子曰：「愛人。」問知。子曰：「知人。」（〈顏淵〉）另外在〈學而〉篇，子

---

[17] 屈萬里先生認為，仁字在古代經書之出現情形，詩三百篇中只出現二次，尚書二十八篇中只有一個仁字；甲骨文中則根本沒有。但強調仁字，使他成為做人的最高準則，則實從孔子開始。請參閱屈萬里，〈仁字涵義之史的觀察〉，《孔子研究集》，臺北：中華叢書編審委員印行，1960，頁273～285。而許慎《說文解字》對仁字之解釋為：「仁，親也，眾人二。」清代段玉裁註釋為：「……相人耦也……按人耦猶言爾我，親密之詞。獨則無耦，耦則相親，故其字眾人二。」請閱段玉裁，《段氏說文解字註》，經韻樓刊本，臺北：啓明書局，1961年出版，第八篇上。此外《中國儒學辭典》對「仁」之解釋為：儒家倫理哲學的中心範疇和最高道德準則。最早見于《尚書・金縢》之「予仁若考」指才能與美德。參閱趙吉惠、郭厚安主編，《中國儒學辭典》，遼寧：新華書店，1988年12月第一版，頁608。但是〈金縢〉篇之原文為：「……予仁若考，能多材多藝，能事鬼神……。」而屈萬里先生對「予仁若考」則註為「我仁厚又孝順」，可見把「予仁若孝」解釋為「才能與美德」並非其原義，請參閱屈萬里，《尚書今註今釋》，臺北：臺灣商務印書館，1988年8月十二版，頁85。

[18] 曾春海教授言：「雖然論語中談仁的地方不下百餘處，然而卻不易發現明確的定義。蓋孔子為實踐的道德家，其論仁乃因人、因時、因地、因事之不同，而有所指點，因此「仁」詞在論語中只是道德實踐的指點語，而非界定語。」請見曾春海，〈論語中禮義與仁的關係〉，收錄於《儒家哲學論集》，臺北：文津出版社，1990，頁21。

曰：「道千乘之國，敬事而信，節用而愛人，使民以時。」此段之「節用而愛人」其內涵不似〈顏淵〉篇中，孔子直說仁為愛人來得廣泛和精深。以愛釋仁，建立在人與人彼此的互動關係上的同情共感，並且是互相成長，朱子認為「愛人仁之施，知人知之務。」（《四書集註》，論語六）彼此互相依存的關係上所發展起來的價值系統，沒有了愛，倫理關係便無從建立。若再從許慎《說文解字》來看更為清楚：「仁親也，眾人二。」，仁表示了二人之間，你我之間的親密經驗，以此為出發點而逐步推廣的友善關係。愛人是仁的表現，它是主體我主動地去關心照顧，給予別人，而愛的關係開展又要從何處開始呢？《論語》說：「孝弟也者，其為仁之本歟！」（〈學而〉）、「君子務本，本立而道生」（〈學而〉）孝弟的情感，可說是具有血緣之親密關係皆有的同情共感，因此以孝弟為本，逐漸的去發展我的生命，由親親而仁民，仁民而愛物；再看後來的孟子說：「仁者愛人」（〈離婁下〉），又曰：「仁者以其所愛，及其所不愛。」（〈盡心下〉），「仁者無不愛也」（〈盡心下〉）更可得到一個觀念，仁的本質就是愛。「愛」是出自於我人內心的敬重，不容己的關注所愛者，輔助成全所愛之對象，我人自身的生命意義與滿足亦從此一歷程中獲得實現，此種愛的真摯流露及其生命發展，即如《中庸》所言：「唯天下至誠，為能盡其性，能盡其性，則能盡人之性，能盡人之性，則能盡物之性，能盡物之性，則可贊天地之化育，可以贊天地之化育，則可以與天地參矣。」假設沒有了仁，沒有了愛，則此種胸襟和同情共感的感情即無從產生，此之謂不仁。愛自親始本是自然而然，然後循序漸進，故才能仁者愛人愛物。

㈢仁是自覺覺人

在《論語》中，孔子對於弟子之問，就「仁」之內涵而言，無固定概念可循，而孔子一生便以「自覺覺人」的生命態度行道，因此孔子的隨機指點，使得「仁」顯示其多面層的意涵，這可以從下列孔子與其弟子之對

答得佐證：

1. 子貢曰：如有博施於民，而能濟眾，何如？可謂仁矣？子曰：何事於仁，必也聖乎！堯、舜其猶病諸。夫仁者，己欲立而立人，己欲達而達人，能近取譬，可謂仁之方也已。（《論語‧雍也》）

2. 樊遲問仁，子曰：仁者先難而後獲，可謂仁矣。（《論語‧雍也》）

3. 顏淵問仁，子曰：克己復禮為仁，一日克己復禮，天下歸仁焉。為仁由己，而由人乎哉！（《論語‧顏淵》）

4. 仲弓問仁，子曰：出門如見大賓，使民如承大祭，己所不欲，勿施於人。……（《論語‧顏淵》）

5. 司馬牛問仁，子曰：仁者其言也訒。（《論語‧顏淵》）

6. 子曰：剛毅木訥近仁。（《論語‧子路》）

7. 樊遲問仁，子曰：居處恭，執事敬，與人忠，雖之夷狄，不可棄也。（《論語‧子路》）

8. 子張問仁，子曰：能行五者於天下，為仁矣。請問之，曰：恭、寬、信、敏、惠。恭則不侮，寬則得眾，信則人任焉，敏則有功，惠則足以使人。（《論語‧陽貨》）

9. 子曰：仁者必有勇，勇者不必有仁。（《論語‧憲問》）

　　孟子說孔子為聖之時者也，是恰如其分，恰如其所的適機指點，而並不重視德目的形式，以具體情境之時地事物，指點人心之蔽，而能當下切中問題核心，仁之價值原則不可動搖，而仁之實現卻不能不照顧到現實之差異而作適切地調整，此正是孔子之偉大處。

　　「仁」的概念由最基本的「愛人」到眾德總稱，再到存在的主體我之道德自覺，「克己復禮」與「為仁由己」，其貢獻乃在孔子重振周禮並賦予之哲學意義與基礎，仁所涵蓋的範圍，可說是包含了人與他人，人與自然，人與自我的內在感通，而且我們視「仁」為主體性的道德自覺覺醒，又是為主體我之肯定，因此由此種感通、覺醒與肯定，來導引出各種道德之規範，即孔子對弟子之不同指點，進而來構建其人倫秩序與社會制度。

進一步來說，仁這種內在於主體我的德性生命之流，透過人的自覺自省，以「己」爲涵養擴充之起點，人對自我的親切存養，〈里仁〉篇所謂：「不仁者，不可以久處約，不可以長處樂，仁者安仁，知者利仁。」正足以表達仁之豐沛的生機與動力，它是一種高貴的生命力，因而能在現實際遇中，因仁之生機作爲，以及不同形式的表現，展現出人的高貴意義。

㈣荀子論「仁」

「仁」既然是儒家哲學的核心觀念，整個儒家的理念推動即環繞此一中心觀點而展開，而荀子所接受並且與其思想最爲相關者應是，「克己復禮」，由於人之天性爲惡，故須「待師法然後正」，因此德行並非天生，而是「積」以成之，個人積聚的指導原則爲「禮」，社會的指導原則爲「正名」，政府的指導原則爲「法後王」。爲何會這樣安排，出發點即在於只有透過「克己」方能歸於「禮」。

荀子常言「禮以順人心爲本」（《荀子‧大略》）何謂「順人心」？此概念如何正確理解，在《荀子》原典中有數則提及他對仁的意涵解釋，由此可看出在荀子心目中「仁」的分量。

> 人主仁心設焉，知其役也，禮其盡也。故王者先仁而後禮，天施然也。（《荀子‧大略》）

> 君子養心莫善于誠，致誠則無它事矣，唯仁之爲守，唯義之爲行。誠心守仁則形，形則神，神則能化矣；誠心行義則理，理則明，明則能變矣。變化代興；謂之天德。（《荀子‧不苟》）

> 貴賢，仁也；賤不肖，亦仁也。（《荀子‧非十二子》）

仁，愛也，故親。（《荀子‧大略》）

修仁義，伉隆高，正法則，選賢良，養百姓，爲是之日，而名聲剸天下之美矣。（《荀子‧王制》）

彼仁者愛人，愛人，故惡人之害之也。（《荀子‧議兵》）

親親、故故、庸庸、勞勞，仁之殺也。（《荀子‧大略》）

先王之道，仁之隆也。（《荀子‧儒效》）

先王之道，仁義之統。（《荀子‧榮辱》）

君子處仁以義，然後仁也；行義以禮，然後義也；制禮反本成末，然後禮也。三者皆通，然後道也。（《荀子‧大略》）

　　上述列舉十則的荀子論「仁」，皆可看出其中最重要的核心概念即是「以仁爲本」，仁愛是儒家自孔子以來的核心理念，孟子亦繼承此一理念，荀子是儒家後起之秀，其釋仁之理念仍然是秉持仁愛，其出發點仍然是「等差之愛」，但是更精進的詮釋，就是荀子在〈成相〉所言「兼愛」與〈富國〉所言之「兼而愛之」，學者稱之爲「一體之仁」是超越「差等之愛」。[19]其觀點如下：

---

[19] 王堃、黃玉順：《荀子：孔子之后最徹底的儒家──論荀子的仁愛觀念及社會正義觀念》。收錄於涂可國、劉廷善主編：《荀子思想研究》，濟南：齊魯書社，2015，頁16。

事實上，完整地理解的儒家「仁愛」應該是：通過「等差之愛」的路徑，實現「一體之仁」的目的；「一體之仁」其實是對「差等之愛」的超越，這種超越的方式就是「推擴」。

曾振宇教授在其《「先仁而後禮」：荀子仁學與人性論再思考》一文中，也提出仁是禮之倫理的「最終支撐」。

荀子常說「情安禮」（《荀子‧修身》），性情何以能以禮爲安？換言之，禮存在的「最終支撐」何在？荀子的回答是「仁」：「人主仁心設焉，知其役也，先仁而後禮」，這是理解荀子仁與禮關係的樞要。「先仁而後禮」不僅是邏輯在先，更重要的還在于，仁是禮之倫理「最終支撐」。[20]

即如前述，孔子指出仁是吾人生命中的高貴本質，也是一切價值理想的根源所在。孟子進一步講性善，言仁義禮智根源於心，人有可以爲善的本根理據。到了荀子即主張「天地生之，聖人成之」（《荀子‧富國》）又云：「天能生物，不能辨物也，地能載人，不能治人也。宇中萬物，生人之屬，待聖人然後分也。」（《荀子‧禮論》）明確地詮釋天、地、人三才的概念，而人能與天地並列爲三才之一。因此，當荀子講出「以仁心說」之時，吾人益加肯定其紹承孔子之學，荀子更進一步指出「以仁爲先」的優先性，以仁爲本，君子行義是在彰顯仁的精神，而仁之本義即在「愛人」，「愛人」之觀念直承孔子之意，而來成就「人之道」即是實踐仁的

---

[20]曾振宇：《「先仁而後禮」：荀子仁學與人性論再思考》。收錄於涂可國、劉廷善主編：《荀子思想研究》，濟南：齊魯書社，2015，頁25。

最終目的，「人之道」也就是「王道」，並且由荀子戡天之思想處設想，荀子的人之道其價值與地位更是遠高於天、地之道。因此〈儒效〉即言：

> 先王之道，仁之隆也，比中而行之。曷謂中？曰：禮義是也。道者，非天之道，非地之道，人之所以道也，君子之所道也。

三、禮的概念及其預設

荀子哲學的核心理念建立在以「禮」重建社會的文明，他的著作中以〈禮論〉與〈樂論〉二篇為其建構新秩序的哲學預設，禮者「養」也，以禮養欲，樂者「樂」也，以樂怡情。之所以有「禮」的概念提出，也可說明荀子是儒家的一員，荀子發揮了孔子在「仁」觀念之外，另一看重的德目是「禮」概念之發展，因為孔子在《論語》提及「仁」約一百零五次，而提及「禮」也高達七十多次，其中最值得注意的是「人而不仁，如禮何？人而不仁，如樂何？」（《論語‧里仁》）、「君子義以為質，禮以行之，孫以出之，信以成之。君子哉！」（《論語‧衛靈公》），「不學禮，無以立。」（《論語‧季氏》）而荀子對於禮的重視，點出了人與禽獸的差異，荀子從人的實際情況提出人之性惡，作為禮論之所以必須予以重視的理由。

㈠人性預設：性惡

荀子在〈性惡〉一開頭即稱：

> 人之性惡，其善者偽也。今人之性，生而有好利焉，順是，故爭奪生而辭讓亡焉；生而有疾惡焉，順是，故殘賊生而忠信亡焉；生而有耳目之欲，有好聲色焉，順是，故淫亂生而禮義文理亡焉。然則從人之性，順人之情，必出

於爭奪，合於犯分亂理而歸於暴。故必將有師法之化，禮
義之道，然後出於辭讓，合於文理而歸於治。

〈性惡〉針對此種因為「順是」而產生「爭奪」、「犯分亂理」以
及悖理之情事的惡，從行為結果來看待導致人性之惡的原因，提出對治之
道，並認為是古者聖王所以能治即是在於「起禮義，制法度」捨此莫由：

古者聖王以人之性惡，以為偏險而不正，悖亂而不治，是
以為之起禮義，制法度，以矯飾人之情性而正之，以擾化
人之情性而導之也。使皆出於治，合於道者也。今之人化
師法，積文學，道禮義者為君子；縱性情，安恣睢而違禮
義者為小人。

荀子從行為的結果看出人性之惡，如何矯正此弊，他不是從形上之
理、或是傳統儒者的天命之謂性的層次去開發人性可以是善的可能性，雖
然他也重視「養」的功夫，但是，他從事實面開出被忽略的「禮」，這個
部分孟子是很少觸及的議題。因此，從「禮」的提出以及人性的預設，荀
子走出一條與孟子截然不同的思考模式。這個不同的思維模式所得到的
推論是「今人之性惡，必將待師法然後正，得禮義然後治」（《荀子‧性
惡》）

(二)化性起偽

〈性惡〉云：「不可學，不可事，而在人者謂之性；可學而能，可事
而成之在人者，謂之偽。」因此由「學」與「內化」觀之，其目的乃在解
決因「順是」所造成的社會秩序與倫理秩序的紊亂。化性起偽是築基在道
德的生成與運作，基本上是由於人類社會的需求所致，它是從社會歷史經
驗的觀察中得到的，由於「順是」而致社會性和諧與穩定被破壞，化性起

偽也就是要重建這種團體群倫生活的社會性。

　　前述由於性惡之故，必然會有「從人之性，順人之情」而致爭奪，形成社會的失控與失序，最後是「犯分亂理而歸於暴」，如何能「合於文理而歸於治」？這個階段即是必須以化性起偽的方式，必須透過「德」來加以整飭，就荀子而言，最有效的「德」即是「禮」，而「禮」之可能即是透過「化性起偽」的手段，因此，

> 古者聖王以人之性惡，以為偏險而不正，悖亂而不治，是以為之起禮義，制法度，以矯飾人之情性而正之，以擾化人之情性而導之也，始皆出於治，合於道者也。（〈性惡〉）

　　禮是個人修身、社會安定、國家發展的重要準則，離開禮即無由實現儒家的文明社會。但是要能做到上述的目標，仍然要回到儒家自孔子以來所建立的「禮治」內涵，即是「內以養心情導人欲，外以明定分而制倫常」的軌道上，其工夫即落於荀子所極力主張的「化性起偽」上，即講求「分」、「養」與「節」的工夫。荀子在〈禮論〉有充分的說明。

　　而「化性起偽」則見之於〈性惡〉，「性」是「生之所以然者」之意，是自然本能，如果不加以導正，即會產生種種的爭奪及弊端，因此必須加以導正，也就是「化性」才能達成「起偽」。〈儒效〉曰：

> 人無師法，則隆性矣；有師法則隆積矣……性也者，吾所不能為也，然而可化也，積也者，非吾所有也，然而可為也。注錯習俗所以化性也，並一而不二，所以成積也。習俗移志，安久移質。

　　此處即言持續不斷的養成習慣，可以變化人的本性，改變人的心志

氣質。因此，「化性」、「成積」正是「起偽」的準備工作，「偽」正是「積」久而成者，這即是〈正名〉所說的「情然而心爲之擇謂之慮，心慮而能爲之動謂之偽。慮積焉，能習焉，而後成謂之偽。」而「偽」的啓發及改變，是賴人文薰陶與陶成，經由人文義理，善導人性，則性偽自可合一。

㈢禮在荀子哲學中的眞諦

　　荀子對禮的重視與推崇，可以從「禮者，人道之極也。」（《荀子·禮論》）得到充分的說明，他直承孔子的主張，〈疆國〉曰：「故人莫貴乎生，莫樂乎安，所以養生安樂者，莫大乎禮義。」〈修身〉云：「故人無禮則不生，事無禮則不成，國家無禮則不寧。」甚至是處理自然現象時所採用的方法亦列入禮的範圍，而有：「天地以合，日月以明，四時以序，星辰以行，江河以流，萬物以昌，……萬物變而不亂，貳之則喪也，禮豈不至矣哉。」（《荀子·禮論》）如上種種立論，包括了人文世界與自然世界的運作，而最能表達禮的價值即在於人的身上之展現禮的各種意涵與品德，禮具備了崇高的人文價值，也是人文精神的象徵。

　　細究「禮」的原始本義，是祭祀天地先祖的宗教儀式，而主持儀式者必爲一族之領袖（君），教導傳授禮者爲「師」，因此〈禮論〉中說：「禮有三本，天地者，生之本也，先祖者，類之本也，君師者，治之本也。無天地，惡生？無先祖，惡出？無君師，惡治？三者偏亡焉無安人，故禮上事天，下事地，尊先祖而隆君師，是禮之三本也。」顯然荀子將禮的範圍擴充至天地之間的人群類屬、日月星辰、江河萬物等，可以說在荀子的心中，禮已成爲一種普世性的關懷。

　　依余懿嫻對「禮」的研究，禮的本質及眞諦如下：

　　　「禮」始爲宗教儀節，繼而成爲規範人群社會生活、與個
　　人行宜的準則，「禮」的形式文飾或代有更迭，然而作爲
　　人文價值的天平、權稱，即是「禮」不變的本質。〈禮論

篇〉中說：「繩者，直之至；衡者，平之至；規矩者，方
圓之至；禮者，人道之極也。」即以「禮」爲最高的價值
準則。至於行禮的原理是：「文理繁、節用省，是禮之隆
也；文理省、情用繁，是禮之殺也；文理情用相爲內外
表裡，並行而雜，是禮之中流也。」就是說行禮時若文
飾儀節勝過眞情實意，則是以禮節爲隆重；反之則是殺減
禮節；若二者互爲表裡，並行不悖，則是得乎「禮」的中
道。[21]

　　基於「治」所要求的「秩序情結」，此情結驅動社會與政治的良窳，
治與不治的結果是「禮義之謂治，非禮義之謂亂。」（《荀子・不苟》）從
群體生活的社會性而言，合於禮義者是爲善。顯然荀子對於孔子所談的禮
已經有改變其內容，孔子的「禮」是一種民族社會的內在性規範，從形式
上來說是各個階層之間的言行規範，但是細考其本質，則是包含了血緣關
係、人際關係的互動模式，各種人我之間、群倫之間的互動準則及依據，
並且貫穿了個體與群體、群體內成員，使其內化成爲必須如此以及遵守的
規範，人人必須服從於這種普遍性的道德義務，如此方能有「克己復禮爲
仁，一日克己復禮，天下歸仁焉。」（《論語・顏淵》）禮與仁二者在本
質上是相通一致，禮體現了仁所欲成就的道德性與典範性。荀子的「禮」
則是明白昭示一種新的社會生活典範與準據，這樣的禮顯而易見，並且是
外在的，具有外在性，這是荀子「禮」論的跨時代性與超越性，它所重視
的是外在性與客觀性的規範準則是重建新秩序的重要憑藉，此處即有由
「禮」向「法」的過渡，一個重建社會秩序的規準──「法」漸漸地浮現與
醞釀。

---

[21] 俞懿嫻：〈禮論篇〉辭條，《教育大辭書》，2000年12月。
　　http://terms.naer.edu.tw/detail/1315105/?index=9。查詢日期：2021/02/05。

四、「法」的概念闡釋與強制性

在中國哲學史上，有系統的反省「法」的概念並予以建構「隆禮崇法」的第一人，當推荀子的創建。他繼承、發展和修正了儒家的「禮治」觀念，另一方面也對「法」的觀念提出闡釋，深化了戰國時期儒家所正視道德社會所需的下層基礎，使得禮與法產生有機的統一，產生了「隆禮崇法」的思想。「禮」的觀念提出是爲了求得及保障一個穩定的秩序與和諧社會的實現，而這個穩定的秩序與和諧之所以可能，即來自於階層之間的穩定性和定制化，而定制化的合理性根源即立基於「禮」的規範。即如楊國榮所言：

> 然而作爲一個客觀性的規範，「禮」有著其內在的一致
> 性；於是在荀子的思想中，禮具備了雙重性格；一方面它
> 通過度量分界而化解了社會的緊張與衝突，另一方面，它
> 又作爲公正的原則而保證了社會分界的合理性。[22]

回顧孔子所欲建立的理想世界可說是一個依照倫理原則運作的社會，這主要來自他的道德教化的理念，亦即是透過「德治」的手段達成這個倫理性的目標。

> 道之以政，齊之以刑，民免而無恥；道之以德，齊之以
> 禮，有恥且格。（《論語・爲政》）
> 聽訟，吾猶人也。必也，使無訟乎！（《論語・顏淵》）

這兩段話直接說明孔子在政治與社會關切的議題與焦點，即落在如何建構一個兼具有道德的社會與成員的訴求，透過禮教的過程，他相信造就

---

22 參考楊國榮：〈儒學的衍化與轉向〉，《孔孟學報》第66期，1993年9月，頁136。

和諧社會秩序是可預期的，但必當以禮教爲先，法律爲輔，孔子也不否認
法律的輔教功能，但終究不是列爲第一優先。但是到了荀子的時代，一方
面是客觀環境（戰國中晚期）的巨大改變，失序的社會愈加明顯，二方面
是主觀心靈對於客觀事實反思之後的反應，產生了由禮到法的思維蛻變，
這個問題的答案可以從《荀子・王霸》找到線索：

> 明主……之所以爲布陳於國家刑法者，則舉義法也。

此處所指的「義法」即是人類社會維持穩定與發展所應遵循的大綱
原則，也就是一般意義下的「禮」，但是由「禮」到「法」，即已預設
了一個重要的前提，即是法律的制定不能離開「禮」的範疇與準則，所
謂：「禮者，治辨之極也，強國之本也，威行之道也，功名之總也。」
（《荀子・議兵》），已可看到「威行之道」的概念，實質上即是國家具有
強迫性的政令制度，毫無疑問地，在荀子的政治與社會思想中，「法」是
「禮」的一個構成要素。[23]
　　至於「法」可以扮演何種功能？除了前述所引原典的一般性解釋外，
荀子特重在「法律即是國家如何實施刑罰的規定」基於性惡的觀點，荀子
甚至強烈地主張：「元惡不待教而誅」（《荀子・王制》）、「刑稱罪，則
治；不稱罪，則亂。故治則刑重，亂則刑輕。」（《荀子・正論》）由此得
知，荀子已將「法」特別地看重其懲治性與禁制性的功能，雖然這個仍然
是屬於「禮」的構成要素之一，但是很明顯地已有凌駕道德性的意識，進
入到絕對性、宰制性的層次，由個人所需的道德意識與素養，提昇至國家
公權力的行使，也是一種具有鎮制力的社會規範，「法」既是國家典章的
一部分，也是個人所必須遵守的法規，它超越了「禮」的道德性呼籲及原

---

[23] 陳弱水：〈立法之道─荀、墨、韓三家法律思想要論〉，《中國文化新論─思想篇二：天道與人
道》，臺北：聯經出版公司，1982，頁85。

則信守，反而是對個人行爲處置的標準，善與惡不再是人心、人性上的哲學思辯，轉而是行爲上的罪與罰，刑罰的效力、威嚇力遠遠超過教化性、道德性的社會規範，罪與刑的觀念堅實的確立起來。

「法」由「禮」而來，但是如何由一個個人道德性的規範信守，轉至國家公權力的宰制性命令，如何過渡到可以成爲普遍性的社會規約，並且造成一定程度對人的爲惡產生嚇阻的效果？荀子認爲這個搭建及執行者是「古者聖王」，這仍然傾向於人治色彩，外衣是德治，但其內在已近於法治。

> 古者聖王以人性惡，以爲偏險而不正，悖亂而不治，是以
> 爲之起禮義，制法度，以矯飾人之情性而正之，以擾化人
> 之情性而導之也……（《荀子·性惡》）

古者聖王創建禮制的過程，說明了古者聖王明白「禮」的本質是在爲群倫社會設定正確的規範，此可知可能之理即是「仁義法正」之「禮」，而爲了保證這樣的社會不會成爲失序與混亂，「法」的提出與建構即是強制性的規範與保障，荀子已看到「法」所具有的特別涵義與功能，「法」所代表的已非一般性禮制與道德涵養，而是進化到國家的法令、制度、罪刑法定等強制性的外在規範。

除了古者聖王有此可知可能之認知外，荀子還特別指出「人治」的重要，立法的泉源是在於明睿的政治領袖。

> 法者，治之端也；君子者，法之原也。故有君子，則法雖
> 省，足以遍矣；無君子，則法雖具，失先後之施，不能應
> 事之變，足以亂矣。不知法之義，而正法之數者，雖博，
> 臨事必亂。（《荀子·君道》）

　　陳弱水認為荀子的「禮」與「法」的這二個概念，存在著相關，尤其是在政治、社會的範疇內，他總結這二個概念之關係有二，引述如下，其一是：

> 就中國古代思想傳統而言，荀子對於這些問題的看法是相當特殊的。他認為，「禮」是人類世界中應然性、規範性真理之顯現。換句話說，「禮」是根據某些價值上的準則制定的，而這些準則具有客觀性與固定性，它們是可以由人們以清明的知性去掌握的。[24]

其二是：

> 在政治社會中實際施行的法律應該根據某些更高的、未被明白宣示的原則訂定。用現代或法律學的術語來說就是：實體法必須立基於自然法。但在實際歷史和社會過程中，實體法與自然法之接榫，則要依賴聖王的睿智了。[25]

　　「法」雖非先秦儒家所特別重視的一個觀念，但是荀子已將「法」、「禮」與「刑」三者作了一個統合，禮為法提供依據準則，為刑提供參考依據。「禮」展現最高正義的價值，而法的價值層次則較低，但是二者有機的組合（隆禮崇法）卻同時可完成「人格養成」、「制度建構」、「治國之道」的效益，而「刑」恰恰展現了「法」的禁制性與普遍性，「刑」也表現了禁制與懲戒的效果。

　　由此可知，荀子已經從純粹的道德意識中尋求一種合理社會秩序的

---

[24] 陳弱水：〈立法之道—荀、墨、韓三家法律思想要論〉，頁86。
[25] 陳弱水：〈立法之道—荀、墨、韓三家法律思想要論〉，頁87。

新解釋，並且將道德律令轉化成為「禮」的價值取向與「法」的約束，並且從客觀面去尋求「人治」（古者聖王）所蘊涵的意義與實踐。荀子的理念不像法家所堅決主張的「法律是人的命令以及人治」的理念，並且非常具體的呈現出人治的色彩，統治者（如古者聖王與君子）皆仍帶有主觀性的道德要求與準則；也有「自然法」的法理概念，荀子認為人為法的制定與執行必須要遵從一個更高的原則，只是要創立正確的法律則有賴於具有特殊能力的聖王方有可能。並且由法、刑而造成的安定的社會秩序，在價值與利益上都遠高於無法律所造成的混亂社會；但卻隱含著一個危險的因子，由於人治之故，如果統治者高於法律，並且法律之制定是由上而下，而非由下而上，如何避免因人治所造成的流弊，例如權力集中，立法者不受法律約束的失控狀態，或是形成「惡法亦法」的狀態，是荀子「禮」與「法」二觀念結合運作時吾人必須面對的問題。

五、禮與法的關係檢視

在儒家的傳統氛圍中，對人性的解讀，荀子走出一條與孟子性善對立的性惡說，孟子講王道，批判霸道，但是荀子則言王霸兼採，顯然地荀子的思想觸及一個社會現實的問題，即就是在禮的文化傳承與社會穩定的雙重使命之下，荀子的「禮法兼之」確有其獨到的關注，尤其是他的思考層面從個人道德意識及人格養成之內在需求到群體倫理外在規範的考量，涉及主觀與客觀的統合問題，以下三者是吾人試以歸納出的延伸的議題。

㈠道德自主是否可能成立？

荀子的「禮」規範的範圍，遠較孔、孟二子所認知的既廣又深，包括傳統的祭禮儀節、個人生活細節、言語思想、人的一言一行、自然世界運行的軌道等皆是禮的範圍，禮象徵一切的規範，天下事物有秩序可循的，皆是屬於禮的範圍。依禮而行，荀子所要的人文秩序即可建立，在道德生活方面，其分際即在「禮以定倫」（〈致士〉）；在政治生活上的分際就是「王也者，盡制者也。」（〈解蔽〉）每個人依據自己的身分、職位獲

得在禮的系統中名稱、符號象徵與活動空間，彼此不相踰越，人文秩序即可建立。在〈君道〉篇，他對於人君、人臣、人父、人子、人兄、人弟、人夫、人妻皆有明確的定義。可以視之為「正名」思維的延伸。

在道德自主方面，荀子是透過禮的教育，人學習禮儀，變化人性，亦即是將禮儀內化成人的良心，因為人心有知的能力，可以知禮、熟悉禮，進而培養出合於禮的規範之人格，這個過程是由認知心慮積學習而成。此處可看出孔子所重視的「人的內在精神重於外在的禮儀」並沒有被荀子所繼承，他反而重視「積善成德」的實踐途徑，於是而有「積善成德，而神明自得，聖人備焉。」（〈勸學〉）這是外鑠的工夫，而非孔、孟所說的內聖途徑。這樣的結果會是什麼？張端穗即有如下的推導：

> 荀子否認人的內在有任何善質，人必須藉禮的塑造才能向善。因此他所謂的道德人格不能自作判斷、自作抉擇的人格，而是熟行禮義的人格，因此，人是禮義塑造的對象，而非創造禮義的主人。[26]

㈡社會控制的權力來源是否形成另一威權主義？

面對人人彼此相殘的文化沉淪，荀子選擇採用外在強制力的「法」作為社會制約的手段，以「法」來建立人間的穩定秩序和和平。在〈性惡〉篇，他試以若無強制力的社會制約，其後果實在無法想像，如下所述：

> 今當試去君上之勢，無禮義之化，去法正之治，無刑罰之禁，倚而觀天下民人之相與也，若是則夫彊者害弱而奪之，眾者暴寡而譁之，天下之悖亂而相亡不待頃矣。

---

[26] 張端穗：〈仁與禮──道德自主與社會制約〉，收錄於黃俊傑主編：《中國文化新論思想篇（二）天道與人道》，臺北：聯經出版公司，1996，頁156。

　　荀子思考此問題之後，主張要把制定禮義的權利與能力交付聖王，但是在群倫並非是善的社會，聖王並非唾手可得，將此權勢交付聖王無異助長人的為惡？無異創造了一個政治威權主義的幽靈，而至最後道德隱退，政治權威的宰制性成為常態，恐非群倫之福。這樣的思維陷阱，正如古代所言的「治亂世用重典」同樣的思考模式，吾人也須思考其中的手段與目的之問題，其合理性首遭質疑，而正當性也明顯不足。

㈢法之本質在追求公平與正義如何可能？

　　荀子在〈勸學〉稱：「禮者、法之大分，類之綱紀也。」說明兩者的關係，禮在法之上，法則是以個別的、部分的居於禮之下。可見禮對法有優越性與指導性。荀子並沒有特別關注到立法的形成過程，但他重視法的運用原則，他也看到執法過程中的明顯缺陷。在〈王制〉即這樣說：

> 故法而不議，則法之所不至者必廢。職而不通，則職之所不及者必隊。故法而議，職而通，無隱謀，無遺善，而百事無過，非君子莫能。

　　由此可知荀子的著眼點及其所注重的是達成國家治理的最大效益，並且以「法」為實踐及統治的手段，荀子只看到了如何在最短的時間內能夠達成有效治理，所以他說：「有亂君，無亂國；有治人，無治法。」（〈君道〉）但是，荀子忽略了「法」本身有其特殊性、獨立性、實踐性，所以法之起源的立法意旨以及法所追求的是社會公平正義的實現，但公平與正義卻不是戰國時期各家學派的關注之之點，荀子亦不例外，但是他提出禮法兼治，忽略了法本身應有其獨立性、正義性與公平性，而非從屬於某個概念之下。公平與正義的價值追求早在殷商與周朝統治時期，這個價值根源是自然法的「天命」，正義與公平是天命之德，在法的實踐過程中，必先找尋其存在之理由，如果法沒有顯示其正義與公平的本質，則

法充其量也僅是僵化的法條而已，「禮」與「法」失去了它成爲指導群倫規範的保證，最後留下來的可能僅是「刑」而已。

六、結語

　　荀子強調「禮」及「法」對於群倫的重要性，以「隆禮崇法」概念爲文化的崩頹提供解方，試以延續儒學命脈於不墜，對於「禮」的新詮及哲學意涵提供新的價值導向，法與禮聯繫緊密，法依托禮爲其提供正當性與正義性原則，並由此產生出懲戒、阻卻之刑罰功能；禮亦由法之實踐，而達成禮教化之目的，而「隆禮崇法」也預設及提供導致另一型式的法之詮釋。《禮記・樂記》認爲：「禮以道其志，樂以和其聲，政以一其行，刑以防其奸。禮樂刑政，其極一也，所以同民心而出治道也。」由此觀之「禮樂刑政，四達而不悖，則王道備矣。」荀子在〈王制〉篇爲他的禮法並行、隆禮崇法之理念提出總結，「禮」與「刑」被彰顯，法與刑合一論治，基於治的效果（王道），禮、法與刑並備而行。

　　　聽政之大分，以善至者待之以禮，以不善至者待之以刑。
　　　兩者分別，賢不肖不雜，是非不亂，賢不肖不雜，則英傑
　　　至，是非不亂，則國家治。若是，名聲日聞，天下願，令
　　　行禁止，王者之事畢矣。

——本篇曾宣讀於國立臺中科技大學應用中文系主辦的「2021儒釋道論壇」，2021年3月12日。改寫後發表於曾振宇主編：《曾子學刊》第三輯，上海：三聯書店，2021年11月。

荀子管理哲學研究

內容摘要

　　荀子是先秦儒家的一位重要的後起之秀，荀子哲學所關切的乃是如何撥亂返治，重建禮序回復到正理平治的社會，這也是儒家所欲建立的社會制度與理想。撥亂返治如何可能的命題與其內容的展開便涉及管理，而管理思想正是荀子哲學的精華之處。荀子選取從經驗事實層面，以務實而理性的態度，剖析人性以及當時的社會背景，提出人性的假設，建構出其管理哲學之理念及制度，應可被視為先秦儒家在管理哲學與制度上一個令人興奮的策略思考，也是儒家管理哲學由德治走向法治的開端。

一、前言

　　司馬談在《論六家要旨》提及：「易大傳：天下一致而百慮，同歸而殊途，夫陰陽、儒、墨、名、法、道德，此務爲治者也，直所從言之異路，有省不省耳。」[27]可見先秦諸家學派論之重點乃落於「治」上，治乃管理之意，這也充分說明各家學派雖有不同的重點關照，但是如何有效管理，以達治國平天下的目標是一致的。在原文中司馬談對儒家做了一個總結：

> 儒者博而寡要，勞而少功，是以其事難盡從；然其序君
> 臣、父子之禮，列夫婦、長幼之別，不可易也。[28]

---

[27] 司馬談：《論六家要旨》，語出司馬遷：《史記太史公自序第七十》，〔漢〕司馬遷：《史記》，臺北：宏泰書局，1987，頁3288。

[28] 同前註，頁3288。

作爲先秦儒家傳承者之一的荀子（298-238B.C.）在對治人間秩序回歸正軌的目標上，有其手段的主張，即揭示管理的目的與手段的並重，而開展其對「治」的策略思考。

荀子之學據《史記‧儒林傳》記載：「咸遵夫子之業。」荀子且於荀書《非相》篇自謂其學：「上則法堯舜之制，下則法仲尼、子弓之義」，且讚譽孔子「德與周公齊，名與三王竝」（〈解蔽〉）。此外，荀子在〈解蔽〉篇謂：「凡人之患，蔽於一曲，而闇於大理。」人因欲、惡等因素而有十蔽，荀子且抨擊六家之蔽，唯獨稱孔子「仁知且不蔽」。可見荀子在思想上是歸屬於孔子儒學的傳承。

荀子在〈正名〉篇主張「慮積焉能習焉而後成謂之僞」，又在〈勸學〉稱：「其數（術），則始乎誦經，終乎讀禮；其義則始乎爲士，終乎爲聖人。」正體現《論語》「博我以文，約我以禮」。而其中的「博我以文，約我以禮」即是涉及到治者與受治者的關係。因此，如何建構治者與受治者的關係變成爲荀學管理哲學的重點，管理的目的爲何？皆是本文所欲討論的問題。

二、荀子管理思想的時代背景

荀子的時代背景，乃是其身處戰國末季之世，這也是先秦時期社會產生巨變的轉變期，此一時期西周的制度（周文）已失去其價值的控制效力，無法繼續維持其穩定的社會經濟結構與管理社會的功能，其中最爲明顯的是在經濟與政治兩方面的改變，促成了整個社會的大變動。經濟與政治的問題皆涉及「資源的分配」與「權力的分配」，而這種分配的法則即在於如何有效提出一套可大可久、具體可行的「管理」治術。此中時代背景中的二要素－經濟與政治，便需先論述，方能一窺荀子之管理哲學由外而內，目的與手段的內涵。

㈠經濟力的變遷

戰國時期的農業生產，不僅使用鐵器，在耕作方法亦有更新，《荀

子‧王制》即提及這種改變：

> 修堤梁，通溝澮，行水潦，安水藏，以時決塞，歲雖凶敗
> 水旱，使民有所耘艾，司空之事也。（《荀子‧王制》）

這說明當時耕作方式的改良與進步，包括農耕、使用肥料、改進灌溉方法，也發展了水利事業，如此一來，農業生產量大幅提高。而在工藝的部分，也有明顯的提升，在鑄造工藝的技法上，亦大步向前而超過以往。

> 刑（型）範正，金錫美，工冶巧，火齊得。（《荀子‧疆
> 國》）

因著商品經濟的發展，連帶地改變了城池的樣貌。由於商業的發展，使得城市成為財富與人才匯聚之地，財富的累積也就成為社會體制重製的導向與指針；但主政者亦不願意見到商賈勢力壯大，危及其既得利益，遂有「重農抑商」之舉。其發展的結果是以政治力規範經濟，以確保對政治與經濟的控制。這樣的經濟力變遷，也連帶地影響到政治力，主政者也面臨到孰先孰後的問題，並且若無一有效的管控，則將造成嚴重的價值失序。荀子面對此背景，他的思維模式為何？以何種方式控制這樣的變遷？曾春海之見解提供吾人解讀此問題的線索：

> 荀子處是時，遂由社會經濟所衍生的社會問題出發，深刻
> 了解到人欲與利益的互動牽連，從而深思經濟與政治之間
> 的關係，強調開源節流與立法兼制的政治體制。換言之，
> 荀子擬提議一些經濟措施，藉解決社會經濟的需求，調和

人與人之間的利益衝突，將社會導入正理平治的局面。[29]

荀子對此問題的思維，離不開現實情境，因此他以務實的態度，審視其中的關鍵，在經濟資源的分配與管理上，提出了「禮法兼制」的政經體制。

(二)政治力的變遷

春秋時代的孔子針對周文之弊，於《論語》提出針砭之道，確也點出了現實與理想的背離，「天下有道，則禮樂征伐自天子出；天下無道，則禮樂征伐自諸侯出。」（《論語・季氏》）。《中庸》第二十八章亦曰：「非天子，不議禮，不制度，不考文。」相對於西周初期的政治制度，戰國的政治力可謂決定性因素，而西周初期的政治力之管理與安排又是一個什麼樣的局面？許倬雲在其《西周史》解釋道：

> 禮儀的系統化與制度化，一方面意味著一個統治階層的權力已由武力作強制性的統治，逐漸演變到以法的地位的象徵。另一方面，規整的禮儀也代表統治階層內部秩序的固定，此成員間的權利與義務有明白可知的規律可以遵循，減少了內部的競爭與衝突，增加了統治階層本身的穩定性。相對地，統治階層也為了安定而犧牲其靈活適應的能力。西周中期開始的禮儀系統化，在春秋時代演變得更繁瑣；同時，周東遷以後，王權失去了原有的威望，僭越的事也更常見。[30]

---

[29] 曾春海：〈荀子社會思想研究〉，《儒家的淑世哲學-治道與治術》，臺北：文津出版社，1992，頁28-29。

[30] 許倬雲：《西周史》，臺北：聯經出版公司，1984，頁164。

再從幾件政治上的事件來看，亦可看出政治力的變遷。公元前五三六年，鄭國初鑄刑鼎，公元前五一三年，晉鑄刑鼎，要求卿大夫如平民般地遵守刑書。如是，貴賤無序，民不尊其貴，貴族亦無以「守其業」。晉國的亂制意味著政治的解構與轉型。成文法的公布激發了戰國時代的政治法律思想，建構法紀朝綱，擬定統治的官僚層級，實行政策導向以強化績效，成為戰國政治的趨向。《荀子‧君道》所謂：「至道大形，隆禮至法則國有常……然後明分職，序事業，材技官能，莫不治理。」

在用人唯才的考慮下，國君對於人才的運用，以跳脫封建血緣的思考，廣開言路，拔擢人才，傳統的貴族與血緣關係已漸沒落，代之而起的是如何尋找有效的統治之道術，達成管理的目標。

三、管理的起源─源於人類共同生活需要

人本是自然世界的一類群體，如何面對許多不可知的天災人禍，有效共同解決彼此的問題，以確保個人生命的長存，國家宗器生命的永續，厥為一大挑戰。荀子面對這樣的問題時，他首先思考這種需求及組合，該當用何種方式面對？在〈王制篇〉的論述非常精闢，也首度在中國哲學上提出突破性的觀念，他思考何者是人類共同生活的需要，並且提出人該當如何管理的主張。

> 水火有氣而無生，草木有生而無知，禽獸有知而無義，人有氣、有生、有知，亦且有義，故最為天下貴也。力不若牛，走不若馬，而牛馬為用，何也？曰：人能群，彼不能群也。人何以能群？曰：分。分何以能行？曰：義。故義以分則和，和則一，一則多力，多力則彊，彊則勝物；故宮室可得而居也。故序四時，裁萬物，兼利天下，無它故焉，得之分義也。故人生不能無群，群而無分則爭，爭則亂，亂則離，離則弱，弱則不能勝物；故宮室不可得而居

也，不可少頃舍禮義之謂也。

一但無群則必遭致亂、離與弱。曾春海對荀子這樣的觀點，說明如下：

> 當個人在求生活的發展與進步時，自覺到個別生命體在知
> 識、經驗與能力的有限性。因此，人意識到唯有結合群體
> 的能力，群策群力，共謀生活所需，彼此分工合作，才能
> 滿全其生養存續及不斷求進步的需求。換言之，社會源起
> 於人類現實生活的共同需要及群性的覺醒。從人性的觀點
> 言，人之所以能共謀社會生活，即所以能群，在於人之
> 「心」能積思慮，習偽故。人一方面發揮心的認知思辨功
> 夫，以義理區分人與物之不齊，另方面則建構社會分化與
> 統合的機制—禮義。[31]

這也是荀子〈富國〉篇所言的：「百技所成，所以養一人也。而能不能兼技，人不能兼官，離居不相待則窮。」但是人是否能彼此合作，拋棄自我利益的過度考慮與算計得失？這即是人性的問題。荀子從事實與經驗層層面分析人性：

> 今人之性，生而有好利焉，順是，故爭奪生而辭讓亡焉；
> 生而有疾惡焉，順是，故殘賊生而忠信亡焉；生而有耳目
> 之欲，有好聲色焉，順是，故淫亂生而禮義文理亡焉。然
> 則從人之性，順人之情，必出於爭奪，合於犯分亂理，而
> 歸於暴。（〈性惡〉）

---

[31] 曾春海：〈荀子社會思想研究〉，《儒家的淑世哲學—治道與治術》，頁40。

　　吾人觀荀子面對人性問題以及對善惡的認定，所指陳的本質即在於人與人之間的互動關係以及於此產生的的資源分配的問題，一旦對此資源分配之原則無法達成共識，勢必引發諸多爭端，這是荀子從經驗事實考察人性而得的結果。因此他說：「凡古今天下之所謂善者，正理平治也；所謂惡者，偏險悖亂也。是善惡之分也已。」（〈性惡〉）。

　　如何有效建構及落實管理的機制和效益的均分與平等，荀子跳脫先秦孔孟以來的思維模式，改從經驗與事實分析人性，並且找到一個新的方向，即是如要落實正理平治，必當在治術上建立管理制度，方可長可久。荀子在提出「明分使群」的觀念之前，為化解人性的惡的傾向及其產生的問題，他首先思考一個嚴肅的議題，即是人之所以為人的問題。此中及涉及人性的問題，要如何能「明分使群」，人的本性問題無可逃避。

　　　人之所以為人者何已也？曰：以其有辨也。飢而欲食，寒而欲煖，勞而欲息，好利而惡害，是人之所生而有也，是無待而然者也，是禹桀之所同也。然則人之所以為人者，非特以二足而無毛也，以其有辨也。今夫狌狌形笑亦二足而無毛也，然而君子啜其羹，食其胾。故人之所以為人者，非特以其二足而無毛也，以其有辨也。夫禽獸有父子，而無父子之親，有牝牡，而無男女之別。故人道莫不有辨。辨莫大於分，分莫大於禮，禮莫大於聖王。（《荀子‧非相篇》）

　　人之能辨，說明人皆不欲因人之自然之性而導致偏險悖亂，但如何有效地經由合理分配資源與權力，使得社會不至於成為「偏險悖亂」便是一個有待解決的問題。荀子的「明分使群」在此得了充分的展開。

萬物同宇而異體，無宜而有用爲人，數也。人倫並處，同求而異道，同欲而異知，生也。皆有可也，知愚同；所可異也，知愚分。埶同而知異，行私而無禍，縱欲而不窮，則民心奮而不可說也。如是，則知者未得治也；知者未得治，則功名未成也；功名未成，則群眾未縣也；群眾未縣，則君臣未立也。無君以制臣，無上以制下，天下害生縱欲。欲惡同物，欲多而物寡，寡則必爭矣。故百技所成，所以養一人也。而能不能兼技，人不能兼官。離居不相待則窮，群居而無分則爭；窮者患也，爭者禍也，救患除禍，則莫若明分使群矣。彊脅弱也，知懼愚也，民下違上，少陵長，不以德爲政：如是，則老弱有失養之憂，而壯者有分爭之禍矣。事業所惡也，功利所好也，職業無分：如是，則人有樹事之患，而有爭功之禍矣。男女之合，夫婦之分，婚姻娉內，送逆無禮：如是，則人有失合之憂，而有爭色之禍矣。故知者爲之分也。（《荀子‧富國篇》）

面對人性之私及經驗層的事實，如何有效管理？荀子提出的「明分使群」即是一個創新性的觀念，因爲人之所以能勝物是在於能群，此觀念來自人出於自覺的意識，非建構一涵蓋多元性的動態社會則無以爲功，而禮義即成爲人類明分使群以組織社會、有效進行資源合理分配的依據。對於如何有效管理的命題，「分」的概念至爲重要。

在荀學的系統中，「分」的概念極爲重要。在天人關係上，荀子旨在「明於天人之分」；在人性內涵的考察上，荀子旨在區別「性僞之分」。在社會的架構上，更是強調「明分使群」的重要性。對荀子而言，能否使群繫乎能

否「分」。其「分」的概念由〈王制〉篇觀之，至少具備三種涵義：㈠序人倫關係的位分，所謂「君君、臣臣、父父、子子、兄兄、弟弟」；㈡實施社會職能分工，所謂「農農、士士、工工、商商」；㈢社會資源的合理分配，所謂「分均則不偏，勢齊則不壹，眾齊則不使。……勢位齊，而欲惡同，物不能澹則必爭；爭則必亂，亂則窮矣。先王惡其亂也，故制禮義以分之，使有貧富貴賤之等，足以相兼臨者，是養天下之本也。」[32]

可見荀子對於「分」開出三組命題，分別是天人關係、人性內涵與社會架構，這三個層面皆是因於人之性惡及群體社會生存的需求而來，若是生存所需的供給出現供不應求的狀態時，就人的自然生命傾向而言，就必須予以制度規範與約束，建立合理分配資源的準則與機制，以減少因人性之惡所帶來的分配不均與不正不義之情事，因此有效的管理乃成必然。

四、管理系統的規劃

前段提及荀子管理哲學之假設從經驗與事實層面認為人性為惡，因此要有效管理必當「明分使群」。進而言之，即是如何落實「管理系統之規劃」的問題。

㈠誰來管理—君子與聖人

荀子提出「君子」與「聖人」作為管理者，其論及此項社會工程之擘畫，非君子與聖人不為功。其文如下：

天地者，生之始也；禮義者，治之始也；君子者，禮義之始也；為之，貫之，積重之，致好之者，君子之始也。故

---

[32]曾春海：〈荀子社會思想研究〉，《儒家的淑世哲學—治道與治術》，頁41。

> 天地生君子，君子理天地；君子者，天地之參也，萬物之
> 總也，民之父母也。無君子，則天地不理，禮義無統，上
> 無君師，下無父子、夫婦，是之謂至亂。（〈王制〉）

> 宇中萬物生人之屬，待聖人然後分也。（〈禮論〉）

> 人之生不能無群，群而無分則爭，爭則亂，亂則窮矣。故
> 無分者，人之大害也；有分者，天下之本利也；而人君
> 者，所以管分之樞要也。（〈富國〉）

> 聖人積思慮，習偽故，以生義而起法度。（〈性惡〉）

而聖人與君子為什麼是理想的管理者，荀子云：「故聖人之所以同
於眾、其不異於眾者，性也；所以異而過眾者，偽也。」「故聖人者，人
之所積而致也。」（〈性惡〉）對於君子，他又言：「今之人化師法，積
文學，道禮義者，為君子；縱性情，安恣睢，而違禮義者，為小人。」
（〈性惡〉）「積禮義而為君子」（〈儒效〉）。由此可看出管理者必當有
「言必當理，事必當務」。（〈儒效〉）而管理的有效性，必當借助於政
治的權力系統，來主導社會組織的型構及禮法系統的建立。「人君」即是
現實政治權力結構的分配者，是屬於「管分之樞要」的角色，如此一來，
其待管理者實掌權力，期許自己能以理想的「聖人」與「君子」為典範，
將社會組織發展與運作導入正理平治的境界。

(二)管理的組織與機制

根據汪國棟先生的研究，他說：

> 在荀況哲學中「群」成為「社會」的別名。群既是社會，

社會又是一個系統，這個系統也是一個複雜的系統。它由許多互相關聯的子系統所組成，有其特殊的職能和發展規律。各子系統之間能保持相對的平衡，它們互相作用，相互補充，相互促進，形成有機的統一整體，所以名之曰「群」。荀況特別強調「人能群」，其關鍵在「能」。根本問題，是講人自覺的有意識、有目的地維護社會關係與群體生活。[33]

荀子面對管理的組織與機制的變革，他採取一種「法後王，一制度，隆禮義而殺詩書。」（〈儒效〉）甚至是「欲觀聖王之跡，則於其燦然者矣，後王是也。」（〈非相〉）由此可知，荀子是崇尚務實、講求權變的心態，尤其重在客觀面的制度之可大可久，並且在面對社會變遷時所展現出來的自我反省，主動修正和對客觀環境的調整與適應。這種管理組織的有效運作，必當有其機制，此機制依荀子的見解是：「先王惡其亂也，故制禮義以分之，以養人之欲，給人之求。」管理的依據是從「禮」而來的政治制度及等級畫分，依照人們的欲求，依其階級或社會地位而有所滿足與節制，有一定的度量與分界。同樣的觀念，亦表現在〈富國〉：「離居不相待則窮，群居而無分則爭；窮者患也，爭者禍也，救患除禍，則莫若明分使群矣。」

(三)領導者該做什麼？

首先荀子在〈王制〉提到：「故君人者，欲安，則莫若平政愛民矣；欲榮，則莫若隆禮敬士矣；欲立功名，則莫若尚賢使能矣。是君人者之大節也。三節者當，則其餘莫不當矣。」至於如何尚賢使能以為政？〈君道〉言：「論德而定次，量能而授官，皆使人載其事而各得其所宜。」

---

[33] 汪國棟：《荀況天人系統哲學探索》，南寧，廣西人民出版社，1987，頁213-214。

其次，領導者在用人的原則方面，〈君道〉說：「故古之人爲之不然：其取人有道，其用人有法。取人之道，參之以禮；用人之法，禁之以等。行義動靜，度之以禮。」其中論德而「定次」，必須要在已安排並且確定的管理階層體系中進行，因此管理階層的建立乃屬必要。因此立於管理階層的人君必當要有管理之能，換言之，即是人君要能有明分使群的能群能力，並且表現在如下三方面，荀子曰：

> 君者，何也？曰：能群也。能群也者，何也？曰：善生養人者也，善班治人者也，善顯設人者也，善藩飾人者也。善生養人者人親之，善班治人者人安之，善顯設人者人樂之，善藩飾人者人榮之。四統者俱而天下歸之，夫是之謂能群。（《荀子‧君道》）

君者在荀子的管理思想是領導者與管理者，他的工作在於如下三項：「善生養人」「善藩飾人」以及「善班治人」三種。所稱的「善生養人」是滿足基本物質需求。「善藩飾人」指創制諸般象徵之物、名號與裝飾品，滿足人的社會榮顯、聲譽的心理慾望。「善班治人」是指社會上層結構中管理者與領導者之架構，其次等爲「天子、三公、諸侯、一相，大夫擅官，士保職，莫不法度從公」（〈王制〉），說明了管理中組織的重要。他在〈王制〉篇規劃了統治階層在官僚層級上有明確的劃分與職責，亦有明確的分工，中央者爲天子三公，次級爲卿相輔佐組成的專職機構，下設一些專門的行政機構，而領導者要做的事即在於「論德而定次，量能而授官，皆使人載其事，而各得其所宜，上賢使之爲三公，次賢使之爲諸侯，下賢使之爲士大夫」（〈君道〉）此處所稱之上賢、次賢和下賢，依荀子的人品等第劃分爲皆爲儒者，所以他說：「大儒者，天子三公也；小儒者，諸侯、大夫、士也；眾人者，工農商賈也。」（〈儒效〉）可見荀子在管理上仍不脫先秦儒家的管理模式，即「聖君賢相」之格局。他主張

賢人政治，亦即用人唯賢，品德與操守厥為首要。此種聖君賢相的管理模式，也就成為爾後各朝代統治者所之思考模式，成就儒家管理哲學的一個重要內涵。

㈣荀子的管理哲學

荀子從務實的體驗中得到社會無法有效治理而成為亂世的原因，其根本的原因乃在於人的「欲、求、爭」三者。〈禮論〉篇曰：「人生而有欲；欲而不得，則不能無求；求而無度量分界，則不能不爭；爭則亂，亂則窮。」如此一來，人群不能沒有度量分界的管理。因此，管理的目的在於有效處理欲、與求爭所發生的問題，這是根據社會現實而看到的人之性惡，為其管理哲學的預設。

其次，如何治理天下？天下之所以亂世因無制度設計及規範，解決之方則是透過禮義法度、明分使群、尚賢使能以為政，以達到管理的目的。〈禮論〉：「先王惡其亂也，故制禮義以分之，以養人之欲，給人之求。」治理的依據是從「禮」而來的政治制度及等級劃分，使人民的欲求依其階級或社會地位而有所滿足與節制，使人們的欲求有一定的度量分界。〈致士〉：「禮者，節之準也。」「禮」除了有「節」的作用之外，也有「養」的功能，可以滿足人的欲望需求。〈禮運〉說：「故禮者，養也。」因此資源必當尋求有效的分配，同時對被管理者需求亦不能不重視。〈富國〉：「離居不相待則窮，群居而無分則爭；窮者患也，爭者禍也，救患除禍，則莫若明分使群矣。」確立了明分使群即是一個有效的管理方法。

至於領導者存在的意義何在？〈王制〉：「故君人者欲安，則莫若平政愛民矣，欲榮，則莫若隆禮敬士矣，欲立功名，則莫若尚賢使能矣，是君人者之大節也。三節者當，則其餘莫不當矣。」但要如何尚賢使能以為政？他提出：「論德而定次，量能而授官，參之以禮，度之以禮。」〈君道〉指出：「論德而定次，量能而授官，皆使人載其事，而各得其所

宜。」就用人的原則而言，〈君道〉篇說：「故古之人爲之不然：其取人有道，其用人有法。取人之道，參之以禮；用人之法，禁之以等。行義動靜，度之以禮」其中論德而「定次」，必須要在已定的管理階層體系中進行，因此必先有管理階層的建立。這是先秦儒家中對於管理階層系統，一個具前瞻性與突破性的觀點，本質上賢人政治仍然是德治，但用人唯才，用人唯賢，確立「專家管理」之雛型，設官而分職是完成其管理目的的實踐方法。

面對不遵守禮義規範之人對待之道爲何，荀子毫不猶豫地提出「法」的觀念以進行導正。〈性惡〉篇說：「故古者聖人以人之性惡，以爲偏險而不正，悖亂而不治，故爲之立君上之埶以臨之，明禮義以化之，起法正以治之，重刑罰以禁之，使天下皆出於治，合於善也。」當禮義無法教化、惡性無以轉化，使之化性起偽，則必須使用刑罰法治，嚴格禁止偏險悖亂行爲。於是我們看到荀子超越了德治所帶來的過度理想化，轉爲務實可行的法治觀念，此觀念即是現實性的彰顯，正視現實因而有「起法正以治之，重刑法以禁之」之舉。

管理不能徇私，亦不能有例外，否則一旦管理失序無其公平性，則又回復到欲、爭與亂，因此考核爲必須思考的問題，此種考核之必需，亦因其哲學假設而來，一個領導者要能產生績效與效能，考核是必需的，被領導者所扮演的角色即是「忠臣」的功能。〈君道〉篇說：

> 行義動靜，度之以禮；知慮取舍，稽之以成；日月積久，校之以功，故卑不得以臨尊，輕不得以縣重，愚不得以謀知，是以萬舉而不過也。故校之以禮，而觀其能安敬也；與之舉措遷移，而觀其能應變也；與之安燕，而觀其能無流慆也；接之以聲色、權利、忿怒、患險，而觀其能無離守也。彼誠有之者，與誠無之者，若白黑然，可詘邪哉！

對臣之考核，以禮為準，並從多方面觀察其能力：第一，對於人的儀容行止，以禮規範。第二，對於他們的思慮判斷抉擇，依據能否成事為檢驗標準。如此日積月累，就可以考察他們的績效。第三，在禮制規範下，尊卑、輕重、知愚各有其所適，而不會有逾越、干擾、錯位的情形發生。第四，以禮法為標準來考察他們是否安職敬業。第五，使他們處於動盪變化的環境中，觀察他們是否有應變的能力；使他們處於安逸宴樂的狀態中，看他們是否放蕩淫亂；使他們接觸聲色、擁有權力、利益，處於憤怒、危險、患難的環境，觀察他們是否違離職守。用這些方式來考核就可黑白分明，排除邪枉之人。

㈤管理的最高目的是「至平」

> 故仁人在上，則農以力盡田，賈以察盡財，百工以巧盡械
> 器，士大夫以上，至於公侯，莫不以仁厚知能盡官職。夫
> 是之謂至平。故或祿天下，而不自以為多；或監門御旅，
> 抱關擊柝，而不自以為寡。故曰：斬而齊，枉而順，不同
> 而一，夫是之謂人倫。（《荀子・榮辱》）

「至平」是荀子正理平治的社會理想，也是管理的最高目的，個體在至平的的管理體系中，每個人適才適所，分工合作各取所值。管理的目的即在保障正理平治的社會得以實現，同時對社會中偏險悖亂行為加以制約，「法」是必要條件。顯見荀子已漸由「人治」之德治走向「法治」所主張的制度性、普遍性與平等性。

五、結語

透過「群」的觀念，荀子建構出社會有秩序互動的一種情境，而管理者的功能就是要使百姓「能群」，因此才會有君者善群。即如〈王制〉所言：「群道當，則萬物皆得其宜，六畜皆得其長，群生皆得其命。」由

「群」的觀念建構社會組織的基本原則和人的行為準則。但他又特別標舉「刑罰」的重要，以避免形成失控即失去禮序的情況。這樣的管理哲學標舉出對人性考慮的預設，循序漸進的禮教楷模與刑罰規範二元並舉的進路，於是管理的目的方能彰顯，在〈議兵〉提及：

> 有離俗不順其上，則百姓莫不敦惡，莫不毒孽，若被不祥；而後刑於是起矣。是大刑之所加也，辱孰大焉……有能化善、修身、正行、積禮義、尊道德，百姓莫不貴敬，莫不親譽；然後賞於是起矣。是高爵豐祿之所加也，榮孰大焉。（《荀子・議兵》）

荀子管理哲學的內涵與價值，表現出其務實的理性精神，社會組織固有分化與層級，但仍有其有機的統合性，面對人與事的複雜性與差異性，特別著重在依客觀的觀察與統類，建構一套可資明分使群的禮義法正，賞罰分明，使得人人可以適才適所，達成群的效用與合一。荀子建構了由德治轉向法治的價值取向，他對於法的重視以即賞罰分明的觀念皆是進步的，因著人之性惡，他務實看待社會的亂源之因，經由理性研析的判斷，看出建立階層制與管理的必要。他的管理哲學補足先秦儒家原本較偏於道德管理的缺憾，務實理性的建構治者與受治者的關係，可謂貢獻。

——本篇原刊《臨沂大學學報》第37卷第4期，總第185期，2015年8月10日出版。

第七編

易經抉微

《易經》的思維方式

內容摘要

《周易》是中國古代哲學經典之一，被喻為儒家與道家的哲學思想源頭。從古至今，「易有太極，是生兩儀，兩儀生四象，四象生八卦」的觀念是哲人們思考「天文」與「人文」世界的原初概念，並且從中發現了在《周易》之解釋宇宙與人生的核心概念中，包括陰陽、剛柔、逆順、向背、奇耦、來往、離合、經緯等概念，形成一套認知的系統與實踐的系統，最後形塑中國文化的宇宙觀、人生觀與倫理觀。《周易》此種二元對立又統一的概念所顯示的辯證思維，最後歸於「成位乎其中」的「天下之理」，「中」的概念正好將互相對立、衝突與相對的名詞與概念統一。

一、前言

　　《周易》書由《經》與《傳》兩部分組合而成，《經》先於《傳》，自古以來即有「原經」之說。原經包括了六十四卦的卦畫、卦辭，以及三百八十四爻。《易經》最早的功能是卜筮及占斷，因此卦爻辭即具有吉凶、悔吝、無咎等占斷性的文字。原經本是卜筮用書，《傳》為後起，又稱「十翼」，係由乾坤〈文言傳〉、〈彖傳〉上下、〈象傳〉上下、〈繫辭傳〉上下、〈說卦傳〉、〈序卦傳〉及〈雜卦傳〉等十個部分所組成。「經」之原文晦澀難懂，後人研《周易》之研究詮解，盼能由《傳》加以註解，以窺蘊含於《經》文中可能的哲學意涵。

　　對《周易》的研究取向，大傳統的知識階層取其具哲學性之形上原理、自然法則、德行原理、人文意識、社會文化之維度加以論述；至於小傳統則乃取其卜筮之用而加以發揮，不一而足且眾說紛紜，與此相關者，

即有「五術」（山、醫、命、卜、相）之說，乃歸於「筮術易」。本文之作則從「義理易」而言之。

　　從思維方法的角度而言，《周易》有其思維的對象、範疇、步驟與價值判斷，亦即是它有一套認知與解釋的系統，而此一系統正好是對於我人身處的生活世界提出描述，從《易・賁卦》之〈彖傳〉曰：「賁，亨。柔來而文剛，故亨。分剛上而文柔，故小利有攸往，天文也。文明以止，人文也。觀乎天文，以察時變。觀乎人文，以化成天下也。」由此段彖辭看到兩個對立存在的觀念，一是「人文」，另一是「天文」，這兩個概念點出了易經所要處理的對象。宋朝葉適（1150-1223）《進卷中庸》云：

> 道源於一，而成於兩。古之言道者必以兩：凡物之形、陰陽、剛柔、逆順、向背、奇耦、離合、經緯、紀綱，皆兩也。非一也。一物無不然，何況萬物？萬物皆然，而況其相禪之無窮者乎，交錯紛紜，若見若聞，是謂人文。雖然，天下不知其為兩也久矣，而各執其一以自遂；奇譎秘怪，塞陋而不弘者，皆生於兩之不明。是以施於君者失其父之所願，援乎上者非其下之所欲，乖迕反逆，則天道窮而人文亂也。（《水心別集・卷七》）

　　雖然葉適之論近於從宇宙論之立場析論自然世界與人文世界之組成，實由二元對立且並存之元素所組成，但其中已可看出吾人所認識並且實際存在於此範疇中的「陰陽、剛柔、逆順、向背、奇耦、離合、經緯、」等觀念，它不僅是吾人認識宇宙與人生的認知入門，也是解釋在二元世界（天文與人文）所存在的基本對應與辯證法則。依此以探究易經太極所存在的描述理念、對應關係與辯證法則，這也是中國哲學中影響著我人宇宙觀、人生觀、倫理觀的內在法則與外部行事之指導性義理。

二、易經太極的陰陽辯證

(一)易的意義

　　何謂易？東漢許慎著《說文解字》一書，其〈序〉即言：「古者庖犧氏之王天下也，仰則觀象於天，俯則觀法於地，觀鳥獸之文與地之宜，進取諸身，遠取諸物，於是始作《易》八卦，以垂憲象。」再從象形之角度而言，許慎從「易」之部首解為「易，蜥易，蝘蜓，守宮也。」但接著他說：「日、月為易，象陰陽也。」東漢魏伯陽《參同契》曰：「日、月為易，剛柔相當。」〈繫辭傳〉說：「天垂象見吉、凶，聖人象之。」意指聖人仿效天象的變化而用「易」來表明它的變化的法則。又說：「日、月相推，而明生焉。」所以，「易」就是表示「日、月相推」的法象。「相推」也就是陰、陽兩種力量之「矛盾」、「對立」與「運動」的表現，是一切現象變化的根據。

　　〈繫辭傳〉說：「生生之謂易。」又說：「天地之大德曰生。」又言：「一陰一陽之謂道」，「陰、陽不測之謂神。」再如：「凡卦陰極陽生，陽極陰生，生生之義，不絕之貌。」荀爽說：「陰、陽相易，轉相生也。」《莊子・天下》曰：「易以道陰陽。」孔穎達說：「夫易者，變化之總名，改換之殊稱。自天地開闢，陰陽運行，日月更出，孚萌庶類，亨毒群品，新新不停，生生相續，莫非資變化之力，換代之功。」以上之論很詳盡地說明了易的定義及變化之基本元素即是陰與陽。

　　其實，「生」之概念也包含「死」的概念在內，正如「明」包含「暗」，「變」包含「化」在內一樣。「生」的過程，同時也是「死」的過程。所以〈繫辭傳〉說：「知死、生之說。」《莊子・齊物論》篇所說：「方生方死，方死方生。」也就是「生生」之更具體的說法。這種連續的過程，同時也是辯證的運動過程，易的運動和變化有各種不同的複雜形式。嚴靈峰先生針對易的變化有如下之闡釋：[1]

---

[1]　嚴靈峰，《易簡原理與辯證法》，臺北：正中書局，1975，頁5。

1. 易簡的概念

〈繫辭傳〉說：「夫乾，確然示人易矣，夫坤，隤然示人簡矣；易則易知，簡則易從。」此言其「易簡」之「法則」也。嚴靈峰認爲：「所謂法則，也就是指萬有運動之內在的矛盾與中和公律或形式：即一般的變。」

〈繫辭傳〉云：「易有太極，是生兩極。」又說：「一陰一陽之謂道。」「太極」是整體的，「易」是由陰、陽兩儀構成的。太極和道都是代表整體絕對的宇宙大全。這正和老子所謂：「道生一，一生二」的說法相吻合。兩儀爲二；道就是一；太極也就是易，太極、易和道同體。「—」和「——」這兩個符號就是代表兩儀，就是代表「陰」和「陽」。宇宙間的萬物、萬象都是由這兩種相反的力量所構成。

「—」和「——」在《周易》中常是代表易簡的意思。易簡的最單純的說法，如〈說卦傳〉所說：「分陰，分陽，迭用柔、剛。」在《周易》一書裏，易簡是代表兩個正反對立的概念之合成，並不是一個混雜的概念。故〈繫辭傳〉說：「夫乾，天下之至健也，德行恆易以知險；夫坤，天下之至順也，德行恆簡以知阻。」又說：「乾、坤其易之門邪；乾，陽物也；坤，陰物也；陰、陽合德，剛、柔有體，以體天、地之撰。」簡就是代表：乾、坤、陽、陰、剛、柔，換言之，就是代宙間一切「正」和「反」兩面的任何事物或力的磁場。

邵康節說：「一陰一陽，天地之道也。物由是而生，物由是而成者也。」孔穎達說：「然變化運行，在陰、陽二氣；故聖人初畫八卦；設剛、柔二畫、象二氣也。」李光地說：「一陰一陽，兼對立與迭運二義。對立者；天、地、日、月之類是；即所謂剛柔也。迭運者：寒、暑、往、來之類是也；即所謂變化也。」朱熹說：「變爲化之漸，化爲變之成」，「對立」就是吸引力與排拒力之相互影響和作用，宇宙間一切事物和現象

都能從此發生，「迭運就是循環反復，是一切變化的永恆原理。」[2]

　　易與簡兩個概念也可以用「－」和「｜」兩種符號來表示：「經」、「緯」和「縱」、「橫」的意義。兩者垂直相交即構成坐標，可以決定宇宙間之一切的相互關係。即把整個時間和空間分割爲無數相互對立和相反之方向和關係，以產生位置、方向和相對的觀念。[3]六十四卦只是一奇一耦，但因所過之時，所含之位不同，故有無窮之事變，如人只是一動一靜，但因時位不同，故有無窮之道理；此所以爲易也。

　　所以，〈繫辭傳〉說：

> 天尊、地卑，乾、坤定矣；卑、高以陳，貴、賤位矣；動、靜有常，剛、柔斷矣。方以類聚。物以群分，吉、凶生矣；在天成象，在地成形，變化見矣。是故剛、柔相摩，八卦相盪，鼓之以雷、霆，潤之以風、雨；日、月運行，一寒一暑。乾道成男，坤道成女，乾知大始，坤作成物，乾以易知，坤以簡能；易則易知，簡則易從，易知則有親，易從則有功，有親則可久，有功則可大，可久則賢人之德，可大則賢人之業。易簡而天下之理得矣；天下之理得，而成位乎其中矣。

　　此處說明了自然與人文兩層關係的互相激盪與對照，即是觀天下人之象，而得人文之理，由自然世界的「象」進入到人文世界的「理」。乃是「象中有理」、「理中有象」之意。

　　《易》有許多相對的或互相對立的名詞和概念，如天、地、尊、卑、乾、坤，貴、賤、動、靜、剛、柔、聚、分、吉、凶、變、化、象、形，

2　嚴靈峰，《易簡原理與辯證法》，頁6-8。

3　黃人傑，《方法思維與人文學術》，臺北：文景書局，2009，頁112-113。

雷、霆、風、雨、日、月，寒、暑、男、女，易、簡、奇、耦等等，結果求得「成位乎其中」的「天下之理」；這個「中」，就是《中庸》所說：「中也者，天下之大本也。」這個「中」概念，就表示把上面許多互相對立、對抗、對待事物或力量「統一」起來的意思。這些各各「相反」或「對立」，所以能夠「統一」，能夠歸結於「中」；就因爲在宇宙的運行中存在著「易、簡的法則」，這即是本文所認爲的易、簡的辯證法則。

2. 變易的概念

再引〈繫辭傳〉說：「其爲道也，屢遷，變動不居，周流六虛，上下無常，剛柔相易，不可爲典要，唯變所適。」此言順時「變易」，出入移動者也。嚴靈峰認爲：「所謂無常，也就是指機械地簡單的移動或無規律的運動；即局部的變。」[4]運動與移動有關係，例如天體、地球、分子、原子、甚至以太的移動。運動之形態愈高，此種移動亦愈小。移動雖不能包盡某項運動之本性，但是，兩者是不能分開的。這種移動雖然是無規律的單一過程，但他也是由於陰、陽兩種對抗力量所構成的；也可說是由吸引力和排拒力相聯合的表現。總之，「上下無常」或「進退無恆」就是「易」的「變易」的意義。換言之，「變」是唯一的不變。

3. 不易的概念

〈繫辭傳〉說：「天尊地卑，乾、坤定矣；卑、高以陳，貴、賤位矣；動、靜有常，剛、柔斷矣。」此言張設布列，「不易」者也。嚴靈峰認爲：「所謂有常，也就是不斷的循環運動或恆久不變的條件和抽象原理。」[5]〈繫辭傳〉說：「動靜有常」，《荀子・天論》說：「天行有常，不爲堯存，不爲桀亡，應之以治則吉，應之以亂則凶。」「有常」是宇宙運行之客觀的規律性，不依賴於人類的主觀意志而存在的，亦非人憑一己之力即可改變。

---

[4] 同註1，頁9。

[5] 同上註，頁10。

〈繫辭傳〉云：「變則通」又說：「往來不窮謂之通」，就是指一切事物和現象的運動之不斷地「重複」或「反覆」。有常是一切運動之重複過程，是運動之同樣的或類似的形態之再現或不斷連續的過程。因此，它必然會表現在循環反覆的形式上。道種宇宙永恆的循環運動，便是規律、法則，以及有常。因爲「有常」，所以說它是「不易」。《韓非子・解志》云：「物之一存一亡，乍生乍死，初盛而後衰者，不可謂常；唯夫與天地之剖判也俱生，至天地之消散也不死不衰者，謂常，而常者無攸易。」宇宙問一切皆變，唯變不變，這樣整個的「易」的運動便是永恆的反覆和循環的運動了，道即是「不易」的辯證法則的匯歸與總體之名。

「易」是特別說明運動和變化的法則，並且也舉出許多種類的運動或變化的形式。因此，《易經》的基本目的，即在於深切地去認識和理解這些形式或法則，以做爲言行的依據。所以〈繫辭傳〉說：「聖人有以見天下之動，而觀其會通。」又說：「夫易，聖人之所以極深而研幾也。唯深也，故能通天下之志；唯幾也，故能成天下之務；惟神也，故不疾而速，不行而至。」再如：「幾者，動之微，吉、凶之先見者也。」又說：「神以知來，知以藏往。」「夫易，彰往以察來，而微顯闡幽。」〈說卦傳〉說：「數往者順，知來者逆；是故易，逆數也。」又說：「昔者聖人之作易也，將以順性命之理。」〈繫辭傳〉又說：「易之爲書，廣大悉備，有天道焉，有人道焉，有地道焉。」、「易之爲書也，原始要終，以爲質也。」、「夫易，開物成務，冒天下之道，如斯而已者也。」、「易無思也，無爲也，寂然不動感而遂通天下之故，非天下之至神，其孰能與於此！」、「易與天地準，故能彌綸天地之道，仰以觀於天文，俯以察於地理，是故知幽明之故，原始反終，故知死生之說。」由此看出易的功能在於「彰往、察來、防微杜漸以及愼密言形」四者，而知其要者謂之哲人、聖人、至人。

三、易變化的原則

宇宙間萬有、萬物、萬象，都是由「動」產生出來的；而「動」是由「剛」和「柔」兩個相反而對立的力量之相摩或相推而成。沒有剛、柔兩個基本材料，則運動和變化就無由產生；所以說：「剛、柔者，立本也。」同時，一切對立、變化或往復也必須在「時間」和「空間」的座標中才能夠表現出來；如此而說：「變、通者，趨時也。」又說：「成位乎其中矣。」「時」就是「時間」；「位」就是「空間」。此外，「動」是一元性的，一切產生於運動；所以說「天下之動，貞夫一者也。」若無「運動」，宇宙間一切的存在都成為不可能，《周易》除了指陳其義，理解客觀之運動時間和空間的條件之外，並且還告訴我們注意一件事，觀察者之主觀立場和作用，所以〈繫辭傳〉說：「神無方而易無體，一陰一陽之謂道，繼之者善也，成之者性也。仁者見之謂之仁，知者見之謂之知。」其中隱含著主體對客體觀察之後的「得」，也喻知客觀世界的變化規律，此規律即是道，由自然宇宙至人文世界的開發。

嚴靈峰對易經太極的陰陽辯證法則，最後歸納為下列三點原則：[6]

1. 「太極」；是整一宇宙，是無限的大全，是絕對，是「至大無外」的整體。因此，它的整個運動也是一元性的和絕對性的；此外，一切都是相對性的。這「大全宇宙」和「統一的運動」便是「常」是恆久不變。除此之外，一切都是「無常」，都是相對的。[7]

2. 「易」、「簡」：太極生「兩儀」就是「陰」和「陽」或「剛」和「柔」，也就是「易」（－）「簡」（－－）；這兩者是一切運動變化之基本條件，沒有「易」、「簡」之相互對立或中和，便不會有運

---

[6] 同註1，頁8-10。

[7] 按以知識和邏輯立場觀之，「絕對」常指形上哲學的一種假設學說，「相對」常指形下經驗界的一種事實現象，其兩行之關係，唯有透過「相對」才能認知「絕對」，有形上與形下二者相互依存的辯證關係。

動和變化，也不會有「生生不息」的新陳代謝。

3. 循環和消長：一切的運動和變化，最後歸結到終始反復，不斷循環；
　　這是「有常」、「規律」或「法則」。因為「有常」，所以其他一切
　　便是「變」，便是「無常」。如晝、夜的循環，是往來不窮的，因此
　　是個「常」；可是「晝」和「夜」是互相消長的，是個「變」；因為
　　晝長則夜短，暑長則寒短。上述三種運動的基本原理或法則，可稱作
　　「易簡原理」或「易簡原則」；也可以稱為「《周易》原理」，或
　　「易學方法」，也就是西方所稱的「辯證法」。

四、結語

　　綜而言之，《易》之存在之理即是古老中國哲學的思維方法，經由仰
觀天文與俯察人文而得，由天文與人文之變而來，歸結為如下三點：

㈠從西方哲學之「辯證法」審視《易》之辯證法

　　何謂辯證法？鄔昆如認為「辯證法主要是探討思想的邏輯進程，設法
指出思想法則所表現的形式，以及思想與存在之間的關係。尤其是在思想
的進程上，表現到人與人之間語言溝通的情事上時，就形成正面的陳述，
與反面的辯駁；這一正一反的理論探究，就形成了辯證的表象形式；加上
正反辯論所獲得的成果，於是構成了辯證的整體。[8]」除上述之觀點外，
亦有認為辯證法就是「研究人之思想方式與規律的形式邏輯」[9]。

　　從傳統哲學或稱作形上學所指稱的「本體論」立場觀之。一切都是由
「存在」所統攝者，「辯證性」就是存在的一種本質特性。換言之，思想
依人而存在，用人的思想去解析存在，本體的存在雖然不依人的思想的存
在而存在，但是在不同層次的存在，皆有其共同的辯證性。

　　易經的辯證理念，是透過觀察自然與人文兩重世界中的存在形式，而

8　鄔昆如，《理則學》，臺北：黎明文化公司，1988，頁134。

9　布魯格原著・項退結編譯，《西洋哲學譯典》，臺北：先知出版社，1976，頁119。

得出了陰陽、剛柔、逆順、向背、奇耦、來往、離合、經緯等觀念，構成了易經的宇宙論與知識論系統，這樣的理念可稱之為素樸的辯證法則。

㈡易的「太極」是本體的存在，是終極存在。

易之概念落在作用層上，即是宇宙整體變化的大歷程，一切變化歷程的最原始處即是太極，朱熹且稱太極為「至極無餘之謂」[10]並且進一步解釋為「原極之所以得名蓋取樞極之義。聖人謂之太極者，所以指天地萬物之根也。」[11]而「樞極」一語即寓有「動靜轉運」的本質性意涵；換言之，宇宙萬物的生成變化是由太極所發動，朱子對此變化，作層層根源性的探討，理性思維之後所推得的最後根據，故稱「太極」是普遍地存在萬物之中的形上存有，也是宇宙萬物生成變化的本根與本源。

「太極」與「陰陽」之區分，依朱子之意，太極乃是陰陽的所以然，亦即陰陽動靜的超越形而上之規範，太極是形上之理，而陰陽則是形下之氣，乃構成個物存在的元素，理與氣之名乃立。

㈢易之辨證法則創發宇宙無窮生命之意涵

易之辨證法則從素樸的辯證認知義，而創發出生生不息的人生論與價值論，中國哲學所關注者不限於簡單又素樸的認知義，以完成知識系統為滿足，而是經由「生生之謂易」、「天地之大德曰生」的創造發明以成就人文價值。宇宙從靜態的形式觀之，是一種秩序森然，井井有條，有條理的結構，但從其動態的觀點而言之，則又有客觀的變化規律可以依循，雖然變化無窮卻能有其條理，這即是〈繫辭〉第八章所言的「言天下之至賾而不可惡也。言天下之動而不可亂也。」此種認知在中國哲學而言，是回溯到自身內在的價值意識中，是一種內在的本然且應然的價值意識與文化意識的開發。而此價值意識經由「正與反」二元的激盪，產生了「合」的

---

[10] 朱熹，《朱子語類》，卷94。

[11] 同上註。

統一，即是「易簡而天下之理得矣，天下之理得而成位乎其中矣。」乾坤或陰陽在動態的對應、激盪、感合之中，蘊涵了最高的統一律，即是「中道」，行乎中以得其正。

總而言之，西方辯證法透過「正」、「反」、「合」的觀念構作，並沒有離開動態演變過程的轉化與超越，此種由認識論立場，「研究人類的眞實與確實認識之可能性及其範圍的一種哲學上的學問。」[12]，運用理智與思辯以獲得確實的認識，如此「辯證性」可以被視爲一種認識作用。反觀中國哲學講求「知行合一」，在純粹認知之外，更看重實踐的可能，並且將其知識的效用放到最大，於是文化事業的開創也就形成文化上的標記，〈繫辭傳〉所言：「形而上者謂之道，形而下者謂之器，化而裁之謂之變，推而行之謂之通，舉而措之天下之民謂之事業。」即成爲在知識系統之外的另一發展，在道與器的流變創發之中，理解變化之理，而知變通方能成其全，知權衡與變通，方不致成爲凝窒，也才有個人價值事業的開出。

——本篇曾宣讀於2016年9月2-3日中國大陸中山大學邏輯與認知研究所和臺灣大學哲學系在廣州聯合舉辦首屆兩岸中國邏輯史學術研討會，2017年修正。收錄於何楊、李賢中主編：《中國邏輯史研究方法論——首屆兩岸中國邏輯史學術研討會論文集》，北京：中國社會科學出版社，2019年6月。

---

[12] 柴熙，《認識論》，臺北：臺灣商務印書館，1980，頁14。

《易傳》性命觀 —— 從儒家觀點探析

內容摘要

《易經》本是卜筮之書，是人面對不可知，不可測之抉擇時刻所採取的一種思維與判斷方式，但是隨著人之理性覺醒與自覺意識之產生，續予追問為何如此之問題時，《易傳》給予了哲學創造性詮釋，並且從「生生之謂易」、「天地之大德曰生」的生成變易之演變中，推溯事象之理而得天道與人事的互應、以及互動法則，並且天道下貫於人性層面之形塑上，建立了「繼善成性」之性命觀，「和順於道德而理於義，窮理盡性以至於命」，「道德理義」與「窮理盡性」之儒家觀念躍然而出，超越吉凶禍福命定之說，而成就君子的聖人氣象。

一、前言

《周易》[13]包括經與傳二部分，經包括了卦象，卦名，卦辭與爻辭四部分，在古代本為卜筮之用，對於經之解釋，則透過「十翼」加以解說以明其義理旨趣。「十翼」包括〈彖〉（上下）、〈象〉（上下）、〈繫辭〉（上下）及〈文言〉、〈說卦〉、〈序卦〉、〈雜卦〉共十篇，對《周易》作了進一步的詮釋以及增益其哲學內容，《易傳》與《易經》的關係，猶羽翼之於鳥的意思，另名為「易大傳」，從而由原始卜筮占斷轉

---

[13]李學勤推斷「《周易》經文所見人物及其事蹟，確實都是很古老的。經文的形成很可能在周初，不會晚於西周中葉。」見李學勤：《周易經傳溯源—從考古學、文字學看《周易》》，長春：長春出版社，1992，頁14。又據《周禮、大卜》：「大卜……掌三易之法，一曰《連山》，二曰《歸藏》，三曰《周易》，其經卦皆八，其別皆六十四。」今僅存《周易》。

至義理層次的發揮。《易經》作爲整體易學研究之本體，而《易傳》即是古代傳授經書的賢者對《經》之文本在文字意義與概念範疇的不同層次之理解與詮釋。因此《經》之原始卜筮之用的功能，透過《傳》之詮釋之後轉化而成具有「創造性解釋」的哲理，使得原始卜筮意義的《經》，透過《傳》所闡釋的義理意涵得到了高度的「哲學的突破」（philosophical breakthrough），對於原始宇宙與人生的問題有一澄清及疏解。這種哲學思考模式的轉變，使得對於《易傳》屬性的認定，而有了不同的解讀。[14]

作爲儒家哲學之典籍，傳達儒家義理價值，《易傳》之屬性及出土問世的時間，在唐、五代以前皆認爲「十翼」爲孔子所作，但自〔宋〕歐陽修首先提出質疑[15]，繼之而有朱子在《周易本義》亦提出：〈繫辭〉中冠有「子曰」者有二十三處，若是《繫辭》確爲孔子親撰豈有自署「子曰」之理。自此而後，「十翼」非孔子所手定幾已成爲定論。而就其內容而言，《易傳》雜揉有道、陰陽、法、名等諸家的思想，亦經過學界前賢如梁啓超、錢穆、郭沫若、戴君仁、高亨等之研究之後漸成定論。馮友蘭亦云：「《易傳》是戰國末以至秦漢之際儒家的人的作品。」[16]因此可推斷，《易傳》非一時一人之作，而《易傳》亦曾受道家思想之影響，同時亦帶有陰陽家、法家、名家的觀念，雖然對於《易傳》之脈絡、內涵解讀亦有不同，但是其共同點即在對於卜筮功能的《易經》做了哲學意涵的詮釋與轉化，方有《易傳》之展開，開啓哲學義理詮釋的另一轉折，這是中

---

[14] 陳鼓應先生認爲《易傳》是「較近於道家系統的著作」並力立道家思想爲《易傳》哲學思想的「主要骨幹」。在其《易傳與道家思想》、《道家易學建構》等著作中，力陳「《易經》經文尚謙、無妄及否泰相尋等人生哲學，對老子人道觀的建立有著一定的聯繫」。而顏國明在《易傳與儒道關係論衡》一書則持相反的觀點，駁議《易傳》是道家易學。見氏著，臺北：里仁書局，2006年。此外，項退結在《人之哲學》一書則認爲「易傳是孔子和世代相傳的孔門弟子在道家思想衝擊之下，逐漸形成的思想。」見氏著《人之哲學》，臺北：中央文物供應社，1982，頁160。

[15] 歐陽修之《易童子問》首揭十翼中的〈繫辭〉、〈文言〉、〈說卦〉、〈雜卦〉非孔子所作。見〔宋〕歐陽修：〈易童子問〉，收入《歐陽修全集》，臺北：河洛出版社，1975，頁169-171。

[16] 馮友蘭：〈易傳的哲學思想〉，《中國哲學史論文二集》，上海：上海人民出版社，1962，頁67。

國思想史上的一大進步，針對具有強烈性的卜筮意涵的吉凶禍福判斷之《易經》，《易傳》無疑地在此基礎上提出一套迥異於純以吉凶禍福爲目的訴求，而改以提出「安身立命」、「自我價值開發」之道建立了形上基礎、實踐工夫與生命意義層次的價值體系，而這套體系是建構在生命創發的觀察歸納與理性思維上，依據如下三個具有傳承次第之脈絡體系的預設觀念上，由此推演而成。

　　——第一是「天地之大德曰生」（〈繫辭傳〉）與「生生之謂易」（〈繫辭傳〉）的大化流行生命之命題及其存在預設。

　　——第二是「乾道變化，各正性命」（《周易・乾卦・彖辭》）與「一陰一陽之謂道，繼之者善也，成之者性也。」（〈繫辭上傳〉第5章）所賦予建立主體的內在意涵與陶成。

　　——第三是「和順於道德而理於義，窮理盡性以至於命」（〈說卦傳〉）的價值判斷與人文世界之展開，建立「義命分立」之原則。

　　本文即依上述之三個發展次第以及內在理則展開對《易傳》性命觀之闡述與探求，而這個研究路徑以及其義理闡述，即是肯定《易傳》內涵本是依循儒家「天道下貫人道、以德潤身、以成事業」的哲學思維而來，此生命所指的是「義命」，也是道德生活盡善盡美的歸趨，人離開此一義命範疇即淪爲一般生物層次，不復有人爲萬物之靈、道德理智與成爲大器氣象之人的層次與境界展開。

二、《易傳》生生之理所蘊涵的天人性命一貫

　　從《易經》到《易傳》在思維方式與關切的主題上，二者呈現出一個本質性的變化，張春香在其所著《論易學思維的生成本質》一文中，曾針對「生成」與「變易」之出現次數，做了一個統計，讓吾人看到《易傳》內涵上特別突顯之觀點：

　　　《易經》中共出現5個「生」、3個「成」、2個「變」、

2個「易」（這兩個「易」為名稱之易，應指地名或國名）；《易傳》中「生」出現41次，「成」出現52次，「變」出現43次，「易」出現77次（其中54個為名稱之易，23個有特殊意義，為具有動態性質的「易」）。如此高頻率出現「生」「成」「變」「易」絕非偶然，而是中國人思維方式的一種折射。[17]

　　張氏之統計發現讓吾人理解到由《易經》到《易傳》在思想主脈上的一個轉折與突破，由原始的卜筮功能到人的理性思維不滿足於《易經》所表示的呈顯於人事上「吉、凶、悔、吝、無咎」這種命定式的判斷結果；而是更進一步的探求存在的事物發展脈絡的終極原因以及天地之間各種事物形成的「第一因」，而《易傳》正是解答了理性思維所欲探求的本質及原理。因此，「吉、凶、悔、吝、無咎」固然是先民透過卦爻之「象、數、術」的結構所得到的答案，但《易傳》並不滿足於這種命定式的現象判斷及揣測，因而《易傳》透過「十翼」為生命世界詮解了可能的發展模式與闡述「生成變易」的本質性解釋。

㈠由天地之大德曰生以觀生生之謂易

　　《易傳》確為承繼儒家哲學的脈絡，儒家自孔子開始建立「以德潤身」、「仁統攝諸德」的道德理念與人之陶成途徑，因此對於人之道德孕育及人格形塑，則訴諸於「天人合一」。張岱年即有如下的見解：「中國哲學有一根本觀念，即『天人合一』。認為天人本來合一，而人生最高理想，是自覺的達到天人合一之境界。」[18]《易傳》既是以儒家哲學為其理論的核心系統，因此，在義理意涵的析理上，即秉持著如下的脈絡與特質。

---

[17] 張春香：〈論易學思維的生成本質〉，《孔學堂雜誌》，2018年第一期，頁81-82。

[18] 張岱年：《中國哲學大綱》，北京：中國社會科學出版社，1982，頁6。

　　《易傳》中天德主要體現在〈象傳〉乾卦與坤卦所形象的天與地，
〈象〉曰：「大哉乾元，萬物資始，乃統天。雲行雨施，品物流形。大明
終始，六位時成，時乘六龍以御天……首出庶物、萬國咸寧。」。再看
〈象〉對坤的描述：「至哉坤元，萬物資生，乃順承天。坤厚載物，德合
無疆。含弘光大，品物咸亨。」由〈象傳〉對乾坤二卦之詮釋，正好說明
「天地之大德曰生」的表現形式及其具體象徵的事物，因此，「生」是
《易傳》所表徵的「天」之首要品德，由「天」而有「生生不已」，生生
不已乃是乾坤二元互爲激盪與創造的規律與表徵。高懷民先生認爲乾、坤
二卦象傳所代表的意涵如下：

> 　　乾、坤二卦象傳是孔子哲學思想之根源，而乾象傳尤
> 爲「大始」。孔子之哲學，重心在「人」，而精神在
> 「行」，讀論語書，往往不見孔子形上思想的理論根據，
> 今讀乾、坤二卦象傳，乃知孔子之形上思想不只有本有
> 源，且層次分明。在簡而能賅的少數字句中，扼要描述出
> 宇宙生成的系統程序。[19]

　　高懷民先生對於生命的第一層次「乾道變化」進而提出五點基本認
識：[20]

一、以「乾」合「元」字，立「乾元」名。
二、以「乾元」合「天」（「統」義爲合），藉天道以明
　　　乾道。
三、「雲」、「雨」、「品物」爲物、「大明」（日、

---

[19] 高懷民：《大易哲學論》，臺北：成文出版社，1978，頁18。
[20] 高懷民：《大易哲學論》，頁180-181。

月）言時間，「六位」（六爻之位）言空間。是物
質、時間、空間均起於乾道變化中。

四、乾道變化，創生「性命」。

五、此一思想體系最後歸趨於人道，故以「首出庶務，萬
國咸寧。」作結束。

東漢許慎《說文解字》對於「生」的解釋，可以爲「生生」找到一
個原初的理念，《說文》曰：「生，進也。象草木生出土上。」[21]草木生
出土上是從會意的角度解讀，代表萬物生長之歷程，而《易傳》所言：
「生生之謂易」以及「天地之大德曰生」，正好說明了《易傳》認爲「生
生」二字相連適足以說明乾坤天地所欲呈現的世界是一個積健爲雄、創化
利物並且是厚德載物的形態，生生即是善。「生生」透過陰與陽二元素之
激盪變化與生化，故方有「一陰一陽之謂道，繼之者，善也；成之者，性
也。」之可能，而綿延不絕，因此，生成萬物是〈繫辭〉所欲表現的天地
大德。

天地之大德既在於生生，生生即是創造宇宙繼起之生命，因此，方東
美先生即依此而提出《易》之道是「生之理、愛之理、化育之理、原始統
會之理、中和之理與旁通之理」的概念[22]。其中的「生之理」正足以說明
天地之大德曰生的內涵，方東美先生認爲「生」含五義：「一、育種成性
義；二、開物成務義；三、創進不息義；四、變化通幾義；五、綿延長存
義。故易重言之曰生生。」[23]

〈繫辭〉繼續將「天地之大德曰生」的內容續予延伸，其文如下：

---

21 〔漢〕許慎：《說文解字》，北京，中華書局，1978，頁127。

22 方東美：《哲學三慧》，臺北：三民書局，1971，頁18-21。

23 方東美：《哲學三慧》，頁18-19。

夫乾，其靜也專，其動也直，是以大生焉。夫坤，其靜也
翕，其動也闢，是以廣生焉。廣大配天地，變通配四時，
陰陽之義配日月，易簡之善配至德。

宋儒程頤將此解為「乾坤各有動靜，於其四德見之，靜體而動用，
靜別而動交也。乾一而實，故以質言而曰大，坤二而虛，故以量言而曰
廣。」[24]加以「成象謂乾，效法謂坤」，因此乾坤天地之創生不已而有萬
物之靈（首出庶務）的出現，具體而微表彰生生之理。

㈡感而遂通，而得天下之至神

進一步言，天地之大德曰生，是否僅是現象的「變化」？若僅是現象
的變化，則是「氣化活動」，如此則不足以擔起「生生之謂易」之本體真
實。吾人認為，如果陰陽變化僅是氣化，則又如何而有「繼之者，善也，
成之者，性也。」的結果，並且而有如下的君子之道之展現：

仁者見之謂之仁，知者見之謂之知，百姓日用而不知，故
君子之道鮮矣。顯諸仁，藏諸用，鼓萬物而不與聖人同
憂，聖德大業至矣哉。[25]

此中所言之君子之道，不管是仁者、智者，他們的觀察體會、實踐而
得的「仁與智」無不是儒家道德觀念與血脈，而其根源即是追溯到生生之
理的根源，即是〈繫辭下傳〉第六章之文：

子曰：乾、坤其《易》之門邪！乾，陽物也；坤，陰物也。
陰陽合德，而剛柔有體。以體天地之撰，以通神明之德。

24〔宋〕程頤、朱熹撰：《易程傳 易本義》，臺北：河洛圖書出版社，1974，頁582。
25見〈繫辭上傳〉《易程傳 易本義》。

天地之大德，即生生，而生生則涵攝於天地人三才之中，而成爲萬事萬物之生化變易的歷程，再由「陰陽合德」以生化萬物，此生化即是儒家天道論道德意義下的生化，而有前述方東美先生所闡釋的「育種成性、開物成務、創進不息、變化通幾與綿延長存」諸義，而成「機體論的宇宙觀」，以及牟宗三先生所言之「道德形上學進路」。感通即表現在〈咸‧象傳〉之言：

> 咸，感也。柔上而剛下，二氣感應以相與，止而說。……
> 天地感而萬物化生，聖人感人心而天下和平。觀其所感，
> 而天地萬物之情可見也。

生生即是「天地萬物之情」，有情方有感之觸動，擴而言之而有「感而遂通於天下」之事實，也是易體神化妙運之奧義。陰陽氣化之論述，《易傳》亦有論及，但究其本質之特顯乃是歸於本體宇宙論之型態，此乃儒家之理論與特色。戴璉璋云：

> 在《易傳》，把陰陽看成天地之氣的是〈象傳〉與〈文言〉。這兩傳的作者，並未據此而構成一套宇宙論。把陰陽用爲宇宙論詞語的，是〈繫辭傳〉。〈繫辭傳〉作者是從功能的觀念上來談陰陽，所以說「陰陽不測」、「陰陽合德」；更值得注意的是，他所謂「一陰一陽之謂道」，這道內在於人，就是人的善性，即「仁者見之謂之仁，知者見之謂之知」的仁智之性。性與道是一，仁智的功能與陰陽也是一。因此陰陽不可能是質實的氣，它是儒家本體宇宙論中的詞語，不是陰陽家、雜家氣化宇宙論中的詞語，這分際是必須明辨的。把陰陽用作氣化宇宙論的詞語

是由《呂氏春秋》開始，到了《淮南子》作者手裡，陰陽就成為氣化宇宙論的中心觀念了。[26]

因為道內存於人，由此而得人之善性存存，以〈繫辭〉生化創化為功，透過道內存於人而非外鑠，方可確立其為《易傳》之本體宇宙論的實質內涵，而被我人所認識的是陰陽、乾坤、健順、剛柔之外在應用及型態，天以創生萬物為德，因此後續的乾坤造化而有的大生與廣生乃是易之本體的大用，也進一步表現在〈繫辭上傳〉第十章曰：

> 易無思也，無為也，寂然不動，感而遂通天下之故，非天下之至神，其孰能與於此？服役，聖人之所以極深而研幾也。

宋儒程頤對此解為「此四者易之體所以立，而用所以行者也，易者蓍卦，無思無為，言其無心也，寂然者感之體，感通者，寂之用，人心之妙，其動靜亦如此。」[27]至於「寂然不動，感而遂通」即在證成易道之體的存在，「無思無為者為易道之體，由此『寂然不動，感而遂通』；乃易體之神運妙用，是即用見體、體用不二。無思無為故易無體，易無體乃無以界說，故以『寂然不動』言之，易體雖為寂然不動之本體，其神用可『感而遂通天下』。」[28]故知易道之本體是寂感一如，是體用一如，其用則在妙運以創造萬物，感通潤物以生以成，故稱「生生之謂易」，也是「天地之大德」。

[26]戴璉璋：《易傳之形成及其思想》，臺北：文津出版社，1997，頁68。

[27]〔宋〕程頤、朱熹：《易程傳　易本義》，頁56。

[28]吳建明：《《易傳》「天人合德」思想之研究》，高雄師大學報，第22期，2007，頁63。

三、窮理盡性以至於命

〈說卦傳〉第一章曰：「昔者聖人之作易也，將以順性命之理，是以立天之道，曰陰與陽；立地之道，曰柔與剛；立人之道曰仁與義。」此外，在〈繫辭傳上〉第五章曰：「一陰一陽之謂道，繼之者善也，成之者性也。」〈繫辭傳下〉第一章曰：「天地之大德曰生，聖人之大寶曰位，何以守位曰仁，何以聚人？曰財，理財正辭，禁民為非曰義。」最後看〈乾卦‧象傳〉之文：「乾道變化，各正性命，保合太和，乃利貞。」從這四段引言，吾人可以匯整出如下的思維脈絡，那就是以易來作為統合宇宙與人生作為終極關懷之理，而其內在的本質即是建立在「性命之理」的運作與互動上，「性命之理」是易的內在原因與易之所以為易的理論預設，沒有生命的「性命之理」，則萬事萬物必然無法存在，而人即是〈繫辭傳下〉：「天地絪縕，萬物化醇，男女構精，萬物化生。」人內在的存在之因與不變法則即是在「窮理盡性以至於命」的實踐上，人生才有意義。依此邏輯，吾人即予深入討論如下的三個概念的思維，「窮理」、「盡性」、「知命」等概念之釐清。

探討「窮理盡性以至於命」，必須要溯源到「性命之理」的討論，對此「性命之理」若無法作本質的貞定，即會有形成陳鼓應所言《易傳》是「道家主幹」的說法。這個分辨點即是落在要從道德意義上來理解人的概念，因人為天地之化育而生，因此必須建立在「天人關係」上。從道德意義上來理解，《易傳》天德所蘊涵之「理」即有二種特質，「一是『生生不已』二是『健動不已』」[29]。趙衛東提出這二個觀念認為是天德之表現，他以乾元與坤元作為思維理路，而認為《易傳》之「天」並非人格神的天，而是具有「生」、「健」本性的形上之天，即義理之天。[30]

---

[29] 見趙衛東：《《易傳》與《荀子》天人觀比較》，第二屆中華文化與天人合一國際研討會論文集，2015，頁127。

[30] 同上註，頁127。

　　由天到人的生命展開，就是《序卦》說：「有天地然後有萬物。有萬物，然後有男女。」《易傳》認爲人類是由天地所孕育而生，所以在人的身上係有與天一樣的本性，這也就是〈象傳上〉所說的「乾道變化，各正性命，保合太和，乃利貞。」要確保「保合太和利貞」，若是沒有對於天德之肯定，斷無可能產生利貞，前述之「生生不已」與「健動不已」成爲必然，乃因天德是善，方能使萬物「品物咸亨」，與此相應的即是〈繫辭上〉所說的「一陰一陽之謂道。繼之者，善也；成之者，性也。」因此，人之所以爲人而稱萬物之靈的根由即在「繼善成性」，而此概念又同於「乾道變化，各正性命」，二者意義相同，徐復觀對此概念作了解釋，引述如下：

> 繼之者善也的「繼之」的「之」字，我以爲指的是由上文一陰一陽的變化而來的生生不息。一陰一陽的結果便是生育萬物，所以繼之而起的，便是生生不息的作用。一陰一陽的變化，與生生不息，照理論說，是同時的，也可以說是一件事。但爲了表示創生的順序，所以用有時間性的「繼」字。此生生不息的繼續，用另一語言表達，即所謂「顯諸仁」，即天地仁德的顯露。既是仁德的顯德，便自然是「善」的，所以便說「繼之者善也。」[31]

　　「繼善成性」中的「善」即是天地之德，是人、是智，是從道德意義上來說，而非來自大自然的自然現象，因此這個善即是善性，如此方能有「成性存存，道義之門」的後續推演而得對人是道德主體的肯定。綜而言之，「性命之理」，是人之所以爲人的根本基礎，知性命之理是做人的當務之急；而「窮理盡性」，即是從《易》中明白變化遷易以止於至善的內

---

[31]徐復觀：《中國人性論史‧先秦篇》，上海，上海三聯書店，2001，頁181。

在根由與必行之道；「以至於命」，即是脫離自然生命之範圍進入道德生命的聖人人格的完成。

(一)「性」之涵義

《易傳》依循原始理念是儒家由天道下貫以說「性」之進路，因此才有「乾道變化，各正性命」，是來自一個創造性原理，形成萬物變化的根據，才有「各正性命」之出現與多元表現形式。

對此「性」之內容，牟宗三先生在《心體與性體（二）》一書中即有如下的解析：

> 「分于道謂之命」意指每一個體皆得天之所命，此天所「命」者，是從道之「流命」言，是命令義，理命義之「命」，而不是生命強度的「根命」，也不是命限、命遇之「氣命」，「氣命」所指乃個體生命與宇宙氣化乃至歷史氣運間的順遂，由此不能說「分于道」之「命」，「分于道之命」是就理論上而言的，此「命」乃理上之必然有其定命定向，此同于「乾道變化，各正性命」，同是本體宇宙論之直貫模式。[32]

透過上述牟宗三先生之觀點，由易道而得性命的存在之理，與《中庸》所言天命下貫之「天命之謂性」是同一脈絡，吳建明之觀點可為參考。

> 「乾道變化，各正性命」所言的變化乃是易道自然流行之妙化，由此化生萬物之歷程中，而賦予各個時空萬物之本性。乾道乃是一創造性原理，具有生化之大用，是萬物變

---

[32] 牟宗三：《心體與性體（二）》，臺北：正中書局，1999，頁147。

化的根據，所以言「乾道變化」，由乾道之妙運大用而有
萬物之生化，此「乾道變化」又以「動而無動，靜而無
靜」之「神化」妙運來呈現，由此，在乾道變化的生化過
程中，萬物各自正其性命而成之，此與《中庸》所言「天
命之謂性」乃同一理 ，是「維天之命，於穆不已」的乾
道所貫通於萬物者，人之天眞本性亦由此所賦予，此亦是
人道德價值的形上根源。[33]

　　從上述之分析，可知《易傳》所言之「性命」乃是由兩部分組成，一
是從乾道變化流行而注于萬物者謂之「性」，二是「命」是乾道賦予個別
生命者，因此而有「各正性命」。乾道之性是普遍性的大化流行，無分任
何等級的存有物，皆是以一貫之由天道直注以性，此根源下貫於我人生命
中，而爲人之本性與眞性，方有三才並立之可能。

(二)各正性命

　　《乾道變化，各正性命，保合太和，乃利貞。》（〈乾卦·象
傳〉），其中的關鍵在於「變化」，《易傳》所言之變化是「剛柔相推而
生變化」，因此變化者乃是僅只乾陽之作用中所起的變化，高懷民先生
稱此變化有三元素，即指「物原質、時間、空間」[34]，此三者純爲形上作
用，因此變化而生的「性命」也是形而上的精神。高懷民先生特別指出一
個在易學研究上較不被重視的一個觀點，即是爲何要有「各正性命」的命
題？「各正性命」又提醒了什麼？他指出：

　　　「乾道變化，各正性命。」然而落入現象以後，人、物的
　　性命大多失去了原來的「正」，可知其「失正」的原因不

---

[33]吳建明：《《易傳》「天人合德」思想之研究》，頁69。

[34]高懷民，《大易哲學論》，頁184～189。

在根源一層的乾道變化，而在於乾道變化之後。知此緣由，則有靈智之人便當努力於以乾道變化所生之「正性命」之典範，作人行事力求得時、得位、得乎自然，故象傳下言「保合太和，乃利貞。」「太和」即指乾道變化中自然化合，「保」之，「合」之，乃孔子極力勉勵人特守此「太和」之乾道；「乃利貞」，爲再明文王卦辭言。[35]

乾道變化而有「正性命」，並無「不正之性命」，「正性命」乃是善，是根源之善，易學中的「性命」本是善，故方有「一陰一陽之謂道，繼之者，善也，成之者，性也。」（〈繫辭〉）陰陽二作用往復化生萬物，名之爲「道」，此陰陽化生之道連續不斷，萬物由此而生生不息，此之謂「善」，而，「善」既是形容陰陽化有的功用及其結果，則陰陽化生的功用即是一個「生」字，並無產生「不生」之對待，則此善即是絕對無待。可見「善」之義是由「生生」而來，「善性」是絕對無待，孟子之「性善」乃是得易學「性命」之說而言性善，《易傳》之「性」言萬物之所具，「生」之作用既爲善，則生之所成的性自是「善性」也就不言可喻。亦可從〈乾卦・文言〉：「元者，善之長也。」並無「不善」之對立言說。

　　在「乾道變化，各正性命」之後，《易傳》又爲我們提出人該當努力的方向，即是「保合太和，乃利貞」的警語，「太和」即是普遍的和諧，此種和諧是本有，是天道的大化流行，萬物各得其正，所保持一種完滿的和諧狀態，如此萬物即能獲得順利的發育，因此宇宙本是和諧的，在分化出天地萬物之後，我人仍須努力不使和諧消失，如此方能稱之「太和」，此「太和」即是普遍和諧之義，包括了自然的和諧，人與自然的和諧，人與他人的和諧，以及人與自我的和諧等。

---

[35] 高懷民，《大易哲學論》，頁189。

四、和順於道德而理於義，窮理盡性以至於命

依循著《易傳》天道下貫於人之性命理路，《易傳》對於人之脈絡思考，即是探討人的意義與價值問題，此即是生命的開發如何實現的問題，在《易傳・說卦傳》即提出了人該當如何實現生命的意義與價值開發，〈說卦傳〉言：

> 昔者聖人之作易也，幽贊於神明而生蓍，參天兩地而倚數，觀變於陰陽而立卦，發揮於剛柔而生爻，和順於道德而理於義，窮理盡性以至於命。（第一章）
>
> 昔者聖人之作易也，將以順性命之理，是以立天之道曰陰與陽，立地之道曰柔與剛，立人之道曰仁與義。兼三才而兩之，故易六畫而成卦。分陰分陽，迭用柔剛，故易六位而成章。（第二章）

程頤與朱熹在《周易本義》中將〈說卦傳〉第一章之「和順於道德而理於義，窮理盡興以至於命」注解爲「和順從容，無所乖逆，統言之也。理謂隨事得其條理，析言之也。窮天下之理，盡人物之性，而合於天道，此聖人作易之極功也。」[36]它是從統元（普遍性）與析言（個別性）之角度言合於普遍性之天道謂之「理」，而個別性之「事」中亦存在著「理中有事，事中存理」一元與多元互爲核心與表現形式。

傅佩榮對「和順於道德而理於義，窮理盡性以至於命」解釋爲「協調順從規律與功能而以合宜爲依歸，窮究事理探求本性直到掌握命運爲止。」[37]雖大體上表達《易傳》所欲傳達的人之形塑與陶成的必須途徑，但仍未完整地闡釋「和順道德而理於義，窮理盡性以至於命」這二句話的

---

[36]〔宋〕程頤・朱熹：〈周易本義〉，收錄於《易程傳 易本義》，頁636。
[37]傅佩榮，《易經解讀》，新北市，立緒文化事業公司，2012，頁1。

核心觀念，即是要考慮儒家在面對生命抉擇時刻的判斷準據──「義命分立」的核心觀念。

㈠道德即是立人之道的仁與義，也是為義之所執

在《易傳》將人視為與天地並立之三才之一，顯示《易傳》對於人之地位與價值，看成是無比的重要，而人之所以為人的理由何在？人又何德何能而能被稱為萬物之靈？此「靈」的概念，即是指立人之道的仁與義，因此仁義是道德，也是人之所以為人的根本理由，同時也是為義之所執，若失去仁與義的道德涵養與修為，又如何能稱為君子與大人？因此「靈」即是靈智自覺，而能擁有此者，非人莫屬，而具靈智自覺即是道德之我本身，而具體的表徵與實踐即是「仁與義」。

在理念層次上，「道」是第一層義，「德」是第二層義，〈乾卦・象傳〉言：「天德不可為首也」，「天德」即「天道」，但是天道因有變化，變化即是落入六爻之位，成了多元分散，故有「天德」，〈文言〉稱：「君子進德修業」，於是「德」乃指「道」之在人者。人要有道德品格之高下，方有君子與小人之區分。高懷民先生之說法，有助於釐清「道德」的觀念：

> 所以「道德」一詞，實指人生而稟受的那一分精神，人人均由「道」而生，故人人有此一分精神，人人稟受的一分精神內在於人人心中，是為「道德心」。但人心所有的不只此「道德心」，也有由形體而派生的「欲念」（物欲）。人與一般動物不同者，一般動物「物欲」深重，不知其內心有「道德心」，而「人為萬物之靈」，在動物中欲念較輕，能自覺到「道德心」的內在於心，即此一念之自覺，劃分下人與一般動物的界限。[38]

---

[38]高懷民：《大易哲學論》，頁370。

　　由此分析而得，人因自覺產生「道德心」，發揮此「道德心」而成為「道德人」，復為道德人化分高下等級的「道德人格」（如君子、大人、聖人），道德不僅使人擺脫獸性、回復人性，走向神性，這是人內在的性命覺醒之後，奮力復返於本源之「道」的努力與實踐歷程，人之所以稱「為萬物之靈」之名，即是基於此，因此無道德即無「人」之名，有道德方能稱與天地並為三才之一。經由此一道德開發的過程，人在儒家來說，即是具有仁與義的道德人格，亦即是〈繫辭傳〉所云：「成性存存，道義之門。」〈說卦傳〉云：「窮理，盡性，以至於命。」道德本源是天命，這是源頭，才有在「天」言「命」之「天命」，而在「人」即是言「性」，而稱「人性」，《易傳》所要強調的是「成性存存」與「窮理盡性」即是透過道德心之自覺，啟發仁與義之道德實踐，而成就「道德人格」。

　　儒家的仁義實踐之路，乃是透過「內省」與「存誠」二道工夫。就「內省」而言，在卦爻象的吉凶判斷上可以顯見具有「內省」含義的卦或爻皆屬吉，如〈乾卦〉九三之「君子終日乾乾，夕惕若，厲，無咎。」〈訟卦〉之「惕中，吉。」〈繫辭〉云：「憂悔吝者存乎介」即是強調仁義內省。次就「存誠」而言，〈乾卦文言傳〉云：「閑邪存其誠」、「修辭立其誠」，因此，「性」不管是「存於內」或是「閑於外」均不離「誠」。

(二)義命分立

　　《易經》最早的功能是卜筮及占斷吉凶，到了《易傳》則試圖做出積極的轉化，此即是勞思光先生在《關於術數的反省》一文中，以「義命」的觀念來看術數之概念頗值參考，尤其是他提到孔子的「義命分立」之觀念，也為《易傳》之屬性作了辨正：

　　　孔子的「義命分立」是一個很重要的論斷。一方面，人的

存在是被某些因素決定的；另一方面，人也是有責任意識
的。但是過去常常忽略了「義命分立」的理論，而且都用
「天命」觀念來解孔子的「命」。事實上，「天命」是戰
國末年至漢代變化出來的思想，並非孔子原意。當孔子說
「道之將行也與，命也；道之將廢也與，命也；公伯寮其
如命何？」（《論語‧憲問》）時，就價值論的層次言，行
與廢是抉擇的問題，但就實際而言，道之行廢乃是被決定
的層面，自有其客觀的限制，這就是「命」。人都是有限
的，但在客觀限制之外，人也有自己可以決定的層面，這
就是「義」。一切涉及道德語言、規範語言之價值判斷的
出現，就表示了人是自由自主的，這種自由不是政治的自
由，而是意志的自由，是人的基本自覺。儒學一定要肯定
人有「義」的領域。所謂成聖成賢、成德之學、或人文化
成，這些都必須要假定人有自由意志。因為有自由意志，
人才能自我主宰，人才能自我主宰，具有道德意識與責
任，分判善惡，自覺地決定自我的行為。[39]

　　「義命分立」開啟了儒家面對生命限制之時所提出的一套道德判斷
標準，在理念與人生理想層次，固然是「和順於道德而理於義，窮理盡性
以至於命」，但是畢竟面對生命發展中的不可測、不可知之「命」，又要
如何自處？儒家即是以「義命分立」來回答這個問題，「義」本是價值的
追求，其目的即在安頓生命，實現天地之大德曰生，而以義為準即是一種
自我超越的手段，儒家經典中的《大學》即有一種誠意工夫，即是秉義而
行：

---

[39] 勞思光，《關於術數的反省》，哲學雜誌第3期，1993年1月，頁3。

所謂誠其意者，毋自欺也，如惡惡臭，如好好色，此之謂
自慊。故君子必愼其獨也。小人閒居爲不善，無所不至；
見君子然后厭然，揜其不善而著其善。人之視己，如見其
肺肝然，則何益矣？此謂誠於中，形於外，故君子必愼其
獨也。[40]

再從《論語・里仁》之「君子喻於義，小人喻於利。」即可明白君子
之道德實踐的價値優先性。孟子所言：「苟爲後義而先利，不奪不饜。」
（《孟子・梁惠王》），「理義之悅我心，猶芻豢之悅我口。」（《孟子・
告子》），張永儁認爲「儒家思想是要在人類生存的現實世界中構造秩序
的，是要在各種關係網絡所一時並現的現實世界中，活活潑潑地創造眞美
善聖的生命情調的，是要在宇宙時間的生生相續、價値生命脈脈相承的世
界觀下，實現道德價値理想的。所以對於不可盡知、不能盡解的命運，
儒家式的人物便要以義理的價値性之無限開創，取代命運的各式各樣有
限的安排。」[41]儒家的價値取向即繫於爲義，也就是「不知命，無以爲君
子。」（《論語・堯曰》）知性命、知天命亦能知使命而立命。義即是有限
生命向無限生命的道之開放與實踐，人知命之有限，但不爲命所侷限，並
能爲義以至於超越命之限制。若不是從儒家的脈絡來理解，斷無可能推導
出「義命分立」之命題。因此，「理於義」，即是秉義而行而有道德實踐
之實，「至於命」除了理解天命之本義外，更重要的是對於生命抱著「愼
獨」之態度，對於客觀條件不俱足所形成的限制與疑難，抱持著開放的態
度，也就是《論語・子罕》孔子之言：「毋意，毋必，毋固，毋我。」的
態度，是安身立命自我期許的準則。由此可知，《易傳》所賦予人的態
度即是面對道德之事是積極承擔，面對命運又有其積極性的面對，盡其

---

[40] 《大學》第十節。

[41] 張永儁：《命理與義理》，哲學雜誌第3期，1993年1月，頁25。

在我，由此「樂天知命，故不憂」（〈繫辭傳〉）、「致命遂志」（〈象傳〉）。

五、結語

　　《易傳》之哲思本是從「天文」而來，因此方有〈賁卦・象辭〉所說：「剛柔交錯，天文也；文明以止，人文也。觀乎天文以察時變，觀乎人文以化成天下。」但是由「天文」到「人文」，建立「人文世界」之秩序與準則，正是《易傳》所欲突出彰顯的課題與目的，儒家正是對於人文世界的秩序與準則有其特別關注之處，誠如唐君毅先生所言：「孔子之教，於人文二字中，重『人』過於重其所表現於外之禮樂之儀『文』，而要人先自覺人之所以為人之內心之德，使人自身先堪為禮樂儀所依之質地。這才是孔子一生講學精神之所在。亦是孔子之人文思想之核心所在。」[42]

　　曾春海從「天人關係」之思維角度，解析《易傳》所具有的諸多天德與人德的命題：

　　　　由〈經〉至〈傳〉的天人關係中發展出本天道立人道的道德形上學之命題，天人合「德」之「德」落在機體宇宙論的生化不已之天德上，亦即對萬物生命價值的尊崇、愛慕與參贊化育的德行實踐上。就其諸德者，舉其第一序天人合德處，當在大中至正的大公無私之厚載萬物之德與「天道虧盈而益謙」（〈謙卦・象辭〉）、「謙謙君子，卑以自牧也」（〈謙卦・初六象辭〉）的謙沖自牧，稱物平施的謙德。中正之德與謙德相資為用，這是乾卦象傳所謂：「道道變化，各正性命，保合大和，乃利貞」的大化流行，萬

物和諧並育，共存共榮的一體圓融至境。換言之，大中至
正之德與謙沖之德是〈經〉、〈傳〉所一貫認同的天德及
應爲人所效行的人德，此兩德是實踐生生之大德的必備條
件。天人合作共創的生生之大業，有其內在目的性，那就
是引導萬物實現內在性命的美善，遂成生生之眞、生生之
善與生生之美。[43]

《易傳》之性命觀代表著由形上之天至實存之人的道德發展與內化
的過程，由原始的宗教天走向德性天與形上天的進步歷程，同時從「生生
不息」天人合德的生命流轉中，得以窺見其客觀化的天道，具體地表現在
「生生之謂易」、「天地之大德曰生」的天道思維中，開展出「乾道變
化，各正性命」的存有本質意涵，進而由天文走向人文，創建出「和順於
道德而理於義，窮理盡性以至於命」的道德實踐，而在此過程中的「義命
分立」之價值抉擇的判準與依據厥爲關鍵，方有人文世界的光彩與輝煌，
參透人生意義的價值根源和人生意義的再解釋，賦予《易傳》更爲鮮明的
儒家特質屬性。

　　——本篇原刊《哲學與文化》第四十六卷第六期，2019年6月。

---

43 曾春海，〈《周易》天人關係說之形成與涵義〉，《哲學與文化》，第36卷第12期，2009年12月，
頁28。

易有聖人之道四焉探析

內容摘要

　　《周易》哲理廣大悉備，最初雖是卜筮之書，但其中蘊含自然世界與人文世界的各種關係的描述與推測，而《易傳》將上述二元世界的意義與價值作充分的推演，以喻人間世界的各種行動的真諦。其中在〈繫辭傳上〉所言：「易有聖人之道四焉，以言者尚其辭，以動者尚其變，以制器者尚其象，以卜筮者尚其占。」其意涵頗值探究，聖人之道的四件事，完整地呈現聖人之道的內容，在辭、變、象、占的四種語境中，當有其哲學的預設與理論建構。本文試從知識系統、實踐系統與聖人境界三個層面加以剖析，進而掌握聖人之道所欲突顯的本質意涵。

一、前言

　　〈繫辭傳〉是被認為是《周易》的哲學義理與微言大義之所在，也是解讀《周易》在文義內涵與引申詮釋的入門，是《易傳》十翼之一，可說是深度理解《周易》的敲門磚，歷代哲人推察有之。由於《周易》原典文字艱澀難解，於是有〈繫辭傳〉的輔助詮釋，使得易理從卜筮之易而進入義理易學，跳脫原始神話、鬼神思維進入哲學思維，這即是高懷民教授所稱「先秦易學思想的三階段」之說[44]。其中人道思想時代的特色，即是

---

[44]高懷民教授認為先秦易學思想的發展，經歷了天道思想時代、神道思想時代再到人道思想時代，而孔子著「十翼」正好展示了易理的人道思維，人的主體性與價值意識由此彰顯，〈繫辭傳〉正是人道思想的表徵之一。請見高懷民：《先秦易學史》，臺北：東吳大學中國學術著作獎助委員會，1975，頁20。

「始於孔子贊易，爲易學主流」[45]，因此孔子贊易必有其立論之依據、關切的議題與爲《周易》所作的相關詮釋，而表達《周易》哲學意涵的文獻即以〈繫辭傳〉爲核心，而吾人之所以如此認知，其來有自。

　　《周易》本是卜筮之書，是人面對不可知，不可測之抉擇時刻所採取的一種思維與判斷方式，但是隨著人之理性覺醒與自覺意識之產生，續予追問爲何如此之問題時，《易傳》給予了哲學創造性詮釋，並且從「生生之謂易」、「天地之大德曰生」的生成變易之演變中，推溯事象之理而得天道與人事的互應、以及互動法則，並且天道下貫於人性層面之形塑上，建立了「繼善成性」之性命觀，「和順於道德而理於義，窮理盡性以至於命」，「道德理義」與「窮理盡性」之儒家觀念躍然而出，超越生物不測、吉凶禍福命定之說，而成就君子的聖人氣象。而「聖人之道」乃呼之欲出，成爲自我修爲與道德實踐的目標。

　　《周易》包括經與傳二部分，經包括了卦象、卦名、卦辭與爻辭四部分，在古代本爲卜筮之用，對於經之解釋，則透過「十翼」加以解說以明其義理旨趣。「十翼」包括〈彖〉（上下）、〈象〉（上下）、〈繫辭〉（上下）及〈文言〉、〈說卦〉、〈序卦〉、〈雜卦〉共十篇，對《周易》作了進一步的詮釋以及增益其哲學內容，從而由原始卜筮占斷轉至義理層次的發揮。《易經》作爲整體易學研究之主體，而《易傳》即是古代傳授經書的賢者對《經》之文本在文字意義與概念範疇的不同層次之理解與詮釋。因此《經》之原始卜筮之用的功能，透過《傳》之詮釋之後轉化而成具有「創新性解釋」的哲理，使得原始卜筮意義的《經》，透過《傳》所闡釋的義理意涵得到了高度的見解，對於宇宙與人生的問題有一價值澄清及疏理。

　　此種由原經六十四卦、卦畫、卦辭，以及三百八十四爻之爻辭，揭露的信息是吉、凶、悔、吝、無咎等占斷性文字，除了表面上的占卜結果訊

---

[45] 高懷民：《先秦易學史》，自序。

息之外，應當有其可能存在的依據與理則，如此一來，《易傳》也就扮演一個積極角色，它要能充分說明《周易》所蘊涵的存在之理、道與術、現象與本質的問題，它要傳達及闡釋的目的，即在完整地呈現如下之內涵。

> 蓋經文古奧晦澀，後人研究詮釋經文，期能揭露蘊含於「經」文中可能的哲學。因此，「傳」係詮釋、輔翼「經」文之昌明而作。「傳」既取理解和義理表達之路向，則《易》書漸由卜筮之書，轉進成探討宇宙與人生哲理的經典。綜觀六十四卦統貫了形上原理、自然法則、德性原理、人文精神、社會文化生活等諸般豐富的內涵。[46]

曾教授所稱之「形上原理、自然法則、德性原理、人文精神、社會文化生活」正是中國文化從《周易》的《經》與《傳》之中所匯聚出來的精華，一方面是中華民族古聖先賢生活實踐的智慧與準則，另一方面也讓吾人透過《易傳》的解釋，而能進一步掌握此文化內涵的概念認知與價值取向，可稱是宇宙與人生的「大哉問」，諸問題之解答提供一個文化的知識系統、實踐系統與價值系統。

二、「聖人之道」的知識系統

吾人認識內在心靈與外在世界，認識的方法不外是透過感覺經驗、理性推理與悟性直覺三種方式來建構起知識的系統，這也是《周易》哲學的價值所在，它不僅是一套知識的系統，同時也是一種實踐系統，有其方法、步驟與所欲達成的知識成就，描繪了實存世界與理念世界，同時也表現知識不僅僅是一套認知結構，也反映出對宇宙與人生的總體解答，同時也提供一種生命的智慧，「知」與「行」是合一的。

---

[46] 曾春海：《易經的哲學原理》自序，臺北：文津出版社，2003，頁1。

(一)概說

司馬遷著《史記》，在〈太史公自序〉有言：「易大傳：天下同歸而殊途，一致而百慮。」司馬遷所稱之文即是〈繫辭傳〉之文，〈繫辭傳〉不像〈彖傳〉、〈象傳〉是分別針對某卦某爻作解釋，是一種「導論式」的泛論《周易》之道理，有其在先秦時期一種特殊的地位。高懷民教授在《先秦易學史》對於〈繫辭傳〉曾有如下的評述：

> 繫辭傳由於是早期的論理文學，今日看來其條理難免失於不夠嚴明，在文義上予人以錯雜間出的感覺，但其內容確是極爲豐富，反復從不同角度發揮易道之理論，申天人之義。從整個來看，它是以筮術易爲根據，極言筮術之神用，聖人體會其神用，極深研幾而發爲人事德業，此正儒門易繼筮術易而興之必然跡象。……[47]

〈繫辭傳〉分爲上、下二篇，在王輝編著之《易經》一書對於〈繫辭傳〉之由來作了一番考證及解釋：

> 繫，古字作毄，有系屬義。辭，本作辤，即詞，有說義。〈繫辭〉本義是〈繫辭〉於卦爻之下。此處以「〈繫辭〉」爲名。乃指繫在《周易》古經後面的文辭，爲《十翼》之一。它是《周易》的通論：追述易之起源，推論易之作用，兼釋卦義以補〈彖〉、〈象〉、〈說卦〉之不足，並言明占筮方法等。[48]

---

[47] 高懷民：《先秦易學史》，頁251。

[48] 宋學海主編、王輝編著：《易經》，昆明：雲南人民出版社，2015，頁407。此處之繫，在該書是以簡體字「系」稱繫。

從知識建構的進路來說，知識的成立必有其指涉對象，即言之有物，才能說之以理，這樣的探索過程，〈繫辭傳〉為我們提供一個觀察之路，在〈繫辭傳〉二章云：

> 聖人設卦觀象，繫辭焉而明吉凶，剛柔相推而生變化。是故吉凶者，失得之象也；悔吝者，憂虞之象也；變化者，進退之象也；剛柔者，晝夜之象也；六爻之動，三極之道也。是故君子所居而安者，易之序也；所樂而玩者，爻之辭也。是故君子居則觀其象而玩其辭，動則觀其變而玩其占，是以自天祐之，吉無不利。

由上述之引文觀察，簡言之即是一種「觀象玩辭」[49]，劉君祖指出〈繫辭傳〉所稱的聖人為《周易》的知識建構進路提供了一套由觀察入手、思維推理而對應到解釋社會脈動變化、人事變遷的存在理則，他的觀點如下：

> 君子平居無事之時，深觀易象推衍之理，玩索爻辭應變之道，藉此鍛鍊思維，蘊養智慧；一旦形勢有變，將採取行動之際，便可冷靜分析，當機立斷。居而安，樂而玩，觀象玩辭，觀變玩占，舉止動靜皆有法度。以此立身行事，自然如獲天助，順利成功，鮮少失誤。[50]

此處的「觀象玩辭」是認知的步驟與進路，是知識建構的思維對象，也是天人觀念疏通的表徵，從中得出天人關係對應的內在關係與理則，這

---

[49] 劉君祖：《易經之歌》，臺北：大塊文化出版公司，2015，頁25。
[50] 劉君祖：《易經之歌》，頁30～31。

種天人關係的產生，即如〈說卦傳〉所言：「昔者聖人之作易也，幽贊於神明而生蓍。」人憑著能力和智慧進而掌握解釋的主動性，理性的覺醒，方有通志成務，雖然難免也會有遇到不可知、不可測之情事發生，但是主體之我明白自然造化之妙與主體內在心靈必有其契合之處，方有乾卦〈文言傳〉所言的「先天而天弗違」所蘊涵的剛健進取的精神，生命事業才會有突破現實條件的限制，創造生命的無限可能。

㈡《易》有聖人之道四焉：以言者尚其辭，以動者尚其變，以制器者尚其象，以卜筮者尚其占。

「以言者尚其辭，以動者尚其變，以制器者尚其象，以卜筮者尚其占」這四句話為何稱為「聖人之道」？「道」是指路，聖人之道是指聖人喻示一條成德之路，這四句話有二個涵義，一是水平式（平面式）的文字意義，主要是採用卦爻辭的解釋，點示在生活世界現象層面的吉凶的意思（這本是《易經》的作用），吾人觀察事物變化之理，辭、變、象、占皆是可觀察的對象，以及也可以從這四個對象中得到一些訊息，包括警示、隱喻、明示的說明；另一是縱貫式（立體式）的內在精神，即是《易經》在價值世界所蘊涵的本質意義—「憂患意識」（在下一段的實踐系統將有說明）。

解讀上述的四句內涵，吾人認為仍然必須扣住〈繫辭傳〉所欲傳達的旨趣及成聖之道著手，在〈繫辭下傳〉第一章為這個問題揭示一個方向：

> 天地之道，貞觀者也，日月之道，貞明者也，天下之動，貞乎一者也。……爻象動乎內，吉凶見乎外，功業見乎變，聖人之情見乎辭。

此段文字中最具關鍵者厥為「聖人之情見乎辭」，提示辭從何而來的問題，辭是聖人之情的展開與至真情感的流露，聖人之情由天地之變化

而來，天地變化之義乃是「天地之大德曰生」、「生生之謂易」，由內外二重世界的相互感應產生對生命意義究竟的情愫與關懷，油然而生的是不安、不忍之心。是故，聖人念茲在茲的「辭」，乃是落在伊川所言「吉凶消長之理，進退存亡之道，備於辭。」的生命的普遍關照，對於人的生命實然與應然兩重世界的激盪，包括吉凶、消長、進退、存亡、生死、死生的普遍性關注，而思轉化改變之道，以彰顯生命意義，對照起聖人所言之辭，即展現在「天地之大德曰生，聖人之大寶曰位，何以守位曰仁，何以聚人曰財，理財正辭，禁民為非曰義。」（〈繫辭下〉第一章）此乃是聖人之情的真性情。因此具備此真性情所表露之辭，才會有生命的熱情與躍動，也才能看見寬大為懷之心、與天地同步運轉與脈動與不安、不忍之心，是無私的、廓然大公之訴說，如此方能是具普遍性的準則與價值。由是，情不是僅止於感嘆世間無可奈何的感情訴求，而是動之以真情見諸於語言與文字（辭），是內在心靈世界的普遍性關切，對於人的生活意義、吉凶禍福、成功與失敗、昂揚消退的一種理性反思之後的不安、不忍之情。而對於《易經》藉言辭的表述方式，正也是充分表達了聖人之情所欲揭露的目的，「就易辭表達的意向或旨意觀之，則在明宇宙人生中正光明之正理常道，究明失得之報，導正人們的思想與言行，安頓流離失所的人心與人的靈性生命」[51]此不安、不忍之情的動見觀瞻與人性關注躍然紙上，充分展露聖人所欲言之理，存意於辭而見理，亦即是人文精神的躍動。

其次，聖人之道的第二個內涵是「以動者尚其變」，爻動而變，卦亦變，爻辭隨著時間、空間、位置與情境而遷移，表達出聖人所思考的易理是有「易簡、變易、不易」的多元意涵，卦爻之間的變化錯綜複雜而又息息相關，此「動」來自觀察天地造設、日月運行、四時循序所顯示的運轉法則與軌跡，而之所以有此跡兆，是來自於變化，變化之因是因其動，天

---

[51] 曾春海：《易經的哲學原理》，臺北：文津出版社，2003，頁164。

地生生之德的義理，不管是明示或是隱喻，爲聖人所體悟及尊崇，因此吾人在行動上應本著此種由變化之事實中體悟人生之究竟，天人性命一貫，天德與人德的合一踐形，此「變」即是推演出「生生之謂易」之理，「生生」是創造化育與對生命價值的貞定。

《易傳》中天德主要體現在〈象傳〉的乾卦與坤卦所形象的天與地，〈乾卦・象上〉曰：「大哉乾元，萬物資始，乃統天。雲行雨施，品物流形。大明終始，六位時成，時乘六龍以御天……首出庶物、萬國咸寧。」。再看〈坤卦・象上〉對坤卦的描述：「至哉坤元，萬物資生，乃順承天。坤厚載物，德合無疆。含弘光大，品物咸亨。」由〈象傳〉對乾坤二卦之詮釋，正好說明「天地之大德曰生」的表現形式及其具體象徵的事物。「生」是《易傳》所表徵的「天」之首要品德，由「天」而有「生生不已」，生生不已乃是乾坤二元互爲激盪與創造的世界圖像與表徵。高懷民先生認爲乾、坤二卦象傳所代表的意涵如下：

> 乾、坤二卦象傳是孔子哲學思想之根源，而乾象傳尤爲「大始」。孔子之哲學，重心在「人」，而精神在「行」，讀論語書，往往不見孔子形上思想的理論根據，今讀乾、坤二卦象傳，乃知孔子之形上思想不只有本有源，且層次分明。在簡而能賅的少數字句中，扼要描述出宇宙生成的系統程序。[52]

此「以動者尙其變」的「動」言之，其目的何在？指向何種目標？〈乾・文言傳〉曰：「夫大人者，與天地合其德，與日月合其明，與四時合其序，與鬼神合其吉凶。先天而天弗違，後天而奉天時。」此段話說明大人是仁智並舉，融合自然演變的理序與人文生命的價值理序，進德修

---

[52] 高懷民：《大易哲學論》，臺北：成文出版社，1978，頁18。

業，不違天時，順自然之變而調整人文世界的各種修爲；換言之，即是本著道德心靈趨善而避惡。

如此之舉動與改變本是順自然之理與調整改變人倫秩序而趨於中道之途，導正人的偏差思維而能實踐人倫之道的美善。吾人即以〈說卦傳〉之言：「聖人之作易也，將以順性命之理。」而點出其中的目的性。

> 昔者聖人之作易也，幽贊於神明而生蓍，參天兩地而倚數，觀變於陰陽而立卦，發揮於剛柔而生爻，和順於道德而理於義，窮理盡性以至於命。（第一章）

> 昔者聖人之作易也，將以順性命之理，是以立天之道曰陰與陽，立地之道曰柔與剛，立人之道曰仁與義。兼三才而兩之，故易六畫而成卦。分陰分陽，迭用柔剛，故易六位而成章。（第二章）

程頤與朱熹在《周易本義》中將〈說卦〉第一章之「和順於道德而理於義，窮理盡性以至於命」注解爲「和順從容，無所乖逆，統言之也。理謂隨事得其條理，析言之也。窮天下之理，盡人物之性，而合於天道，此聖人作易之極功也。」[53]它是從統言（普遍性）與析言（個別性）之角度言合於普遍性之天道謂之「理」，而個別性之「事」中亦存在著「理中有事，事中存理」，一元與多元互爲核心與表現形式。曾春海教授針對《周易》的「尚其變」歸諸爲「實踐哲學」的層次，而有如下的觀點。

> 質言之，易經哲學在「尚其變」的實踐哲學上，以靈智審天時天機天秩，以天賦的德性心契合天德，先驗地意向於

---

53 〔宋〕程頤‧朱熹：《易程傳 易本義》，臺北：河洛圖書出版社，1974，頁636。

成全與提昇天下生靈之盡善盡美。以乾坤兩卦合觀，易經哲學在人生實踐上，啟發人應大其心以忠恕體物，以剛健不息，厚德潤物的人文精神，與幾通變，居仁由義，實現人與天地萬物，人與人之間均恕和諧的時中至理。[54]

第三是「以制器者尙其象」，《易經》中此「象」從何而來？《易傳》上的〈繫辭〉是如此之說：

> 是故，夫象，聖人有以見天下之賾，而擬諸其形容，象其物宜，是故謂之象。聖人有以見天下之動，而觀其會通，以行其典禮，繫辭焉，以斷其吉凶，是故謂之爻。極天下之賾者，存乎卦；鼓天下之動者，存乎辭；化而裁之，存乎變；推而行之，存乎通；神而明之，存乎其人；默而成之，不言而信，存乎德行。

「尙象製器」即是文明發展的過程，也是文明躍升的證明，此種躍升與精進是由「擬諸其形容，象其物宜」而獲得，文化之本意即是人類運用其能力改變器物的自然狀態，譬如農業文明的演變，起初是看天吃飯，後來人類的能力提昇，創造發明而有水利灌溉工程，改變了自然狀態，從此物阜民豐，不再受到原始自然的支配，於是文明遞嬗精進。在社會文明方面的進展方面亦是如此，「尙象制器」亦表現在對於生存環境與制度建構的優化，使得更適宜人居的器物製作，運用與攸關民生福祉的公共制度更加推陳出新而能開物成務。〈泰卦・象〉之言：「天地交，泰。后以財（裁）成天地之道，輔相天地之宜，以左右民。」宋儒程頤注曰：「天地通泰，則萬物茂遂，人君體之而為法制，使民奉天時，因地利，輔助化育

---

[54]曾春海：《易經的哲學原理》，頁165。

之功，成其豐美之利也。……民之生必賴君上爲之法制，以教率輔翼之，乃得遂其生養，是左右之也。」[55]

由「尚象製器」指出文明之開始出於對具體形象之物進行感知觀察，而有「擬諸其形容，象其物宜」的原始意涵，進一步由「具象」之描摹到「抽象」事物之建構與思考，因而看到文明所顯示的豐富想像力與建立可解釋性的律則，朝向人類文明博施濟眾、天下歸仁的普遍完善。由具象到抽象，表徵人的思考與創造同步提升。

第四則言聖人之道中面對不可知、不可測，無可奈何之情境與遭遇抉擇困境的價值判斷，即是訴諸於「以卜筮者尚其占」的意念與輔弼。人在面對此種非人之能力所及，亦即是自我突破所不及的問題時，素樸的宗教觀即成爲意念與行爲的引導，在此原則下，尋求那不可知、不可測之神靈之指引，乃成爲唯一的選擇，因此在先民的行爲中即以占卜問吉凶爲方法，此亦展示了《周易》的原始功能，卦爻辭提供了被預測事件的內在演變的可能規律，及其在此變異情境中的多元（錯綜性）的選擇，此種卜筮經驗雖然難以純粹理性加以說明，但其內在的演變規律仍然是從「天人關係」、「天地人三才互動」的邏輯中演變推算而得，其占並非臆測或是過於玄邈與不可思議。

雖然《周易》最早即有卜筮的功能存在，但是《易傳》再度言及卜筮之時，很明顯地已有提昇與改變，甚至降低卜筮的預測功能，此即是司馬遷在《史記・龜策列傳》所言：「或以爲聖王遭事無不定志決疑，無不設稽神求問之道者……故推歸至微，而潔於精神也。」《禮記》更將《易經》之義解爲「潔靜精微」，無論是《史記》所稱的「潔於精神」，或是《禮記》所言的「潔靜精微」，代表著一種虔敬純正之心，以此淨化個人內在的意念與動機，在天地神祇、祖先英靈之環視見證之下，不敢有任何的僭越與不敬，這是一種高度的道德自覺與自省，於內在世界建立起道德

55　〔宋〕程伊川：《易傳》，臺北：河洛圖書出版社，1974，頁197。

意識的長城，也正是「不敢以其私褻事上帝」的鞭策與規範，方能問心無愧。「占」雖屬於類宗教的儀式，是立基於神鬼與主宰之天的理念，也是一種素樸的宗教觀與宇宙觀，但其有意義者，不是占的預測功能，而是超越占，達於人之道德主體、自律性的建立。這也是《易傳》的核心概念，對占不予否定，但更肯定德性之我的認知與建立才是求占並且不為占之所限的後續思考，也是聖人之道所欲指出的問題。建立主體之我的道德行為與價值判斷，也才是人道思想一種新的視域展開。

三、聖人之道的實踐系統

　　知識構建了理論系統，在上一段吾人以聖人之道的「辭、變、象、占」為基本的知識系統，此四件事也就形成〈繫辭〉所言的聖人之道；但是中國哲學並沒有發展出類似西方「知識即是力量」（knowledge is power）的獨立系統，反而是以實踐之成果來證明知識的價值。由是「道」不僅有知識系統，亦存在著其可以實現的可能，此即是實踐系統的建立。〈繫辭〉的「聖人之道」是可以被實現的，是「有為、有行」，而其推動如此作為，除了前述的知識性的認知之外，有其必須如此作為的核心理念貫穿其間，此即是遍佈流行於《周易》六十四卦的意涵之所在的「憂患意識」，如果沒有憂患意識的概念，《周易》之哲理價值與對人的意義將大為降低，有了「憂患意識」才能使得《周易》與《易傳》所欲傳達的「道德我」擺脫「形軀我」得以建立，也使得人的生命由「自然生命」進一步提昇到「價值生命」的層次。此即是勞思光先生研究《周易》之後，認為存在於《周易》之中的是一個「宇宙秩序」[56]的概念。他認為從《周易》中可以獲得如下的發現：

　　此種排列命名，即明顯表示古代思想中之簡單宇宙論觀

---

[56]勞思光：《中國哲學史（一）》，臺北：三民書局，2014，頁80。

念。宇宙始於發生之力與基始質料，過程無窮，不可有「終」，只好以〈未濟〉（即無窮）本身作爲「終」。

此外，其餘各重卦之名，亦具有一定意義，皆表示一種可能事態。因爲「卦」原是爲占卜而設，所以六十四重卦所指述之事態，一方面固指宇宙歷程，另一方面也皆可應用於人生歷程。由此，又透露出另一傳統思想，即是，宇宙歷程與人生歷程有一種相應關係。此種相應性之假定，本是一切占卜思想之共同假定，但在《易》之卦爻組織中，此相應性成爲十分顯豁的觀念。[57]

徐復觀先生在《中國人性論史》一書中提出：「周人建立了一個由敬所貫穿的敬德、明德的觀念世界，來察照、指導自己的行爲，對自己的行爲負責，這正是中國人文精神最早的出現。」[58]而此「敬」的觀念正是《易傳》所表現出來的兩種積極面對的態度，也是勞思光先生所稱的「顯豁的觀念」，第一是「君子以自彊不息」（〈乾卦・象傳〉），代表一種積極性的進取心、向善心，以完成安頓天下蒼生的使命感，不達目的絕不終止的鍥而不捨的精神；第二是「君子終日乾乾，夕惕若厲，無咎。」（〈乾卦・九三爻辭〉）代表著遇事不懼不憂，以自我之努力爲方法，克服萬難，戒愼恐懼，如履薄冰，如臨深淵，避免爲惡鑄成大錯。

憂患意識是聖人實踐的動力因。此觀念之啓發與對聖人之道實踐的驅策動力與實踐系統之完成，曾春海教授的研究觀點，有如對易學研究投下一個智慧之光，他率先提出「憂患意識」是聖人之道四個面向相連相貫的共同心態，本文在此特以實踐系統的「動力因」稱之。如無此動力因，四

---

[57] 勞思光：《中國哲學史（一）》，頁81。

[58] 徐復觀：《中國人性論史（先秦篇）》，臺北：臺灣商務印書館，1978，頁23。

個面向仍然是靜態的展示，如此則只有平面意義，充其量也只是闡明《周易》聖人所關切的議題以及形成的途徑，但是無法說明聖人爲何如此思維？聖人之所以如此思維的動力來自何處？依據什麼理由使得聖人必須如此思維，因而才被稱爲聖人。

> 《易・繫辭下傳》謂：「易有聖人之道四焉，以言者尚其辭，以動者尚其變，以制器者尚其象，以卜筮者尚其占。」易道雖有四個面向，卻有相連相貫的共同心態，一言以蔽之，就是「憂患意識」。《易・繫辭下傳》云：「作易者，其有憂患乎！」又云：「易之興也，其當殷之末世，周之盛德邪？當文王與紂之事邪？是故其辭危，危者平，易者使傾，……懼以終始，其要無咎，此之謂易之道也。」[59]

從歷史事實而言，周滅商取而代之，觀商紂之無道而使國家覆滅，豈能不引以爲鑑，是故「前車之鑑，殷鑒不遠」，如無「懼以終始」的憂患意識，必不能防患未然。

曾春海教授進一步闡述他的看法：

> 憂患意識的憂患心，係人的性靈生命對時代大生命的感通之際，不忍生命的摧折、萎縮、深切企盼將時代的整體大生命奮力振作，帶向眞、善、美的理想境域，是故，貫穿易經哲學首尾的憂患意識，其本身就是聖人仁心靈智莊嚴的大覺大悟。質言之，憂患意識係深切厚實的人類道德心，不但對一己的仁心靈智能切己自覺，自尊自信，對天

---

[59]曾春海：《易經的哲學原理》，頁162。

地生生之大仁德及普天下的生靈，亦投予無比的敬重和期許。[60]

前述在第貳段所言之縱貫式（立體式）的思維情境即是「憂患意識」，此「憂患意識」是聖人體悟天地之理與人倫之情，帶著公天下之心，將其領悟而得的天道與人道互動、互應之智慧，分享於普天之下，天道所言者乃是順性命之理，此理是「生生之謂易」的理，聖人感而遂通，而得天下之至神；在人與他人的人際互動溝通上則是「窮理盡性以至於命」與「和順於道德而理於義」，此正是儒家所言「己立立人，己達達人」與「義命分立」的道德抉擇之境。

綜而言之，《易傳‧繫辭》之言「憂患意識」，即是建立在體天地化育仁心仁性之理，下貫之於我人之「繼善成性」的德行成為可能，並旁通於生命間的契合、感通與溝通，形成上下通達、左右旁通的生命情境，以彰顯人仁智並舉的價值。是故，

> 仁者見之謂之仁，知者見之謂之知，百姓日用而不知，故君子之道鮮矣。顯諸仁，藏諸用，鼓萬物而不與聖人同憂，聖德大業至矣哉。[61]

此中所言之君子之道，不管是仁者、智者，他們的觀察體會、實踐而得的「仁與智」無不是儒家道德觀念與血脈，而其根源即是追溯到生生之理的根源，即是〈繫辭下傳〉第六章之文：

> 子曰：乾、坤其《易》之門邪！乾，陽物也；坤，陰物

---

[60] 曾春海：《易經的哲學原理》，頁162～163。

[61] 〈繫辭上傳〉。

也。陰陽合德，而剛柔有體。以體天地之撰，以通神明之
德。（〈繫辭下傳〉）

咸，感也。柔上而剛下，二氣感應以相與，止而說。……
天地感而萬物化生，聖人感人心而天下和平。觀其所感，
而天地萬物之情可見也。（〈咸卦・彖傳〉）

生生即是「絪縕天地萬物之情」的總體表現，有情方有感情之觸動，
推而言之方有「感而遂通於天下」之結果，也是易體神化妙運之奧義。陰
陽氣化之論述，《易傳》亦有論及，但究其本質之特顯乃是歸於本體宇宙
論之型態，而非墮入氣化論之型態。

因為乾坤之道內存於人，由此而得人之善性存存，以〈繫辭傳〉生生
創化為功，道內存於人而非外鑠，方可確立其為《易傳》之本體宇宙論的
實質內涵，而被我人所認識的是陰陽、乾坤、健順、剛柔之外在應用及型
態，天以創生萬物為德，因此後續的乾坤造化而有的大生與廣生乃是易之
本體的大用，〈繫辭上傳〉第十章有更進一步之論述：

易無思也，無為也，寂然不動，感而遂通天下之故，非天
下之至神，其孰能與於此。夫易，聖人之所以極深而研幾
也。

宋儒程頤對此解為「此四者易之體所以立，而用所以行者也，易者
蓍掛，無思無為，言其無心也，寂然者感之體，感通者，寂之用，人心之
妙，其動靜亦如此。」[62]至於「寂然不動，感而遂通」即在證成易道之體
的存在，「無思無為者為易道之體，由此『寂然不動，感而遂通』；乃易

---

62 〔宋〕程頤、朱熹：《易程傳 易本義》，頁56。

體之神運妙用,是即用見體、體用不二。無思無爲故易無體,易無體乃無以界說,故以『寂然不動』言之,易體雖爲寂然不動之本體,其神用可『感而逐通天下』。」[63]故知易道之本體是寂感一如,是體用一如,其用則在妙運以創造萬物,感通潤物以生以成,故稱「生生之謂易」,也是「天地之大德」。

四、聖人境界

〈乾・文言傳〉言及「夫大人者,與天地合其德,與日月合其明,與四時合其序,與鬼神合其吉凶。先天而天弗違,後天而奉天時。」此「大人」應是「聖人」之另類語詞,即是同義詞,吾人可以藉由大人之四項表現以窺聖人境界。在〈繫辭〉的篇章中,對於聖人之描述可稱鉅細靡遺,共有十七則,摘錄於下:

1. 《周易・繫辭上》:聖人設卦,觀象系辭焉而明吉凶,剛柔相推而生變化。

2. 《周易・繫辭上》:顯諸仁,藏諸用,鼓萬物而不與聖人同憂,盛德、大業至矣哉!

3. 《周易・繫辭上》:子曰:「《易》,其至矣乎!夫《易》,聖人所以崇德而廣業也,知崇禮卑。崇效天,卑法地,天地設位而《易》行乎其中矣。」

4. 《周易・繫辭上》:聖人有以見天下之賾,而擬諸其形容,像其物宜,是故謂之「象」;聖人有以見天下之

動，而觀其會通以行其典禮，系辭焉以斷其吉凶，是故謂之「爻」。

5. 《周易‧繫辭上》：《易》有聖人之道四焉：以言者尚其辭，以動者尚其變，以制器者尚其象，以卜筮者尚其占。是故，君子將有爲也，將有行也，問焉而以言。

6. 《周易‧繫辭上》：夫《易》，聖人之所以極深而研幾也。惟深也，故能通天下之志；惟幾也，故能成天下之務；惟神也，故不疾而速、不行而至。子曰「《易》有聖人之道四焉」者，此之謂也。

7. 《周易‧繫辭上》：是故，聖人以通天下之志，以定天下之業，以斷天下之疑。

8. 《周易‧繫辭上》：是故，蓍之德，圓而神；卦之德，方以智；六爻之義，《易》以貢。聖人以此洗心，退藏於密，吉凶與民同患，神以知來，知以藏往。其孰能與於此哉？古之聰明睿知、神武而不殺者夫！

9. 《周易‧繫辭上》：是以明於天之道而察於民之故，是興神物，以前民用。聖人以此齋戒，以神明其德夫！

10. 《周易‧繫辭上》：是故，法象莫大乎天地，變通莫大乎四時，懸象著明莫大乎日月，崇高莫大乎富貴，備物致用、立成器以爲天下利莫大乎聖人，探賾索隱、鈎深致遠以定天下之吉凶、成天下之亹亹者莫大乎蓍龜。

11.《周易‧繫辭上》：是故，天生神物，聖人則之；天地
變化，聖人效之；天垂象，見吉凶，聖人象之；河出
圖，洛出書，聖人則之。《易》有四象，所以示也；繫
辭焉，所以告也；定之以吉凶，所以斷也。

12.《周易‧繫辭上》：子曰：「書不盡言，言不盡意。」
然則聖人之意其不可見乎？子曰：「聖人立象以盡意，
設卦以盡情偽，繫辭焉以盡其言，變而通之以盡利，鼓
之舞之以盡神。」

13.《周易‧繫辭上》：是故，「夫象，聖人有以見天下之
賾，而擬諸其形容，象其物宜，是故謂之『象』；聖人
有以見天下之動，而觀其會通，以行其典禮，繫辭焉以
斷其吉凶，是故謂之『爻』」。

14.《周易‧繫辭下》：爻象動乎內，吉凶見乎外，功業見
乎變，聖人之情見乎辭。

15.《周易‧繫辭下》：天地之大德曰「生」，聖人之大寶
曰「位」，何以守位曰「仁」，何以聚人曰「財」，理
財正辭、禁民為非曰「義」。

16.《周易‧繫辭下》：上古穴居而野處，後世聖人易之以
宮室，上棟下宇，以待風雨，蓋取諸《大壯》；古之葬
者，厚衣之以薪，葬之中野，不封不樹，喪期無數，後
世聖人易之以棺槨，蓋取諸《大過》；上古結繩而治，
後世聖人易之以書契，百官以治，萬民以察，蓋取諸

《夬》。

17. 《周易‧繫辭下》：是故，變化云爲，吉事有祥，象事知器，占事知來，天地設位，聖人成能，人謀鬼謀，百姓與能，八卦以象告，爻彖以情言，剛柔雜居，而吉凶可見矣。

　　由上述從《易傳》所記載的聖人作爲，可以看到在天、地、人三才的素樸宇宙觀中，聖人所代表的是人在天地之間具有一特殊的意義，由自然人到社會人到文化人的視域發展歷程，自然人是生物、是個體，是天地蘊育而生，象徵著血肉形軀之我，是感官之我；而社會人則是象徵著人的社會功能性，漸漸擺脫形軀之我、感官之我，進入到人與人彼此之間存在的各種不同組合，如家庭、族群、階層、國家等不同的組織，而有其特定的角色定位功能性；文化人則是成己成務、開物成務，是活生生、活活潑潑的眞我，是德業兼備、德業共進，內聖與外王的合一。此聖人並不是活在彼岸的世界，而是生活在此岸的道德世界。

　　聖人是一種道德人格，從天、地、人三才並立的格局中挺立成爲一個典範和人格類型，包括天人、道器、形名、體用、本末、理欲、義利等觀念的展開，皆與聖人高度相關。它所涉及的層面包括：贊天地之化育、百姓日用而不知之事，昇華成爲共同的普遍性價值追求，聖人鼓勵人從自然人到社會人，再到文化人，正如〈繫辭傳〉所說的「顯諸仁，藏諸用，鼓萬物而不與聖人同憂，盛德、大業至矣哉。」即如呂紹綱先生所說的：「《周易》則強調創造，追求文明，鼓勵人們在不斷認識客觀世界和適應客觀世界的過程中完善自己，實現自己的價值。」[64]簡言之，聖人的境界即是「修己安人」和「兼善天下」。〈繫辭傳〉的聖人爲吾人立下一個重

---

[64]呂紹綱：《周易闡微》，長春市：吉林大學出版社，1990，頁248。

要價值取向，聖人之產生是源於歷史的高度自覺而產生的變革意識與憂患意識，由此激盪出正視承擔人間憂患痛苦的社會責任感，如此的認知，讓聖人的角色能超越自然之我、社會之我，而達於文化之我。《周易・繫辭》總體性的爲我們提出聖人的境界即是「至精、至變、至神」的境界。程頤在《伊川易傳序》言：「至微者理也，至著者象也。體用一源，顯微無間。觀會通以行其典禮，則辭無所不備。故善學者，求言必自近。易於近者，非知言者也。予所傳者辭也，由辭以得意則在乎人焉。」

五、結語

聖人之作《易》是一個動態的過程，體認天、地、人三個對象共存於客觀世界之中，人最爲貴之處在於頂天立地、繼往開來，通過觀象設卦，將萬物存在、演變律則，以及人我互動的歷程歸諸於《易》，建構了文明的符號和社會進步的動力，「尚象製器」成爲文明的基本象徵，「辭、變、象、占」四要素讓文明得以日日新，以臻止於至善。但是聖人之道並不僅止於此層面，而是面對文明變遷的前因後果與人類命運未來的深度思考，常懷憂患意識的關切精神，期能旋乾轉坤、否極泰來，天地人的相互感通與相應，創造至精、至變、至神的主體心靈世界。

即如〈豫卦〉之言：「天地以順動，故日月不過而四時不忒，聖人以順動，則刑罰清而民服。」這是聖人體天地之情，而油然而生的不安、不忍之心，改善政治之惡使百姓得到妥善的照顧，這是天地之愛，也是人間大愛。再如〈恆卦〉：「天地之道，恆久而不已也。利有攸往，終則有始也。日月得天而能久照，四時變化，而能久成，聖人久於其道而天下化成。觀其所恆，而天地萬物之情可見矣。」於此始見文明之光，聖人極深而研幾，緣於觀乎天文以察時變，觀乎人文以化成天下。如此，聖人之道方能可大可久。

──本篇宣讀於2021年11月26日東吳大學中文系主辦「周鼎珩教授易學國際學術研討會」，2021年12月修訂。

高懷民教授《易》學理論之研究

內容摘要

《易經》是中國文化的價值根源，因其《經》與《傳》之文字較具原始與質樸，本為卜筮之書，經各時期之研究以及推陳出新而進入哲理之書。高教授從易學史的立場探討《易經》之內涵與演變，而有「易學五階段」之說，其推崇易學而稱「大易哲學」之名，並謂「中國哲學在皇皇易道中成長發展」，在易學的研究上可稱是傑出的。

他有系統的建構易學體系，採考據及義理兼顧探究易學精華，建構出易學系統性、一貫性及時代性為特質的易學理論，超越傳統原始筮術圖騰符號，進入經典心靈深處，進而建構易學人生哲理的智慧結晶，是其易學體系獨到之處。高教授在易學理論上之觀點與建樹在臺灣易學史上有其貢獻與地位，其所建構的易學理論提供理解中國哲學之鑰。

一、前言

高懷民教授（1928～），河南葉縣人，對於《易》學的研究始自於父親煥文公與母親江太夫人之教導，可稱家學。於《易魂詩譚》一書中自敘其學易之緣由：「懷民學易，始於父母之教導，猶憶童時晨興，母親教我背誦八卦歌之情景。由此一念之導引，乃後日於諸學中獨喜易之哲思，終成為一生託命之學。」[65]而對於《易》學體系的構建，其初衷見其在《大易哲學論》所言：

---

[65] 高懷民：《易魂詩譚》，臺北：樂學書局，2006，自序，頁II。

這裏所論述的，是兩千五百年前中國聖人們所創建的一大
哲學，它是中國文化精神的支柱。很可惜的，自西漢以降
（公元前二世紀間），由於此一大哲學向數術一途發展之
故，以致喪失了它的思想體系，成了支離潰散的哲學思
想。作者今日從累世塵封灰鎖中將它清理出來，是覺得它
確實具有高尚的價值，足以作爲當前世界的鏡鑑。世運日
亟，物欲漫天，有心人當驚覺而起，獻身大局，希望我們
的思想家們能夠從此中得到感發，規劃出今後人類自求多
福之路。[66]

　　面對今日世界各國哲學之林，高教授心憂中國哲學由於缺少一部具
有哲學思想及體系的《易》書，而無以宏揚光大，於是對於易學的研究進
路，乃採取二個步驟，「一是寫一部易學史，一是寫一本闡明易哲學思想
及其體系的書。」[67]基於這樣的思維，於是在易學史的歷史脈絡的傳承與
建構上，即有五種專書問世（依出版時序）：1.《兩漢易學史》（1970年
12月）。2.《先秦易學史》（1975年6月）。3.《宋元明易學史》（1994
年12月）。4.《邵子先天易哲學》（1997年3月）。5.《偉大的孕育》
（1999年2月）。而在「周易哲學」主題專書上則有易學體系完成之著
作：《大易哲學論》（1978年6月），以及《易魂詩譚》（2006年3月），
其他有關《周易》哲學之論文數十篇等，其學行述略以及對易經之研究成
果可稱豐碩，而被譽爲「臺灣光復六十餘年來第二代《易》學研究的重要
代表學者。」[68]

　　正如高教授在1978年所出版的《大易哲學論》一書之〈自序〉所言，

---

[66]高懷民：《大易哲學論》，臺北：成文出版社，1978，自序。

[67]同上註，自序。

[68]賴貴三：《臺灣易學人物志》，臺北：國家教育研究院主編・里仁書局，2013，頁581～633。

對於中國文化的理解與把握之所以無法徹底、掌握，是因爲「由於缺少一部易哲學思想及其體系的書，使國人只認識一些支離潰散的哲學思想，而不能拿出一整套具體明確的理論。」[69]因此在著書立說上，《大易哲學論》及後來的《偉大的孕育》這兩本專書乃成爲其《易》學思想頗具體系性的著作，並且對於中國文化的解讀，採取根源式的突破，其治易學之過程與心得，即如《偉大的孕育》一書所言：「中國哲學各家思想的內容固有不同，而就思想精神言，確是出於一母體－大易的孕育，如說中國文化是易學文化，一點兒也不過分，這也是我用『偉大』一詞形容易學『孕育』之功以作爲書名的理由。」[70]

基於這樣的理念，高教授建構易學之發軔，乃從哲學史的角度切入，透過歷史遞嬗演變之跡，採考據、詞章及義理兼顧而深究易學精華，爬梳歷代易學脈絡，而建構一套具「系統性、一貫性及時代性」內涵的易學建構及系統，並深刻地指陳點化易學人生之生命智慧，從「案頭知識」到「生命哲學」之認知，確立人生之價值眞諦，爲中國文化的價值系統提供一套安身立命的義理。

二、偉大的孕育－中國哲學在皇皇易道中成長發皇

《周易》本是「三易」之一，而「連山易」與「歸藏易」已是遺佚而不可得知，但是若再續予探究，《周易》又從何來？這即是一種透過歷史的、考證的與思辯的發展歷程，因此高氏將「大易哲學」稱之爲「中國哲學之母」以示易學乃爲中國文化與哲學的活水源頭，方能下開諸子之學，如無「大易哲學」，則中國哲學的往下發展必有其不定與缺憾，諸子從「大易哲學」中汲取養分，含弘充實而有生生不息之契機。高教授首先在「易學」的源頭上作了探究，於是由《大易哲學》（1978）到《偉大的孕

---

[69]同註66。

[70]高懷民：《偉大的孕育》，臺北：著者出版，1999，序言，頁2。

育》（1999）所產生的思辯與歸納，形成其所主張的「易經爲中國哲學之母」的代表論述，這樣的歷程經過20餘年的思索方能得其堂奧與確立價值源頭。基於以下的論點，高氏之大易哲學乃成爲其哲學思想的核心觀念以及對易學詮釋的基本理念之基礎，大易哲學的價值系統亦由展開。

㈠哲學探索的目的

《尚書‧大禹謨》言：「人心惟危，道心惟微」中的人心與道心之扞格，恰可說明在面臨中國文化不振、高度物質文明發展危機之際，如無一個通貫人心之哲學，則文化沉淪勢爲不可擋之憂思的最佳寫照。高氏提出《易》之哲學理論，亦是在解答面對上述困境的生存出路，鋪陳人道關懷與歷史使命，使得古老之《易》發揮其「唯變所適」的價值導引，針砭指陳現實人生的諸多盲點，正本清源而臻匡時濟世。

但是面對西學東漸，國內學界治中國哲學，在方法論上往往採西學方式，而有本體論、宇宙論、認識論……等論點之提出。高氏認爲這種分疆立界的方式，固然分明顯立，但對於易學之研究實不適宜，他指出「以西人治學方式整理中國學術，雖已成爲本世紀以來學術界普遍之風氣，然作者以爲尚須審視其對象爲那一部門學術才能決定。如易學者，依其原有方式則見其哲學精神，失其原有方式則喪失其哲學精神，故不宜於盲目追從西方。」[71]顯示出高氏對於易學思考的切入點與方法，仍然是中國哲學的傳統研究方式，並無必要追隨西方之方法，而拋棄原有的方法與詮釋，其態度仍是傳統的，並且在「古學」中找到一貫的信念，以「人道」爲中心，易學所追求解決的正是唯有人類自求多福以生存下去的問題。

㈡解析世界的圖像與符號

哲學本是對人生與宇宙諸問題的根本性解答，並且試圖在種種的解答中尋找出規則、規律或是通則；並且經由歸納與演繹而得出一套解釋世

---

[71]高懷民：《大易哲學論》，頁14～15。

界的理則或是內在邏輯，以作爲應對人間世之準則參考，此爲古代智者所共同構思之目標。易學作爲中國哲學之源頭，自有其解析世界圖像的符號（symbol），這組符號高氏稱之爲對易學的「四項基本認識」－道、象、術、數。

1. 道之概念

高氏認爲「道」乃是「範圍天地之化而不過，曲成萬物而不遺。」（〈繫辭上傳第四章〉），「它乃是亙古常存的一大流行作用，成宇宙，生萬物，無乎不在。」[72]而在大易哲學的四項基本認識條件中，「道」是首要，象、術、數三者均由表現「道」而立，亦是表達道的方式，猶人之有精神與軀體，「道」是大易哲學的精神，是大易哲學的實質內容。因此，高氏對於「道」的詮釋提出其四方面的意涵解析。分別爲「道爲形上而遍在、道爲一、道之自然流行義、道之變化生生義。」[73]於此四觀念中，高氏認爲「道爲一」應作兩方面看：

> 一就整體而言，統宇宙萬物爲「一」，此「一」爲絕對而無待，大易哲學即以符號「一」表示之，名之爲「太極」。「太極」與「道」無殊，按之名義，前者是就哲學思想體系的根源上說，爲變化生生之本；後者是就作用之流行義上說，爲變化生生之法則。然而古人對此二名稱之用，並無嚴明之界限，往往可以互相代換使用，例如繫傳言：「天下之動貞夫一者也」，此「一」應爲太極符號之「一」，也可以「道」言之。[74]

---

[72] 高懷民：《大易哲學論》，頁26。

[73] 高懷民：《大易哲學論》，頁26。

[74] 同上註，頁31。

　　就存在而言，高氏認爲道是太極是一，是普遍而存在，亦是形上而遍在，乃是「形而上者謂之道」之「道」，故孔子言：「朝聞道，夕死可矣。」（《論語‧里仁》）與老子之言「常道」，這是「遍在」而非落在一物一器之上，此「遍在」乃是跟隨「形而上」而來。而道既爲一，而不爲多，大易之道乃是融通了「一」與「多」之義於一個思想體系中，他認爲：

> 中國人論「道」，恆言「一」而罕言「多」，因爲「多」是著眼於「道」之分別性，而「一」是著眼於「道」之整合性；著眼於「道」之分別性，則分無窮盡，物無窮盡，最後愈走愈入於細微末節，將達於物而不見「道」；著眼於「道」之整合性，則統萬物而爲一，得「道」之全體大用。[75]

　　「一」與「道」的關係也就表現在孔子所言：「吾道一以貫之。」（《論語‧里仁》）；孟子曰：「夫道，一而已矣。」（《孟子‧滕文公上》）；也表現在老子曰：「聖人抱一爲天下式。」（《道德經‧二十章》）以及莊子所說的：「詼詭譎怪，道通爲一。」（《莊子‧齊物》）。高氏認爲，大易哲學之「道」即是「一」。而「道」與「一」與「太極」又是何種關係呢？道爲「一」亦爲「太極」，此「道」之流行與變化生生又是如何可能？「道」是形上的存在，不落滯礙故無「體」，觀察日月、四時之運轉，生命之枯榮，此爲萬物變動之情狀，而變動之情狀亦非盲目紛亂，而有其一致之協調性，物之變動本身即有「道」之存在，而非「物」外有「道」。此「道」之自然流行，乃是就整體之「一」之義而言，由此宇宙萬物爲一大流行作用，而物物個體之變化則溶入此大作用中

---

[75] 同註73，頁29。

而不顯，而「道」之變化生生，則是「陰陽」二性的提出，故才有「一陰一陽之謂道」的歸結。高氏認爲：

何謂「陽」？「道」之作用之動而健進之一面。何謂「陰」？「道」之作用之順承陽而反退之一面。「道」只是一大流行作用，分陰分陽，乃進一步對此作用之觀察分析。「道」之具陰、陽二性，表現於宇宙整體之爲「一」中，也表現於萬物個別體之爲「多」中，即貫通宇宙萬物，無論巨細，均不脫陰、陽二性。[76]

高氏進而提出大易哲學之「道」即是「圓道周流」，亦是「太極」的觀念。易經由太極動而生陰陽，由兩儀、四象、八卦而至六十四卦的演化過程，表現「圓道周流」之義。他說明這個論點之觀察如下：

整個宇宙萬物爲一大周流之作用，是謂太極。以其周流故，乃有往復；以有往復故，乃有陰陽。故繫辭傳言易道「周流六虛」，老子則言「周行而不殆」。今觀文王卦序，對此一義之表現十分明顯，由乾、坤、屯、蒙……之始生而長，至第六十三卦爲既濟，義即已經完成一圓道之周流。而第六十四卦則名未濟，兆示下一圓道周流之開始，終而復始之義，畢然呈現。不止於此，再細察屯、蒙以下諸卦之變化，一起一伏，或以窮通，或以興衰、或以貴賤，以種種情狀表現圓道周流之義。[77]

---

[76] 高懷民：《大易哲學論》，頁36。

[77] 同上註，頁53。

2. 象、術與數

針對伴隨「道」而來的表達詮解世界圖像的方式,高氏指出「象、術與數」三者是表達道的方式,「道」是大易的靈魂,而「象」、「術」與「數」是它的三種化身。高氏認為這三者之中,「象」則為最重要。大易哲學便是獨立於語言與文字之外,完全以一系列的符號或圖像表達一個龐大的思想體系。此「象」之提出,蘊含著其中的哲學思想,有如下三個特點:「第一是簡明。第二是變通靈活。第三是整齊而美觀。」[78]而象的種類又可分為八卦、六十四卦及各種形式的卦圖三類,也代表著大易哲學發展的前後不同時期。在《大易哲學論》的第一論中,高氏鉅細靡遺地闡述每個時期對於象的描述。雖然,大易哲學大成於孔、老二氏,伏羲的八卦與文王的六十四卦是孔、老哲學的基礎,而後來各種卦圖之作,實周旋於伏、文、孔、老之思想中,亦可說是一枝一節的引演。

其次,談到「術」,即是「筮術」,是用來占斷人事吉凶,而由「筮術」到大易哲學的義理建立,高氏認為:「如就卦象之被用於筮術而言,易學是被文王取來作為其筮術的役用了;但文王的用心實不在此,因為卦象中會有天人共通的道理,文王是要藉筮術之推行而教化人依從易道行事(依從易道便是吉,違背易道便是凶),孔子後來稱讚文王『以神道設教』,便是揭明了文王的真正用心。由於這種原因,文王的重八卦為六十四卦與作卦爻辭,雖然在發生上是為了創建筮術,但最後,筮術變成了易學藉以擴大發揚的途徑,人們通過筮術占斷而了悟到大易哲學的道理。」[79]而高氏將筮術的卦象賦予一種哲學式的理性思維,進而產生處世的智慧,是有其獨到的見解:

筮術的示人吉凶之斷是有範圍的,那就是屬於正道公理之

---

[78] 高懷民:《大易哲學論》,頁38。

[79] 高懷民:《大易哲學論》,頁84~85。

事則可，屬於私心欲求之事則不可。禮記少儀篇對此說得非常明白：「問卜筮，曰：義與？志與？義則可問，志則否。」「義」指人人心中共通之道，「志」指一人之私意。由此我們已可看到有大易哲學的注入筮術，並未減損了大易的哲學價值，反而使筮術哲學化了。[80]

由此可知，筮術的示人吉凶仍有其解釋上的限定，並且透過價值的選擇，使得吉凶之認定轉化意義形成價值判斷，增添理性的作用及影響力，擺脫筮術原始的意涵，也擺脫原始的鬼神迷信，提昇至義理內涵層次，對人生的指引就不是陷入占卜吉凶之結果，而是一套講求理則而有秩序的變遷之道，這才是文明。

最後，言及「數」的問題，高氏這樣解釋：

數的概念，早興於人類辨識物象之初，這便是左傳上韓簡子說的：「物生而後有象，象而後有滋，滋而後有數。」但這是最原始的自然的數，當初只表現在人類對物象的多寡、增減、積散等認識上，迨時代愈降，人對數也就有了更多的認識及應用，伏羲氏畫八卦，八卦是象，但伴隨著象以俱來的，數的含義也在其中。……由太極、兩儀到四象、到八卦的一連串發展中，數的含義不能被忽略，所以我們說在八卦創立之初，「象」與「數」便相偕以生……[81]

「數」的觀念演變亦有其變化，依其性質則有「奇偶之數」、「大衍

---

[80] 高懷民：《大易哲學論》，頁90。
[81] 高懷民：《大易哲學論》，頁96～97。

之數」、「老少陰陽之數」、「河圖、洛書之數」與「邵雍之先天易數」
等。但若從伏羲八卦之數，其實只是原始自然樸素的數觀念，自周文王創
筮數開始，數即有「神用」之觀念，而數與筮的合用即形成「數」是一種
客觀存在的先天決定，而有「定數」、「天數」、「命數」與「運數」之
名。

　　大易哲學解析世界圖像的思維與符號，即是透過「道」、「象」、
「術」與「數」四組觀念來加以解說，而高氏對「易哲學」認爲是「中國
哲學之母」，從「天圓地方」的觀察入手，經歷伏羲氏的「八卦哲學」爲
中國哲學之源，是綜合道、象、術與數的「圓道周流」之哲學，由「太
極」而立「兩儀」、「四象」而至「八卦」再至六十四卦，構成中國哲學
之價值根源，並且下開孔子之「儒門易學」與老子之「道家易玄學」二條
相輔相成的易學筋脈，而由卦、象、術、數所形成的「道」其義理何在？
高氏歸納如下[82]：

1. 以整個有形無形的世界爲一整體，天地萬物出於一元。
2. 以物性與物形爲一體之兩面，貫通無礙，心物一如。
3. 「太極」是就天地萬物之源起上立名，其實質則爲流行
   變化之作用，即「道」。
4. 八卦之象，上象道而下象物，結合形而上與形而下世界
   爲一大哲學思想體系，貫通無礙。

　　由每一卦的任一爻皆可轉換陰陽爻性；再至卦自身的循環倒轉，成爲
相雙耦之兩卦，七次循環起伏而合爲六十四卦的一大周流，至〈未濟〉之
後復有另一大圓道而接續不息，《易》象徵天地之大道，天地之間的事物
變化無不是大大小小的循環，在每一循環之間存在著交流溝通、大化流行

---

[82] 高懷民：《偉大的孕育》，頁14～27。

與周流不殆。因此，高氏進而對「圓道周流」之循環流轉深入解說：

1. 萬物一方面在自我發展中作圓道之周流，一方面又同它物一體作更大的圓道周流。……
2. 所謂圓道周流，非如圖示那樣機械化，萬物在流轉中各有自由活動之餘地。……
3. 《易》道是形上的作用，卦象符號不過是無奈中藉作代表罷了，不可設想為有一可循以流轉的軌跡，那樣便是落入了執著。[83]

　　「大易哲學」之圓道周流為《易》哲學之本質意涵，雖是外而顯的架構，但在內而隱的本質上來說，卻是貫穿每個易學發展時期在詮釋上的一個基本方針，就各時期而言，緊叩住大易哲學的思考核心，在整體性來說，大易哲學又是統攝諸學的匯聚。高氏之《易》學觀亦是由此揚波，其易學史的著作即是一例，《先秦易學史》、《兩漢易學史》、《宋元明易學史》三巨冊以及《邵子先天易哲學》皆是依此圓道周流之觀念而闡發。王詩評在〈高懷民教授《易》學研究〉一書中，對於高氏「圓道周流」之思想歸納如下：

1. 時間不斷地直線推進，而思想內涵卻一直在大《易》哲學的圓融觀照下，始終呈現著天、地、人三道的交融。
2. 前期《易》學傳承，影響後期《易》學的發展，另一方面，後期《易》學亦同時檢討、再詮釋前期《易》學；即如大《易》之流行作用，本身存在著「往」、「返」兩股力量，繼而持續前進。

---

[83] 高懷民：〈大易哲學之圓道周流義〉，《哲學與文化》，3.10（1976.10），頁21。

3. 各時期之《易》學，雖以嶄新的面貌表現其時代性，卻
　 仍萬變不離其宗，緊叩大《易》哲學的本質。

4. 五大時期雖交織成一圓道周流，然各時期之本身自爲
　 一圓道周流。例如：兩漢《易》學由孟喜之始倡象數
　 《易》爲此際之「起」，迄於王弼之掃象數、歸義理爲
　 此期之「伏」。

5. 承上所述，若以《易》學流變爲一大循環，則各時期自
　 爲一小循環。[84]

3. 時間與空間

在〈易經哲學的時空觀〉一文中，高氏對於時空的發生，以簡明扼要的方式加以說明：

> 如果要問「時、空何以故會發生？」的問題，只須回答：
> 「以道爲流行故。」便算是十分圓滿的答案了。[85]

從大易哲學圓道周流之哲理來看時間與空間之變化，道本爲流行之概念，整體宇宙萬物即爲「道」之流行，他以《乾、彖》加以說明：

> 大哉乾元，萬物資始，乃統天。雲行雨施，品物流形。大
> 明終始，六位時成，時乘六龍以御天。乾道變化，各正性
> 命，保合大和，乃利貞。首出庶物，萬國咸寧。[86]

---

[84] 王詩評：〈高懷民教授《易》學研究〉，國立臺灣師範大學國文學系碩士論文，2009，頁207。

[85] 高懷民：〈易經哲學的時空觀〉，《華岡文科學報》16期，1988年5月。

[86]《乾、彖傳》。

乾道變化中呈顯的「雲」、「雨」、「品物」皆爲物，而「大明」指日與月，日月之行是指「時間」，「六位」（六爻之位）是言空間，因此物質、時間與空間這三者皆起於乾道的變化之中。三者的結合之成，即是萬物的性命。而「大明終始」是表現易的圓道周流，終而復始；而「六位時成」即指六爻之位，「位」是指空間之落入人間物界而言，一卦六爻，自初而上，劃分爲六個段落之「時」「位」不同，故言「六位時成」。由「大明終始」的日月運轉，以言時間的發生，下言「六位時成」在與時間發生的同時，空間之「位」的概念也呈現出來，也表現了時、空是一體而不可分，可說「位因時成、位在時在」。

在高氏之〈易經哲學的時空觀〉一文中，對於時與空的關係，他從每卦六爻之名最能表現「時」與「空」相即不離、一體二性：

> 「初」代表時間的流行，「上」代表空間的位分。「初」與「上」落在一卦之體上，表示宇宙間萬事萬物都同時具有時、空二性，眞是高明的安排。[87]

高氏提出易學的時空關係有四層意涵，包括：1.時間與空間爲一體之二性，相即不離；2.空間在時間中展開，可視爲時間的橫切面；3.時間之一貫性與空間之間斷性，合而成全；4.時義大於空義。這四項意涵中，高氏認爲第四項「時義大於空義」別具意義：

> 第一，時間是一貫流行、不容間斷的，往即流失，無法挽救；而空間是橫面的開展，人可以易位行事，補救前愆。是故「失位」對人行爲的影響，不若「失時」來得嚴重。
>
> 第二，人行事，「時」是先決條件，若是把握到時宜，無

---

[87] 高懷民：〈易經哲學的時空觀〉，頁817。

論行事效果多寡，均不失爲有價值；但若是不合時宜，即令盡其在己之「位」，也將無價值可言，所謂「時過境遷」，甚至呈現相反效果。[88]

就人生之行事而言，造成結果的關鍵條件是離不開時間與空間二條件，但就《易》理而言，時義大於空義實屬顯明，如：爻之當位而得時者，雖位卑而能顯；爻之當位而失時者，雖位尊而無能爲；而爻之失位者，得時則爲亨。可知易之理從卦、爻、象即可顯知，卦因時推移，爻因時而變，卦、爻變化無理則失次第，人之行事唯時適變。

三、儒門易與道學易之發展

易學源頭問題的思索是高氏治中國哲學首要打開及尋求解答的問題，而智者提出「─」與「--」兩個符號的先在形成，天圓地方的思想實爲八卦產生的先導。伏羲氏之「八卦哲學」乃是人類哲思的第一道曙光。而延續及深化此種哲學思考與生命存在意義的解釋，高氏認爲即是孔、老二家哲學，他認爲：

> 至於孔、老二家哲學，以二人同生於中國之故，雖然學說重心不同，說教方式有別，然論其思想來源及理路，則同爲繼承中國遠古流傳下來的哲學思想──易，只是二人分途努力，作宏揚開創。所以別而言之，爲儒、道二家，合而言之，實爲易學一家，二人雖殊途同歸；易學也由此發展爲極博大精神的哲學思想體系。[89]

---

[88] 高懷民：〈易經哲學的時空觀〉，頁821。

[89] 高懷民：《大易哲學論》，頁5〜6。

　　對於儒、道之孔老二家易學的發展脈絡，高氏提出這樣觀點的理由何在？高氏認為是二者之哲學同出於「乾元始動」，其見解如下：

> 「乾元」是孔子創作的名詞，為別於「太極」而立。「太極」是一大自然流行的作用，無所謂「始」，也無所謂「動」，以其為絕對的存在，無「始」、「終」與「動」「靜」的相對義故。「乾元」則在思想上下降一層，落入了與「坤元」的相對，對照於「坤元」而言，「乾元」為「始」、為「動」；故孔子立「乾元」之名，義即指「自然流行的太極」開始現出了指向或目的（向「生生」而流行）。孔子由此開始，向下開展出他的變化生生的哲學體系；老子則也是由此開始，向上推理開展出他的推「有」入「無」、入「自然」的玄學體系。[90]

　　高氏稱《易》為「大易哲學」以有別於其他學者的說法，《易》何以為「大」？高氏認為乃是因其合孔、老二家之思想體系為一大系統而言。孔子集伏羲與文王二聖之學為中國哲學開出儒家一脈，是「人文化成」之匯聚，建立以「人道」為重心的哲學體系；而老子則是從《易》之形上進路入手，發展出另一支玄學的思想體系，二家皆是由「乾元之始動」出發，依高氏之見，二家之說可稱為相映成趣、上下契合，為一往返周流的易學體系，高氏以體系圖[91]說明如圖1：

---

[90]高懷民：《大易哲學論》，頁11。
[91]高懷民：《大易哲學論》，頁13。

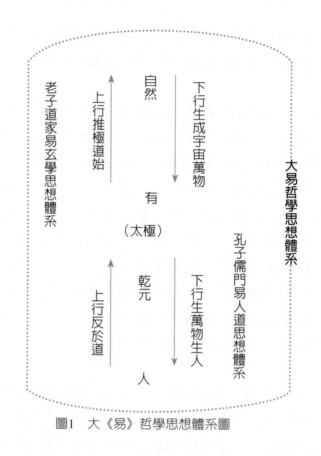

圖1　大《易》哲學思想體系圖

　　由圖1可知，高氏認爲儒、道二家對於宇宙與人生問題的解答線索是直追太極之乾元之始動，孔子向下展開萬物變化生生之體系，而後再由人文世界之「人」折返上行以探天道，進入太極之自然流行，此過程仍是圓道周流之跡；反觀老子由道推極展開，首揭「自然」（人法地，地法天，天法道，道法自然）一義，再折返下行以證成宇宙萬物之生成，二者路徑正好相反，並且是一上一下，但皆爲大易哲學組成之部分，爲一大系統中不可切割之整體。由是推論而得，《易》理涵括孔、老之思維，換言之，孔、老之學蓋不出大易哲學之範圍，二者一上一下之圓道周流，適以說明二家之學的價值根源皆來自偉大的易學之孕育。

(一)儒門易由君子而至大人的成德之路

從儒門易的發展目標而言，儒家所欲成就的是具有「君子」與「大人」典範的「道德人格」，而此「道德人格」乃是儒家所追求的人生意義與目標之匯集。高氏認為人生的意義即在於「人內在性命覺醒後，奮力復反於本源之『道』的一番努力。」[92]儒家通過君子與大人之成德的途徑，經由「存養、法天地、善補過、知幾、守謙」之修為，成就「道德人格」，這是由「人」之實踐上行返於「道」的過程。高氏認為，先由「存養」功夫入手，藉由「成性存存，道義之門」或是另一方式「窮理、盡性以至於命」而能得到正確的認識而有「正念」；其次，透過「法天地」、「善補過」、「知幾」以及「守謙」等方法，使得人格健全而有「正行」，一旦「正念」與「正行」能同時達於個人之身、心修養，達成「君子」與「大人」之道乃是必然。

高氏在其著作中，對於「君子」之德，特以〈文言傳〉中孔子解釋乾卦辭「元亨利貞」作為詮釋：

> 元者、善之長也。亨者、嘉之會也。利者、義之和也。貞者、事之幹也。君子體仁足以長人。嘉會足以合禮。利物足以合義。貞固足以幹事。君子行此四德者。故曰元亨利貞。

又解九三爻辭「君子終日乾乾，夕惕若，厲，無咎。」其解為「君子進德修業、忠信，所以進德也；修辭立其誠，所以居業也。知至至之，可與幾也；知終終之，可與存義也。是故居上位而不驕，在下位而不憂，故乾乾因其時而惕，雖危，無咎矣。」可見君子主要是實踐，是行動，也是行道德之事。

---

[92] 高懷民：《大易哲學論》，頁371。

　　《論語》中孔子對於「君子」所描述的語境與情境可稱完整而周詳，「君子上達，小人下達」說明德行的差異所形成在「道德人格」之高低，君子之道是依循性命之理始而返於「道」之境界，這是「上達」之路，而小人因欲念之故而沉淪，直往下墜之淵，道德人格之良窳當下立判。而《易》理之目標及人格理型是否僅止於君子而已，表現天地之德的道德人格典範是否仍有奮進的目標，〈乾‧文言〉即揭櫫「大人」才是進德修業完成與成德揚道的典型，亦可稱之為德行的終極目標。

> 夫大人者，與天地合其德，與日月合其明，與四時合其序，與鬼神合其吉凶。先天而天弗違，後天而奉天時。天且弗違，而況於人乎？況於鬼神乎？

　　至「大人」之境是在「成德」之後，方能人與天地合德、與日月合明、與四時合序、與鬼神合吉凶而至「天人合一」之境。這也是高氏所稱的「德合天地，是謂大人」。至於「大人」之德行是什麼？他的見解如下：

> 「與天地合其德」，言其具有仁愛萬物之心。「與日月合其明」，言其具有明照萬物之智。「與四時合其序」，言其立身於道之流行。「與鬼神合其吉凶」，言其處理事務盡得其宜。「先天而天弗違」，言其有先見知幾之明。「後天而奉天時」，言其有順道守道之德。「天且弗違，而況於人乎？況於鬼神乎？」更亟言大人之德合天地，為人神所尊崇。總之，大人已成為「道」之化身，他完全淘汰盡了拘拘小我而入於「大道之流」。[93]

---

[93] 高懷民：《大易哲學論》，頁443。

㈡道家易玄學之門

　　老子本大易開道學新運，大易是太極，儒家之學便是乾陽，道家之學便是坤陰，儒家強調乾陽剛健進取之性；而道家則強調坤陰柔弱謙退之德。爲何老子會被認爲是玄學易理新思想的開闢者，高氏認爲老子之道的發展進路如下所述：

> 他不以易學「太極、兩儀、四象、八卦」之體系論說「道」，而獨創「有」「無」之論。如此一來，老子的言「道」遂成爲大易之外另樹一支的「道學」，「道」之成爲「學」乃始自老子。[94]

　　老子的哲學思想是否即是繼承大易哲學而來，高氏特別以實例證明此見解應非空穴來風，是有所依據，他特別舉出四例以說明彼此的關聯性[95]，其中的第一例是對於「道」之詮釋：

> 易經傳中以「道」爲圓道周流之作用，如六十四卦排列之以既濟、未濟終，如剝、復之窮上反下，如泰、否之反類等；見於文辭者，如泰九三之「無平不陂，無往不復。」復卦辭之「反復其道，七日來復。」繫辭傳之「變動不居，周流六虛。」等等。老子書中也緊握此一根本義，如：
> 「夫物芸芸，各復歸其根。」（第十六章）
> 「周行而不殆，可以爲天下母。」（第二十五章）

---

[94]高懷民：《偉大的孕育》，頁132。

[95]高懷民：《偉大的孕育》，頁134～137。

「反者道之動」（第四十章）[96]

　　高氏論道家玄學易之理念，是從「唯道是從」的立場，提出「玄覽」、「玄同」與「玄德」三玄之義，老子乃是立於「道」，以道潤身澤物，效法天地大化的自然，與物之和合。這即是他一再強調的老子整個思想是向上（或向深處）剖析探究易學的太極，高氏認爲老子是這樣的反思易學的大義：

　　他的思想的出發點是始於孔子的「乾元」。由乾元向上推展，先立「有」，從而推「無」，從而推「自然」，此爲推理上行的路；然後由「自然」向下展開，由「自然」見「道」，生一，生二，生三，生萬物，復合於孔子「乾元」「坤元」之變化生生，此爲下行論宇宙萬物生成的路。[97]

　　經此反思之後，「道」無處不在，入於道、成於道而合於道。此「道」是自然亦是「玄」且是眾妙之門，而對於「三玄」之意，高氏解釋如下：

　　放大眼界，以「道」觀物，滌除一切滯礙，是謂「玄覽」；泯除界域，因物與合，一切歸於大用流行，是謂「玄同」；效天地之生長養育萬物，不爲小仁小義，是謂「玄德」。[98]

---

[96] 高懷民：《偉大的孕育》，頁134～135。

[97] 高懷民：《大易哲學論》，頁462～463。

[98] 高懷民：《大易哲學論》，頁512。

　　此「三玄」之概念以「道」爲立基，「玄覽」、「玄同」與「玄德」之「玄」，同於「玄牝」之「玄」，高氏認爲此「玄」爲老子代表其形上義之字。老子即立身於「道」，以「道」觀物，則物之形相之差別泯除，所以「玄」的意義即表示著不落個物的差別相，因此「三玄」之觀念是老子在「唯道是從」的思想下所產生的必然結果。進而，由「道」的三玄觀推演出「無爲而無不爲」的應世態度，以「見素抱樸、少私寡欲」針砭人心之欲望和念頭，老子以「慈、儉、不敢爲天下先」之三寶對治現實世界的遮蔽與盲點，於是由始至終，其哲學精神，充分表現在對於「道」的追求與操持上，堅守「道」的立場，在圓道周流中建立中國哲學的上趨精神，其所揭櫫與追求的乃在「順『道』之『自然』而行事」[99]。

　　對比儒、道二家之哲學旨趣，以《易》學觀點言之，老子之「慈、儉、不敢爲天下先」三者確實合於坤德之生育、容藏與順從，而具寬柔和順之精神；而儒家所強調的乾德剛健精神，以進取的態度面對不可測知的生活世界，確與乾卦〈文言〉之意旨若合符節。因此，高氏即認爲，儒、道二學一上一下，相印、匯流成易學之哲學體系，恍若日月雙璧之相輝於天幕，乃一體不可分。

四、高氏易學評述

　　高氏對於易學研究的體系之完成乃是《大易哲學論》（1978年出版）以及《偉大的孕育》（1999年出版）二本鉅著體現易學之義理。即如前述《大易哲學論》之完成，可說是在中國文化遭遇西方文化之衝擊之下，尋找中國文化中通貫人心的智慧啓蒙，建立人道世界的價值系統，爲安身立命提出系統性的建構與歷史使命感，其目的乃從《易》理之「唯變所適」指引人生方向，並達成匡時濟世之理想。而作爲易學開端與價值根源之先秦易學尤具如下之特色：「因時乘變」、「樸質實用」、「贊誦生命」與

---

[99] 高懷民：《大易哲學論》，頁522。

「鼓舞人性」之哲學[100]，蔚爲中國文化中形塑生命意義與價值意識主體的動力，這也是高氏易學從「哲理之書」的立場所闡述的易學觀念。對於高氏易學研究之成果評述如下：

㈠集文學、史學與哲學等視域之易學

　　中國傳統學術研究與西方分科、分領域之研究有別，爲避免落於「見樹不見林」之缺憾，高氏在其易學研究之著作與觀點解析中，往往充滿著中國傳統學術的縮影，集文學、史學與哲學於一體，從《大易哲學論》之〈前言〉的「道情酬唱」以迄結論的「由大易哲學的精神特質看它的時代價值」，字裏行間充滿著文學的風采，展現《易》理的興味和文脈，而這三個領域之匯歸乃是於2006年出版的《易魂詩譚》一書。在此書中，高氏以六十四卦及歷朝《易》學人物爲主題之詞賦創作申論易學本義，抒發個人情感與義理於人生實存境域中。見諸於六十四卦之賦詩，不僅有著文學風采與義蘊，更是直指每卦之核心與關切主題，以作爲人世之警鐘與惕勵，是其他易學作者所不能及之文采。經由文學、史學與哲學的匯聚，易理之原初卦、爻、象、辭之卜筮意義轉化成爲指點迷津的哲思意象，打破從卜筮而來充滿神祕主義的原始意涵，進入到理性思維並且深具啓蒙意涵的哲學式的易理，進而導出及闡釋對易道的微言大義，包括「圓道周流」、「生生之謂易」、「天人相應」以及「對立統一」之義，確爲高氏之創見；以及由此而展開的系統性易學史的研究，先後有《先秦易學史》、《兩漢易學史》、《宋元明易學史》、《邵子先天易哲學》等著作，而匯歸於1999年出版的《偉大的孕育》，具體而微地爲易學的發展史及演變提供一個系統性的、思辨的與全幅性的詮釋，確爲高氏對易學研究的貢獻。

　　其次，在與其他易學研究的最大不同之處，是高氏之預設認爲易經乃是哲理之書，並且爲中國哲學的價值根源，由此立基闡述，綜述各時期易

---

[100]高懷民：《先秦易學史》，頁13～24。

學發展、演變及脈絡詮釋，他採取了史學的標準及方法進行易學的研究。就易學史的研究而言，高氏的研究是嚴謹的，楊慶中即認為高氏之方法有三項進路：「第一，於大思想潮流中求史的依據法；第二，考證法；第三，哲學推理。」[101]高氏亦說明在其處理「大思想潮流中求史的依據」之態度：

> 作者現在是設身處地運思，盡量求做到以歷史上伏羲氏的時代論伏羲氏的思想，以歷史上周文王的時代論周文王的思想，以歷史上孔子的時代論孔子的思想。《周易》一書中的字句當然是主要根據，同樣主要的，是大的歷史思潮的演變，將《周易》中所言投入歷史思潮的演變中，印證出它的出處淵源。這樣一來，就旁涉到當時的政治、社會、信仰等方面，也由此產生了和傳統見解不同的結果，還發現了一些史學上從未發現到的問題。[102]
> 作者認為研究古史，直接史料當然重要，然而直接史料的倚仗，有其限度。……其次，作者認為在研究古史上，傳說與神話有其價值，……作者認為我們應該在歷史演進的時代背景下，將傳說與神話納入當時的時代，參照地理上的遺跡及形勢，參照自然及人文的條件，參照各古籍中的線索，然後從傳說及神話的不可靠的故事中，尋出其可靠的部分。……所以，作者認為直接史料對近古史自然可作為主要憑據，而對無法獲得直接史料的遠古，當從直接史料以外去判定，因為其「有史」，是必然的。[103]

---

101 楊慶中：《二十世紀中國易學史》（北京：人民出版社，2000），頁114。

102 高懷民：《先秦易學史，自序》，頁3。

103 高懷民：《先秦易學史》，頁24～25。

正因為其對歷史考據之重視，因此必以在彼時的歷史背景之下討論此一時空的哲理發展，才不會形成「以今論古」之弊；而對於各時期的學術發展之改變，即以王弼「掃象數、歸義理」為例，高氏認為如下：

> 作者曾說過，學術思想的發展，有其不得不然的趨勢，時至機熟，不得不如此；時至機熟，不得不如彼。此中學術思想本身的蛻變，社會人心的促動，以及當事人身世背景的孕育，因緣輻輳，絕非偶然。王弼的興起，正是這樣，一方面他的家世背景促成他思想早熟的條件，但尤其大於個人因素的，是學術思想本身蛻變之勢以及社會人心促動之力。換句話說，學術思想發展到漢魏之交，已到了需要有人起而作淘革開創的時候，王弼乃在這種需求下應運而興，一注《易》，結兩漢以來象數《易》發展至氾濫無歸的弊習；一注《老》，開魏晉以下老學之玄風。[104]

此正是其在以歷史考據為前提，從大思想潮流中求史的依據，進而探取考證之法求其整全與釐清脈絡發展，可見諸於三部易學史中對問題的糾謬與澄清，最後則是哲學推理，以迄系統性理論之完成，糾合了文學、史學與哲學之論述特性，因此在其解釋與詮釋中能展現易學之堂奧。

㈡「易為哲理之書」點出易學是宇宙與人生問題的洞見

〈繫辭下〉曰：「易之為書也，廣大悉備。」歷來學者們對易之研究推斷以易為哲理之書或為卜筮之書的爭議，大體上已有一致性的推斷，而高氏以其研易數十年之心得，有感而發針對「易之為書廣大悉備」之點而推斷出《易》為哲理之書，也見於其所著《大易哲學論、自序》之言：

---

[104] 高懷民：《宋元明易學史》，頁207。

對於易學，我希望做到兩件事：一是寫一部易學史，一是
寫一本闡明易哲學思想及其體系的書。在我看來，中國文
化久久以來的衰落，原因在於哲學思想的不振，在於爲中
國哲學思想主流的易學未得發揚；易學何以不得發揚？主
要是缺少上面的兩種書籍。由於缺少一部易學史，弄得
伏、文、孔、老的純粹而精的哲學思想爲後世的算命、看
風水等雜學所取代，後先混淆，使人認不清了這一大哲學
的流變的眞面目。[105]

易學爲中國哲學思想之源，並爲開啓後世研易或是諸子之學啓蒙之
鑰，易爲哲理之書，確爲治易之先哲所共同肯認。曾春海教授即引晚明鴻
儒王船山在所著《周易內傳》之言佐證：

易之爲書，言得失也，非言禍福也。占義也，非占志也。
他區分人們對《易》書的心態爲「占易」與「學易」。前
者視《易》書爲卜筮之用，旨在占個人未來之禍福，算計
個人的私志和私利；後者在處事應物上研幾、精義以察情
理之得失，在所臨在的時計境遇中，求切合正理常則，成
全人間的福樂與美善。換言之，《易》哲學係正誼明道之
教，而非謀利計功之術。[106]

《易》哲學在歷代的發展中，因其具有開放及容納之特性，因此形成
多變且未囿於特定之模式，所以自先秦符號易學、筮術易學、儒門易學，
再經兩漢象數易學，而至宋元明圖書易學，形態雖多但其本質恆久不變，

---

[105] 高懷民：《先秦易學史》，頁13～24。

[106] 曾春海：《易經的哲學原理》自序，臺北：文津出版社，2003，頁2。

每一個時期雖然型態訴求各異，紛然躍出，高氏之處理態度則是「萬變不離其宗」，並且《經》與《傳》並重，同時在「理」、「象」、「數」三者之詮解上兼重，不因其採哲學思維立場而偏廢此三者之意涵及其或顯或隱之內容。

　　《易》書本由「經」與「傳」二者組合而成，從高氏之詮解中，將原本古奧晦澀之經文，經一番詮解而得蘊含於「經」文中可能而有的哲學義理，理出一套探討宇宙與人生之哲理的經典鉅著，透過「傳」之輔翼而得窺蘊含於「經」六十四卦中之形上原理、自然法則、德性理則、人文精神與社會文化制度之多元豐富的內涵，從而展示在認知、價值與實踐三層面上。高氏之「易為哲理之書」的論述及系統建立，亦符合治易所需之準則與態度，而此準則與態度是什麼？對此，曾春海教授提出如下之驗證規範：

> 首先，《易》書有其創作的歷史文化脈絡和背景，我們對《易》的解讀不但要依循「文脈」（Context），且要回到具體的「史脈」中。那就是對《易》書所由成的遠古時代之可能史實史識是我們需具備的解讀條件之一……其次，以經解經藉以將《易》書的前後文本相互詮解，企求局部與全書旨意之貫通一致，合乎讀典籍的脈絡說（Contextualism）。第三、是透過各種重要的集解或注疏本，使文本的含意儘可能的充分展露，縱貫調理成一融合貫通的理解，這是合乎解讀文本含意所需注意的豐富性原則。最後，存有學派的解釋學所企求吾人在讀經典中透過自家生命的實感體驗來印證文本的可能蘊義（Significance）。[107]

---

[107] 曾春海：《易經的哲學原理》，頁9。

上述的四項準則與態度，驗諸於從「易為哲學之書」為出發點的高氏之作，易學體系確實符合上列之準則與態度，換言之，高氏以其自身語言對易學予以概念架構的重新詮釋，並且訴諸於生命理性的實踐，表現在其所著《易魂詩譚》中，即以乾卦與坤卦為例，即展現其個人對易之深度理解與生命才情。對於〈乾〉卦，他作了如下之解釋：「大哉乾元始萬物，太極動處玄天出，未落分別一氣流，纔見運轉雙璧逐，化神調就太和羹，象帝收起先天圖，時乘六龍御道行，性命由此各異途。」[108]於〈坤〉卦，高氏曰：「至哉坤元萬物生，順承乾天事造形，受孕含弘命已賦，育養光大體咸亨，先迷失道莫造次，後順得常利永貞，陰陽二性交互運，異位同功化無窮。」[109]充分說明易學「推天道以明人道」之理。

㈢以古為鑒，從典籍提煉智慧，擘畫人類文明之前景

賴貴三在《臺灣易學人物志》一書中，評論高氏易學的研究具有如下的特質：

> 高氏在《易經》哲學方面有多篇文章問世，尤以如何以《易經》哲學反思人類世界的思考為代表，這是以古為鑒，從典籍提煉智慧、關懷現世的思索。[110]

由於深感人類文明的未來前景之晦澀與不明，高氏冀望從易經哲學的大智慧中提點指陳人類文明應行之路，並且針對生命意義作深度思考，於是在人的價值意涵內容來說，高氏即以「大人」為人自身行為準則與進德修業的目標，固然人與萬物同為自然世界生化之果，但因人是首出庶物、且為萬物之靈，能知反於道而上行，而萬物則不知反於道而下行，因此在

---

[108] 高懷民：《易魂詩譚》，臺北：樂學書局，2006，頁6。

[109] 同上注，頁7。

[110] 賴貴三：《臺灣易學人物志》，臺北：里仁書局，2013，頁624。

以古爲鑒，提煉典籍智慧中，確立了人類文明必當「效法天地、執守中道與自求多福。」而從大易哲學中「生生」之智慧，影響到儒家「贊天地之化育，與天地參」之「大人」志業，另一方面也影響到道家「生而不有，爲而不恃，長而不宰」皆是「生生」哲理之展現，卦爻辭亦具體指出各種不同層面包括家庭、社會、國家與人群社會中的不同對應智慧，即如〈繫辭傳〉所言：「夫易，聖人所以崇德而廣業也。」

反思人類文明之陷溺，高氏非杞人憂天，而是憂心忡忡，人類文明之倒退實源於吾人障蔽且未明「天地之道與人道爲一的眞理」，人因不明「中道」而致「人道」不彰，因此，高氏主張「重人道」則爲人類唯一自救之路，「行人道」即是「尊法天地，養人類之博大謙和」，此一核心觀念是自易學演繹而來，也是對治文明之弊的方針，回復「中道」而「行人道」，只有在博大謙和的情境中，方能對文明之發展有所提昇，這是高氏回應文明之弊的積極構思。

㈣再運神思，續予論述明清易學脈絡

高氏論述易學義理，或許是爲讀者解易而另闢蹊徑，時而摻合浪漫的筆調，趣味而富意在言外之儁語，避免生硬之學術用語而令人望之卻步，茲摘錄二段文字以說明：

> 前有孟喜的摧堅攻銳，推倒儒門《易》；繼有焦延壽的發揚光大，併收京房爲弟子，於是開創出象數《易》的三百年盛世（由西漢宣帝年間至魏王弼時代，約爲公元前60年至公元240年）。我們能不佩服那一位藏身在時代舞臺後面的隱士的高度智慧嗎？這正是中國隱士「神龍見首不見尾」的作風。說不定在新興的象數《易》如火如荼大行於世的時候，那一位隱士正拄杖站立在峰巒頂、松林下，俯

視他一手導演的學術鬧劇，掀髯而笑哩！[111]

王弼的忽然出現，活像如來佛的那一只神力無邊的手掌，一反復問，把孫悟空壓在五指山下（《西遊記》中，孫悟空在如來佛掌中瘋狂地翻過一陣筋抖之後，還未出如來佛掌心，反被如來佛一反掌壓在五指山下）。象數《易》這一陣學術旋風於焉告終。[112]

上述論及孟喜及焦延壽對易學研究的另一成果，高氏讚許易學至兩漢有此轉折的幕後隱逸高人而不指明其故，以及對王弼對易學中「象數易」之翻轉而開出易學另一途徑之文學語言，雖可避開晦澀之學術語言與刻板印象，但在《易》之理的論述上似仍有拓展的空間，且其在整理易學史及建構大易哲學體系與架構之時，「神思」[113]之用顯得形成過度地主觀描摹，較少觸及學理之客觀性如何可能的問題，以及如何證成的問題。但是對易學研究者而言，高氏在窮索資料不可能完備無缺的條件下，勇於從易學史之立場，去蕪存菁，不願意只屈從於「讓證據說話」之唯一前提，不窄化史學材料，打破現今文史哲刻板之分別，避免「見樹不見林」之扞格，建鑄出易學研究之新觀點及新的詮釋進路，亦是高氏對易學研究的巨大貢獻。

然而，在易學史之整理建構中，高氏亦僅寫到《宋元明易學史》即止；在1999年出版的《偉大的孕育》亦停筆於〈邵子觀物明理，建構先天易學〉，並認為：「邵子的先天易哲學，一方面匯集前代聖賢的思想，一

[111] 高懷民：《兩漢易學史》，頁71。
[112] 高懷民：《兩漢易學史》，頁177。
[113] 「神思」之名並非高氏首創，而是來自賴貴三所著《臺灣易學人物志》評〈臺灣光復第二代《易》學人物志：高懷民〉時所用之詞，但賴氏並無貶意，並且認為這是高氏易學之特色。

方面益以自己的創思，成為一大易學思想體系，就其為學術事業之明確啟
發人知而論，應無愧於當『後聖』之名。」[114]高氏認為易學發展的「第五
個階段」乃指「邵子先天易」的推出，並直指邵子的貢獻是：

> 我的意思是説文、孔依經傳作教化的易學，到了邵子的先
> 天易，改變為不再依經傳之文與文王六十四卦序解易，邵
> 子自建構了另一系列卦序與另一條解易之路，文、孔之
> 教化仍在其間，只是易學的場面改變了，由「人道」為
> 思想重心的易學一變而為以「天地萬物之道」為重心的易
> 學。[115]

　　若是能在第五個階段之後，續予深入綜述程朱易學及後起船山易學之
發展及其對中國哲學之影響，當可成為一完整的易學論述系統，由於朱熹
並不將《易》認為思想之書，而是卜筮之書，在高氏看來，朱子只能被認
為是理學家，而非《易》學家，但是朱子之《周易本義》以及將《易》視
為卜筮之書的觀點，影響後世不可謂小，對朱子之解《易》或許能予客觀
評述。

五、結語

　　高氏論易學哲理，可稱是上世紀系統性探究易學思想的第一人，也是
研究中國哲學的敲門磚，而被譽之為「臺灣光復六十餘年來第二代《易》
學研究的重要代表學者」[116]，其所撰述之易學著作，兼具辭章、訓詁以及
中西哲學之訓練，不偏於一曲，有細節分述亦有整體架構之體系，由文
學、史學而哲學，全面性地觀照解惑人類文明的出路問題，體現人文學者

---

[114]高懷民：《偉大的孕育》，頁342。
[115]高懷民：《偉大的孕育》，頁342。
[116]賴貴三：《臺灣易學人物志》，頁581～633。

的素養與關懷，將深奧難懂的易理，透過文、史、哲之匯流與重構，首先
建構易學發展之五個階段，每一階段中，確立「主幹」與「分支」，獨陳
哲理以及對吾人生命、人類前途之深度思考，確為易學研究者中，具有撥
雲見日之功又有前瞻性創見的學者，其所提出《易》之哲理內涵確為中國
哲學之根本之說，並為中國文化精神的根源，亦表現出傳統文人對於中國
文化之價值系統的肯認與使命感。其入手處雖由訓詁、考證、但不囿於材
料之所限發皇而為哲理演繹之文，以突出的文筆才情與圖表詮說，闡述
《易》之學理而能一目瞭然，確為《易》學研究中之名山大業。《易》本
是經世致用之學，亦是「生命的學問」，高氏跳脫《易》學為「案頭學
術」之狹義理解而到「生命哲學」之認知與開展，益加證明其用心血用功
之處，而其「洞見」也增益易學研究之豐富性、學術性與實踐性。

——本篇原刊《哲學與文化》第四十二卷第十二期，2015年12月。

第八編

臺灣儒學

清領時期臺灣書院教育的儒學思想

內容摘要

　　儒家是先秦時期顯學學派之一，它的價值觀與倫理觀影響中國人的思想與行為。清朝統治臺灣期間，儒家思想藉著書院教育的形式得到傳承與發揚，並且與科舉取士結合形成書院儒學的教育特色；雖然科舉制度有其政治層面存在的理由，但儒學的教育在書院中仍然弦歌不輟，完整地傳播儒家所關心的修己安人，明人倫之道的社會關懷。本文探討清代臺灣書院教育的儒學思想，受到朱熹哲學很大的啓發與影響，在各書院所訂定的學規中，皆有朱熹思想及義理的傳承，要求讀書人明人倫、識大義、崇實學、不空談，透過經典的閱讀以把握先賢智慧等皆有可觀之處。儒家思想雖有處於不同時代，因應不同問題的回應與曲折，但是基本哲理與普世的人文關懷仍然是一以貫之，表現儒家哲學的價值性。

一、前言

　　臺灣在近代史上是從一個蠻荒化外之地，在大航海時代，歷經列強攘奪數易人手，直至清康熙二十二年（1683）才正式納入中國版圖。明鄭時期有陳永華的文教措施初試啼聲，清朝二百多年的統治，漢文化隨著移民而帶入臺灣，文治教化之功才漸漸顯著。不管是明鄭時期或是清朝治理時期，居於生活與文化的核心因素，應是儒家思想；換言之，儒學思想是臺灣社會的價值系統，它支配著生活、倫理、教育、風俗習慣等種種文化內涵，雖然在明鄭與清朝統治時期之學風有異取舍不同[1]，但仍然是孔門儒

---

[1] 潘朝陽認為明鄭之儒學是具有孔孟春秋學之大義，具有抗拒精神的儒學，而清朝統治時期則是朱子

學的道統及傳承。

儒家由孔子發其端，諸子繼其餘緒，由一私家之學而至西漢武帝時獲得獨尊地位而成唯一之欽定學派，扮演了文治教化的功能，這種教化功能的傳播是透過兩種管道，一是少數的知識分子對儒學的詮釋與開創，以維繫儒學慧命於不墜；另一則是將儒學義理俗世化於人民百姓，成爲世俗生活的常規。因此讀書人傳統上即被賦予「士不可不弘毅，任重而道遠」的道德使命。自儒家取得知識傳播的主導權後，影響所及即是對儒學傳統的使命繼承與發揚，進而透過科舉考試制度及書院教育將儒學義理傳至民間，所以知識分子乃背負著儒學與儒教的雙重任務。

宋明時期以「書院」爲傳播儒學的重鎭，歷史上傳爲佳誦與美談的首推朱熹修竣白鹿洞書院，訂立書院的教規與學規，此即是爾後書院「校訓」的基本典範。對於「書院」存在的意義，王陽明先生之看法可爲代表，陽明曰：

> 惟我皇明，……其於學校之制，可謂詳且備矣；而名區勝地，往往復有書院之設，何哉？所以匡翼夫學校之不逮也。夫三代之學，皆所以明人倫，今之學宮，皆以明倫名堂，則其所以立學者，固未嘗非三代意也。然自科舉之業盛，士皆馳騖於記誦辭章，而功利得喪，分惑其心，於是師之所教，弟子之所學者，遂不復知有明倫之意矣。懷世道之憂者，思挽而復之……[2]

儒家何其有幸成爲顯學，孔孟之道垂諸後世，慧命之學得以成爲俗世

學及閩學傳統。見潘朝陽：《康熙時代臺灣社會區域及儒家思想》，第二屆臺灣儒學國際學術研討會論文集，國立成功大學中文系出版，1999。

[2] 王陽明：〈萬松書院記〉，《王陽明文集》，臺北：考正出版社，1972，頁21～22。

社會之價值理據；但何其不幸的是儒學成為統治者御用之學，失去孟子所謂「大丈夫」與「浩然正氣」之志節，而淪為科舉考試之教本，莘莘學子為求功名利祿，不諳知明倫之意義與聖賢之道，大道隱晦而不明，縱使居廟堂之上，「士」亦僅稱得上記誦辭章而已，價值判斷之依據唯以功利是尚，故賢者憂。在此情形下，如何力挽狂瀾，繫儒學哲理於不墜，依陽明之見，即於民間設立書院。

書院設立的目的安在？陽明曰：

> 今書院之設，固期我以古聖賢之學也。古聖賢之學，明倫而已。堯舜之相授受曰：「人心惟危，道心惟微，惟精惟一，允執厥中。」斯明倫之學矣。道心也者，率性之謂也，人心則偽矣。不雜於人偽，率是道心而發之於用也。以言其情，則為喜怒哀樂，以言其事，則為中節之和；為三千三百經曲之禮；以言其倫，則為父子之親、君臣之義、夫婦之別、長幼之序、朋友之信，而三才之道盡此矣。舜使契為司徒，以教天下者，教之以此也，是固天下古今聖愚之所同具。……是明倫之學，孩提之童，亦無不能，而及其至也，雖聖人有所不能盡也。人倫明於上，小民親於下，家齊國治而天下平矣。是故明倫之外，無學矣。外此而學者，謂之異端；非此而論者，謂之邪說；假此而行者，謂之伯術；飾此而言者，謂之文辭；背此而馳者，謂之功利之徒、亂世之政。[3]

由陽明對「明倫之學」的重視可知：書院設立的目的，即是為重振在功利主義、科舉考試制度下，已然僵化而呆滯的心靈，回歸到孔孟微言大

---

[3] 同註2。

義，明人倫之序，達到陽明所稱的「人倫明於上，小民親於下」的意旨。以書院設立的原始目的而言，透過教育手段使知識分子改變功利主義之價值觀，避免陷入「明於小而不明於大」的陷阱，在「實踐即是道德」的前提下，將「道問學」與「尊德性」合一，知行合一則儒學之脈將可不斷。近代新儒家之巨擘熊十力對書院以更貼近於哲理的表達方式，道出其中的意涵：

> 書院性質扼重在哲學思想與文史等方面之研究。吾國年來談教育者，多注重科學與技術，而輕視文哲，此實未免偏見。……至於推顯至隱，窮萬物之本，激萬化之原，綜貫散殊，而冥極大全者，則非科學所能及。……哲學，畢竟是一切學問之歸墟。……若無哲學，則知不冥其極，理不究其至，學不由其統，奚其可哉。……哲學者，所以研窮宇宙人生根本問題，能啓發吾人高深的理想。須知高深的理想，即是道德。從澈悟方面言之，則曰理想：從其冥契真理，在現實生活中而無所淪溺言之，則曰道德。…… 吾人必真有哲學的陶養，有高遠深微的理想；會萬有而識其源，窮萬變而得其則。極天下之至繁至雜，而不憚於求通也；極天下之至幽至玄，而不厭於研幾也，極天下之至常至變，而不倦於審量也。智深以沈，思睿曰聖；不囿於膚淺，不墮於卑近。以知養恬，其神凝而不亂，故其生活力日益充實而不自知，孟子所謂養浩然之氣者也。[4]

　　上舉陽明對書院宗旨的論述，復以民初熊十力先生在《復性書院開講示諸生》一文以證之，二者可說相互呼應，道出書院教育之宗旨，唯以培

---

[4] 熊十力：〈復性書院開講示諸生〉，《十力語要・卷二》，臺北：明文書局，1989，頁229-257。

育浩然正氣之生命氣象而不隨波逐流之士，這是書院教育的目標，亦即是儒門學問認知與實踐之始，此種精神不因政治扞格而變異。這樣的結果正體現孟子所說：「人人親其親，長其長，而天下平。」[5]的道德內化與實踐的過程。若吾人再從朱熹於白鹿洞書院學規所揭示：「父子有親，君臣有義，夫婦有別，長幼有序，朋友有信。……右五教之目，……學者學此而已。」[6]觀朱熹與陽明二人在哲學進路上雖有不同，但對於明人倫卻是同等重視。

二、臺灣書院的濫觴與發展

　　清朝江日昇在其所著《臺灣外記》一書中，談到臺灣書院之創立，推溯到明鄭時期的陳永華[7]對鄭經所說的一段擲地有聲的規諫，才有「全台首學」之舉。

　　　昔成湯以百里而王，文王以七十里而興，豈關地方廣闊？
　　　實在國君好賢，能求人才以相佐理耳。今臺灣沃野數千
　　　里，遠濱海外，且其俗醇；使國君能舉賢以助理，則十年
　　　生長，十年教養，十年成聚，三十年真可與中原相甲乙。
　　　何愁侷促稀少哉？今既足食，則當教之。使逸居無教，何
　　　異禽獸？須擇地建立聖廟，設學校，以收人材。庶國有賢

5　《孟子・離婁上》。

6　朱熹：〈白鹿洞書院揭示〉，《朱子大全》，四部備要文集／卷七十四，臺北：中華書局，1981。

7　陳永華，字復甫，福建同安人。有睿智，深知安邦定國的道理，明亡時，棄文從武，加入反清陣營，鄭成功父子都對他十分尊敬，並且加以重用，鄭經並請他出任相當於宰相的諮議參軍職務，事無大小都要先行請教才付諸實行，並令其擔當起經營臺灣的重責大任。陳永華建設臺灣，親往各地教軍屯田，儲備糧食；教民煮糖晒鹽，以利民生；教所燒磚，改善民居；同時劃定行政區城，勵行里甲互保，使民眾安居樂業。在人民生活物資已不虞匱乏之際，陳永華又建議鄭經興建臺灣首座孔廟，獎勵教化，同時規劃一套完整的教育制度來培育，拔擢人才。

士，邦本自固，而世運日昌矣。[8]

　　鄭氏採納其說，而在臺南置聖廟並設明倫堂，開展臺灣儒學教育與傳播之學風。雖然這是官方建立的學校機構，但以陳永華剴切之言的背後涵義來說，其設立書院的根本精神與儒家思想與目標是一致的。陳昭瑛對陳永華在儒學傳播上的貢獻有深入的介紹，並以實踐南明實學精神稱之。[9]

　　康熙二十五年（1688）第一任台廈道周昌在〈詳請開科考試文〉中言：「本道自履任後，竊見僞進生員猶勤藜火，後秀子弟亦樂絃誦。」[10] 可見明鄭時期對儒學的重視與提倡，已收到具體成效。除此之外，尚有對原住民教化的記錄，如康熙三十九年（1700）蒞台的郁永河在其《裨海紀遊》之記錄亦可看到明鄭時期教育的成果。[11]

　　潘朝陽教授以「抗拒與復振之儒學」[12]稱明鄭時期的儒學思想，若從孤臣孽子的心情來看明鄭時期的儒學學風確屬適當，尤其是陳永華所言的聖王典故，無論成湯、文王皆是以仁義之師，高舉文化復興的大旗，抗拒夷狄之亂，救斯民於水火之中。或許一時偏安海隅而無以重振華夏文明，但透過立聖廟，設學校，儒家精神得以流傳，留下一盞不熄之薪火。這種儒家文化的慧命薪傳，同樣地延續至日據時期。連橫所著《臺灣通史》的史觀及對各種歷史發展的價值判斷上，亦表現出此種「抗拒與復振」的精神，正也說明儒者除實踐孔子之「君子」的道德人格理型外，更有孟子所

8　江日昇：《臺灣外記》，臺灣文獻史料叢刊，臺北：大通書局，未刊年分，頁236。

9　陳昭瑛：〈儒學在臺灣的移植與發展〉，《臺灣儒學》，臺北：正中書局，2000，頁1～48。

10　高拱乾：《臺灣府志》，臺灣文獻叢刊第65種，臺北：臺灣省文獻會，1960，頁235。

11　郁永河記錄友人顧君之言：「新港、嘉溜灣、歐王、麻豆，於僞鄭時為四大社，令其子弟能就鄉塾讀書者，蠲其徭役，以漸化之。」見郁永河：《裨海紀遊》，臺灣文獻叢刊第44種，臺北：臺灣省文獻會，1960，頁17。

12　潘朝陽：〈抗拒與復振的臺灣儒學傳統〉，《明清臺灣儒學論》，臺北：臺灣學生書局，2001，頁157～215。

說的「大丈夫」浩然正氣的器識與胸襟。連雅堂的《臺灣通史・藝文志》
即曰：

> 鄭氏之時，太僕志卿沈光文始以詩鳴。一時避亂之士，眷
> 懷故國，憑弔河山，抒寫唱酬，語多激楚，君子傷焉。連
> 橫曰：吾聞延平郡王入臺之後，頗事吟詠。中遭兵燹，稿
> 失不傳。其傳者北征之檄，報父之書，激昂悲壯，熱血滿
> 腔，讀之猶爲起舞，此則宇宙之文也。經立，清人來講，
> 書移往來，曲稱其體；信乎幕府之多士也。在昔春秋之
> 際，鄭爲小國，聘問贈答，不失乎禮，齊、楚、秦、晉莫
> 敢侵凌。[13]

　　連雅堂稱明鄭文章爲「宇宙之文」，當以明鄭遺老孤臣孽子之心，
秉春秋之筆之志節爲價值判斷之理據，雖然明朝已遭異族荼毒，但期待存
留一絲一縷文化命脈於海外，其意義乃是面對華夏文明的衰敗與危機，而
有待於臺島之士的淬勵奮發。陳昭瑛認爲明鄭文學除了充滿悲憤抗爭的意
識外，亦寓有「不歸之思」及「發現臺灣的熱忱」。[14]這即是鄭經所云：
「王氣中原盡，衣冠海外留」的遺民悲情，亦可說是知識分子大是大非的
判斷與抉擇。因此宋明儒學發展之高峰─心學在臺島幾無跡可尋，設聖廟
與明倫堂，重振理學之風走向經世致用之學，此時期之學風無明末心學流
弊與亡國之痛是有其關聯性。

三、儒學敎育之宗旨

　　清朝統治臺灣之後，儒學教化之風並未隨明鄭之滅亡而趨於寂滅。當

---

[13]連橫：《臺灣通史・藝文志》，臺北：黎明文化公司，2001，頁743。

[14]陳昭瑛：〈臺灣詩史三階段的特色〉，《臺灣文學與本土化運動》，臺北：正中書局，1996，頁
5。

然在科舉考試之制度下，學子對功名之熱衷有增而無減，加上官方有意、有計畫的提倡而有儒學大興。透過學校教育與民間的提倡，官學與民間儒學並起，官學則有中央的國子監，地方則有府、州、縣、廳等，這些統稱為「儒學」。經由這套教育的機制，使得儒生具有了按部就班、循序漸進的求學管道，進而在科舉考試中金榜題名。綜觀清朝在臺灣統治的時期，儒學傳播的教育單位名稱頗多也不一致，如儒學、社學、義學、義塾、蒙塾、家塾、私塾等，而這其中屬於初級啓蒙的教育並且是地方性質的則有社學、義學、蒙塾、家塾、私塾等單位，而儒學（府、州、縣、廳）是屬於較高級的教育，建有孔廟，以作為教育的場所。由此可看出清領時期臺灣教育事業是呈現蓬勃發展，氣象一新的景象，對於儒家在知識的啓蒙、為學與做人的薰陶等方面，可說是影響深遠。

由於清朝統治初期，為了要突顯明鄭並非正統國祚，對於明鄭時期的人文教化成果，採取較為刻意打壓及負面的批評。而事實上從文獻是可得徵明鄭的儒教措施是有可觀之處。但是或許囿於政治因素，明鄭時期的文教治績，在統治者看來顯然是較為鄙視的，就以臺灣府首任知府蔣毓英，於康熙二十三年來臺赴任的說法可為證。《臺灣府志》曰：

康熙二十二年，臺灣歸命，督、撫念海邦重地，非公不可；會疏薦公，移守臺。始至，見其井里蕭條、哀鴻未復，慨然曰：『是豈不足為政耶』？因躬歷郊原，披荊斬棘，界定三縣封域，相土定賦，咸則三壤。其役之不急者罷之，土番之雜處者飭勿擾之。招流亡、詢疾苦；時召父老子弟而告之以孝弟焉。又思化民成俗，莫先於學；力贊憲副周公詳請開科，以興文教。至民貧不能備脩脯者，復捐俸創立義學；令詣其中，延師課督之。[15]

---

[15] 《福建通志臺灣府》，卷二十八，官績，錄自《重纂福建通志》卷一百四十四，嘉義縣知鎮。

　　蔣毓英之記述疑有貶抑明鄭時期文教成果的傾向，有意忽略明鄭在文教上的貢獻，因為陳永華曾有「各社令設學校延師，令子弟讀書」[16]之舉，此外尚有對原住民的漢化教育亦是首開風氣之先。陳永華延請葉亨擔任廟學的國子監助教，在葉氏之教導下，廟學諸生亦有高中科舉之例。其次，從另一角度來探討，清領時期的官吏治台政績，即是特別強調教化工作之重要，納百姓使成順臣之民，不敢有貳心，亦有統一思想之目的。

　　除文官強調文教治績外，武官亦不落人後也致力於推行文治教化的工作，如首任總兵楊文魁及次任總兵殷化行，儒學教化是他們主要的政績。引文如下：

> 楊文魁字子偉，一字逸齋，奉天人。康熙二十三年，以都督僉事任總兵，……文魁勤理營務，為兵民講解聖諭，俾知孝弟廉恥，習勤儉。立義學，聘內地名儒為之師，置學田資貧士膏火，內地入籍者益眾。時有鄭氏餘黨蔡機公者，匿島中，煽餘氛為民害，至是感服文魁威德，來就撫。[17]

對於次任總兵殷化行之治績，記述如下：

> 殷化行字熙如，陝西咸寧武進士，康熙二十六年任臺灣鎮總兵。臺地習於悍戾，生熟番居其間，土俗難馴，化行宣布德教，稍稍興於禮讓焉。[18]

---

[16] 江日昇：《臺灣外記》，臺灣文獻史料叢刊，頁39。

[17] 楊熙：《清代臺灣：政策與社會變遷》，臺北：天工書局，1985，頁63～64。

[18] 《福建通志臺灣府》，卷二十八，宦績，錄自《重纂福建通志》卷一百四十五，臺灣鎮。

　　影響清朝臺灣儒學學風發展的應屬「臥碑文」之頒行，此文於順治九年（1652）頒行於中國大陸各省、府、州、縣之儒學明倫堂，臺灣在康熙二十二年（1683）納入清朝版圖之後亦不例外，文中規定：

　　生員之志，當學爲忠臣、清官，書史所載忠清事蹟，務須
　　互相講究。……軍民一切利病，不許生員上書陳言；如有
　　一言建白，以違制論，黜革治罪。生員不許糾黨多人，立
　　盟結社，把持官府，武斷鄉曲。所作文學，不許妄行刊
　　刻。違者聽提調官治罪。[19]

　　從「臥碑文」的內容來看，不折不扣是箝制讀書人的思想與言論，包括不許生員上書以陳治國之方，亦不許刊刻文字散佈思想，於是在箝口結舌之下，儒學教育已非原來之目的，而是統治者治國導群而爲順民的手段；加上文字獄盛行，知識分子僅能從科舉的路上尋找功名而已。在這樣的背景之下，儒學活活潑潑的生命智慧，轉而以科考功名之形式出現，成爲知識分子縉紳改變命運的唯一管道，原始儒家「風聲雨聲讀書聲，聲聲入耳，家事國事天下事，事事關心」的使命感與熱誠頓成冰炭，趨之若鶩於科舉功名也就不足爲奇。因此主其事者上如能做好文教振興的工作，即有治績的事實。這些振興文教的作爲如下，在外在的形式上：包括文廟、學宮、考棚、書院、文昌祠、塾舍等建物的創建與重修，學田經費的籌撥，亦有建立教師、學生的考核評校與獎勵，學額的爭取，教育與考試等學政問題的興革等實質的變易。而社學、義學是深入窮鄉僻壤的教育場所，所占數量最多，亦可見地方對文教事業的殷切期盼。治臺的官員，皆認爲社學、義學教育與地方的風俗教化密切相關。但如何化民成俗以收立竿見影之效？只有立學校以達化民成俗才是唯一的方法，此種立學校以化

---

[19] 劉良璧：《重修臺灣府志》，臺北：臺灣省文獻會，1977，頁1。

民成俗的觀念，即是受到中唐以來書院思想影響之下的一個傳統，范咸之《重修臺灣府志》指出：

> 自三代以來，化民成俗，莫不以學爲先。我國家菁莪造士，聲教覃敷；薄海人文，蒸蒸蔚起。臺雖外島，作育數十年，沐浴涵濡，駸駸乎海東鄒魯矣。……而且番社有學，文身者亦習絃歌，豈特在野之俊秀有德、有造已哉！志學校。[20]

化民成俗以學爲先，透過各級教育來傳遞儒門思想與規範而達治理百姓。因此清代教育單位的設立，上有中央太學，下有地方府、縣、州、廳學，鄉里的社學、義學，就形式上來說皆是基於教化與育才的雙重目的而作，清代在臺灣，除重建文廟外，並隨歷任官員治臺，在臺灣各地設立儒學、書院、鄉學（義學、社學與民學）等，但由於儒學（府、縣、州、廳之儒學）設置較晚，或根本未設，在無法滿足人民求知需求之情形下，各地的鄉學、包括義學、社學與民學則隨之而起，但所授內容較爲簡略，有如初等啓蒙教育，因此介於官學與鄉學之間的學院一躍而爲地方的文化教育之樞紐，此中最具代表性者乃崇文書院，在移風易俗傳播中華文化的成效有顯著的效果。康熙四十一年《訓飭士子文》開頭即言：

> 國家建立學校，原以興行孝化、作育人材，典至渥也。[21]

臺灣社學、義學的普遍設立，對於平民百姓的教化功能居功厥偉，如

---

[20] 范咸：《重修臺灣府志》，卷八，學校，序言。
[21] 《大清會典事例》卷三百八十九，頁10228。

藍鼎元[22]在康熙六十年（1721）〈覆制軍臺疆經理書〉即提到儒學教化是治臺的急務：

> 興學校、重師儒、自郡邑以至鄉村，多設義學，延有品行者爲師；朔望宣講聖諭十六條，多方開導，家喻戶曉。以「孝弟忠信禮義廉恥」八字轉移士習民風，斯又今日之急務也。[23]

藍鼎元亦提出「多設義學，振興教化。集諸生講明正學，使知讀書立品，共勉爲忠教禮讓之士。」[24]藍鼎元可說是清初治臺主張者中最具慧眼者，關切臺灣的政治家。黃秀政《論藍鼎元的積極治台主張》稱：「因藍鼎元的積極主張治臺，有功於臺灣早期的開發，有助於中華文化在臺灣的擴大綿延，可謂前無古人。」[25]在歷任的各級官吏眼中，除官學外，小至窮鄉僻壤皆有設立義學，獎掖後進並照顧貧寒子弟，透過對經典的閱讀與實踐，明白義理而能移風易俗，是他們治績的表徵。因此官方設立初級學校，除爲培養人才外，教化百姓也是官方設學的宗旨。學校本來就有教化的功能，透過教育來化民成俗，達到風俗善良、社會安定，這是爲政的目標。

清朝在儒學教育上，分成初級的教育系統，所謂「設學校以興教化」，如社學、義學之建立，此外尚有府、縣、廳設立之儒學等，但本質

---

[22] 藍鼎元，字玉霖；漳州漳浦人。鼎元少孤獨學，泛濫諸子百家。康熙六十年，臺灣亂，總督覺羅滿保檄南澳總兵藍廷珍統師赴之，廷珍，鼎之從兄也，要鼎之與俱，在廷珍招降，綏番黎、撫流民；經營歲餘而舉郡平。見陳壽棋：《藍鼎元傳・碑傳選集》，臺灣歷史文獻叢刊，臺北：臺灣省文獻會，1994，頁448～452。

[23] 丁曰健：《治臺必告錄》，卷一，鹿洲文集。

[24] 藍鼎元：〈經理臺灣疏〉，《平臺紀略》，卷三，附錄。

[25] 黃秀政：〈論藍鼎元的積極治台主張〉，《臺灣史研究》，臺北：學生書局，1995，頁20。

上與原始儒家所強調的精神與旨趣已相去甚遠；換言之，授儒學大義僅是手段，達成統治才是目的，利用儒學義理訂出社會規範而要百姓遵守。透過官方學校教育灌輸的這套思想，與古典儒家所標榜的一套自我開發實踐的價值系統（value system），甚本上已有差異，古典儒家可說是孔子因應個人整體生命要求而創建，其本質與風貌，李杜教授以「傳講」與「競存」稱之。[26]儒學於漢代與君主政制結合，而表現其在君主政制中的文教性與典範性的功能與效用，這種情形也就一直延續到清代，因此文教性與典範性成為儒教的最大功用，也就形成了統治者手中「不可替代性」的御用工具。這個影響力是巨大的，從各種學制的教化過程中，儒學思想已被轉化，甚至是簡化而成有利於統治者的信念與教條，而要求放諸四海皆準，這已非古典儒家所講求的價值系統的開發與完成，儒學的「教條化」乃成為無可逃避。

四、書院教育中的儒學思想

書院之制度從唐朝開元年間開始，《新唐書》已有相關資料的記載，其原義指的是官方修書與藏書之所。但至唐末因戰事紛亂，原來的學校廢弛，民間時人為應教化之所需，建書院以傳儒家義理，而有別於官方之學。

㈠書院的性質

依據陳昭瑛研究清朝時期書院的發展情形，他認為：

> 府縣儒學之外，官辦或私辦的書院規模小，靈活性大，所
> 以相當普遍，二百年間至少設了四十五所。書院按等級不
> 得祭孔，多祭宋儒與文昌，然其兼重教學與祭祀則與府縣

---

[26]李杜：《以儒學為主導的中國文化的過去與未來》，哲學與文化月刊第廿七卷第七期，2000，頁609～624。

儒學相同。書院之下，尚有分布各村落與原住民部落的小型學校，稱社爲社學、義學或義塾。（書院若非官塾，有時也稱爲義學。）[27]

　　由此可知書院除不得祭孔外，主要的教育工作則是教授漢文與儒學初級經典，可以說是傳播儒學思想的前哨，也是透過經典傳誦把握儒家微言大義的媒介，而清朝普遍流行尊孔崇朱的風氣，因此書院所傳授的學問，對儒門聖賢的祭祀，基本上是不能碰觸清朝的忌諱，而且又必須與它的文教性與規範性要能相互契合。臺灣的第一家書院爲施琅所創立，名稱爲「西定坊書院」，但其性質則屬義學，而非私人講學的書院。而有計畫的興建書院則始自崇文書院【康熙四十三年（1704）】，繼之而有海東書院【康熙五十九年（1720）】、明志書院【乾隆二十八年（1763）】、引心書院【嘉慶十五年（1810）】等，臺灣的書院即有官立、官民合辦及紳民私辦三種類型，但皆需接受官署的查核。根據黃秀政的統計，清代臺灣書院共計有四十五所[28]，在這些書院中已具有全部或部分官方的性質，亦有少數是由地方仕紳捐資建立，但仍受主政者管轄，這樣的書院教育在講授經典內容及大要上與官辦的府儒學並無不同。

㈡書院師承朱子哲學

　　朱熹理學在清代書院中獲得高度的重視，其中原因固然是是清朝初期皇帝對朱子學的重視，上行下效的結果，使得朱子學說得到了闡揚的舞臺，這亦是主政者對朱子思想的一種肯定與認同。由以下數例即可獲得明證。

　　首先是康熙對朱熹的推崇：

---

[27] 陳昭瑛，同註9，頁14。

[28] 黃秀政：〈清代臺灣的書院〉，《臺灣史研究》，臺北：學生書局，1995，頁108。

朱子注釋經，闡發道理，沒有一字一句不明白精確，歸於
大中至正。……集大成而繼千百年絕傳之學，開愚蒙而立
億萬世一定之歸。[29]

除了上述康熙對朱子的推崇之外，尚有升朱子配祀於大成殿內，列
於十哲之列，稱之「孔孟之後，有裨斯文」。而在臺灣推動文教有功的陳
璸[30]在《請建朱文公專祠》中，對朱子亦是推崇有加：

朱子集諸儒之大成，猶孔子集群聖之大成；一聖一賢，心
源之契，先後蓋若合符節也。有朱子之《學庸章句》、
《語孟集註》及經史訓解諸書，而後孔子之道益明。……
臺處海表，士子鮮知正學，一切權謀功利之習、異端詖
行之說，未免得入其心；尤宜專祠朱子，以動瞻仰、定
信從、庶乎諸生誦法孔子，可不迷於歧趨，而士習日端，
人才亦日出。敬卜地於郡學明倫堂之左，起建正堂三間，
安設朱子牌位；旁列齋舍，擇諸生之有志向進者，肄業其
中；繚以環牆，外闢門樓，額曰「朱文公祠。」直與文廟
鼎峙，並傳永久。[31]

除了上述之推崇外，陳璸在《新建朱文公祠碑記》一文中，也再次強

---

[29] 李光地、熊賜履編：《御製朱子全書》，景印文淵閣四庫全書第 720 冊，臺北：臺灣商務印書館，
　　1996，頁720。

[30] 陳璸字文煥，號眉州，廣東海康人，諡清端。於康熙四十一年任臺灣知縣。史稱清代臺灣第一清
　　官，又任分巡台廈兵備道兼理學政四年，福建巡撫三年。他在《條陳臺灣縣事宜》中陳述治臺十二
　　要務，為首四條即有關教化。見陳璸：《陳清端公文選》，臺灣文獻叢刊，臺北：臺灣省文獻會，
　　1961，頁1～4。

[31] 黃典權編：《臺灣南部碑文集成》（一），頁12。

調臺灣崇祀朱子的理由如下：

> 予建朱文公祠即成，或問曰：「海外祀文公有説乎？」
> 曰：「有」。昔昌黎守潮未機期月而去，潮人立廟以祀。
> 東波先生爲之記云：「公之神在天下者，如水之在地中，
> 無所往而不在也。而潮人獨信之深、思之至，煑蒿悽愴若
> 或見之。譬如鑿井得泉，而曰水專在是，豈理也哉？若文
> 公之神周流海外，亦何莫不然！」按文公宦轍，嘗主泉之
> 同安簿，亦嘗爲漳州守。臺去漳、泉，一水之隔耳；非遊
> 歷之區，遂謂公神不至，何懵也！翄自孔、孟而後，正學
> 失傳；斯道不絕如線，得文公剖晰發明於經、史及百氏之
> 書，始曠然如日中天。凡學者口之所誦、心之所維，當無
> 有不寤寐依之、羮牆見之者；何有於世相後、相去之拘拘
> 乎？

陳璸以蘇東坡〈潮州韓文公廟碑記〉來比喻：韓文公雖在潮州僅有
短短一年不到之時間，但是他的精神卻是永垂不朽，如同水在地下，無處
而不存在。朱子傳聖賢之道，在道問學之原則下對儒學經典作了闡釋與發
揚，這與韓文公的精神是一樣的，他並以自身的歷練與體驗，對知識分子
提出忠告：切己精察，實力躬行，不可游移墮落而隨波逐流，方可成就聖
賢之道，而與朱子在精神上相互逢契。其文如下：

> 予自少，即知誦習文公之書，雖一言、一字、亦沉潛玩
> 味，終日不忍釋手。……讀其書者，亦惟是信之深、思之
> 至，切己精察，實力躬行，勿稍游移墮落流俗邊去，自能
> 希賢、希聖，與文公有神明之契矣。予所期望於海外學者

如此，而謂斯祠之建無説乎？[32]

此外，從陳璸重建孔廟，親撰《台邑明倫堂碑記》亦可看出受朱子之影響頗深：

> 自有人類，即有人心；有人心，即有人理；有人理，即若天造地設而有明倫堂。苟斯堂之不立，則士子講經無地，必至人倫不明，人理泯而人心昧，將不得爲人類矣。……予謂五經與五倫，相表裡者也。倫於何明？君臣之宜直、宜諷、宜進、宜止，不宜自辱也；父子之宜養、宜愉、宜幾諫，不宜責善也；兄弟之宜怡、宜恭、不宜相猶也；夫婦之宜雍、宜肅，不宜交讁也；朋友之宜切、宜偲，不宜以數而取疏也。明此者，其必由經學乎！潔淨精微取諸《易》，疏通知遠取諸《書》，溫厚和平取諸《詩》，恭儉莊敬取諸《禮》，比事屬辭取諸《春秋》。聖經賢傳，垂訓千條萬緒，皆所以啓鑰性靈，開橐原本，爲綱紀人倫之具，而絃誦其小也。[33]

「明倫堂」之本義即在於敘明五倫的內涵與對應關係，陳璸認爲自有人類即有人心，有人心即有人理，人同此心，心同此理，維繫五倫於不墜之鑰，即在於五經，唯有從五經中提綱挈領，掌握其精神旨趣，深入群經內涵，學思與實踐並重，由經以求理，由學以求知，知識與道德二者合一，化學理爲實踐動力。由於朱子學在清朝是顯學，尤其是主政者的率先提倡，方有風氣大開，乾隆初年劉良璧修纂的《重修臺灣府志》其中〈諭

---

[32] 陳文達：《臺灣縣志》卷十，臺北：臺灣省文獻會，1961。

[33] 范咸：《重修臺灣府志》，臺灣文獻叢刊第 105 種，臺北：臺灣省文獻會，1961，頁680～681。

表章朱子〉即對朱子推崇備至：

> 惟宋之朱子，註明經史，闡發載籍之理，凡所撰釋之文
> 字，皆明確有據，而得中正之理。今五百餘年，其一句一
> 字莫有論其可更正者。觀此，則孔、孟之後，朱子可謂有
> 益於斯文，厥功偉矣！[34]

為了突顯朱子學風及其所關注的道德生命之大是大非，確立道德判斷
的基礎，陳璸更以朱子的「義利之辨」作為讀書人的第一要務，提出「義
固未嘗不利，利正不容假義」的主張，其論點如下：

> 矧自孔、孟而後，正學失傳，斯道不絕如線。得文公剖晰
> 發明於經、史及百氏之書，始曠然如日中天。凡學者口之
> 所誦、心之所維，當無有不窹寐依之，羹牆見之者；何
> 有於世相後、地相去之拘拘乎？予自少即知誦習文公之
> 書。……文公之言曰：「大抵吾輩於貨、色兩關打不透，
> 更無話可說也。」又曰：「分別『義利』二字，乃儒者第
> 一義。」又曰：「『敬以直內，義以方外』八箇字，一生
> 用之不窮。」蓋嘗妄以己意繹之：惟不好貨，斯可立品；
> 惟不好色，斯可立命。義利分祭甚微，凡無所為而為者，
> 皆義也；凡有所為而為者，皆利也。義固未嘗不利，利正
> 不容假義。敬在心，主一無適則內直；義在事，因時制宜
> 則方。無纖毫容邪曲之謂直，無彼此可遷就之謂方。人生
> 德業，即此數言，略包括無遺矣。[35]

---

[34] 劉良璧：《重修臺灣府志》，臺北：臺灣省文獻會，1977，頁 10。

[35] 范咸：《重修臺灣府志》，臺灣文獻叢刊，臺北：臺灣省文獻會，1961，頁 683～684。

　　陳瓘此文點出他對朱子學說的理解，提出「敬在心，主一無適則內直，義在事，因時制宜則外方」的詮釋，才有「敬以直內，義以方外」之說，這是他的創見，也契合理學本義。朱子學問的核心觀念與終極關懷爲何？吾人試從《宋元學案》一探究竟，在〈晦翁學案〉一文有如下的介紹：

　　其爲學大抵窮理以致其本，反躬以踐其實，而以居敬爲
　　主。全體大用，兼綜條貫，表裏精粗交底于極。嘗謂聖賢
　　道統之傳，散在方冊，聖經之旨不明，而道統之傳始晦。
　　于是竭其精力，以研窮聖賢之經訓，其于百家之支，二氏
　　之誕，不憚深辯而力闢之。[36]

　　朱子之學窮理以致其知，反躬以踐其實，居敬以成始終。因此他的問學進路乃是主敬以立其本，窮理以致其知，學問之眞義是要從經典中探尋聖賢原義，以成就道統的一脈相傳。而在德性修養方面，朱子推崇二程，尤其是贊許程伊川格物窮理的修養論，朱子則透過讀書以明理之方法，探討格物窮理之意義，朱子以整個道統傳承脈絡爲背景，以四書爲宗，故倡四書之說，朝廷後來亦以四書訓說立學官，四書別爲一經。

　　朱子提倡研讀四書，透過格物致知之教以窮其理，使道德實踐有所依循的途徑，這個學風到了清朝時期便有「理必程朱」的主張，書院之教學在於明理以致其用，故走實學理學之路而未擇心學之途。朱子理學之「理」其義爲何？唐君毅對於中國哲學所談的「理」觀念，有較爲廣泛性的看法，援引其觀點加以說明，唐君毅認爲：

　　中國哲學史中所謂理，主要大義：一是文理之理，此大體

---

36 黃宗羲、全祖望：〈晦翁學案〉，《宋元學案》，臺北：河洛圖書出版社，1975，卷39。

是先秦思想家所重之理。二、是名理之理，此亦可指魏晉
玄學中所重的之玄理。三、是空理之理，此可指隋唐佛學
家所重之理。四、是性理之理，此是宋明理學家所重之
理。五、是事理之理，此是王船山以至清代一般儒者所重
之理。六、是物理之理，此爲現代中國人受西方思想影響
特重之理。此六種理，同可在先秦經籍中所謂理之涵文中
得其淵源。……[37]

　　朱子之理，除了探討天下之物必有所以然之故與其所當然之則外，亦
包括修養身心的道理（人之理），因此德性修養之理乃益爲重要，處處即
事窮理以上達天理。他特別強調讀書在窮理方面的重要性。他認爲：「大
抵學者讀書，務要窮究，道問學是大事，要識得道理去做人，大凡看書要
看了又看，逐段、逐句、逐字理會，仍參諸解傳說教通透，使道理與自家
心相肯，方得。讀書要自家道理浹洽透徹。」[38]所以當元明二代，將四書
列爲官學，與科舉考試拔擢人才相結合，研讀四書風氣因而大開。清朝亦
蕭規曹隨訂爲學子必讀之書與啓蒙之鑰，而朱子一生最重視書院的講學，
書院乃成爲朱子學說的研習之所，也是傳統中國文化(以儒學爲主體)的核
心理論的代表，無論是就其外在景緻建築或是內在文采而言，皆有其一致
性，有清一代朱子學大興亦非偶然。

五、書院學規的儒學內涵

　　清代書院是在尊崇朱子哲學的氣氛與背景之下而創設，基本上是承襲
宋代書院所揭示的內涵，它所依據仍然是儒家的教化精神，即使後來書院
變成準備科舉考試的場所，但儒學教化的功能繼續存在，在爲學與做人諸
方面，轉出書院的學規，學規的內容即成爲一種價值規範與要求。這些內

---

[37] 唐君毅：《中國哲學原論》導論篇，香港：人生出版社，1966，頁4。
[38] 張伯行輯訂：《朱子語類輯略》卷之二，臺北：臺灣商務印書館，1973，頁54。

容可追溯至朱子在《白鹿洞書院揭示》的五條教育內涵[39]，其條目如下：

> 五教之目：父子有親，君臣有義，夫婦有別，長幼有序，
> 　　　　　朋友有信。
> 爲學之序：博學之，審問之，慎思之，明辨之，篤行之。
> 修身之要：言忠信，行篤敬。懲忿窒欲，遷善改過。
> 處事之要：正其誼不謀其利，明其道不計其功。
> 接物之要：已所不欲，勿施於人。行有不得，反求諸己。

　　黃秀政研究臺灣書院之發展過程，本研究依其資料整理如表2[40]，可以讓吾人清楚地把握學規內容之變遷。

表2

書院	訂規者	年代	學規內容大綱	
海東書院 （設於臺灣府治）	分巡臺灣道 劉良璧	乾隆5年 （1740）	1.明大義 3.務實學 5.正文體	2.端學則 4.崇經史 6.慎交友
海東書院 （設於臺灣府治）	分巡臺灣道 覺羅四明	乾隆24年 （1759）	1.端士習 3.立課程 5.看書理 7.崇詩學	2.重師友 4.敦實行 6.正文體 8.習舉業
文石書院 （設於澎湖廳治）	澎湖通判 胡建偉	乾隆31年 （1766）	1.重人倫 3.辨理欲 5.尊師友 7.讀經史	2.端志向 4.勵躬行 6.定課程 8.正文體

---

[39] 同註6，卷七十四。

[40] 黃秀政：〈清代臺灣的書院〉，《臺灣史研究》，臺北：學生書局，1995，頁118〜119。

書院	訂規者	年代	學規內容大綱
白沙書院 （設於彰化縣治）	彰化知縣 楊桂森	嘉慶16年 （1811）	1.讀書以力行為先 2.讀書以立品為重 3.讀書以成務為急 4.讀八比文 5.讀賦 6.讀詩 7.作全篇以上者之學規 8.作起講或半篇學規 9.六、七歲未作文者之學規
仰山書院 （景仰宋儒楊龜山而取名為仰山書院，設於噶瑪蘭廳治）※	開蘭知府 楊廷理	嘉慶17年 （1812）	1.敦實行　　　　2.看書理 3.正文體　　　　4.崇詩學 （錄自覺羅四明勘定海東書院學規） 1.讀書以立品為重 2.讀書以成務為急 （錄自楊桂森白沙書院學規）
文石書院 （設於澎湖廳治）	書院主講 林豪續擬	光緒年間	1.經義不可不明 2.史學不可不通 3.文選不可不讀 4.性理不可不講 5.制義不可無本 6.試帖不可無法 7.書法不可不習 8.禮法不可不守

※著者另行補上。

　　上述六個較具代表性書院學規之內容，其中以劉良璧及後來的覺羅四明二人為海東書院，胡建偉為文石學院所訂的學規之內容較確合儒家精神與哲理，本文即以海東書院前後之學規加以探討之。首先是劉良璧所訂的學規其文如下：

1. 明大義：聖賢立教，不外綱常；而君臣之義，爲達道之首，所以扶持宇宙爲尤重。

2. 端學則：程、董二先生云：「凡學於此者，必嚴朔望之儀、謹晨昏之令，居處必恭、步立必正。……」此白鹿書院教條與鼇峰書院學規並刊，工夫最爲切近。

3. 務實學：古之大儒，明體達用，成己成物。……

4. 崇經史：《六經》爲學問根源，士不通經，則不明理；而史以記事，歷代興衰、治亂之術，……罔不備載。……舍經史而不務，雖誦時文千百篇，不足濟事。

5. 正文體：……我朝文運昌明，名公巨篇，汗牛充棟；或兼收博採，或獨宗一家，雖各隨風氣爲轉移，理必程、朱，法則先正，不能易也。

6. 愼交遊：讀書之士，敬業樂群，原以講究《詩》、《書》，切磋有益。……[41]

　　爲貫徹清朝統治的意志，亦在「理必程朱」的前提下，劉良璧首揭君臣之義，並且稱之爲「大義」，此條目不僅符合五倫之本義，並且對於受到明鄭治理而心中尚存光復之心的臺人來說，無異是讓他們明白君臣之義，治者與受治者的對應關係，必須就此了斷與明鄭不切實際與謀反之念頭。君臣關係之建立，確定了五倫之教的首要目標，那就是儒者所應遵行的古訓，不容有貳心。若以朱子之言論來說，明人倫之教即是確立儒者言行合一的首要工作，道是行於君臣、父子、兄弟、夫婦、朋友之間，所以要能綱紀人道，建立人極，不可一日而偏廢，本質上這樣的認知與見解，一方面契合朱子理學的內容，另一方面又符合統治者所需。其次是要「務實學」，實學乃是宋明心學（虛學）之相對，互爲不同的價值體系與學

---

[41] 余文儀：《續修臺灣府志》臺灣文獻叢刊第121種，臺北：臺灣省文獻會，1962，頁335～356。

問，清朝書院主張要明體達用，「六經」才是學問根源，士不通經則不明理，主事者認爲孔孟儒學絕非要去發展出一套高遠飄渺的形而上系統，形成高不可攀的學問，而無以落實於人倫日用的思想體系；而是要人明辨是非，明確地掌握宇宙生生變易創造之理，而開展個人與家國之事業。

在以朱熹爲宗之原則下，從學規所言的「明體達用」告誡學子爲學與做人之道理，吾人認爲學院學規主張的「端志向、辨理欲」，他們的立論都有必要從朱子的話去理解「明體達用」之概念；換言之即要從朱子的解釋中去體會把握，朱子曰：「卦爻陰陽，皆形而下者，其理則道也。」[42]這個形上之道本是一個「價值的層級」，是指引人方向，建立價值觀的原理原則，人號稱萬物之靈，其理安在？即在於人懂得生命之理，把握內在的生命精神，走出人生的大道。因此從「生生之理」下開人倫日用之方，心有所本，本立而道生，由仁生義，由義生禮，攝禮歸義，攝義歸仁。明體即是把握其道與理，之後便要達其所用。何謂「用」？亦即是孔子所言「君子不器」，君子之用指的是人不可劃地自限固步自封，器識偏狹而小器，要培養君子的器識與胸襟，它是依循天理（天道），走入道德實踐之途，故君子上達，小下人達。能明體而達用方能稱之爲君子，高懷民對於易經之理運用於人的身上，有如下的解釋：

> 人之生，以人爲立場以觀，乃太極，陰陽之作用之下行發展，然後人存養道德反於太極之境，乃上行而反。重要的是要認明：人之生，性命受自乾道變化，但自坤道變化益以形體之後，年齡漸長，由執著形體而產生後天的欲念勢力也漸盛。所以一個具形的人，心中都已具有了兩種勢力：一爲先天的「性命」勢力，一爲後天的「欲念」的勢

42〔宋〕程頤、朱熹撰：《易程傳・易本義》，臺北：河洛圖書出版社，1974，頁603。

力。「君子」之人體會出「性命」之在心，存養之，依其勢力日增，遂而「欲念」日減，也就是道德日隆，循此「性命」的路反而上，就是「上達」。「小人」之人體會不出「性命」之在心，因而日夜周旋在「欲念」中，與物相刃相摩，往下流而不返，就是「下達。」[43]

書院學規的教訓即是要求人要做到上達成為君子，而不是下達而成小人，能上達才能敬以直內及義以方外，也才能辨義利、識大體，否則即成小人以利為尚，終日競逐區區小利，忘卻大義之理。乾隆二十六年（1761）重新修訂海東書院學規的覺羅四明[44]，他提出八條目與儒學內涵相稱的學規[45]，規定如下：

1.端士習；2.重師友；3.立課程；4.敦實行；5.看書理；6.正文體；7.崇詩學；8.習舉業。

若以海東書院前後學規加以探討，顯然覺羅四明所訂的學規，在精神上更能契合儒家精神，已超越劉良璧之胸襟與視野，首先是開宗明義要讀書人正人心端士習，由自我鍛鍊及自我要求開始，並且重視師友之間的學習互動，所謂「吾日三省吾身」是「正人心與端士習」的起步，講求實踐不尚空談，由經書以把握聖賢道理，最後才是習舉業，這是一套由內而外，先講求正心誠意的工夫，把握格物致知之法，進而實踐治國天下平之過程。覺羅四明亦以朱子之理來說明舉業與義理之學並不相悖，其立論如下：

---

[43] 高懷民：《大易哲學論》，臺北：成文出版社，1978，頁435。

[44] 覺羅四明於乾隆二十六年（1761）任臺灣道兼提督學政，再修訂「海東書院學規」對於學規內容有較為接近於儒家注重義理及人倫日用之說。

[45] 同註 40，頁356～360。

今人分舉業與理義之學爲兩段事，謂舉業有妨於義理之
學；此說非也。蓋舉業代聖賢立言，必心和氣平，見解宏
通；自綱常名教以及細微曲折之理，萬有畢備。然後隨題
抒寫，汨汨然來。此正留心理義之學者，乃可因之以發其
指趣。朱子曰：「使孔子在今日，也須應舉。」正此意
也。[46]

　　覺羅四明之論已漸有導入宋明理學之正軌，尤其是他提醒學子這二者
本是相輔爲用，若能在愼獨及惕厲自省工夫方面講求，不失聖賢之教立身
之本，則舉業即是代聖賢立言，因此爲學與做人必要有其本，綜觀舉業與
理義之間的競論雖有不同的論點，但是有一明確的事實，即是清代臺灣書
院的儒學教育逐漸重視舉業帖括，課生徒以制藝章句已漸成主流。如澎湖
〈文石書院碑記〉云：「蓋自胡公設立書院始……季考月課，循循善誘，
終如期初，丙戌、丁亥（按乾隆三十一、二年）科歲兩試，入泮者六，備
卷者四，從此而奪巍科、登顯示，人文鵲起、甲等蟬聯，皆我公樂育之功
也。」此外對於學區內之生徒，允許其參加該書院每月舉行一次的官課與
師課，成績優良者且可獲得書院獎賞的膏火等。舉業應是當時臺灣社會潮
流的一種主流價值取向，致使各書院對於生童之應舉皆有設立鼓勵獎賞之
制度。

六、結語

　　滿清領臺共二百一十二年（1683～1895）因有著前期明鄭儒學的基
礎，儒家思想的播種與札根也更爲徹底，而書院也的確扮演了承先啓後、
繼往開來的傳承角色。在這段期間朱子學成爲影響臺灣儒學與教育理念的
重要關鍵因素。由於科舉功名之故，固然使得儒學教化走向科考，原始活

---

[46] 同註41，頁356～360。

活潑潑的生命意義探討不是主流之追尋，原始儒家所欲彰顯的由人的整體性生命之需求而外顯的價值，包括人的道德義、文學藝術義、終極關懷義、政治生活義種種的需求漸漸褪色，只剩下在經書中探求的科考形式，雖不無遺憾；但我們仍然發現如陳璸、鄧傳安[47]等人挺身而出，發揮傳統知識分子之典型，為儒家留下一絲一縷之慧命，開拓儒學價值義，導正科考功名觀念，亦是值得留意。如鄧傳安即提出如下針砭之言：

> 方今天下入仕，以讀書得科第為正途。鄉會試糊名易書，衡文者暗中摸索以示至公；即使因文見道，僅能考其道藝，無由知其德行，此所以名實不相應，而競乞靈於冥漠也。苟念赫然在上之神，憑依在德，信而有徵，則歲時之薦馨，一若夙夜之勵志；庠序之敬業，一若門內之修行。上以實求，下以實應，人所仰服，即神所默佑，士習自不懈而及於古。[48]

中國文化中的儒家哲學思想，雖有著因歷史時代環境不同而發展出相異的價值理趣與關切主題，亦有因個人秉賦器識不同而有不同的認知與理解，但皆不失其在思想中尋求精進與創發突破，宋明理學對儒家而言是一個哲學的突破，同理清領時期的臺灣儒學，一方面是繼承閩學之傳，發揚朱子學說微言大義，亦是一種哲學的突破，尤其是具有良知的知識分子對

---

[47] 鄧傳安江西浮梁人，道光元年（1821）任臺灣北路理番同知兼鹿港海防，道光四年（1824），再回陞臺灣府知府兼學政，有感鹿港文風鼎盛，學生卻無專心就學的場地，於是率八郊共同倡建書院。三年後，書院落成，命名為「文開」，這就是為了紀念明末大儒沈光文，沈光文字「文開」，於荷蘭時期來臺灣，教導漢移民讀書識字，被譽為臺灣漢文學之祖。文開書院建起之後，延聘進士蔡德芳等名儒執教，同時羅購三十餘萬冊藏書供學子閱讀，書院制度漸趨完備，使鹿港文教步入更輝煌的時期。從道光至光緒年間，共出了六名進士、九名舉人及百餘民秀才，是鹿港最引以為傲的事。

[48] 周璽：《彰化縣志》，臺灣文獻叢刊第156種，臺北：臺灣省文獻會，1962，頁462。

應於科舉功名之反省，反溯到道德倫常的成己成人之實踐義，敬學而好仁等猶如暮鼓晨鐘。對於臺灣儒學而言，他們雖未能針對時弊提出較佳的創造性詮釋以指點迷津，但經由先哲們鍥而不捨的努力，也豐富了臺灣儒學的內涵與視野。

—— 本篇宣讀於2010年7月09-11日廈門大學臺灣研究院主辦臺灣研究新跨越國際學術研討會，2011年8月修訂。收錄於張羽主編：社團、思潮、媒體：臺灣文學的發展脈絡，北京：九州出版社，2011年10月。

清朝臺灣儒學中的朱子學意涵與詮釋

內容摘要

朱子學術思想堪稱為儒家思想主幹之一，亦為宋明理學舉足輕重深具影響力的哲學家。臺灣於康熙二十二年（1683）歸附於清朝版圖之中，隨著科舉考試制度的實施，朱子思想成為官方的意識型態，亦為民間儒學傳播的主流，臺灣儒學風氣亦在此氛圍中形成。朱子學對於臺灣儒學之導引及義理詮釋亦有其主導性的角色，朱子學思的意涵豐富了臺灣儒學的內容，對於道統的繼承可說是儒學價值系統的延續與光大，經由治台的儒士官員之推動與宣導，儒學義理深入名間。但是由於官方儒學重在科舉制度，使得古典儒家的生命氣象與人格典範無法延續，儒學的風格不免走入俗儒之途。

一、前言

有清一代獨尊程朱之學，有其特殊原因，學術思想的氛圍以反心學為宗，批判陽明心學，但若無居關鍵因素的推波助瀾，是無法於短時間內蔚成風潮，個中原因乃在於統治者的重視與提倡。康熙「夙好程朱，深諳性理」，又言：「講明正學，非《六經》、《語》、《孟》之書不讀，非濂、洛、關、閩之學不講。」此種對程朱理學的高度肯定，上行下效而成當時之風氣。因此朱子之學于清初的復興，可謂統治者之悉心提倡及巧為之計。張永儁認為此種現象為「儒者之學與帝王之學的一體性與一致

性。」[49]繼之以清朝延襲前朝科考舊制，多方推崇朱熹之學，確立由上而下一條鞭式的合一制度，朱子之學乃應運而起，順勢再生，蔚爲清初的學風主流，並且是官方認定唯一的儒學思想正宗。

若就歷史發展的客觀面而言，暫且略去政治力干預的因素，清初對於宋明理學的認知與定位之問題，對此時期學術的研究，大體上有如下的二種解讀：

> 第一種看法是把它當作對理學的全面反動。梁任公與胡適之兩先生持此說最力。他們認爲十七世紀中葉以後的中國學術思想史走上了一條與宋明以來截然不同的新趨向。這一新趨向，在消極方面表現爲反玄學的運動；在積極方面，則發展爲經學考據。在這兩個方面，顧炎武的業跡都具有開創性。因爲亭林不僅深斥「昔之清談，談老莊；今之清談，談孔孟」，而且還提出「經學即理學」的明確口號，要用經典研究的實學來代替明心見性的虛理。第二種看法則是對第一種看法的修正。它並不否認清學有其創新的一面，但強調宋明理學的傳統在清代仍有其生命。至少晚明諸遺老，還是蕩漾在理學的餘波中。[50]

余英時從宋明理學的內在關係上加以探討[51]，對於宋明理學中的「道問學」與「尊德性」之間的激蕩，他個人的見解是，造成後起的清朝學風之傾向的宋明理學之核心觀念—「尊德性」概念成爲明代思想的主流並達

---

[49]張永儁：《清代朱子學的歷史處境及其發展》，哲學與文化月刊，28卷7期，2001，頁607。

[50]余英時：〈從宋明儒學的發展論清代思想史〉，《歷史與思想》，臺北：聯經出版公司，1992，頁87-88。

[51]余英時，前揭書，頁91-106。但余英時認爲此一命題之提出，不是說朱陸異同可以簡化成智識主義與反智識主義的對壘。他僅是在議題的討論上採用這樣的命題。

於思想的巔峰，並且具有絕對性的地位，亦影響中國思想史。他指出在理
學的黃金時代中的內在差異：

> 從近世儒學的發展歷程上看，宋代（包括元代）是一個階
> 段，明代是另一個階段。概括言之，宋代的規模較廣，而
> 明代則所入較深。所謂宋代規模較廣者，就本文的範圍
> 言，是指它同時包羅了「尊德性」和「道問學」兩方面，
> 比較上能不墮於一邊。所謂明代所入較深者，則指其心性
> 之學有突出的貢獻，把「尊德性」領域內的各種境界開拓
> 到了盡頭。[52]

　　明鄭時期儒學教化之風在臺灣已漸萌芽，沈光文在臺灣設帳講學，開
來臺漢人開啓儒門教育之先河，陳永華在臺南設立書院傳播及傳講儒學的
綱常典範。康熙22年（1683）臺灣歸入於清朝版圖，隨著科考制度之推
行，清朝以朱子爲宗的學風亦傳入臺灣而延續理學慧命。

二、清代臺灣儒學概述

　　清初大儒顧炎武石破天驚的「經學即理學」一語，開啓了清初以經學
取代理學的學風，梁啓超甚至以「貴創、博證及致用」來說明顧炎武學思
之特質，並譽爲理學的新旗幟。[53]而臺灣在歸入清版圖之後，也因著科舉
考試的推行而導入儒學之風，這股儒學的教育風朝亦塑造了臺灣的儒學風
格。若對「臺灣儒學」的本質性作一探究，陳昭瑛亦認爲臺灣儒學本是閩
學的一個支脈：

> 就明、清兩代而言，臺灣儒學由於發展時間短淺，又未能

---

[52]余英時，《歷史與思想》，頁95-96。
[53]梁啓超：《清代學術概論》，臺北：臺灣商務印書館，1994，頁14。

超越閩學的籠罩，並未成具有原創性的學派，因此所謂
「臺灣儒學」只能說是閩學在台的一個支脈；或指儒學在
臺灣的存在、發展。[54]

　　康熙帝升朱子祀于孔門十哲之後，在乾隆初年劉良璧所纂修的《重修
臺灣府志》，其中的〈諭表章朱子〉一文中即將朱子之地位喻之爲「斯文
在茲」：

　　惟宋之朱子，注明經史，闡發載籍之理，凡所撰釋之文
字，皆明確有據，而得中正之理。今五百餘年，其一句一
字莫有論其可更正者。觀此，則孔、孟之後，朱子可謂有
益於斯文，厥功偉矣![55]

㈠朱子閩學的儒學傳統
　　陳榮捷對於朱子閩學能成一思想的重鎮，曾有驚奇之言：「當時福建
並非政治中心，亦非文化重地，交通更屬困難，而來自外境者竟超半數。
以福建海隅邊區而成一思想中心，有史以來未有如此現象。」[56]大凡一個
學派的興起是與其學派蘊含的質與量有關，閩學之所以能與其他學派分庭
抗禮，必有其原因，就閩學學派的朱子門生中，潘朝陽統計朱門弟子人
數，以示此學派在量方面的影響力：

　　閩學儒教，在朱子門人的培育和建成中，就已顯現出儒門
常道慧命作爲數百年來中國文化主體的功效。朱子門生不
少，其中閩人最多，共計一百六十四人，另外來自浙江

54陳昭瑛：《臺灣儒學》，臺北：正中書局，2000，頁3。
55劉良璧：《重修臺灣府志》，臺中：臺灣省文獻會，1977，頁10。
56陳榮捷：《朱學論集》，臺北：臺灣學生書局，1988，頁15。

八十人、江西七十九人、湖南安徽各十五人、江蘇四川各
七人、湖北五人、廣東四人、河南山西各一人。朱子一生
多在福建，立朝僅四十六日，任職者七年又六個月餘，且
此七年半中，有三年在閩南泉州同安、一年在閩南漳州，
另外只短期游於安徽、江西、湖南而已，故可說朱子乃
實實在在的福建人，大部分的歲月是在閩北的崇安、建陽
等區活動。因此，由於地理區位的限制，其弟子遂多福建
籍。雖然如此，其門生非閩籍者竟也超過半數；其中以浙
江、江西爲多。[57]

　　當然以量來說一學派的影響力是一個觀察的角度，但亦可從中觀察到
朱門弟子來自上述地區，尤以閩人爲多。另一觀察的指標乃在其學問主張
的特質及影響力，就朱子學對於儒家哲學的使命感及以道統自任的傳承而
言，可謂無人能出其右，《宋元學案》曰：

其爲學大抵窮理以致其本，反躬以踐其實，而以居敬爲
主。全體大用，兼綜條貫，表裡精粗交底於極。嘗謂聖賢
道統之傳，散在方冊，聖經之旨不明，而道統之傳始晦。
於是竭其精力，以研窮聖賢之經訓，其於百家之支、二氏
之誕，不憚深辯而力辟之。[58]

　　透過朱門弟子的努力，尤其是黃幹的貢獻尤大，朱子的地位於此確
立，將儒家「道統」的脈絡觀念建立起來，此即是由堯、舜、禹、湯、

---

[57] 潘朝陽：〈從閩學到臺灣的傳統文化主體〉，《明清臺灣儒學論》，臺北：臺灣學生書局，2001，頁127。

[58] 〔明〕黃宗羲、全祖望：〈晦翁學案〉，《宋元學案》，臺北：河洛圖書出版社，1975。

文、武、周公、孔子、顏子、曾子、子思、孟子、周敦頤、張載、二程、最後止于朱熹。而綜觀朱子閩學之本質即落在「居敬以立其本，窮理以致其知，克己以滅其私，存誠以致其實」的「四句教」上，臺灣儒學教育中的義理即依此而發揚。

㈡在王霸治術與儒法並用夾縫中的朱子學

由於批判陽明心學之流弊，清初的學風乃一轉而崇尚朱子「道問學」的理學，此事可分兩層面而言。一是儒學內在關係的辯證發展，宋明儒者治學本來即有「尊德性」與「道問學」之爭辯，因此而有「程朱」、「陸王」之分。但若僅止於純粹學術論辯，截長補短，不同的解釋觀點本無可厚非，亦不致形成水火不容；但在異族統治之氣氛下，史家所稱前清盛世之康熙、雍正、乾隆三帝，一方面積極推崇程朱理學，漠視陽明心學，又重用理學名臣，如熊賜履、李光地、魏裔介、陸隴其、張履祥等人，確立了尊朱道儒的國家意識，亦可說是欲藉朱子之學籠絡知識分子及民心，以利其統治之確保與穩定。二是在雜以王霸治術、恩威並濟、儒法並用之權謀情形下，朱子學成為統治者所御用之工具。在遍行於全國各地之後，與福建一水之隔的臺灣，因其移民大部分來自閩南及粵東，是屬閩學傳播教化之區，朱子學亦因此隨者派赴臺灣的各級官吏而傳入臺灣，在臺灣各地設立府儒學及縣儒學，這種儒學教育一直到清廷於西元1895年割臺，全臺共設有十三所儒學。[59]其教諭與教學均不脫朱子學之範圍。

因此朱子學的義理經政治力的干預而形成扭曲，亦即是朱子學所本有的「德性之知」與「聞見之知」並重的傳統價值系統，乃轉而以科考功名為價值導向的「聞見之知」，神聖化的「德行論」轉而以世俗化的經史典章的考據與訓詁姿態出現。所以儒學的世俗化乃成不可免，士子也競逐於科考路上。

---

[59]臺灣省文獻會：《臺灣省通志》卷五，《教育志，制度延革篇》，1970，頁13。

(三)「士志於道」的臺灣儒學

　　清朝臺灣儒學教育的傳播及推廣，實得力于治臺官員對於文教的重視，他們服膺于朱子的思想，在推展文教的過程中，也就將閩學導入臺灣，形成一股以朱子學爲宗的學風。這些治臺官員除辦理府縣儒學之外，民間尚有義學、社學、義塾、書院等較小規模的教授漢文與儒學啓蒙經典的機構，而這些教育單位，不論是直接或間接皆與治臺的文武官員有著密切的關聯。這些具儒學背景的文官及武官，在儒官的部分，初期則有康熙41年（1702）及康熙49年（1710）兩度治台的陳璸；受邀來臺修《諸羅縣誌》的陳夢林，及諸羅知縣周鐘瑄，及隔海撰寫《諸羅縣碑記》的蔡世遠；乾隆5年（1740）任臺灣道兼提督學政的劉良璧及覺羅四明【乾隆26年（1761）】；乾隆31年（1766）任澎湖通判的胡建偉。中期則有道光元年（1812）及道光4年（1815）兩次任職于臺灣的鄧傳安；而在具有儒學素養的武官部分，分別有首任臺灣鎮總兵楊文魁、次任總兵殷化行、武將阮蔡文等人。此外尚有康熙六十年（1721）隨其族兄南澳總兵藍廷珍渡海平亂（朱一貴事件）寫下《平臺紀略》和《東徵集》的藍鼎元。歸納文獻所述，治臺官員之論點如下：

1.敬誠兼備的心性修養論

　　首先是蔡世遠在應陳夢林之邀而撰《諸羅縣學記》，對於爲學與做人的基本原則，他首揭「君子學」勉勵莘莘學子確立爲學與做人的目的：

> 世遠時應中丞雷陽陳公之召，主鼇峰書院。吾友陳君夢林
> 游于臺，周侯介陳君以書來求記，且曰：「諸羅僻居海
> 外，諸生觀化聿新，願有以教之也。」世遠寡陋何知，爰
> 即鼇峰諸交相與砥礪者而告之曰：君子之學，主於誠而已
> 矣。誠者，五常之本，百行之原也，純粹至善也，天之所
> 以與我者也，人之不誠者，無志者也。人之無志者，由不
> 能盡其誠者也。誠以立其志，則舜可法而文王可師也。其

原必自「不欺」始。程子曰：「無妄之謂誠，不欺其次
也。其功由主敬以馴致之。」[60]

蔡世遠是以伊川和朱子的思想爲本，強調儒者之居心行事須先立誠
道，行無妄與不欺，而「求誠之方，惟讀書爲最要」，而讀書乃所以「體
驗乎操存踐履之實」；讀書之方法及目的爲何？即是要有「返本思終」的
讀書之法，依朱子之意，此方法乃是「循序有常，致一而不懈，從容乎句
讀文義之閒，體驗乎操存踐履之實。」同時點醒學子思考「可不反其本、
思其終，以貽父母羞、以自外於天地，以爲民物所詬病哉？」，蔡氏指出
道問學之目的乃在於尊德性也，二者不可偏廢或僅執一而爲，此爲儒者在
爲學與做人方面的共同目標，乃是以道德實踐、存誠務實與不欺爲個人生
命意義與價值之所在。所以誠爲聖人之德，故須「閑邪存其誠」、「修辭
立其誠」、「誠者，天之道，敬者人事之本，敬者用也，敬則誠。」因此
陳夢林在《碑記》中即提出對讀書人之警語：

庸近之士，不能返其本、思其終，但以爲吾讀書，得科
名，而吾名成矣，榮閭裡、利身家，而吾事畢矣。……萃
一邑之秀於明倫堂，相與講經書之要旨，體宋儒之微言，
告之以立誠之方、讀書之要、倫理之修，經正理明，則詞
達氣充，科名之盛舉積諸，此非徒善人之多也。[61]

其次，對於提倡朱子學最力者當非陳璸莫屬，潘朝陽稱「陳璸是清初
最徹底實踐朱子儒學道德規範之儒者典型」，他認爲陳璸不在形上存有論

---

[60] 〔清〕蔡世遠：《諸羅縣學記》，收于劉良璧：《重修福建臺灣府志》，臺灣文獻史料叢刊，臺
北：臺灣銀行經研室，1962，頁553～555。
[61] 陳夢林：《諸羅縣誌》，臺北：臺灣銀行經研室，臺灣文獻叢刊第141種，1962，頁255～256。

的思維上顯精采，而是在為儒士以及為儒吏的生涯上，澈上澈下地呈現出一個道德生活豐富充實的儒家。」[62]康熙51年（1712）陳璸撰寫《新建朱文公祠記》，可說是一篇正式宣達朱子學從閩地渡海開始傳播於臺灣的重要文獻，亦可證明，自康熙時期受業於閩地儒學的儒生、儒吏來台普化儒學儒教之後，臺灣一地即開始接受孔孟之道為其文化之核心價值及個人安身立命的圭臬。其文曰：

> 癸巳，予建朱文公祠既成，或問曰：「海外祀文公有說乎？」曰：「有」。昔昌黎守潮，未期月而去，潮人立以廟祀。東坡先生為之記曰：「公之神在天下，如水之在地中，無所往而不在。而潮人獨信之深，思之至，焄蒿悽愴若或見之。譬如鑿井得泉，而曰水專在是，豈理也哉？若文公之神，周流海外，亦何莫不然？」按文公宦轍，嘗主泉之同安簿，亦嘗為漳州守。臺去漳、泉，一水之隔耳，非遊歷之區，遂謂其神不至，何憒也！自孔孟而後，正學失傳，斯道不絕如線，得文公剖晰發明于經、史及百氏之書，始曠然如日中天。[63]

陳璸治朱子之學，把握程朱理學之精華，強調天理與人欲二分，以理馭欲，分辨義利，因而有「敬以直內，義以方外」的主張，由於人心時常遭受外在事物的干擾而失去定見，因而隨波逐流心猿意馬無所適從。但要如何治心？敬即是正心與治心，如此方能有道德自我之挺立，其言曰：

---

62 潘朝陽，前揭書，頁147-148。

63 〔清〕陳璸：〈新建朱文公祠記〉，收於《臺灣南部碑文集成》，臺灣文獻史料叢刊，臺北：臺灣銀行經研室，1962，頁7-9。

文公之言曰：「大抵吾輩於貨、色兩關打不透，更無話可
說也。」又曰：「分別『義利』二字，乃儒者第一義。」
又曰：「『敬以直內，義以方外』八個字，一生用之不
窮。」蓋嘗妄以己意繹之：惟不好貨，斯可立品；惟不
好色，斯可立命。義利分際甚微，凡無所爲而爲者，皆義
也；凡有所而爲者，皆利也。義固未嘗不利；利正不容
假義。敬在心，主一無適則內直；義在事，因時制宜則外
方。無纖毫容邪曲之謂直，無彼此可遷就之謂方。人生德
業，即此數言，略包括無遺矣。……惟是信之深，思之
至，切己精察，實力躬行，勿稍遊移墮落俗邊去，自能希
賢、希聖，與公有神明之契矣。[64]

　　「主敬閑邪、存天理去人欲」的道德修持是朱子閩學的基本精神。透
過蔡世遠與陳璸對「誠敬」二字工夫的闡釋，大體上二人仍襲朱子義理精
神，並以嚴肅口吻告誡科考諸生，對於義利二字仍須分辨其義。但要如何
能存天理去人欲？陳璸特別提出「治心」的觀念，他認爲「敬在心」即是
一種實踐的工夫，這個觀念是他個人學習朱子思想的一種詮釋與創發，若
心不敬則功名利祿的迷思將會取代儒者諄諄教誨的金玉良言，一昧地追求
現實功利。

2. 窮理與踐實的實學

　　朱子思想的「主敬窮理，敬義夾持，明誠兩進」的道德實踐之路，
漸漸化爲臺灣儒學的實學內涵，陳璸在面對流於科名的功利情境，他採取
貶科名而崇實學的態度，雖然朱子學被當成是「正學」擁有無比崇高的地
位，並且具有「正人心，厲風俗，興教化」的特定效益。陳璸仍以知識分
子之立場發出警語：

---

[64] 同註15，頁7-9。

願執經士子咸各思發憤，以通經學古爲業，以行道濟世爲
賢，處有守，出有爲。[65]

論及清朝實學中對於窮理與踐實的命題，其理必當回到朱子在〈白鹿
洞書院揭示〉所云：

熹竊觀古者聖賢所以教人爲學之意，莫非使之講明義理，
以修其身，然後推以及人；非徒欲其務記覽，爲詞章，以
鈞聲名，取利祿而已也。今之爲學者，則既反是矣！

朱子認爲：「學者工夫唯在居敬窮理二事。此二事互相發明，能窮
理則居敬工夫日益道，能居敬則窮理工夫日益密；譬如人之兩足，左足行
則右足止，右足行則左足止。」（《朱子語類・卷九》），可見居敬與窮理
本是同一件事，如人之兩足。「心包萬理，萬理具于一心，不能存得心，
就不能窮得理，不能窮得理，就不能存得心。」（《朱子語類・卷九》）是
故，不管是窮理與踐實，都必當落實到一件事即是修身立行之事，讀書固
是窮理，但更應將體驗操存納入，二者須等量齊觀。康熙58年（1719）鳳
山縣教諭富鵬業在〈重修鳳山縣文廟碑記〉對於「實學」的內涵，亦有一
段很完整的說明。

修身立行者，大儒有用之學也；砥礪名節者，士人經世之
具也。古之學者，本窮理之識，以盡乎正心誠意之功，而
修齊治平之理寓焉。是故出其所學以獻之廷，爲王國之
楨；本其所學而體諸躬，爲有德之彥。今之學者，不務耕
述實修，而孜孜焉帖括是尚，以爲弋取功名之具。……務

---

[65] 范咸：《重修臺灣府志》，臺北：臺灣銀行經研室，臺灣文獻叢刊第105種，1961，頁684。

使天下之士，崇正學而黜邪說，敦實行而棄虛聲。[66]

三、評析與展望

　　清領時期的臺灣儒學經由治臺官員「士志於道」之歷程而有展現，延續「道問學」的命脈，但是與北宋大儒張橫渠所言的「爲天地立心，爲生民立命，爲往聖繼絕學，爲萬世開太平」的終極關懷畢竟仍有一大段距離。綜而言之，清代臺灣儒學受閩學之影響，而其發展也存在著如下值得關注的議題。

㈠「道問學」與「尊德性」未能產生意義的聯結

　　在功利主義的氛圍之下，知識分子只關心科舉考試功名，朱子所強調由敬而誠的理學智慧及聖人氣象的格局，並未隨之而得到發展。「道問學」一旦墮入至世俗競逐的功名利祿效益考慮，如此一來朱子理學的「道問學」即只是留下「問學」一詞，而非用心在對「道」的體認實踐，而此「學」又僅是止於科考功名的形式，利益薰心腐蝕人心，徒具理學之形式而無價值內涵。朱子亦未否認尊德性的重要，在尊德性的前提下，朱子特重知識基礎的研究，因此才有大規模的經典註解，他不忘要爲儒家建立一個知識與道德並重的意義格局，這個理念在朱子之後及後來的明清二代的儒者中並未開出此一格局，囿於現狀對於儒學義理的詮譯形成限制。自宋至明，「道問學」與「尊德性」呈現辯證的發展，引領風潮及討論，形成思潮的激盪，蔚爲理學發展的高峰，而這樣的思潮並未在清代時期的臺灣成爲問學的主流。

㈡延續清初實學之風[67]，著重現實科考效益略顯失偏

　　清初實學之提出，實乃針砭明末空談心性的學風，其中最爲著名的

---

[66] 陳文達：《鳳山縣誌》，臺北：臺灣銀行經研室，臺灣文獻叢刊第124種，1961。

[67] 實學此一概念從朱熹的看法已可看出端倪，他說從漢唐以來，「俗儒記誦詞章之習，其功倍于小學

乃是顧炎武抨擊前朝理學家「不習六藝之文，不考百王之典，不綜當代之務」及「導致股肱惰而萬事荒，爪牙亡而四國亂」[68]。另一大儒黃宗羲亦指責「明人講學，襲語錄之糟粕，不以六經爲根柢，束書而從事于游談」[69]。王夫之批判心學的「知行合一」，而主張「知行並進」，以「行」爲主導的進路;顏習齋強調實學、實習、實行，針砭宋儒靜坐誦讀、空談心性的陋規。這股浪潮連在臺灣的儒學傳播亦受此影響，在學術思潮與科舉的著眼上即有此傾向，過度偏向政治現實層效益考慮，失去了理想層與文化層主體性創造風采之契機。

㈢臺灣儒學的「體、用、文」三層面的建構尙待建立

　　先秦儒家對於俗世生活提出一個成聖成賢的人格指標，謂之君子，對於聖化境界追求的指標則高舉「聖人」是人格的完美典型。清朝臺灣儒學本是朱子之學的傳承，因此建構臺灣儒學的價值系統，必當從「體、用、文」三個發展層面去構思，余英時即曾以胡瑗的弟子劉彝的說法加以說明儒學主體性所需的內在條件:

> 聖人之道包括了三個方面，一是講體，像君臣、父子、仁義禮樂，曆世不可變的體;一是講用，怎樣拿儒家學問來建立政法社會秩序，即所謂經世濟民;最後還有文，即指經、史、子、傳，各種文獻。任何宗教傳統或道德傳統或文化傳統，一定有它一套基本文獻，文獻怎麼處理，如何解釋，這是一個大問題。[70]

而無用，異端虛無寂滅之教，其高過於大學而無實。」（《大學章句序》）故實學乃指經世致用、興利除弊之精神。

[68] 〔清〕顧炎武:〈夫子之言性與天道〉，《原抄本日知錄》，臺北:文史哲出版社，1980，頁196。

[69] 〔清〕全祖望:〈梨洲先生神道碑文〉，《鮚埼亭集》，上海:上海書店，1989，頁9。

[70] 余英時:〈清代思想史的一個新解釋〉，《歷史與思想》，臺北:聯經出版事業公司，1992，頁129。

在回到建構臺灣儒學的思想意涵中，必然要對儒學的「體、用與文」三層面作建構及補實，方能清楚呈現它的價值意義，而不是僅止於工具層的效益考慮。臺灣儒學的「體」是先秦儒家與宋明理學的智慧結晶，當以社會結構（君臣、父子）與文化結構（仁義禮樂）爲基礎，是儒學的主體性內涵的建構，仁與義的價值主體必當先予肯認，也是人之所以爲人的本質條件，是內在與外在的合一。而其「用」是指在大傳統與小傳統二階層的人倫日用、百世不殆的應用，此用是屬倫理關係的擴大而涉及更多的層面，但絕非僅是停留科考取士的層次上；如何在知識系統、倫理系統與分配系統三方面有其合理的對應，以形成一套價值顯用的實踐進路。第三爲「文」，臺灣儒學的經、史、子、集之整理與詮釋等，亦即是「文以載道」的會通，由典籍成就經典智慧，古爲今用，而有其價值意向的指引。這三個部分對臺灣儒學的建構來說尙屬起步階段，有待開拓。

　　個人以爲從上述的論述中，推演出臺灣儒學所要處理包含著「體、用、文」三個內涵層級，涉及知識、道德及政治三者關係的結構，任何學問、思想或價值系統必然要處理與化解其與外界的諸多關聯，因此構建臺灣儒學的體、用、文三個發展層之內涵，方能得其整體性的體系，具有其理想性與實踐性，而有儒學之特質，在面對知識變革、現代性挑戰的環境中，自有其一套「安身立命」的價值系統與文化慧命，演化出臺灣儒學的新格局。

四、結語

　　「學思兼致」一直是儒學所追求的目標，孔子言：「學而不思則罔，思而不學則殆」（《論語・爲政》）。朱子《四書集注》曰：「不求諸心，故昏而無得。不習其事，故危而不安。」因此爲學必包括「博學、審問、

愼思、明辨、篤行」五者。余英時在評述清代儒學認爲：「清儒所表現的『道問學』的精神確是儒學進程中一個嶄新的階段，其歷史的意義決不在宋、明理學的『尊德性』之下，可稱公允。」[71]臺灣儒學就其存在的事實及表現的方式，亦符應了《論語》所言的「學思兼致」、「學以成人」的努力過程。就歷史面而言，臺灣自1661年明鄭驅荷而建政，即以浙東儒學作爲人倫日用及儒學教化的綱常，1683年入清版圖之後，閩學風潮隨之傳入，具有道統使命感的儒吏、儒士開啓人文化成的事業，進而以朱子學之義理貫通臺灣在地化的儒學教育。儒學終極關懷之目的，乃在參贊天地之化育，使萬物能各安其位、各盡其性而各得其所，因而才能顯示我民族之共命慧，亦才具有普世的性格，只有落在人性的關懷層次，以人爲本，方能富有日新。臺灣儒學的創化與發展歷程，它是多元文化的匯聚，自有其挑戰與回應之處，而有不同內涵的表現形式，從古典儒家以及各時代儒者的安身立命關切之處而言，其精神仍是一以貫之。

──本篇宣讀於2008年10月24-25日雲科大漢學所舉辦「漢學國際學術研討會」，改寫後發表於《漢學研究集刊》第八期，2009年6月。

---

[71]余英時，〈畧論清代儒學的新動向〉《歷史與思想》，頁161～162。

臺灣儒學的回顧與前瞻

內容摘要

臺灣儒學其本義即指在臺灣所發展起來的儒學氛圍與學風。就其歷史發展而言，雖有明鄭儒學、清領時期朱子學、日據時代的儒學、戰後的中華文化復興運動以及臺灣新儒家等五個階段的劃分，但貫穿這五個時期的價值義理，在本質上仍是傳承古典儒家的仁義道德、事中見理與人倫日用的思想。傳統雖有大傳統與小傳統之分，但其義理的適用及普化，卻不因對象而有不同。回顧儒學在臺灣的實踐過程，讓我們看到儒學的生命力與創造力，但在現代化的過程中也看到一些隱憂和契機。

一、前言

作為中國文化主流之一的儒家，在其綿延千年的歷史洪流中，因著各個朝代的更替、主政者的偏好，儒家也扮演了不同的角色，儒家一度是先秦時期的顯學之一，但在漢朝以迄清朝，也成為統治者御用的意識型態，曾是文人科考功名縉紳之路的唯一選擇；但它也曾在近代五四運動之後形成被批判及革命的對象，甚至在中國大陸「文化大革命」時期及批孔運動中被否定。臺灣自二戰戰後成為中華文化存滅絕續的最後淨土，儒家思想在這塊土地上受到推崇，但亦有批判，但大體上儒家思想中仁義道德的人倫日用，也在個人的觀念與行為中得到具體的實踐，並且形成社會上普遍的價值與共識。

回顧臺灣儒學的發展史，一方面「臺灣儒學」的概念隱而不彰，未為學界所重視，二是提及臺灣儒學時，往往逕指「臺灣新儒家」（儒學第三期）之人物，而忽略在1945之前的臺灣曾有過的記錄與事實。陳昭瑛指出：

儒學的臺灣版本，或說臺灣的儒學經驗，體現的正是臺灣的本土性和儒學的普世性的結合。臺灣儒學證明了臺灣這個小島沒有在東亞的重大精神文明——儒學傳統中缺席，也證明了儒學的普世倫理對政權的棄地、化外的人民所發揮的教化作用。臺灣和儒學是相得益彰的，在過去如此，在未來也應該能爲彼此的精神文化創造進一步發展的契機。[72]

　　陳氏之言說明儒學的總體性與時代性發展，不能將臺灣儒學置若罔聞，並且臺灣與儒學的關係是不離不棄，臺灣的儒學內涵對於補實儒家義理之實踐應有其可期待之處，也具體展現在歷史發展的事實之中。

　　對此議題進一步探考即碰觸到「大小傳統的上下聯貫」的問題，臺灣是移民社會，從《渡臺悲歌》所描述的移民，就其屬性上而言皆是農、工、商所組成的「小傳統」，徐復觀先生認爲：「傳統，是某一集團或某一民族，代代相傳的生活方式和觀念。從時間上看，有其統緒性，從空間上看，有其統一性。」[73]若進一步分析「傳統」的概念，徐復觀的觀點如下：

　　所謂傳統，應分成兩個層次。一是「低次元的傳統」，即普通所說的風俗習慣。多表現在具體事象之上，成爲大家不問理由，互相因襲的生活方式。另一是「高次元的傳統」，這指的是形成一個民族精神的最高目的、最高要求，乃至人生的最高修養。這種傳統的創始者，總是某一宗教的教主，有如釋迦、耶穌。或者是某一民族的聖人，

---

72 陳昭瑛：《臺灣儒學：起源、發展與轉化》，〈初版自序〉，臺北：臺大出版中心，2008。
73 徐復觀：〈論傳統〉，《徐復觀文錄》（二），臺北：環宇出版社，1971，頁100-113。

如孔子、孟子、老子、墨子。創始以後，更由各式的大宗教家、大賢人、大藝術家、大文學家、大史學家等等，加以繼承、充實，而成爲一個民族的宗教、哲學、史學、藝術思想的主流。這些思想、必有若干實現於該民族的低次元傳統之中，而成爲指導的原理與信念。[74]

儒學的傳播是透過教化的形式將義理蘊涵於人倫日用之中，臺灣儒學的傳播傳播形式亦不例外。而中國文化中本具有「大傳統」與「小傳統」的雙重性結構。

「傳統」即是一個文化族群，在其日常生活中日積月累，並且通過不斷反思省察、修正轉化而創造出來，且具有社會結構、也具有歷史縱深的一套生活方式，族群成員大體共同遵循，因而含有社群共同生活的秩序規範。此種文化體或生活方式的核心質素，即所謂「傳統」者，又具有「大傳統」和「小傳統」的雙重性結構。[75]

臺灣儒學的發展歷程因其具有「大傳統」與「小傳統」的雙重性結構，承襲原有中國文化的雙重性結構之特質，驗諸於歷史發展的事實亦是斑斑可考。因此本文乃是回顧臺灣儒學的發展，臺灣儒學作爲東亞儒學發展史的一個支派，其歷史的意義爲何？此觀念的內涵爲何？在回顧與前瞻的思考下所面臨的挑戰爲何？是爲本研究之緣起。

---

[74] 徐復觀：〈傳統與文化〉，《徐復觀文錄》（一），臺北：環宇出版社，1971，頁57-61。
[75] 潘朝陽：〈書院：儒教在地方的傳播形式〉，《明清臺灣儒學論》，臺北：臺灣學生書局，2001，頁3～4。

二、臺灣儒學中的「臺灣」與「儒學」概念解析

㈠「臺灣」之名的緣起

「臺灣儒學」顧名思義即是指在臺灣一地所產生的文化活動，舉凡與儒家哲學相關的思想、文學、歷史、宗教與社會活動等等之統稱。「臺灣」一名的根源及認定，牽涉到由「神話」經「歷史」而至「現實」的過程，「臺灣」一名即揭露出其存在的意義、自我認同和自我發展密切相關。連橫（1878～1936）在其所著《臺灣通史》卷一〈開闢紀〉中所載：

> 自齊威宣、燕召使人入海求蓬萊、方丈、瀛洲。此三神山者，其傳在渤海中，去人不遠，患且至，則船風引而去，蓋嘗有至者，諸僊人及不死之藥皆在焉。其物禽獸盡白，而黃金銀為宮闕。未至，望之如雲。及到，三神山反居水下。……或曰蓬萊、方丈為日本、琉球，而臺灣則瀛洲也；語雖鑿空，言頗近理。……然則秦時男女或有往來臺灣者，未可知也。[76]

連橫之說大體上不脫神話範疇，而與「臺灣」之名相關的說法，尚有《列子‧夏革》所稱的「岱嶼」和「員嶠」。另一說則為《後漢書‧東夷傳》所稱之「東鯷」。就神話而言，臺灣之名與海洋有關，但就現實歷史而言，則與大陸文明的遷移有密切相關，也是大陸文明邊緣的延伸，是大陸中心對海洋邊緣的宰制，形成了「中心」與「邊陲」的態勢，地理位置上臺灣是在中國大陸的東南一隅，在文化的傳播上，其行進播遷的領域亦是由中心向邊陲擴散。對此，連橫在《臺灣通史》之〈自序〉中言及臺灣的處境及所遭遇的問題。

---

[76] 連橫：《臺灣通史》上冊（臺北：眾文書局，1979），頁1～2。

夫臺灣故海上之荒島爾，篳路藍縷以啓山林，至於今是
賴。顧自海通以來西力東漸，運會之趨，莫可阻遏。於是
而有英人之役、有美船之役、有法軍之役；外交兵禍，相
逼而來，而舊志不及載也。[77]

　　相較於政治力的競逐，雖然無法改變臺灣邊陲的地位，但是在文化
性、種族性與道德性的終極追尋認同，卻是一個明顯與不爭的事實，這部
分也成就了臺灣在歷經不同統治者的變換過程中，所一直追尋的目標與認
同是改變最少的，維繫儒學義理的命脈，扮演存滅絕續的關鍵角色。

㈡臺灣儒學的內涵

　　陳昭瑛為「臺灣儒學」的歷史發展，提出了「起源」、「發展」與
「轉化」三個階段，此論點亦是綜合歸納出對於「臺灣儒學」的總體性認
識。

　　就臺灣儒學史本身來看，臺灣儒學共經歷了「起源」、
「發展」與「轉化」三大階段。臺灣儒學起源於明鄭時期
第一座廟學的建立，其思想繼承南明儒學之經學與經世致
用之學的傳統。清代是臺灣儒學的發展期，經過二百多年
的墾殖，儒學已在臺灣的土壤裡生根，此期的思想主流是
福建朱子學，程明道曾視其大弟子楊龜山歸閩為「道南之
傳」，則朱子學之入臺可稱為「道東之傳」。就思想的原
創性言，臺灣朱子學難脫福建朱子學的籠罩；但是就思
想的歷史性、社會性、文化性而言，臺灣朱子學所浮現的
問題，諸如與異文化（原住民文化）的邂逅，與民間信仰

---

[77] 連橫，《臺灣通史》，頁15。

（如文昌帝君的信仰）的交流，與移民社會的互動，都使
臺灣朱子學展現奇異繽紛的色彩。日據時代臺灣儒學的中
心課題是「現代轉化」。五十年的殖民地經驗及二〇年代
的新文化運動的挑戰，使儒學的體質、氣質起了極大的變
化。被異族統治的痛史使儒學由朱子的理學轉向具有經世
性格的史學和詩學，整體精神上顯現對南明儒學的回歸。
另一方面，隨著抗日運動由舊式的華夷對抗轉型爲新式的
反殖民鬥爭，儒學也在同時面臨脫胎換骨的要求。臺灣在
這個年代的「現代」處境是如何反抗帝國主義，如何引進
西方思潮，如何改造臺灣爲現代社會，從事這些工作的知
識分子中大部分爲舊學出身，文化上的新舊融合遂成爲他
們的文化思維的重心。[78]

　　陳昭瑛系統性地闡述了儒學在臺灣發展的歷程，儒家的價值系統成
爲中國文化的「大傳統」，表現於「士」（知識分子）的品德、節操與人
品上，民眾（農工商階層）教忠教孝、居仁由義的日常生活即是中國文化
「小傳統」，這兩層關係乃是相互聯通的一個文化系統。雖然統治的客觀
因素有所改變，但是儒學的二元性結構，卻深刻地表現在臺灣儒學的風貌
上。其內涵如下：
1.士志於道，據於德，依於仁，游於藝
　　以孔子言：「士志於道，據於德，依於仁，游於藝」（《論語・述
而》）來說明臺灣儒學的內涵最爲貼切。舉凡從明鄭時期的鄭成功、陳永
華、徐孚遠、沈光文、鄭經等人的表現正好說明儒家大傳統知識分子的典
範，尤其是文教方面的成就，也展現了儒學教化之功。在陳永華與鄭經的
對話中，展示了儒家「士志於道」的精神：

---

[78]陳昭瑛：《臺灣儒學：起源、發展與轉化》，〈初版自序〉。

昔成湯以百里而王，文王以七十里而興，豈關地方廣闊？
實在國君好賢，能求人才以相佐理耳。今臺灣沃野數千
里，遠濱海外，且其俗醇；使國君能舉賢以助理，則十年
生長，十年教養，十年成聚，三十年眞可與中原相甲乙。
何愁侷促稀少哉？今既足食，則當教之。使逸居無教，何
異禽獸？須擇地建立聖廟，設學校，以收人材。庶國有賢
士，邦本自固；而世運日昌矣。[79]

　　由此可知，儒家所強調的教習成風、風行草偃在南明時期的鄭氏經營
臺灣確已收實效，立聖廟，設學校，育人才皆是儒者之所當爲。明鄭時期
雖然短暫，但是表現出知識分子不同流合污，寧爲玉碎，不爲瓦全的志節
情操，鄭經的詩作：「王氣中原盡，衣冠海外留。雄圖終未已，日日整戈
矛。」[80]可見其風骨與抱負。

　　在清領時期，本質上是閩學的東傳，陳昭瑛稱此時期的臺灣儒學爲閩
學的一個支派[81]，此時期之學風是透過書院及儒學（教育單位）的教化宣
傳儒家義理，其中表現在書院的學規中，充分體現儒家的道德義理、人倫
日用以及近於功利的務實性格，如海東書院之學規即訂有：「明大義、端
學則、務實學、崇經史、正文體、愼交遊」[82]其他的書院之學規，均不脫
程朱理學的範疇，又如胡建偉爲澎湖文石書院所立之學規「重人倫、端志
向、辦理欲、勵躬行、尊師友、定課程、讀經史、正文體、惜光陰、戒好
訟」[83]皆不脫儒學的價值傳承。

---

[79]江日昇：《臺灣外紀》，臺北：世界書局，1979，頁236。

[80]全臺詩編輯小組：《全臺詩》，臺北：遠流出版公司，2004，頁176。

[81]陳昭瑛：《臺灣儒學：起源、發展與轉化》，頁2-3。

[82]吳進安：《清領時期臺灣書院教育的儒學思想》，收錄於廈門大學，臺灣研究新跨越學術研討會論
　文集，頁8。

[83]同上註，頁8。

2.秉春秋史學，繼絕存亡的大是大非

臺灣雖偏處海外東南之地，但是表現知識分子重視氣節、不與苟同亦是歷歷。清朝招撫鄭經，而鄭經之答覆如下文，可以看出其民族氣節。

> 蓋聞佳兵不祥之器，其事好還，是以禍福無常倚，強弱無常勢，恃德者興，恃力者亡。曩者思明之役，不穀深憫民生疾苦，暴露兵革，連年不休，故遂會師而退，遠絕大海，建國東寧。於版圖疆域之外，別立乾坤。……若夫重爵厚祿，永襲藩封，海外孤臣，無心及此。[84]

秉持春秋史觀，是受儒家思想而有的文人志節。另有一例是寧靖王朱術桂在得知鄭克塽降清後，在其《絕命詞》：「艱辛避海外，止賸幾莖髮。如今事畢矣，祖宗應容納。」[85]與他的兩個妃子一同自縊殉國。連橫著《臺灣通史》特別倡導「春秋史觀」，整部《臺灣通史》是以「我族」（漢族）為中心的觀點寫成，固已身處日據時代，但仍以保存漢族文史為己任，觀諸其在〈自序〉之言，益加證明是漢族中心主義，其精神是儒家的春秋史觀。

> 洪維我祖宗，渡大海、入荒陬，以拓殖斯土，為子孫萬年之業者，其功偉矣。追懷先德，眷顧前途，若涉深淵，彌自儆惕。烏乎念哉！凡我多士，及我友朋，惟仁惟孝，義勇奉公，以發揚種性，此則不佞之幟也。婆娑之洋，美麗之島，我先王先民之景命，實式憑之。[86]

---

84 連橫：《臺灣通史》上冊，頁42。
85 郁永河，楊龢之譯注：《裨海紀遊》，臺北：圓神出版公司，2005，頁59。
86 連橫：《臺灣通史》，〈自序〉。

　　研究臺灣史的學者楊雲萍認爲《臺灣通史》有其歷史的價值，他在1985年的《臺灣通史》修訂校正版即指出：

> 《臺灣通史》成於日本人佔據臺灣二十三年，河山已改，
> 事物多非。連氏悲之、憤之，有所希期，作此巨著。……
> 其爲古典的存在，將與臺灣之河山，同其不朽。[87]

　　《臺灣通史》所表達出來的春秋史觀，陳昭瑛說：「《臺灣通史》的確是臺灣人貢獻給中國人文傳統之最具分量的經典；另一方面，要認識《臺灣通史》的成就，也就不能不從中國經典的角度來加以探討。無疑的，《臺灣通史》最貼進春秋史學的傳統，連雅堂本人亦自覺地以春秋史學之傳人自許。」[88]

㈢爲仁由己，仁以爲己任，塑造臺灣文化

　　臺灣儒學自明鄭時期的教化宣導而有基礎，再經清領時期直承閩學開「道問學」之功，儒家的價值系統綿延不輟；1895甲午之變，臺灣淪爲日本殖民統治達五十年，但在五十年中，抗暴事件可歌可泣，未因日本統治而終止，不管是在割臺初期的武力抗暴，或是後期爭取人民權利的請願活動，皆揭示「雖千萬人吾往矣」的氣魄，以及「貧賤不能移，威武不能屈，富貴不能淫」的「大丈夫」之志節。觀諸後期文人不放棄詩社經營，與外來統治者的周旋，皆可看出知識分子秉承儒家「爲仁由己」與「仁以爲己任」的道德使命感，身處異國統治之下，猶能「知其不可爲而爲」，顯現儒者的風範。其中最爲令人動容者，乃是日治時期「櫟社」的結社活動，以及1921年的「臺灣文化協會」成立。「臺灣文化協會」是日據時代

---

[87] 楊雲萍：〈新序〉，收錄於《臺灣通史》（修訂校正版），臺北：國立編譯館中華叢書，黎明出版公司，1985。

[88] 陳昭瑛：《臺灣儒學》，頁194。

由林獻堂、蔣渭水、林幼春等人所創辦。在「文協」成立時發表的〈旨趣書〉以「謀臺灣文化之向上」爲宗旨，在其「章程」第二條直指：「本會以助長臺灣文化之發達爲目的」。其中提到一個很重要的方法，即是「講學」，而講學的方向即直承儒家而立說。

> 孔子曰：「德之不修，學之不講，聞義不能徙，不善不能改」，如此乃屬危險而爲世道人心所深憂者，反之，講學，修德，聞義能徙，不善能改，確信爲國家社會所不可缺者，吾人所信如此，用敢提倡設立本會。[89]

這一時期知識分子的努力、仁以爲己任，可謂典型在夙昔，傳統儒家知識分子所標舉的使命感與道德勇氣可謂不遑多讓，知識分子的使命感成就了日據時代後期深具影響力的「臺灣文化」。在歷史上這是一段不可輕忽或漠視的事實，而「臺灣文化」的概念內涵亦不間斷地充實，形成多元的價值意識，包括詩社的貢獻、書院勉盡其力的傳道、臺灣文學方面亦有深刻的反響、文人讀經傳經的傳播皆是顯明的事實。

三、對「臺灣儒學」的反思

臺灣儒學雖有著不可忽視的存在事實與歷史觀照，但是在面對著近代海洋文明與大陸文明的激盪中，臺灣儒學是否有其不得不面對的歷史情境與悲情？是否有其超越「核心與邊陲」的宿命？臺灣儒學內涵中的義理是否存在著臺灣哲學主體性？建構臺灣儒學的途徑與方法爲何？上述這些問題是吾人反思之後發現一個新的「臺灣儒學」價值體系有其嚴肅的挑戰及其必須面對的問題。

---

[89] 轉引自陳昭瑛：《臺灣文學與本土化運動》，臺北：正中書局，1998，頁220。

㈠臺灣儒學具有獨特的認同，但卻無以發揚的原因何在？

臺灣儒學本質上是「種族性、文化性、道德性的認同，而非政治暴力所能左右之認同。」[90]沈清松教授進一步指出這種認同是構成臺灣漢人的民族魂之所寄，絲毫不能侵犯。

> 此一種族性、文化性、道德性的認同問題，於清統治二百餘年後，在中日之戰，清廷戰敗，與日本訂馬關條約，割遼東、臺灣於日本時再度見之。連橫以專章處理此事，並名之曰〈獨立紀〉，以「光緒二十一年夏五月朔，臺灣人民自立為民主國，奉巡撫唐景崧為大總統」。始其紀，以「初四日辰刻，日軍入城，海軍亦至安平，遣兵二十餘人被殺，而臺灣民主國亡，終其紀。」……由不能認同於清朝統治到接受其統治，由頑強抵抗日本統治到接受其統治，可見歷史有形勢比人強者。然種族性、文化性、道德性的認同，在現實上雖不敵政治與武力之暴力，但其為臺灣漢人的民族魂之所寄，則絲毫不能侵犯者也。[91]

吾人認為臺灣儒學即是具有上述這種種族性、文化性與道德性的高度認同感，從鄭經以來的儒學教育與傳統氛圍功不可沒，但在目的上僅是以培育人才，與中原相抗衡，雖有傳承，但畢竟未能成為學風而盛極久遠，加上清朝因科舉制度之故，思想上反而閉塞，以追求功名利祿為目的，大傳統的使命感不再，小傳統又汲汲營生，缺乏下學而上達。連橫在《臺灣通史》即一針見血的指出這種困境。

---

[90]沈清松：《海洋文明與亞太文化的未來》，哲學雜誌第23期，1998年2月出版，頁82。
[91]沈清松：《海洋文明與亞太文化的未來》，頁82。

臺灣初啓，文運勃興，而清廷取士，仍用八比，士習講
章，家傳制藝，錮塞聰明，汨沒天性，臺灣之文猶寥落
也。（《臺灣通史・藝文志》）

連橫曰：我先民非不能以文名也。我先民之拓斯土
也，……篳路藍縷，以啓山林，用能宏大其族，艱難締造
之功，亦良苦矣。我先民非不能以文鳴，且不忍以名聞
也。夫開創則尚武，守成則右文。……我先民固不忍以文
鳴，且無暇以文鳴也。（《臺灣通史・藝文志》）

文化之發展固有其因革損益，亦當有其發皇與創新，方能有「人文化
成」之功，由於「不忍以文鳴，且無暇以文鳴」之故，加上史科之散失，
著作之不全，更何況是哲學思想乎！素樸的庶民思想僅流於人倫日用，在
精神世界與價值層次上並未得到提昇與展開，庶民禮俗僅止於表象層次，
而在「爲何如此」的文化內涵層次之展開，反而付之闕如，無法開出「爲
往聖繼絕學，爲萬世開太平」的理念與思想體系。

㈡臺灣儒學的內涵已非一元而是多元的價值系統之匯聚。

明鄭時期的儒學教化，重在啓蒙教化人心，移風易俗，可稱得上是
「孤臣孽子」和「流寓文學」的綜合體現；清領時期理學當道，朱子之學
獨領風騷，然科舉考試束縛人心，學子舉業爲尚，不復有傳統儒家人品風
骨，可稱是「俗世儒學」，而未有「菁英儒學」之勃興。日據時期異國統
治，儒學無尊嚴與地位，學子僅能從「詩社」及「書院」中汲取中華文化
的養分，又回復「孤臣孽子」之處境，但也因易幟，而避開了核心地區的
各種文化衝擊，雖是如此，仍然在臺灣文壇內部餘波盪漾，亦有爭辯，因
受殖民統治，反而接觸西方現代思潮，如進化論、社會主義，形成對以傳
統儒學爲宗的學風造成衝擊，而有了「現代性」的新啓蒙。

　　由此看來，臺灣儒學已非單純一元的內涵，而是混雜著異文化的浸潤，形成多元的價值系統。這套多元的價值系統，是以小傳統的「忠、孝、節、義」為實踐規範，也具體實踐了儒家「理在事中，事中見理」的特性，但是它是較偏向小傳統，走向俗世社會，而非走入大傳統，通向「聖化」而成一套嚴謹的知識系統，因此要開出如司馬遷所言「究天人之際，通古今之變，成一家之言」的理論體系，或是像西方哲學走向純粹思辨系統的學問，或是如康德（Immanuel Kant 1724-1804）這樣的偉大哲學家是力有未逮的。但是，臺灣儒學之可貴即在於不囿於一元的價值系統，而是博采眾議而能充實內容，納原住民文化、異國文化、西方的現代化之知識系統而能「與時俱進」，這也是臺灣儒學的特質之所在。

㈢臺灣儒學不脫俗世化儒學的格局。

　　《論語・先進》：「先進於禮樂，野人也；後進於禮樂，君子也。如用之，則吾從先進。」余英時先生釋之曰：

> 此處「野人」指一般農民，「君子」指貴族士大夫，「禮樂」自是古代的大傳統。所以，孔子這句話，可以理解為大傳統起源於農村人民的生活；大傳統是從許多小傳統中逐漸提煉出來的，後者是前者的源頭活水。大傳統（如禮樂）不但源自民間，並在民間得到較長久的保存，像「緣人情而制禮」，「禮失求諸野」之類的說法，其實都蘊涵著大、小傳統不相隔絕的意思。[92]

　　這種大、小傳統不相隔絕，相互為用，相濡以沫成就了中華文化，余先生續說：

---

[92] 余英時：〈漢代循吏與文化傳播〉，《中國思想傳統的現代詮釋》，臺北：聯經事業出版公司，1987，頁168-258。

十七世紀的劉獻廷在《廣陽雜記》卷二說：「余觀世之小人，未有不好唱歌看戲者，此性天中之詩與樂也；未有不看小說聽說書者，此性天中之書與春秋也；未有不信占卜祀鬼神者，此性天中之易與禮也。聖人六經之教，原本人情。」後來章學誠說：「學於眾人，斯爲聖人」。聖人之道，源出百姓的人倫日用，這一點是古今儒家所一致肯定的。劉獻廷明確而具體地把六經分指爲小說、戲曲、占卜、祭祀的前身。由於他的點破，儒家大傳統和民間小傳統之間的關係便非常生動地顯露出來。[93]

潘朝陽繼此而發揮，進一步解說這兩種傳統之間的流通與影響：

「六經」，是文化體中居於「創造之少數」位置的哲人、思想大師、大文豪等創造的文字符號系統，是儒家的「道德的存有論」之範典；而「唱歌看戲、看小說、聽說書、信占卜、祀鬼神」等活動，則是人民群眾的平凡之日常生活。兩者其實具有「道器」或「體用」的關係；民眾在日常生活的「器用世界」中，習焉而不察，而儒家六經典範，則已由形上的「道體世界」向下滲入「器用世界」，成爲民眾日常生活的指導原則。作爲民眾器用的戲曲、小說、書卜、祭祀等文化社會活動，在傳統中國，往往以教忠教孝、興仁振義爲其內在精神，依之而顯發了道德存有論的道體價值。可以說儒家典範即是中國文化歷史的「大傳統」，民眾依忠孝由仁義的日常生活即中國文化歷史的「小傳統」；在中國社會裡，這兩層乃是相連續貫通的文

---

[93] 同註92。

化體系。[94]

　　臺灣儒學的發展歷程大部分是在「器用世界」的俗世生活中，展現儒學的義理價值，在民間的習俗、宗教信仰與生活文化中皆可看到這種「常民文化」或是「素民文化」；「儒教」的意涵是指「儒學教化」，則臺灣的儒學本質上是儒學教化的過程與常規的提點，是務實踐，而非務空談，因此它的「俗世化」非常明顯而強烈，表現在民間風俗的變遷，民間宗教信仰的存異求同，而大傳統中的「經典聖化」即明顯不足。

(四)臺灣儒學的「獨特性」與「普世性」思考

　　「獨特性」與「普世性」即是「精神世界」的風貌。沈清松對「精神世界」定義如下：

> 所謂「精神世界」，其上層者是由文史哲等人文思潮與藝文創作所構成；其基層者，是由一般百姓的人倫禮俗與宗教信仰所構成。貫穿其間者，則爲「下學上達」之教育過程。[95]

　　「臺灣精神」的主體淵源自中國儒學，在臺灣的四百年發展史中，雖然不無遺憾的是在文史哲之人文素養方面有所缺憾與不足，但是人倫日用、安身立命與維繫社會禮俗，也是廣義的「精神世界」內涵之一。

　　《臺灣通史》即有〈典禮志〉與〈風俗志〉二篇，連橫言：「禮，所以輔治也。經國家，序人民，睦親疏，防禍亂，非禮莫行。……臺灣爲海上荒服，我延平郡王闢而治之。文德武功，震鑠區宇，其理皆先王之禮

---

[94] 潘朝陽：〈書院：儒教在地方的傳播方式〉，《明清臺灣儒學論》，臺北：臺灣學生書局，2001，頁6-7。

[95] 沈清松：《臺灣精神與文化發展》，臺北：臺灣商務印書館，2001，頁13。

也。至今二百數十年，而秉彝之性，歷劫不沒，此則禮義之存也。起而興之，是在君子。」另外在臺灣的宗教與教育方面有其獨特性，尤其在教育方面，基於社會發展的需要與務實致用的理念，臺灣自劉銘傳起，即有接觸西學的啓蒙教育，日本統治臺灣時期，期間對於「現代化」之推動，亦不能無視。這些歷程說明了此種「精神世界」之追求。

　　未來的臺灣儒學之建構，除溯本追源，承其傳統，亦應繼往開來展示其「獨特性」與「普世性」，這也是臺灣儒學內涵較爲缺憾之處。面對現代化的社會，臺灣儒學當是一種動態的文化，「獨特性」是指其精神性的教養與陶成，並且落實在現實生活之中，不斷地推成出新，且能因時制宜與隨事變通，立足於本土的文化情懷與社會關懷。「普世性」即在「是以內在心靈世界的超驗體會，自命爲時代的啓蒙者與教育者。」[96]，或可爲思考的方向。如此方能有「爲往聖繼絕學，爲萬世開太平」之胸襟與視野。

四、結語

　　臺灣儒學自其落土之始，伴隨者地理環境與歷史命運，即有朝向海洋文明，朝向多元文化的可能性開放的特質與傾向，一方面中華文化輸入，儒學思想成爲「大傳統」與「小傳統」在人倫日用之典範圭臬，又成爲他們精神世界的避風港，而在自我追尋的過程中，亦顯示種族性、文化性與道德性的認同，也是臺灣人的民族魂之所寄。植根於儒學的臺灣儒學乃有「追遠報本」、「多元開放」、「務實精神」、「進取與創新」、「文采不足」與「哲學空疏」之特質，在此的情境中，臺灣儒學亦有其在近代思想史上可觀之處，亦從引發趣味才能推陳出新，方能跳脫「不忍以文鳴，且無暇以文鳴」之悲情意識與陷溺，由此展開學術生命建構新慧命之契機。

──本篇宣讀於2015年5月17-19日澳門大學主辦「第五屆東亞漢學會議」，2016年修訂。

---

[96] 龔鵬程：《近代思想史散論》，臺北：東大圖書公司，1991，頁277。

附錄

羅光總主教生命哲學的創化、發展與意義

內容摘要

羅光教授一生「立德、立功、立言」三不朽。尤其是他融通中國哲學與西洋哲學的會通觀點，輔之以士林哲學形上學為基礎的鉅著《生命哲學》一書，不是以哲學講生命，而是以生命講哲學，生命的意義不是只為知識而知識以建構知識主體為滿足，而是還要透過心靈生命向外開展而認識宇宙世界，人的生命不是孤零零的個體，而是緊密的與自我及他人生命相連，最後是永恆的心靈生命給予宇宙萬物一種真善美的意義和價值，顯示造物主的愛心。因此生命除了是道德主體、藝術主體、還是一種精神生命。本文的撰寫，即以中國哲學的觀念，研究羅師《生命哲學》所彰顯「志於道，據於德，依於仁，游於藝。」的觀念與實踐，在生命之道與生命之器的變化之中，顯現變通之理，而成就人生的事業。

一、前言

羅光教授蒙主寵召安息主懷已有多年，俯今追昔，其為人與治學的處事典型令人欽佩。尤其是他老人家平時忙於校務與宗教事務，而能集中心力投入中西哲學比較研究，並從中西哲學中建構自己的生命哲學體系，犖犖哲學鉅著近百冊百萬餘字，字字珠璣流露出生命的智慧與創見，著作等身確為常人所不及；春風化雨提攜後進不遺餘力，誠可謂「立德、立功、立言」三不朽。筆者有幸自民國七十年起即追隨羅光教授學習，就讀博士班時，每週必至天母牧盧聽課彷如昨日，即便老師身體微恙，仍然抱病授課諄諄教誨，更令人動容的是病榻筆耕不輟而無一絲倦容，直叫晚輩小子

汗顏。尤其爲輔仁師友所津津樂道者，乃是每月一次師生齊聚牧廬，再度聆聽老師對哲學與宗教的心得分享，師生和樂融融，有如《論語・先進》所述：「暮春者，春服既成，冠者五六人，童子六七人，浴乎沂，風乎舞雩，詠而歸。」在個人服務輔大的數年時間，學習到許多做人做事的道理，也獲得他的指導與鞭策，在爲學處事與做人諸方面才能增進不少的見識與智慧。項退結教授在其大文中，對羅光教授之爲學與做人曾有如下的論評，可謂於我心有戚戚焉。

> 可能有人會說，本書作者的生活經驗過分特殊，與一般人的生活脫節；也許也會有人想，以作者的優越生活條件，他的努力不足爲奇。這就未免無視於好逸惡勞的人性通病。對此，本書作者無論如何是可爲人表率：他對自己的確是下了非凡苦心。在立言上，以他的高齡，他仍不斷講學著述，不讓自己鬆懈一步。在立德上，他所云：「空虛自己」與「愛的圓融」，徵諸他的爲人處世，也的確非常平易近人，並非高不可攀。[1]

十餘年間的學習與追隨，對羅光教授在《生命哲學》一書所言生命的超越，透過「空虛自己」與「愛的圓融」二個途徑，可從其言教與身教看出端倪，尤其是他在一九七八年八月二日接任輔大校長時所說的一段話：「用牧人的愛心來辦教育。」[2]個人在輔大服務期間，亦曾經歷一些學生或老師對時政與校風之批評，但是他眞正做到仁者胸懷如大海納百川，處理校務之過程，即以「空虛自己」與「愛的圓融」潤澤四方處處可見，這種修養和宗教的情操有很大的關聯，由基督善牧世人、泛愛世人的偉大情

---

[1] 項退結：〈評重版《生命哲學》〉，《哲學與文化月刊》第18卷，第1期，1991年1月。

[2] 羅光：〈輔大校長交接典禮致辭〉，《七十自述》，臺北：學生書局，頁42。

操中，他本身即是基督的羊，同時又期許自己是代基督作牧人，即如「牧廬」之名所呈現的精神標章與終極關懷的內涵。

二、以身踐道——志於道、據於德、依於仁、游於藝

「道」的觀念在希臘哲學中占有一重要地位，依據Brugger所編撰的《西洋哲學辭典》，「道」是指理念。中文則譯為「道」。

> 希臘文*logos*指⑴言談、字（Word）、有意義的字。由是而轉成⑵意義、概念、思想內容，及由外在語言所表達出的「內在語言」。思想、觀念、精神的整個領域也往往稱為理念⑶而與物質存有的領域相對立，或與有機的肉體生命即生物界（*Bios*）相對立，或者與道德態度（*Ethos*）相對立；「理念優先」一語即指此義。[3]

從字源意義來看*logos*是指思想和觀念，但就整體性而言，理念也表示是「深入實在界與物質世界的觀念，亦即由觀念所決定的事物之形狀及型式，即其內在而有意義的組織。由於這有意義的組織及次序，物質世界才不致是無意義的『黑漆一團糟』（*Chaos*），而成為有條不紊的宇宙（*Cosmos*）。」[4]以此觀念為基礎而導入「士林哲學」為認知宇宙與人生的起點，因此在這樣的認知基礎下，他即以士林哲學的形上學觀點對宇宙和人生提出究極解釋，在他的觀點中，形上學是一切學問的基礎。

形上學追究宇宙萬物的根本理由，從一切萬物的基本上著

---

[3] 布魯格（Brugger），項退結編譯：《西洋哲學辭典》，臺北：先知出版社，1976，頁201。
[4] 同註3。

想，我們分析宇宙萬物時，從一個人而到人，從人而到動物，由動物而到生物，由生物而到物，由物而到「有」。一切萬物都是有，有以上再不能分析。若不是有，便是無，無則沒有可談，所以「有」，乃是萬物的根本，爲萬物的基本觀念。[5]

為了建構「生命哲學」的體系，並爲生命哲學找到形上學的基礎，在方法上就必須重新審視中國哲學與士林哲學彼此可以會通之處，以作爲理論系統的基礎理論，《易經》的三段話即成爲建構生命哲學形上學的依據：

一陰一陽之謂道，繼之者善也，成之者性也。（〈繫辭傳上・第五章〉）
生生之謂易。（〈繫辭傳上・第五章〉）
天地之大德曰生。（〈繫辭傳下・第一章〉）

由上述西洋形上學和中國哲學中《周易》對於自然世界生生不已的內在理則來說，「易經生生變易的原則，稱爲天地人之道，即宇宙萬物的原則。在這原則中會有人生之道。」[6]宇宙之道和人生之道即構成生命哲學形上學所要處理的兩個命題，而「生命哲學」的形上學，也就在結合士林哲學和易經哲學系統而成，羅光教授以其深入中西哲學而又嚴謹的態度，爲他的「生命哲學」提出說明：

從中西形上學研究對象的趨勢，就造成中西哲學精神的不

---

[5] 羅光：《生命哲學》，臺北：臺灣學生書局，1988，頁1。
[6] 同註5，頁6。

同。西洋哲學研究「有」，予以分析，建立原則。西洋哲學的精神便在於求知求真，就事實的本體深加分析，事事清楚。這種精神導致科學的發達。中國哲學研究「生生」，探討宇宙生生的意義和原則，乃造成儒家發展人性以達生活美滿的境界，而成聖人。……[7]

有了這樣的認知，對於中西哲學發展的旨趣及差異有了基本的把握，以融通中西哲學為己任，以一生的寫照作為基督愛人之示範，此處吾人試以《論語》中孔子的一段話：「志於道，據於德，依於仁，游於藝。」（《論語‧述而》）來加以闡述，此四句話正足以說明羅光教授一生的志業和生命氣象之寫照，或可說是整體生命哲學理論與實踐的終極關懷。並且他以終其一生的生命之光與鹽，燃燒自己照亮別人。

㈠志於道

由「一陰一陽之謂道，繼之者善也，成之者性也。」來說明自然與人文二元世界的「有」，透過陰陽的變易，剛柔並濟，成己成物，在進退動靜中，宇宙乃是一道生命的洪流，而有浩浩蕩蕩生生不息。這道生命的洪流，貫穿天道、地道與人道，而天地之道乃是生生，人道為三才之一，由是而有價值自我與價值主體，人的意義才有定位，而能挺立於天地之間。人道的概念為何？人道即是仁，人得生命之全，生命之道的意義，即要人體會繼承宇宙生生之道，體天地之大德，貫穿自然世界與人文世界，成就道德主體之我，非僅以滿足於自然世界中物理質形變化之理的把握，或僅以格物致知而稱得事理之全，或是對人文世界所呈現的吉凶、悔吝與無過的消極抉擇或自我逃避為限，而是以一種更積極的態度來面對人生的種種挑戰，而無懼於生命之有限。而人又如何能擁有這樣的能力去克服一切，無懼於種種的挑戰，如此則必往深處直追人生意義的問題，而對人生

---

[7] 同註5，頁8。

意義的探求，即是直指核心──「道」的問題，所謂：「朝聞道，夕死可也。」（《論語・里仁》）說明了道的完美性與神聖性，一個人對於道的把握與追求，可以付出生命亦在所不惜；換言之，縱使生命有限，但對於道的理想性和實踐性亦從不懈怠，直至有限生命結束亦視之如常，如此而能超凡入聖而無愧，區區小我亦僅不過是浩瀚宇宙之小光點，但是透過對於道的實踐表現理想人格和典範，才是「士志於道」的寫照。人的存在意義與生命價值，透過對道的實踐而得其光輝，當肉體化爲塵土，長留人間的即是對道的闡釋與發揚，和人格理型的長存。人在有限的條件下，如何而有如此之能？透過分享而得造物主的「創生力」。[8]道是完善，是圓道周流，是生命之理，道向生命世界開放，而人的自我生命，亦同樣秉持著對眞、善、美、聖的嚮往，而願意發揮自己的能力與潛力與道合一，亦向永恆的世界開放，以求道的實踐。因此「萬物皆備於我矣。反身而誠，樂莫大焉。」（《孟子・盡心上》）對於「道」的嚮往與求，並且以身踐道，在道生人成的過程中，必然會碰觸到人的生命限制與挑戰的問題，但是他亦不否認自我生命不能不發生衝突的問題，他爲這個衝突提出解答：

> 衝突的平衡，在於發展「永恆的自我意識」。「站在上帝面前的人」，當然體會到自己的渺小；然而人的渺小不是絕望的不能前進的渺小，人的心靈懷著無限的希望，表現心靈生命傾向於無限，於是便有一種「永恆的自我意識」，在永恆的生命裏，人的自我繼續完成。[9]

---

8 「創生力」是羅光教授生命哲學體系所提出的觀念，意指「純粹的行」以萬能的力創造了宇宙，宇宙為一無限大的動力，分享天主的萬能創造力之能，稱為創生力。創生力（宇宙）的質為萬能創造力從無中所造，創生力（宇宙）的理，為造物主天主創造宇宙的理念，質和理由創生力結成一個宇宙。

9 同註5，頁140。

因此，由自然之道下開人生之道的意義與價值，這個途徑是反觀自己的心，反觀自心以見心中的永恆與嚮往，而在基督信仰中淨化自己的心靈。[10]人生之道的原則也是由造物主所刻劃，人性由心而顯，在宗教的心靈中，人之心虛靈而明澈。當人生之道為生命發展之道時，體悟自然之心而為人心與人性之準則，人的價值彰顯即在於對「道」的體會、體認與把握，並且依道而行，是故「道不可須臾離也，造次必於是，顛沛必於是。」人因體悟與實踐道而彰顯自然與人文二元世界的內在理則意義，從而發展出「盡心、知性以知天」而能與天地參的精神自由。這個進路即是結合哲學與宗教信仰，並且以理性思考來思辨這二元世界的變化及其內在理則，從而建構「道」的本體與形上意義。此觀點亦清楚地在其生命哲學中呈現，汪惠娟教授以她追隨羅光教授多年提出的研究心得，正可說明「道」的義理與價值導向。

> 顯然羅光總主教所建構生命哲學的形上思想，所走的途徑是──結合哲學與宗教信仰，致力於從哲學的思辨，探究生命終極的問題，將生命終極的目標與宗教結合，因此絕不可以把他的思想僅定位於宗教的層面，相反地，他的整個生命哲學，無非都是試圖以哲學的立場去重拾回儒家長久對「天」的宗教信仰的忽視。[11]

「道」於此顯示其恆久的意義與價值，所謂「志於道」的進一步意

---

[10] 周景勳在〈超越生命的沉思〉一文中認為：「羅光教授（總主教）從信仰生命的觀復中體驗到基督死而復活的的無容私」，以發挖自我心靈的歸依，再通貫了儒家的修養和道家的超越，打開生命微妙的沉思，再從沉思中超越出來，投向創造生命的主，與主圓融。見《哲學與文化月刊》第18卷，第1期，1991年1月，第200號。

[11] 汪惠娟：〈羅光總主教生命哲學之形上學──存有、生命、創生力〉，《哲學與文化月刊》第18卷，第1期，2001年1月。

義，即是在比較中西哲學在理趣與概念之後，進而尋求兩種文明的對話契機，以建立會通之理；但是道之所以能垂諸百世而不惑，放諸四海而皆準，必要有其形上之理與超越之則。這個形上學的重建，也是「道」的實存之境。因爲形上之道是整個哲學系統的中心，一旦形上學不確立不穩固，則一切的認識與判斷將不知從何而來。若要對冰冷的「存有」之理作解釋，以使形上學能貼近於形下之萬物與眾生，易經的「生生」之道，其哲理的背後則是更爲寬闊的人文精神與生命關懷。此種人文精神與生命關懷表現在儒家的哲學尤爲明顯，道在人的身上，而人之心爲天心，道作爲倫理原則和道德規範之核心價值與理念，在本善、向善的「人性」上，找到了直接相對的形上基礎，即是開啓人性，而後再從此基礎上探求最終的根源，在超越性的「天命」上找到了間接的與絕對的形上基礎。人不僅是現實世界「道」的實踐者，更是朝向超越世界與普世價值的慕道者。故孔子言：「士志於道，而恥惡衣惡食者，未足與議也。」（《論語・里仁》）《大學》第一章曰：「大學之道，在明明德，在親民，在止於至善。」其意涵即是人道和天道的契合，即是止於至善。故才有孔子：「君子憂道不憂貧」（《論語・衛公》）之言。

㈡據於德

　　生命的特性爲何？一是生命因陰陽之變化而成，二是氣在宇宙內流行不止，因此命是通的，三是生命的變化有其常理常規。透過中國哲學中儒家的心性之說，提出如下的主張：

> 生命的全部，生命的頂點，爲心靈生活，心靈生活爲倫理
> 道德生活。[12]

　　吾人的生活既然是要過著倫理道德的生活，也就是要守住一個標準，

---

[12]同註5，頁65。

過一種規範的生活，因此依據道德標準而過人的生活，才配得稱之爲人的生活。就一般的見解而言，道德的起源本來就是根源於先天的，而又內在於人的條件，即是先天而又內在於人，此標準不是它物，亦非無中生有，而是生命哲學中的造物主（天）所定的標準，人依著祂的標準而活，也就是「據於德」，而這個信念與基礎不可能是可變的、短暫的，而應該是不變的，永恆的。因此確定這樣的原則與認知之後，吾人才能深刻的去體會心靈生活即是求眞、求善與求美，眞、善、美即是德的化身，也才能爲人所追求。

> 中國哲學講論實體時，指出實體的本體「有」或「在」或「生」，是眞，是善，是美。實體的「實際存在」，即生生的「生命」，也就向這三個途徑。人的生命爲萬物中最高的生命，最高生命以心靈生活爲主，心靈生活又以理智生活爲要；因此自我生命的顯露，乃向求眞，求美，求善三方面發揚。[13]

　　道德生活的目標一旦確立，便要依標準而行，士林哲學中主要的德目便是「四達德」─智、義、勇、節。而基督宗教的「達德」，多瑪斯（Thomas Aquinas 1224-1274）則將它譬喻爲倫理哲學或人生哲學體系的四大支柱。黎建球教授對此提出四達德之說，其內容如下：

> 多瑪斯討論這四達德雖是以亞里斯多德爲基礎，但其學說則是柏拉圖、亞里斯多德、斯多噶派在基督宗教的教義理論的綜合。他以爲智是達到自然道德律的理性之德，義是使意志恆依「依各得其宜」的原則抉擇行事；勇是指心靈

---

[13] 同註5，頁168。

的堅定不移，使人不畏任何危難，排除達到修德之路的障
礙；節則在於心靈的制約人慾，格外是肉體方面的人慾，
使它們合乎正當理性而不淪爲私慾。[14]

　　再看中國哲學所強調的是「仁義禮智勇」諸德，兩相比較吾人可發
現，中西方都特別看重智、義、勇三種道德。但中國哲學所特別突顯者乃
是「仁」的德目，《論語》討論德目則以仁爲總稱，由此可看出中西方文
化之差異。但中國文化的仁要比西方的節之概念，在態度上更趨積極，因
爲以仁爲懷，強調利人利己，甚至是犧牲小我，完成大我的情操與寬大胸
襟，是比節更能看出人格的偉大。

㈢依於仁

　　探討作爲一個人的構成質素爲何？便是要問人的本質是什麼的問題，
借用孟子之言：「仁，人心也，義，人路也。」（《孟子·告子上》）傳統
中國哲學指出人的本質即在於仁，曾春海教授對於孔子特別彰顯「仁」之
本質義與價值義，分析指出人性的問題。

> 孔子有鑒於整個時代的亂源在於人性的沉淪，欲撥亂反
> 正，應該正本清源，遂直指人之所以爲人的根荄——仁，
> 引發人內在的道德自覺；透過修養以發展道德生命，藉著
> 表徵人文教養的「禮」，提昇人內在的道德意識。如此，
> 在個人方面則培養了人的羞恥心，使知自我約束而有所不
> 爲，同時也積極的奮發上進，以道德生命來超越偏狹自私
> 的自然生命，以臻於理想的人格，實現眞實的「人」的存
> 有意義。[15]

---

[14] 黎建球：《人生哲學》，臺北：三民書局，1982，頁237。

[15] 曾春海：〈從民主政治反省孔孟的德治思想〉，《儒家的淑世哲學－－治道與治術》，臺北：文津

　　羅光教授認爲：「仁本爲愛之理，在善德中，仁是愛。」[16]他以愛是授與而不是佔有，造物主愛萬物，授予萬物存在的生命。愛也表現出惻隱、同情、關懷、寬恕、生命的互相授受，人格也就愈趨完滿。若將孔子對「仁」的解說，對照他以愛釋仁，確屬創見，仁與愛二者有會通之處。在儒家的信念中，尤以孔子之說仁爲最高典範，仁結合一切德行，孔子很少讚美一個人爲仁人，可是仁者卻是人所應努力及達到的目標，因此有仁者愛人，仁者無敵之說。在基督宗教思想中，人的本性之德（前述之智義勇節）皆以應付解決實存社會之問題爲主，這些德行也是人在現實生活中所必須的；但是人確有一種渴望獲得救贖與被愛的超性之德，人因而有超越現實世界限制之渴望，以突破物質與肉體的限制和創建理想，即如中國哲學所言的「參贊天地之化育」之概念，這種超越的德性又以愛爲最大，以愛作爲超越現實的理想爲目的。當儒家主張「人人皆可爲堯舜」時，是指陳道德實踐有其先驗的基礎，有普遍的可行性，從而亦鼓舞人的價值意識，人能自尊與自愛，仁的內涵亦由此徑而得存養和擴充。因著存養和擴充，人能突破現狀追求一種至高無上的理想，從而激發出對應現實情境的超越要求，是出自於主體內在的價值嚮往，已非小我格局，而是全人類的普世之愛，在《致格林多前書》即清楚地說明這種超性之德，即是普世之愛。

　　　愛是含忍的，愛是慈祥的，愛不嫉妒，不誇張，不自大，
　　　不作無禮之事，不求己益，不動怒，不圖謀惡事，不以不
　　　義爲樂，卻與眞理同樂，凡事包容，凡事相信，凡事盼
　　　望，凡事忍耐，愛永存不朽。

　　出版社，1992，頁4。

[16]同註5，頁214。

㈣游於藝

　　生命哲學之目的，是在追求眞、善、美之實現，求眞代表對眞理的探究與追求，求善則是道德心的發揮而有善行，求美則是體驗人生種種層面的意境與品味，也是心、性、情三者的總匯。「游於藝」著重在藝術的修養層面，透過藝術的修爲，使吾人培養一種生命的美感，不僅欣賞自我，同時也能欣賞別人，和我們所存在的宇宙世界。游於藝亦是主觀之我與客觀世界共融共通，心領神會的寫照，人常存赤子之心，秉天地創化之理，存仁心，生生之謂易，自然而然能感同身受來自於客觀世界的刺激，而有自然而然的回應與表徵，宇宙盎然生機無限，人則精神生命無窮無盡。對於「游於藝」的解釋，他的觀點正好點出藝術的目標是達到主客合一、與天地同遊的境界。

> 　　藝術哲學以這種詩詞（作者按：在羅光教授原著中是指對景感懷的詩）爲詩人，將自己的感情灌注在自然界的物體中，使物而人格化，實則，是物和人的合一，物的顏色聲音進入人的感官，感官印象一入人的心靈，引起人的情感。詩人的情感敏而深，想像活潑，使人心感情和外物印象相合爲一，眞正成爲生命的旋律。人心在宇宙美景中，拓廣到天之高、地之深，生命旋律的範圍，拓展到無限。[17]

　　游於藝之概念除上述物我合一之境外，它的另一層意義即是一種活活潑潑的生命旋律，此旋律是由愛來譜成，上可超越天地，神遊宇宙，亦可落入人間，深入自我的心靈，這是一種生命的樂趣與充實。就中國哲學的概念而言，生活是較以實際的傾向爲主，在平實與平凡中乍見性情與品

---

[17]同註5，頁262。

味，但也不排斥這種重視藝術品味生活的內涵，余英時教授有如下之見
解：

> 中國思想有非常濃厚的重實際的傾向，而不取形式化、系
> 統化的途徑。以儒家的經典而言，《論語》便是一部十分
> 平實的書，孔子所言的大抵都是可行的，而且從一般行為
> 中總結出來的。[18]

在中國文化的傳承上，知識分子一向被賦予「傳道、授業、解惑」
（韓愈語）的歷史使命，並且在對「道」的傳承意義上強調「文以載
道」，歷代以來皆強調這是知識分子的一生志業，從孔子所說的「士志
於道」開始，生命就已投注到「道」的實踐上頭，儒家教人要「深造自
得」、「歸而求之有餘師」，老莊之道則是「得意忘言」，甚至是中國佛
學特色的禪宗則是對求道者不肯說破，因而有「佛曰不可說」等等之例，
皆在強調個人的「內心自覺」是否能體會此中道理的關鍵，即在於對道的
追求是向內、而非向外，個人的修養亦是強調向內而內省，以自家的體會
為本，這種向內的傾向，也構成了中國文化具有人文精神的一種具體表
徵。

余英時的觀點大體上道出中國哲學的一般性概念，也是凡夫俗子生
活的寫照。但是一旦碰觸生命意義的究極問題，便不能不面對人的生命有
限，天理與人欲掙扎的問題，這也就是生命的旋律不能只是停留在現實主
義的狀態，若僅是維持在此現實狀態中，則無以泯除人破壞了生命的旋
律，罪惡因而滋生的問題，是故窮本溯源人文精神理當有其形上的依據，
以作為現實生活的原理原則。

---

[18] 余英時：〈從價值系統看中國文化的現代意義〉，《中國思想傳統的現代解釋》，臺北：聯經出版
　　事業公司，1987，頁7。

　　若就現實生活的層面而言，中國文化的表現及探索方式具有向內追求「心源」的特性，[19]從人生哲學的角度來說更是同理可證，傳統的知識分子受儒、道二家的思想影響頗深，往往在生活中是儒道並稱，在對失敗、成功、挫折，再起的感受與體會，也是走向儒道兩家的進路，「十年寒窗無人問，一舉成名天下知」是儒家本色，「不為五斗米折腰」、「採菊東籬下，悠然見南山」的「不如歸去」之嘆，也絕對充滿著道家的心靈。因此，在這樣一個講求「向內自省」、「追求心源」的表現形式，確實是傳統知識分子心情上的寫照，他們也藉著這樣形式表現出個人的心境情愫，同時也表達一種美的感受，人生的得意與失意皆可以不同的形式中表達出來，不管是詩、是畫、是音樂等，構成了一個具有人文品味的自然風格，他們的藝術生活之表現，也充分的表現在個人的處境及現況的寫照，在心理上這種藝術表達一種美、是心理上的平衡，是內向而含蓄，同時又帶有蓄勢待發、東山再起之姿，確實與西方純藝術的表現方式有所不同。

　　進一步而言，儒家所講求的「禮樂教化」固然有其效用上的考量，但不可諱言的，禮樂仍有其在人格教育上的意義，並且以禮樂相稱，亦定有其對人性本質上的考量，所謂「文質彬彬」之君子內涵，該當與「樂」同理而不能失去其存在的必要性，與「游於藝」的理念是一致的，張永儁教授亦言：

　　古代禮樂相須並用，有相輔相成之妙，《禮記》曰：「凡三世教世子，必以禮樂。樂之所以脩內也；禮，所以脩外也。禮樂交錯於中，發形於外，是故其成兩懌，恭敬而溫文。」（《文王世子》）禮的作用是規範行為，節制性情；樂的功用是陶冶性情，美化人生。禮的特質是敬是節，樂

---

[19] 同註18，頁11。

的特質是和是樂。[20]

孔門儒學之教中，對「樂」賦予一個「治心」的使命，用樂則清，所謂「樂行而志清，禮修而行成。耳目聰明，血氣和平，移風易俗，天下皆寧。美善相樂。」（《禮記‧樂記》）由此可知，儒家以禮樂來教育人與薰陶人，在日常生活上，謙恭有禮，同時在個人的品味上有合宜的感情流露，自然而然。若以《易經》之言，即是剛柔並濟，生活面之道德人格表露於外，同時又有藝術面的內涵生活以襯其身，可謂「美善得兼」，令人如沐春風之感。

儒家孔子以降的文化系統，把「美善得兼」視之為生活面的道德生活與藝術生活二者之合一，因此在初期表現在禮與樂，以得道德情操，這仍然是內傾文化的特質，由心源處發動以創造及要求，因此較無太大的空間及意向，可以發揮至有關「美」的意義與特性，將「美」作為一客觀獨立的思考及研究對象，此點與西方於西元前五世紀，發軔而成的「美學」（Aesthetics）不同，儒家所認為的「美」是來自於道德倫理、君子之德的實踐與蘊育，並且把「絢爛與平淡」化為生活中的賞心悅目之美感，這種美感經驗與鑑賞能力，乃成為文人雅士在生活面的共同表徵。

書畫與中國的知識分子連結之後，使得在藝術的表現上，便把個人的心境感受寄情於山水之中，整個內容呈現或顯或隱，或失落或期待，這樣的心境及筆法，宋朝的大文學家蘇東坡即以「味摩詰之詩，詩中有畫，觀摩詰之畫，畫中有詩」，這是中國文人雅士的高雅典範。這也使得中國的繪畫自傳統的「宗教化」、「禮教化」進入「文學畫」，也開創了頗具特色的「文人畫」之潮流。同時，從文人所喜好的山水畫中，除了將山光水色生動入畫，使人可望、可遊、可居之外，尚能提供一個知識分子才有的

---

[20] 張永儁：〈儒家禮樂教化之宗教精神與人文理想——歷史的回顧與展望〉，中國哲學在中國歷史的回顧研討會，臺北：輔仁大學，1993。

無限而寬廣的想像空間。也可使自己及旁人寄情寓意，同時尚有「弦外之音」及向無限宇宙開放，不管是繁華充實，或是淡雅空靈皆具美感，它更表達了我們文化中的價值信念等。在羅光教授的身上，吾人發現了生命哲學在「游於藝」的另一旨趣，無論是畫馬、畫竹，或其他的作品之呈現，它一直是一種生命精神的光照，是個人精神生命的肯定，趨向無限的絕對真善美。這種透過藝術精神表現生命的超越之方式，首先是不否定向內心源，但不滿足於生命精神僅此一端，更當而有終極關懷存在的另一端，如此才是人生的完美。

　　人的存在價值，可能有上百種的項目及理由可供討論，但是這個人生價值之認知起點，即在於對周遭事物的感覺，這個感覺可說是來自於「心源」之處，它也是一種生活的態度，我們對於身邊周遭事物能有所感觸，感覺與體會，進而察覺到自己不能置身事外，而應是投入其中，參與其變化與成長。先秦啓蒙時代的哲學家，如孔、老、孟、荀、莊、墨子等人，也就是基於這樣的共同體會與感覺，從不同的角度來看待人生，也許現實的世界是不完美的，是有缺陷的，但因著他們的努力，而企圖改變，皆是難能可貴，這些都是「美」，亦即是當他們願意爲這個不完美的社會獻身之時，人生的美感，已經表露出來。不管他們的主張是否符合「美」的要求，但看待生命的全貌絕非是個別的，是站在人生的全幅層面來看，這時已不是個別的關切，而是進入藝術與美的境界，亦即是境界的提昇，透過藝術的創造和自然境界的形塑，讓人們透過對美、對境界的欣賞，走向道德美善、走向藝術情境，走向超越心靈世界與自由。即如鄔昆如教授的看法，指出了藝術生活的目標。

　　藝術因爲融通了靈性的世界與物質的世界，因爲連結了精　神與物質，因而的的確確和生命有直接的關係。中國的藝　術文化並沒有如儒家的道德強勢，落實到人文社會的道德　體系中，而倒是以道家的自然主義，以及佛家的出世理念

相結合，而在各種藝術品中，展示了「人與物」的和諧境
界。把生命情調寄於自然的無為，寄於擺脫對過分人文的
追功名利祿的情操；使人的存在從庸俗的世俗精神超度出
來，定位在「人與物」合一的心靈境界中。這顯然是偏向
於自然主義的內涵，人與自然的渾然一體，使人生俗世的
生命中，度一種渾然忘我的生活。[21]

藝術的生活在現實生活的層面是達到「人與物的和諧」，進而「物我
兩忘」，但是仍然有更理想與高遠的境界，羅光教授即以「天人合一」來
說明這種心靈純淨的境界。

欣賞美給人生有什麼影響？可以提昇人的精神，進入天人
合一的境界。對著自然界的美景，人的精神超拔，昇入造
物主的美中，濾清心中的污濁情慾，心靈純淨潔白。欣賞
藝術家的作品，精神和藝術家的心相融合，被藝術家引入
美的堂奧，真能物我兩忘。聽音樂，因音樂之美，可以聽
得入神。普通常說陶醉於美感中，使人忘記了軀體。[22]

三、生命哲學是從「道、器、變、通」中展現人生意義

《易經・繫辭下傳》曰：「形而上者謂之道，形而下者謂之器，化
而裁之謂之變，推而行之謂之通，舉而措之天下之民謂之事業。」這五句
話，確實蘊含豐富的哲理，它將人生大道上，包括理想、目標、奮鬥、努
力、成功、失敗、個人的生命才情、機運、變化、變通、事業等全部予以

---

[21] 鄔昆如：《人生哲學》，臺北：五南圖書出版公司，1989，頁353。
[22] 羅光：《人生哲學》，臺北：輔大出版社，1985，頁242-243。

納入，吾人仔細對照羅光教授一生的志業，以繫辭傳之言將之比擬可謂適當。以下依〈繫辭下傳〉的這段話分成四個主題來加以敘述及說明羅光教授在《生命哲學》所闡揚的人生意義及生命氣象。

㈠形而上者謂之道

「道」的意思是表示人生與自然的原理原則，是生活中事事物物的準繩與判準。「道」在歷史的概念來說，道不因桀存紂亡而改，從古至今，道具有超越性與指導性，它是講一個人既已為人，就該當行人生的大道，這個大道即是人應該走的路，是正路而非邪道。在儒家，此「道」是人文化成之道，人之所以人的原理原則，是生命的價值取向，一分理想、執著、熱情的行動依據，同時「道」的具體表現之情懷，是知識分子對社會、國家的一分熱心和關心，所謂「風聲雨聲讀書聲，聲聲入耳，家事國事天下事，事事關心」的具體寫照，這也是傳統知識分子的普世關懷。除此之外，從生命哲學來看「道」的意義，所指的是「真理、道路與生命。」羅光教授不因其出世身分，或自限於宗教立場而有不問世事是非，或任由社會濁流氾濫而不挺身而出，他經常是以身踐道維護道的尊嚴，可謂深具「雖千萬人吾往矣」之執著與道德勇氣。擔任台南主教時，創辦《現代學苑》月刊（1964），即是後來《哲學與文化月刊》的前身，對於社會視聽影響尤大，經常可看到他針砭時政，端正視聽擲地有聲的宏文讜論。

其次，如果我們再深入思考「形而上者謂之道」的內容，在《易程傳・易本義》它的解釋是「卦爻陰陽，皆形而下者，其理則道也。」[23]因此形上之道不管是儒家或道家，二者都肯定此「形上之道」是一個「價值的層級」。是指引生命方向，建立價值觀及人生大道的原理原則，人既然號稱為萬物之最靈明者，其理安在？即在於人懂得生命創化之理，並能體會掌握其內在精神，走出一條人生的大道。所以儒家特別提出對形上之道

---

23 〔宋〕程頤：《易程傳・易本義》，臺北：河洛圖書出版社，1974，頁603。

的肯定及尊崇，從《易經》陰陽的「生生之謂易」的觀念開始，下達於日常生活的所作所為，心中皆有所本，本立而道生。因此，儒家之道開出人文之道，是「由仁生義，由義生禮」，也是「攝禮歸義，攝義歸仁」。以仁道言人道，仁是人與他人之間，人與自然之間，甚至及人與天地之間的內在感通。而天之道則為誠，是故，表現人之道的價值層級是為誠，仁、義、禮，能實現此種種價值者，即是「人之道」的履行。

　　再看道家所強調的「自然之道」，是屬於「道法自然」，自然為一切法。因此人的一生該當遵循自然之道，講求虛靜之心，不為外物所惑，人的價值層級是要依道而定其內涵，老子所強調的是「道」的根源性、自發性和創生性，如果失去了形上學的基礎，尤其是存有學層面的「道」，及其顯發在萬物中的「德」，則儒家所強調的仁、義、禮將會發生逐層墮落與變質。這是老子所特別提醒人該當注意的，如果不能把握「道」的本體意義，則將如老子所言：「失道而後德，失德而後仁，失仁而後義，失義而後禮。」這是老子所特別點醒人心的地方。為了破除人的虛妄心，老子更強調返樸歸真，生命中的真實意義，是要人找到自在與安頓，道家要人以超越的眼光來俯瞰人生，才能洞察真相，因此才會產生「虛靜之心」，才能擺脫物欲及對待的糾纏，人回到自然，是一個真實的自我，面對自己之虛靜心，人才是完完全全的真人，是一個清澈而不混濁的自我。羅光教授亦肯定「道家的超越精神和佛教的超越精神生命，有相類似。」[24]他提出「空虛自己」的觀念，要能「觀過」才能知仁，也要「空虛自我」意識，無論是主動或被動，是忘懷自我，在信仰中實現定、靜、安、慮、得。

㈡形而下者謂之器

　　孔子說：「君子不器。」其意是人不可像物品一樣只有一種用途，

────────────
[24] 同註5，頁286-287。

或是被限定它發展的可能性，如此一來人就會被限定住，生命到最後是僵化而不是活活潑潑的主體。其次人要有器識，並且器識要能寬宏偉大，有器識才有格調與人品，這就是孔子勉人以成為「君子」為目標，為人群之典範。這個器識是瞭解自己是依循道（天理）而活，是天地菁華之孕育，是萬物之靈，因此人要走的路，便是依天理而行，是仁心義路，而自己本身實踐之道便是培養恢弘器識，成為一個文質彬彬的君子，因此成德的君子，是不能僅求小器而無大志向。因此要人明辨「君子上達，小人下達。」（《論語・憲問》），高懷民教授認為「上達」與「下達」來區別君子與小人，是有其意義的。他從《周易》的哲學來闡述「器」之內涵。

> 人之生，以人為立場以觀，乃太極，陰陽之作用之下行發展，然後人存養道德反於太極之境，乃上行而反。重要的是要認明：人之生，性命受自乾道變化，但自坤道變化益以形體之後，年齡漸長，由執著形體而產生後天的欲念勢力也漸盛。所以一個具形的人，心中都已具有了兩種勢力：一為先天「性命」的勢力，一為後天「欲念」的勢力。「君子」之人體會出「性命」之在心，存養之，使其勢力日增，遂而「欲念」日減，也就是道德日隆，循此「性命」之路反而上，就是「上達」。「小人」之人體會不出「性命」之在心，因而日夜周旋在「欲念」中，與物相刃相摩，往下流而不返，就是「下達」。[25]

由於人並非僅具單純生物功能的生命，每個人皆有其不同之個性及成長歷程，每個人所受性命不同、所處地位不同、所具感受之不同，因而表現在「形而下者謂之器」的「器」亦有不同，是故人不能畫地自限，引

---

[25] 高懷民：《大易哲學論》，臺北：成文出版社，1978，頁435。

喻失義，如此則將墮入後退而縮以至於小人之境地。生命才情不同本是自然，雖然老子曾說「樸散爲器」之語，但其重點是在提示人不能失去自然純眞之道體，如此雖化成爲器落入現實世界，亦當遵循「道」之本義，並且從中發揚所得之德。如此一來，君子擺脫「器」之欲念限制，已具開闊的胸襟迎向挑戰的人生，把儒家與道家之意念簡而言之，便是要人「尊法天地，養人類之博大謙和」。不管形而上或形而下，我們必須體認：整個宇宙爲一大和諧的存在，天、地、人、物一體相關；其次，人在此一大和諧宇宙中的地位是處於天地與萬物之間。所以「器」固然是人的生命才情，儒家要人有器識摒除短見，不管是個人道德修養或是人生事業的開拓，人也應該要有具有和於天地萬物之正念，不當有征服天地萬物之邪念。

㈢化而裁之謂之變，推而行之謂之通

依據《周易》的道理，「化而裁之與推而行之」合稱爲「變通」，人要變通是因其自然之化而裁制之，有所改變及有所調整，與時俱進即是變通的本義，因此「化而裁之存乎變，推而行之存乎通」，而人能懂得其中的道理，使得自己不自陷於泥淖，不陷入拘泥與封閉，能得自然與灑脫這才是智者。人的一生本就是在「變」與「常」中度過，《周易》說「神而明之存乎其人」，這裡頭的關鍵是決定在人身上，只有人神而明之，讓自己一顆澄清寧靜的心不受玷污，生命的不同處境所激發出來的智慧，才能幫助人一一克服難關。從另一個角度探討，人願意轉換角度、改變自我觀點，這便是變通，不變通則無出路，所謂：「窮則變，變則通，通則達，達則久。」如果我人能從中瞭解此義，便能解開困境，逃脫樊籠，再得生命之灑灑。知變通即知有變與不變，而非一成不變，此中變化之幾，端視能否明察時勢，秉持理想，積極振奮，如此才能確實要深刻把握大智慧。

從儒道二家的文獻上有不少有關於變通的典故，旨在說明儒道二家在面對人生變化之時，掌握「化而裁之謂之變，推而行之謂之通」之道理，

有所爲亦有所不爲，但心中確有權衡之鑰，此權衡即是「知常用變」，以「知常用變」來警示人類行事之則。儒、道固有旨趣不同，關心生命之安頓確屬「常」，隱而不顯與知其不可爲而爲二者即屬「變」，在「常」與「變」之間取得動態性的平衡與智慧。

　　人要守「常」才能有穩定感，此一流行變動的生命才能安心，使之合於「常道」。但是用「道」之「變」，人才有生動活潑的勢用，才能有新鮮變化的人生。吾人學習孔孟所言，效法天地之健行厚載和老子之自然之道，這便是要人守此「常道」，而要人因時因地因位因應用之不同條件，在應用中行事作爲，便是要人不失其中「變化之幾」。從儒、道，甚至是墨子諸家來看，中國哲學一方面追求「天理」、「常道」、「天心」以示天之優越性，靈明性與價值性，這是永恆價值，也是生命哲學的向度。但人也沒有忘記「人欲」、「小我」、「變通」及「人身」之重要，如果放棄了「身、變通、小我及人欲」諸觀念，則成爲食古不化，不知變通的迂腐之儒，因爲包括了「身、小我及人欲」，莫不是我人自然而有之條件及限制；人要做得變通，即是不能沉淪，不能墮落更不能鄉愿，如此「變通」才有其意義，因此要能「變通」才能生活，因爲生活不能一成不變，瞭解「常」而用所「變」方爲智慧之人。

㈣舉而措之天下之民，謂之事業

　　生命哲學的四部曲，從「形而上者謂之道」開始，「道」爲本體亦爲形上的存在，它超乎概念，甚至超越心靈與意識之流轉，可以說「道」是完全不落滯礙的，「道」是昭然若揭自明之理。吾人觀察宇宙萬物，無時無刻不在變動中，而萬物之變動，並非盲目混亂互相衝撞，而是有其一致的協調性與和諧性。由生活層面來應證此一觀點，四時之運轉井然有序，萬物之生死榮枯亦是如此，此一「自然之道」與「人文之道」的價值鋪陳，遂爲人們所接受及理解，吾人亦由此兩重世界道的流轉中，要有其常道預設以作爲生命的依據。是故不論是「自然之道」的美學心靈，或是

「人文之道」的踐履篤實，皆是人之思想與行為的根本，生命的意義才有理據，也才有從現實一躍而登理想之心靈世界之可能。

　　繼之而起的「形而下者謂之器」之個人修為與成就，不管是「君子」或「聖人」這確實皆屬於「君子不器」的生活典範，從道德進路而言，人是理性的動物，更應是道德的動物，人與動物之不同處的幾希？純屬在靈明之自覺心，不安不忍之惻隱心，己立立人、己達達人之為善心而已。道家所言之「至人」心靈，更是秉持「自然之道」，追求返樸歸真，道法自然的虛靜心，過多的人為造作，徒增人類動盪不安，因此道家要勉人「心齋」與「坐忘」自然而然。但是，人是在現實世界過活，人的一生也充滿著各種的挑戰與不確定感，生命也處處充滿著危機，如何能安然度過？「常」與「變」的把握極為重要，如不能區分「常」與「變」，將有如食古不化而四處碰壁，是故人要深刻理解「化而裁之」與「推而行之」之「變通」的道理，懂得變通，在變通之中達成圓融，這是人生的第三部曲。繼之而起的人生樂章，即是「舉而措之天下之民」的人生事業。

　　人生事業的開拓，分成積極面與消極面二部分，儒家所主張及實踐的是積極面，是屬於「內聖外王」中「外王」的發展，所謂「得道多助」，外王事業除了是以個人內在修為基礎外，更須輔之以掌握變化之機，儒家積健為雄，「天行健君子以自強不息」，百折不回、不屈不撓迎向未知之精神；但生命「一而再，再而三，再戰即竭」，也提醒我們：在人生消極困頓時，更需要有大智慧，道家老莊之心靈即對我們的挫折，有著撫慰的效果，老子的指點，彷彿是暮鼓晨鐘，點醒成敗得失之評量，絕不是以單一角度來評斷及思考。故《周易乾卦九五》言：「亢龍有悔」，老子之言：「故飄風不終朝，驟雨不終日，孰為此者？天地。天地尚不能久，而況於人乎！」

　　在羅光教授《生命哲學》的第四章談到了「生命的旋律」的課題，生命的世界包括了生活規律、美德、修養、及生命的旋律等觀念，由物質生命、道德生命到精神生命的發展歷程，他認為：「人生的旋律是常求前

進，常求成全，進德修業，人格日益成全，乃每個人分內的事。若懶惰成習，萎靡不振，便是相反自強的原則，終歸於失去人生的目的。」[26]而在人生事業的流轉當中，在變易的過程中也就有「化而裁之」與「推而行之」的變通事實，人不是孤零零的存在個體，而是必須與他人發生良性的互動，形成家庭、社會、國家、甚至是宇宙自然無窮無盡，從《周易》變易的觀點來看，在一切流轉變易中，生命的旋轉有四個生命圈，如果五倫是人生關係的範圍，實際上也就是生命旋律的範圍。

四、結論

《論語・子罕》有段話，談到了儒門弟子們對孔子學說的景仰：

> 顏淵喟然歎曰：「仰之彌高，鑽之彌堅。瞻之在前，忽焉在後。夫子循循然善誘人，博我以文，約我以禮，欲罷不能。既竭吾才，如有所立卓爾，雖欲從之，末由也已！」

羅光教授從西洋哲學的士林哲學形上學入手，處理生命存在的終極關懷問題，亦即是從形上本體的理論去講生命的本根問題；其次轉入中國哲學中最富哲理的《易經》談變易，以表現儒家生命的意涵，同時旁涉道、佛哲學之觀念。生命哲學是從生命來談哲學，不同於從哲學談生命，這是他的創見。如果從哲學談生命，是導向純粹知識，以理性思辨對生命作分析和切割，此時生命便呈現支離破碎，充其量是達到認知境界僅得生命之知識。他從生命談哲學，此時生命是活生生的在我們自己身上和周遭跳躍，是潛能到現實的躍進與發現，它已不是靜態的舖陳和內在理則次序，而是動態的生命觀，是從「天地之大德曰生」、「生生之謂易」、「繼之者善，成之者性」而看出人生命創化與發展的可能性，體認物質肉體生命

---

[26]同註5，頁206。

是有限的，但是生命絕非僅止於如此，而是向絕對的實體生命開放，透過慕道之過程求得生命的意義與價值，在基督的愛中獲得終極的關懷。

司馬遷《史記》對知識分子的使命感，用「究天人之際，通古今之變，成一家之言」來形容；在羅光教授冥誕的前夕，仔細的拜讀他老人家《生命哲學》的鉅著，除了由衷地佩服其創見之外，更感於他老人家可稱得上是偉大的哲學家與教育家，「哲人已騎黃鶴去，此地空留黃鶴樓」，他的身教與言教，皆是吾輩學習的典範，謹以此文追思恩師。

──本篇原刊《哲學與文化》第卅二卷第二期，2005年2月。

參考文獻

一、古籍

1. 〔漢〕司馬遷：《史記》，臺北：宏泰書局，1987年。
2. 〔漢〕許慎：《說文解字》，北京：中華書局，1978年。
3. 〔宋〕程頤：《易程傳・易本義》，臺北：河洛圖書出版社，1974年。
4. 〔宋〕朱熹：《四書章句集註》，北京：中華書局，1983年。
5. 〔宋〕朱熹：〈白鹿洞書院揭示〉，《朱子大全》，四部備要文集／卷七十四（臺北：中華書局），1981年。
6. 〔宋〕歐陽修：〈易童子問〉，收入《歐陽修全集》，臺北：河洛出版社，1975年。
7. 〔明〕王陽明：〈萬松書院記〉，《王陽明文集》，臺北：考正出版社，1972年。
8. 〔明〕賀復徵：《文章辨體彙選》，臺北：臺灣商務印書館，1983年景印文淵閣四庫全書本。
9. 〔明〕楊起元：《孝經引證》，臺北：藝文印書館，1965年。
10. 〔清〕全祖望：《鮚埼亭集》，上海：上海書店，1989年。
11. 〔清〕阮元：〈論語論仁論〉，《揅經室上集》，臺北：世界書局，1982年。
12. 〔清〕段玉裁：《段氏說文解字註》，經韻樓刊本，臺北：啓明書局，1961年。
13. 〔清〕范咸：《重修臺灣府志》，臺北：臺灣銀行經研室，臺灣文獻叢刊第105種，1961年。
14. 〔清〕郁永河：《裨海紀遊》，臺灣文獻叢刊第44種，臺北：臺灣省文獻會，1960年。
15. 〔清〕高拱乾：《臺灣府志》，臺灣文獻叢詼第65種，臺北：臺灣省文獻會，1960年。
16. 〔清〕陳文達：《鳳山縣誌》，臺北：臺灣銀行經研室，臺灣文獻叢刊第124種，1961年。
17. 〔清〕陳夢林：《諸羅縣誌》，臺北：臺灣銀行經研室，臺灣文獻叢刊第141種，1962年。
18. 〔清〕陳璸：〈新建朱文公祠記〉，收於《臺灣南部碑文集成》，臺灣文獻史

料叢刊，臺北：大通書局，未刊年分。

19.〔清〕黃宗羲、全祖望：〈晦翁學案〉，《宋元學案》，臺北：河洛圖書出版社，1975年，卷39。

20.〔清〕劉良璧：《重修臺灣府志》，臺中：臺灣省文獻會，1977年。

21.〔清〕蔡世遠：《諸羅縣學記》，收于劉良璧：《重修福建臺灣府志》，臺灣文獻史料叢刊，臺北：大通書局，未刊年分。

22.〔清〕顧炎武：〈夫子之言性與天道〉，《原抄本日知錄》，臺北：文史哲出版社，1980年。

二、專書

1. 文崇一：〈工業社會的職業倫理〉，《文化與倫理》，財團法人張榮發基金會，1990年。

2. 方東美：《中國人的人生觀》，臺北：幼獅文化公司，1982年。

3. 方東美：《哲學三慧》，臺北：三民書局，1971年。

4. 方授楚：《墨學源流》，臺北：臺灣中華書局，1979年。

5. 王忠林：《新譯荀子讀本》，臺北：三民書局，2001年。

6. 王國維：〈殷周制度論〉，《觀堂集林》，臺北：藝文印書館，1958年。

7. 王鈞、黃玉順：《荀子：孔子之后最徹底的儒家——論荀子的仁愛觀念及社會正義觀念》。收錄於涂可國、劉廷善主編：《荀子思想研究》，濟南：齊魯書社，2015年。

8. 布魯格（Brugger）編著。項退結編譯：《西洋哲學辭典》，臺北：先知出版社，1976年。

9. 朱建民：《儒家的管理哲學》，臺北：漢藝色研文化公司，1994年。

10. 牟宗三：《中國哲學的特質》，臺北：臺灣學生書局，1984年。

11. 牟宗三：《心體與性體（二）》，臺北：正中書局，1999年。

12. 牟宗三：《生命的學問》，臺北：三民書局，1978年。

13. 牟宗三：《智的直覺與中國哲學》，臺北：臺灣商務印書館，1971年。

14. 余英時：《中國思想傳統的現代解釋》，臺北：聯經出版事業公司，1987年。

15. 余英時：《知識人與中國文化價值》，臺北：時報文化出版公司，2007年。

16. 余英時：《中國知識階層史論》（古代篇），臺北：聯經出版公司，1993年。

17. 余英時：《歷史與思想》，臺北：聯經出版公司，1992年。

18. 吳康：《孔孟荀哲學》上冊，臺北：臺灣商務印書館，1987年。

19. 吳進安：《孔子之仁與墨子兼愛比較研究》，臺北：文史哲出版社，1991年。

20. 吳進安：《清領時期臺灣書院教育的儒學思想》，收錄於廈門大學，臺灣研究新跨越學術研討會論文集。

21. 吳進安：《經典詮釋的通識意涵》，朝陽科技大學，經典詮釋與通識教育學術研討會論文集，2008年。

22. 吳經熊：《哲學與文化》，臺北：三民書局，1979年。

23. 呂紹綱：《周易闡微》，長春市：吉林大學出版社，1990年。

24. 宋學海主編、王輝編著：《易經》，昆明：雲南人民出版社，2015年。

25. 李學勤：〈周易經傳溯源—從考古學、文字學看《周易》〉，長春：長春出版社，1992年。

26. 李澤厚：《論語今讀》，北京：中華書局，2015年。

27. 汪國棟：《荀況天人系統哲學探索》，南寧：廣西人民出版社，1987年。

28. 沈清松：《解除世界魔咒》，臺北：臺灣商務印書館，1998年。

29. 沈清松：《傳統的再生》，臺北：業強出版社，1992年。

30. 沈清松：《臺灣精神與文化發展》，臺北：臺灣商務印書館，2001年。

31. 屈萬里：《孔子研究集》，臺北：中華叢書編審委員印行，1960年。

32. 屈萬里：《尚書今註今釋》，臺北：臺灣商務印書館，1988年。

33. 林安梧主編‧劉述先等著，《當代儒學發展之新契機》，臺北：文津出版社，2014年。

34. 林義正：《孔子學說探微》，臺北：東大圖書公司，1987年。

35. 林麗雲等著：《中國人的新孝觀——親恩與回報》，臺北：張老師文化事業，1995年。

36. 威爾‧金里卡（Will Kymlicka）著，劉莘譯：《當代政治哲學導論》，臺北：聯經出版公司，2003年。

37. 韋政通：《中國哲學辭典大全》，臺北：水牛圖書出版事業公司，1983年。

38. 唐君毅：《中國人文精神之發展》，臺北：臺灣學生書局，2007年。

39. 唐君毅：《中國文化之精神價值》，臺北：正中書局，1987年。

40. 唐君毅：《中國哲學原論》導論篇，香港：人生出版社，1966年。

41. 徐復觀：〈中國孝道思想的形成、演變，及其在歷史中的諸問題〉，《中國思想史論集》，臺北：學生書局，1975年。

42. 徐復觀：〈釋論語的「仁」——孔學新論〉，《中國思想史論集》，臺北：時報文化出版公司，1985年。

43. 徐復觀：《中國人性論史（先秦篇）》，臺北：臺灣商務印書館，1978年。

44. 徐復觀：《徐復觀文錄》，臺北：環宇出版社，1971年。

45. 徐復觀：《儒家政治思想與民主自由人權》，臺北：時報文化出版公司，1984年。

46. 徐復觀：《學術與政治之間》，臺北：臺灣學生書局，1985年。

47. 秦家懿、孔漢思：《中國宗教與基督教》，吳華譯，北京：三聯書店，1990年。

48. 高懷民：《大易哲學論》，臺北：成文出版社，1978年。

49. 高懷民：《中國先秦與希臘哲學之比較》，臺北：中央文物供應社，1983年。

50. 高懷民：《先秦易學史》，臺北：東吳大學中國學術著作獎助委員會，1975年。

51. 高懷民：《宋元明易學史》，臺北：著者自印出版，1994年。

52. 高懷民：《兩漢易學史》，臺北：中國學術著作獎助委員會，1983年。

53. 高懷民：《易魂詩譚》，臺北：樂學書局，2006年。

54. 高懷民：《邵子先天易哲學》，臺北：著者自印出版，1997年。

55. 高懷民：《偉大的孕育》，臺北：著者自印出版，1999年。

56. 張永儁：〈儒家禮樂教化之宗教精神與人文理想—歷史的回顧與展望〉，中國哲學在中國歷史的回顧研討會，臺北：輔仁大學，1993年。

57. 張岱年：《中國哲學大綱》，北京：中國社會科學出版社，1982年。

58. 張端穗：〈仁與禮——道德自主與社會制約〉，收錄於黃俊傑主編：《中國文化新論思想篇（二）天道與人道》，臺北：聯經出版公司，1996年。

59. 張端穗：〈天與人歸—中國思想中政治權威合法性的觀念〉，收錄於黃俊傑主編：《中國文化新論思想篇—理想與現實》，臺北：聯經出版公司，1982年。

60. 梁啟超：《清代學術概論》，臺北：臺灣商務印書館，1994年。

61. 梁漱溟：《中國文化要義》，臺北：問學出版社，1981年。

62. 莊錫昌‧顧曉鳴‧顧雲深等編：《多維視野中的文化理論》，臺北：淑馨出版社，1991年。

63. 許倬雲：《西周史》，臺北：聯經出版公司，1984年。

64. 連橫：《臺灣通史》，臺北：眾文書局，1979年。

65. 陳大齊：《孔子學說》，臺北：臺灣商務印書館，1978年。

66. 陳來：《古代宗教的與倫理》，北京：三聯書店，2009年。

67. 陳來：《古代思想與文化世界》，北京：三聯書店，2009年。

68. 陳奇猷撰：《韓非子集釋》，臺北：世界書局，1981年。

69. 陳秉璋：〈當前臺灣「社會道德—價值體系」之社會學分析：解組之因及其重建之道〉，《文化與倫理》，臺北：財團法人張榮發基金會，1990年。

70. 陳拱：《儒墨平議》，臺北：臺灣商務印書館，1998年。

71. 陳昭瑛：《臺灣文學與本土化運動》，臺北：正中書局，1996年。

72. 陳昭瑛：《臺灣儒學》，臺北：正中書局，2000年。

73. 陳弱水：〈立法之道—荀、墨、韓三家法律思想要論〉，《中國文化新論—思想篇二：天道與人道》，臺北：聯經出版公司，1982年。

74. 陳榮捷：〈仁的概念之開展與歐美之詮釋〉，收錄於項維新、劉福增主編：《中國哲學思想論集・先秦篇》，臺北：牧童出版社，1977年。

75. 陳榮捷：《朱學論集》，臺北：臺灣學生書局，1988年。

76. 傅佩榮：《易經解讀》，新北市：立緒文化事業公司，2012年。

77. 傅佩榮：《傅佩榮解讀論語》，臺北：立緒文化公司，2005年。

78. 勞思光：《中國文化要義新編》，香港：中文大學出版社，1998年。

79. 勞思光：《中國思想史》第一卷，香港：崇基書院，1980年。

80. 勞思光：《中國哲學史（一）》，臺北：三民書局，2014年。

81. 勞思光：《文化問題論集新編》，香港：中文大學出版社，2000年。

82. 勞思光：《自由、民主與文化創生》，香港：中文大學出版社，2001年。

83. 勞思光：《哲學問題源流論》，香港：中文大學出版社，2001年。

84. 彭國翔：《儒家傳統：宗教與人文主義之間》，北京：北京大學出版社，2007年。

85. 曾春海：《儒家的淑世哲學—治道與治術》，臺北：文津出版社，1992年。

86. 曾春海：〈論語中禮義與仁的關係〉，收錄於《儒家哲學論集》，臺北：文津出版社，1990年。

87. 曾春海：《中國哲學概論》，臺北：五南圖書出版公司，2005年。

88. 曾春海：《易經的哲學原理》，臺北：文津出版社，2003年。

89. 曾春海：《儒家的淑世世哲學—治道與治術》，臺北：文津出版社，1992年。

90. 曾春海：《儒家哲學論集》，臺北：文津出版社，1989年。

91. 曾昭旭：《儒家傳統與現代生活》，臺北：臺灣商務印書館，2003年。

92. 曾振宇：〈「先仁而後禮」：荀子仁學與人性論再思考〉。收錄於涂可國、劉廷善主編：《荀子思想研究》，濟南：齊魯書社，2015年。

93. 項退結：《人之哲學》，臺北：中央文物供應社，1982年。

94. 馮友蘭：《中國哲學史—附補編》，香港：太平洋圖書公司，1970年。

95. 黃人傑：《方法思維與人文學術》，臺北：文景書局，2009年。

96. 黃玉順：《儒教問題研究》，北京：人民出版社，2012年。

97. 黃光國：《儒家關係主義：哲學反思、理論建構與實徵研究》，臺北：心理出

版社，2014年。

98. 黃秀政：《臺灣史研究》，臺北：學生書局，1995年。

99. 黃俊傑：《大學通識教育的理念與實踐》，臺北：樂學書局，1999年。

100. 黃俊傑：《中國文化新編論，思想篇──理想與現實》，臺北：聯經出版公司，1987年。

101. 楊伯峻：《論語釋注》，香港：中華書局，1987年。

102. 楊秀宮：《孔孟荀禮法思想的演變與發展》，臺北：文史哲出版社，2000年。

103. 楊熙：《清代臺灣：政策與社會變遷》，臺北：天工書局，1985年。

104. 楊慶中：《二十世紀中國易學史》，北京：人民出版社，2000年。

105. 葛兆光：《中國古代社會與文化十講》，香港：商務印書館，2003年。

106. 鄔昆如，《西洋哲學史》，臺北：正中書局，1971年。

107. 鄔昆如：《人生哲學》，臺北：五南圖書出版公司，1989年。

108. 廖名春：《荀子新探》，臺北：文津出版社，1994年。

109. 熊十力：《十力語要・卷二》，臺北：明文書局，1989年。

110. 熊十力：《原儒》，臺北：明倫出版社，1971年。

111. 熊公哲：《荀子今注今譯》，臺北：臺灣商務印書館，1984年。

112. 臺大哲學系主編：《中國人性論》，臺北：東大圖書公司，1990年。

113. 臺灣省文獻會：《臺灣省通志》卷五，《教育志，制度延革篇》，1970年。

114. 趙吉惠、郭厚安：《中國儒學辭典》，遼寧省新華書店，1988年。

115. 劉仲容、尤煌傑、陳俊輝編著：《西洋哲學史》，臺北：國立空中大學，1996年。

116. 劉君祖：《易經之歌》，臺北：大塊文化出版公司，2015年。

117. 劉國平：《華人社會與文化　文化思想篇》，臺北：新學林出版公司，2008年。

118. 劉國強：《唐君毅的政治哲學》，臺北：文津出版社，1991年。

119. 潘朝陽：《明清臺灣儒學論》，臺北：臺灣學生書局，2001年。

120. 黎建球：《人生哲學》，臺北：三民書局，1982年。

121. 賴貴三：《臺灣易學人物志》，臺北：里仁書局，2013年。

122. 錢穆：《論語新解》，臺北：三民書局，1991年。

123. 戴璉璋：《易傳之形成及其思想》，臺北：文津出版社，1997年。

124. 謝冰瑩等編譯，《新譯四書讀本》，臺北：三民書局，2004年。

125. 韓水法：《韋伯》，臺北：東大圖書公司，1998年。

126. 瞿海源：〈宗教倫理與社會發展〉，《文化與倫理》，臺北：財團法人張榮發基金會，1990年。

127. 顏國明：《易傳與儒道關係論衡》，臺北：里仁書局，2006年。

128. 羅光：〈輔大校長交接典禮致辭〉，《七十自述》，臺北：學生書局。

129. 羅光：《生命哲學》，臺北：臺灣學生書局，1988年。

130. 羅爾斯：《正義論》，何懷宏、何包剛、廖申白合譯。北京：中國社會科學出版社，1988年。

131. 顧頡剛：《史林雜識初編》，臺北：中華書局，1963年。

132. 龔鵬程：《近代思想史散論》，臺北：東大圖書公司，1991年。

二、期刊

1. 朱瑞玲、章英華：《華人社會的家庭倫理與家人互動：文化及社會的變遷效果》，臺北：中央研究院社會學研究所出版，2001年。

2. 吳建明：〈《易傳》「天人合德」思想之研究〉，《高雄師大學報》22期，2007年。

3. 吳進安：〈清朝臺灣儒學中的朱子學意涵與詮釋〉，《漢學研究集刊》第8期，臺灣雲林，國立雲林科技大學漢學應用研究所，2009年6月。

4. 李杜：《以儒學為主導的中國文化的過去與未來》，哲學與文化月刊第廿七卷第七期，2000年。

5. 汪惠娟：〈羅光總主教生命哲學之形上學—存有、生命、創生力〉，《哲學與文化月刊》第18卷，第1期，2001年。

6. 沈清松：《海洋文明與亞太文化的未來》，哲學雜誌第23期，1998年2月。

7. 周景勳：〈超越生命的沉思〉，《哲學與文化月刊》第18卷，第1期，第200號，1991年。

8. 林義正：《中國哲學中孝概念發展之諸問題析義》，臺灣哲學會，2006年學術研討會。

9. 姜得勝：〈社會變遷中「親子關係」的反省與重建〉，《臺灣教育》567號，1998年3月，頁6-11。

10. 韋政通：〈中國孝道思想的演變及其問題〉，《現代學苑》。第六卷第五期，頁169-177。

11. 涂愛榮：〈中國孝道文化的歷史追尋〉，《學術論壇》，2010年第9期，頁156-159。

12. 張永儁：〈命理與義理〉，《哲學雜誌》第3期，1993年1月。

13. 張永儁：《清代朱子學的歷史處境及其發展》，哲學與文化月刊，28卷7期，2001年。

14. 張春香：《論易學思維的生成本質》，孔學堂雜誌，2018年第一期。

15. 勞思光：《關於術數的反省》，哲學雜誌第3期，1993年1月出版。

16. 曾春海：〈《周易》天人關係說之形成與涵義〉，《哲學與文化》第36卷第12期，2009年12月。

17. 曾春海：〈從儒家的宗教性論魏晉儒學與道教之互動交涉〉，《哲學與文化》第456期，2012年5月。

18. 項退結：〈評重版《生命哲學》〉，《哲學與文化月刊》第18卷，第1期，1991年。

19. 楊國榮：〈儒學的衍化與轉向〉，《孔孟學報》第66期，1993年。

20. 楊國樞：〈現代社會的新孝道〉，《中華文化復興月刊》19卷1期，1986年1月，頁56-67。

21. 葉海煙：〈孟子人權觀的哲學意涵〉，《哲學與文化》34.7[398](2007.7)： 15-16。

22. 葉海煙：〈儒家哲學的當代型態及其可能性研究：以劉述先與杜維明為例〉，《哲學與文化》第348期，2003年5月。

23. 趙衛東：〈《易傳》與《荀子》天人觀比較〉，第二屆中華文化與天人合一國際研討會論文，2015年。

24. 劉述先：〈論孔子思想中隱涵的「天人合一」一貫之道──一個當代新儒學的闡釋〉，《中國文哲研究集刊》第10期，1997年3月。

25. 潘小慧：《荀子的「解蔽心」──荀學作為道德實踐的人之哲學理解》，哲學與文化月刊289期，1998年。

26. 黎建球：〈儒家的王道思想：兼評杭亭頓《文明衝突與世界秩序的重建》〉，《哲學與文化》30.5[348](2003.5)。

四、碩博論文

1. 王詩評：《高懷民教授《易》學研究》，國立臺灣師範大學國文學系碩士論文，2009年。

五、網路資源

1. 俞懿嫻：〈禮論篇〉辭條，《教育大辭書》，臺北：國家教育研究院〔http：//terms.naer.edu.tw/detail/1315105/？index=9〕，查詢日期：2000.12.15

2. 高強華：〈文化失調〉，《教育大辭書》，臺北：國家教育研究院〔http：//terms.naer.edu.tw/detail/1303213/〕，查詢日期：2019.06.30

謝辭

　　余弱冠之年負笈北上，1976年考入輔仁大學哲學系，受哲學啟蒙之後，始對中國哲學產生研究興趣，但仍然僅止於在哲學大門之外徘徊，尚不敢登堂入室以窺愛智之學的堂奧，幸得張振東神父（系主任）、黎建球教授（中國當代哲學課程暨社團導師）、曾春海教授（大四導師暨易經課程）之指點與鼓勵，勉勵再三，茅塞始開；繼之進入臺灣師大進修，獲羅光總主教、黎建球教授（兩位師長為余碩論之指導教授）、蕭行易所長、黃人傑教授等師長於為人處事與學問鑽研諸方面之指導及鞭策下，仰企道範，幸得枝棲，諸位師長教語時頒，耳提面命，於日後教學、研究、服務等方面獲益匪淺，諸位師長可說是余生命中之貴人，感恩戴德之情實非筆墨所能形容。而碩、博班同窗好友相互切磋砥礪，至今回想起來彷如昨日，親切依舊。

　　人生境遇恰似「橫看成嶺側成峰，峰迴路轉未可知」，兵旅二年結束，又獲恩師羅光總主教之提拔推薦得以返回母校任教，並且同時於文化大學哲學研究所攻讀博士，內自省於學術研究與職場工作上，魚與熊掌不可得兼；兢兢業業一本初衷，惟資質魯鈍，確實有負師長之厚愛與付託，於徬徨無策之際，幸得洪山川總主教之指點迷津，在迷惘之中找到明確之方向；同時在指導教授高懷民教授的悉心指導下，完成博士論文與學位，並重拾對《易經》哲理之興趣。其間羅光總主教、黎建球教授、曾春海教授仍然關愛有加，時時提醒為人處事與做學問之態度，上述諸位師長師恩如山，永難忘懷；輔大八年期間，又得諸多學友之支持與合作，「做中學」之銘訓，也給我上了寶貴的一課，對於日後擔任學務及其他行政工作尚稱得心應手，感謝在輔大任教八年期間幫助我的好夥伴。

　　1993年轉赴國立雲林科技大學任教，倥傯之間，一轉眼二十八個年頭已過，由「故鄉—他鄉—再回故鄉」可稱「人生三部曲」，也由年少輕

狂，中年風霜、披星戴月，而如今已過耳順之年，回首來時路，點滴在心頭，惟「感恩」二字表明寸心。雲科大的師長鼓勵有加，創校的張文雄校長以及何信助教授、孫國順教授、張國華教授等前賢之信任、鞭策斧鑿，在學術與服務之間，漸次成長，終於體會「成功之道向成功者學習」之理。於行政歷練上方知事緩則圓；在工作態度上克己自制，戮力以赴；於學問鑽研上則是追求真理，能「群」方有力量。蒙同仁們不棄，兩次出任漢學應用研究所所長一職。幸得同仁諒解與支持，團結力量大，逐步克服難關，使得漢學應用研究所於高教體系仍有一席之地，傳承文化，作育英才，歷屆校友向心度高，建立漢學風範，知「江山代有人才出，各領風騷十數年」。人生種種如斯流水，不舍晝夜，事理周旋之間，人情練達即是文章，差堪告慰者無忝父母養育栽培之恩。

儒、墨哲學的探討夙為余多年來研究之主題，又得眾師長之鼓勵與指點，曾春海教授多次給予機會，協助完成《哲學與文化》「易經與易傳專題」之編撰工作，從中獲益良多，對易經哲學又有了更進一層的認識。在墨家哲學的研究上，臺灣大學李賢中教授、元智大學孫長祥教授、中山醫大蕭宏恩教授等師友相互切磋指導，方能精進有成；此外，大陸學者人民大學孫中原教授、楊武金教授、山東大學傅永軍教授、曾振宇教授、宋開玉教授、鄭杰文教授、華中科技大學董尚文院長、張廷國教授、唐琳教授、李耀南教授、吉林大學張福貴教授、陝西師大趙學清教授與蔣鵬舉教授賢伉儷、劉生良教授、內蒙古大學魏永貴院長、內蒙古成德書院羅軍院長、華南理工大學劉善仕院長、晁罡教授賢伉儷，以及同窗多年韓國嶺南大學鄭炳碩教授等好友，多年來藉由兩校、多邊之學術交流，達成多項學術合作項目，成果斐然；同時增益治學深度，實銘感肺腑，兄弟情誼，血濃於水。

回眸過往，青春無憾，生命增光，皆是許多位師長的教導與提拔。二年前自臺大李賢中教授手中接過中國哲學會理事長的薪火相傳之火炬，象徵著哲學愛智之火的綿延，由衷地感謝本屆理、監事同道與諸位師長的共

襄盛舉，看到眾志成城的結果，開出璀璨之花；特別感謝邱副會長建碩主任無怨無悔的付出，讓中哲會之招牌繼續發光發亮。每年的中哲會學術研討會之舉辦，造福莘莘學子與學界同寅，傳承前賢智慧，承先啓後為哲學園地耕耘，可說是是哲學人一生的使命。每念及此，方知儒學義蘊己立立人，墨學堅毅卓絕，勤奮不輟，皆是多年來效法學習的對象，「知識就是力量」，儒與墨於先秦雙雄並立，領導群倫，各領風騷，皆是一時之選，而於今並未成為歷史，他們的哲智依然閃耀，珠璣詞語化成人生至理與智慧，仍然活在吾人生命之中雀躍激盪不已。

國家圖書館出版品預行編目資料

德言並立.儒義新詮：對先秦儒家之哲學思考
／吳進安著. -- 初版. -- 臺北市：五南圖
書出版股份有限公司, 2022.03
　　面； 公分
　　ISBN 978-626-317-600-3（平裝）

1.CST:儒家　2.CST:儒學　3.CST:先秦哲學

121.2　　　　　　　　　　　111001203

1B2H 五南當代學術叢刊

德言並立‧儒義新詮
對先秦儒家之哲學思考

作　　者 — 吳進安

發 行 人 — 楊榮川

總 經 理 — 楊士清

總 編 輯 — 楊秀麗

副總編輯 — 黃惠娟

責任編輯 — 吳佳怡

封面設計 — 姚孝慈

出 版 者 — 五南圖書出版股份有限公司

地　　址：106台北市大安區和平東路二段339號4樓

電　　話：(02)2705-5066　　傳　　真：(02)2706-6100

網　　址：https://www.wunan.com.tw

電子郵件：wunan@wunan.com.tw

劃撥帳號：01068953

戶　　名：五南圖書出版股份有限公司

法律顧問　林勝安律師事務所　林勝安律師

出版日期　2022年 3 月初版一刷

定　　價　新臺幣560元

經典永恆・名著常在

五十週年的獻禮 —— 經典名著文庫

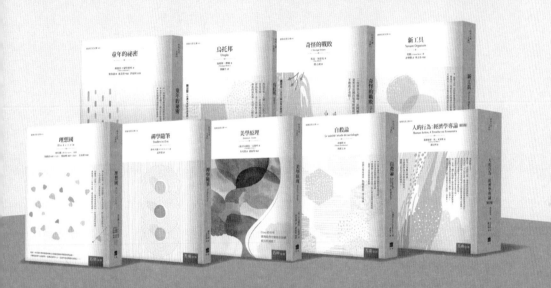

五南，五十年了，半個世紀，人生旅程的一大半，走過來了。

思索著，邁向百年的未來歷程，能為知識界、文化學術界作些什麼？

在速食文化的生態下，有什麼值得讓人雋永品味的？

歷代經典・當今名著，經過時間的洗禮，千錘百鍊，流傳至今，光芒耀人；

不僅使我們能領悟前人的智慧，同時也增深加廣我們思考的深度與視野。

我們決心投入巨資，有計畫的系統梳選，成立「經典名著文庫」，

希望收入古今中外思想性的、充滿睿智與獨見的經典、名著。

這是一項理想性的、永續性的巨大出版工程。

不在意讀者的眾寡，只考慮它的學術價值，力求完整展現先哲思想的軌跡；

為知識界開啟一片智慧之窗，營造一座百花綻放的世界文明公園，

任君遨遊、取菁吸蜜、嘉惠學子！